GRANDES OBRAS DA CULTURA UNIVERSAL
(Clássicos de Sempre)

1. DIVINA COMÉDIA — Dante Alighieri — Em 2 volumes — Ilustrações de Gustave Doré — Tradução, nota e um estudo biográfico, por Cristiano Martins.
2. OS LUSÍADAS — Luís de Camões — Introdução de Antônio Soares Amora — Modernização e Revisão do Texto de Flora Amora Sales Campos — Notas de Antônio Soares Amora, Massaud Moisés, Naief Sáfady, Rolando Morel Pinto e Segismundo Spina.
3. FAUSTO — Goethe — Tradução de Eugênio Amado.
4. LÍRICA — Luís de Camões — Introdução e notas de Aires da Mata Machado Filho.
5. O ENGENHOSO FIDALGO DOM QUIXOTE DE LA MANCHA — Miguel de Cervantes Saavedra — Em 2 volumes — Com 370 ilustrações de Gustave Doré — Tradução e notas de Eugênio Amado — Introdução de Júlio G. Garcia Morejón.
6. GUERRA E PAZ — Leon Tolstói — Em 2 volumes — Com índice de personagens históricos, 272 ilustrações originais do artista russo S. Shamarinov. Tradução, introdução e notas de Oscar Mendes.
7. ORIGEM DAS ESPÉCIES –- Charles Darwin — Com esboço autobiográfico e esboço histórico do progresso da opinião acerca do problema da origem das espécies, até publicação da primeira edição deste trabalho. Tradução de Eugênio Amado.
8. CONTOS DE PERRAULT — Charles Perrault — Com 42 ilustrações de Gustave Doré — Tradução de Regina Régis Junqueira. Introdução de P. J. Stahl e como apêndice uma biografia de Perrault e comentários sobre seus contos.
9. CIRANO DE BERGERAC — Edmond Rostand — Com uma "Nota dos Editores" ilustrada por Mario Murtas. Tradução em versos por Carlos Porto Carreiro.
10. TESTAMENTO — François Villon — Edição bilingüe — Tradução, cronologia, prefácio e notas de Afonso Félix de Souza.
11. FÁBULAS — Jean de La Fontaine — Em 2 volumes com um esboço biográfico, tradução e notas de Milton Amado e Eugênio Amado. Com 360 ilustrações de Gustave Doré.
12. O LIVRO APÓCRIFO DE DOM QUIXOTE DE LA MANCHA — Afonso Fernández de Avelaneda — Tradução, prefácio e notas de Eugênio Amado — Ilustrações de Poty.
13. SALAMBÔ — Gustave Flaubert — Tradução de Maria Tostes Regis.
14. GARGÂNTUA E PANTAGRUEL — Rabelais — Tradução de David Jardim Júnior.
15. AVENTURAS DO BARÃO DE MÜNCHHAUSEN — G.A. Burger — Tradução de Moacir Werneck de Castro — Ilustração de Gustave Doré.
16. CONTOS DE GRIMM — Jacob e Wilhelm Grimm — Obra Completa — Ilustrações de artista da época — Tradução de David Jardim Júnior.
17. HISTÓRIAS E CONTOS DE FADAS — OBRA COMPLETA — Hans Christian Andersen —Ilustrações de artistas da época — Tradução de Eugênio Amado.
18. PARAÍSO PERDIDO — John Milton — Ilustrações de Gustave Doré — Tradução de Antônio José Lima Leitão.
19. LEWIS CARROLL OBRAS ESCOLHIDAS — Em 2 volumes. Ilustrações de artistas da época — Tradução Eugênio Amado — Capa Cláudio Martins.
20. GIL BLAS DE SANTILLANA — Lesage — Em 2 volumes. Tradução de Bocage — Ilustrações de Barbant — Vinheta de Sabatacha.
21. O DECAMERÃO — Giovanni Boccaccio — Tradução de Raul de Polillo — Introdução de Eldoardo Bizzarri.
22. QUO VADIS — Henrik Sienkiewicz — Tradução de J. K. Albergaria — Ilustrações Dietricht, Alfredo de Moraes e Sousa e Silva — Gravuras de Carlos Traver.
23. MEMÓRIAS DE UM MÉDICO — Alexandre Dumas (1. José Balsamo — 2. O Colar da Rainha — 3. A Condessa de Charny — 4. Angelo Pitou — 5. O Cavalheiro da Casa Vermelha).
24. A ORIGEM DO HOMEM (e a seleção sexual) — Charles Darwin — Tradução Eugênio Amado.
25. CONVERSAÇÕES COM GOETHE — Johann Peter Eckermann — Tradução do alemão e notas de Marina Leivas Bastian Pinto.

CONVERSAÇÕES COM GOETHE

1823-1832

GRANDES OBRAS DA CULTURA UNIVERSAL

VOL. 25

Tradução do Alemão e Notas
Marina Leivas Bastian Pinto

Prefácio de
Augusto Meyer

Capa
Cláudio Martins

EDITORA ITATIAIA
BELO HORIZONTE
Rua São Geraldo, 53 — Floresta — Cep. 30150-070
Tel.: 3212-4600 — Fax: 3224-5151
e-mail: vilaricaeditora@uol.com.br
www.villarica.com.br

Johann Peter Eckermann

CONVERSAÇÕES COM GOETHE

EDITORA ITATIAIA
Belo Horizonte

Título Original Alemão:
Gesprache Von Goethe Mit Eckermann

2004

Direitos de Propriedade Literária adquiridos pela
EDITORA ITATIAIA
Belo Horizonte

Impresso no Brasil
Printed in Brazil

ÍNDICE

Algumas Palavras (Augusto Meyer)	11
Johann Peter Eckermann	13
1823	19
1824	51
1825	92
1826	136
1827	157
1828	233
1829	271
1830	288
1831	309
Apêndice (Notas da Tradutora)	323

Para traduzir, não é somente necessário aventurar-se numa luta imediata com a língua estrangeira. — Devemo-nos aproximar o mais possível do que é traduzível e respeitá-lo, pois que nisso está o valor e o caráter dum idioma.

Goethe ao Chanceler Müller. — 28 de agosto de 1827.

Goethe, um de ces phares allumés
sur mille citadelles...

Baudelaire

Algumas palavras

Numa nota do seu "Diário", datada de 15 de janeiro de 1827, ao exaltar a missão dos tradutores, citava Goethe as palavras do Alcorão: "Deus enviou a cada povo um profeta, para que lhe fale a sua própria língua"; e concluía mostrando em todo tradutor, uma espécie de profeta.

A senhora Marina Bastian Pinto, ao verter em português esta obra-prima da literatura coloquial, não pretende ser profetisa em sua terra; de tanto ler e reler, interpretar e repetir a si mesma, na mais discreta intimidade da admiração, o diálogo ainda tão vivo e próximo de sua fonte oral, descobriu-se um belo dia tradutora e acabou passando para o papel as conversações que lhe transbordavam da memória. Traduzir foi neste caso uma necessidade subjetiva, um complemento da leitura.

Diga-se, de caminho, que títulos não lhe faltam. Dona Marina Bastian Pinto, pessoa culta e viajada, além de freqüentar com assiduidade a literatura alemã clássica e romântica, domina bem o original, tendo sido premiada pela *Deutsche Akademie de Munchen* com a medalha Humboldt, no concurso instituído por ocasião do centenário da morte daquele sábio.

Deixou apenas de incluir em sua tradução, que é a mais completa em língua portuguesa, alguns trechos de interesse e compreensão restritas aos leitores no idioma original e que são praticamente intraduzíveis.

Concentrou-se todo seu esforço na fidelidade da versão. Limitou-se talvez a seguir o exemplo do próprio Eckermann; Eckermann é todo olhos e ouvidos, um reflexo fiel aos pés do Mestre. Sentimos que nasceu exclusivamente para ouvir, pesar uma a uma, anotar as palavras do oráculo e reproduzi-las depois com o mínimo de arbitrariedade. Daí muitas vezes a impressão de que esse diálogo, mesmo assim cortado de pausas, não passa de um longo solilóquio, o solilóquio do gênio, que empresta uma voz à própria sombra, para poder sair de si mesmo.

Mas nem de leve devemos afastar-nos da lição fundamental, que é também a viva atualidade desta obra: a idéia à uma "Weltliteratur", de uma Literatura Universal, que reflete um espírito ecumênico e verdadeiramente humano, feito à muitas vozes e várias inflexões, mas, ao mesmo tempo, animado de um sopro criador comum.

Viu-o com a habitual penetração Fritz Strich numa da maiores tentativas de síntese da exegese literária moderna "Goethe und die Weltliteratur" (Bern, A. Francke A. G. Verlag, 1946).

Não era por diletantismo que se voltava Goethe para mensagem cultural de todos os povos e tentava unir Oriente e Ocidente em seu "Divã", sua avidez de compreensão e simpatia, que a tudo abria os braços, serviu-lhe afinal de preceito e norma de ação.

Desejava apenas apontar aqui o Goethe Americano, a prenunciar de algum modo Whitman em seu poema "Aos Estados Unidos" (1827); a surpreender Cogswell e Bancroft com o seu conhecimento dos estudos mineralógicos e históricos na América, a acompanhar passo a passo as viagens de Humboldt e Martius, o que já nos conduz ao Goethe curioso de Brasiliana, revelado pelo estudo de Wolfgang Hoffmann Harnisch.

Este modelo de homem, esta flor de humanidade e cultura aparece aqui sob diversos aspectos e com a fluidez da própria vida, inclusive em seus defeitos — e é um dos grandes encantos da obra esse imprevisto destempero, em que logo percebemos a marca da realidade: um Goethe admirador irrestrito das canções de Béranger, por exemplo, ou perdendo tempo com a "Farbenlehre"... Não podia deixar de errar muito quem conseguiu realizar tanta coisa. Só os medíocres não arriscam nada.

E principalmente nesta obra que os seus pendores didáticos aparecem como atividade necessária e espontânea; o menino que enchia cadernos de notas para proveito do irmão menor, é o mesmo Goethe da maturidade. Como observou Gide: "Avec lui tout est instruction, edification, moyen de culture: tout conspire à mener à perfection l´affirmation de soi-même et de tout être."

Era o primeiro, de outro lado, a dar o exemplo: considerava-se aluno e aprendiz, cada vez mais, e decerto, adotaria para seu uso o nosso velho "morrendo e aprendendo".

Veja-se, para terminar, o que ele diz naquela quinta-feira, 12 de maio de 1825. A conversação encaminhou-se para o debate das influências; Goethe revela sua profunda admiração por Molière, e depois: "Fala-se muito em originalidade, diz ele, mas que significa isso? Mal nascemos, começa o influxo do mundo sobre nós e até ao fim mantém-se ativo. E como quer que seja, só a energia, a força, a vontade nos pertence. Pudesse eu dizer tudo que devo a grandes antecessores e contemporâneos, e não restaria grande coisa..."

Augusto Meyer

JOHANN PETER ECKERMANN

Em Winsen sobre o Luhe, pequena cidade situada entre Luneburgo e Hamburgo, nasceu a 21 de setembro de 1792 Johann Peter Eckermann. Era filho de pais pobres que viviam num casebre com uma única peça habitável e somente acessível pela escada que, encostada à porta, levava diretamente ao palheiro.

A mãe tecia e confeccionava gorros, com isso auferindo alguns minguados lucros, e o verdadeiro ganha-pão do pai era o pequeno comércio de artigos que variavam segundo as estações e o obrigavam a freqüentes viagens a pé, de aldeia em aldeia pela região das charnecas. No verão, com sua caixa de madeira às costas, ia mascateando linhas, fitas, cadarços. Quando pequeno, Eckermann trabalhava no campo em atividades diversas, e, já crescido, acompanhava o pai em sua vida ambulante, ajudando-o a carregar os fardos.

A essa época pertencem, apesar de tudo, suas mais caras recordações da infância que, não obstante, lhe corria em meio às mais rudes privações. Conforme lho permitem as circunstâncias, freqüenta periodicamente a escola, onde aprende as primeiras letras.

Um acontecimento insignificante na aparência, muda-lhe uma noite, o rumo da vida. — Reunidos à mesa sob a lâmpada, ouviam falar o pai que chegara de Hamburgo, quando o menino observou à sua frente um pacote de fumo que tinha na parte de cima a figura de um cavalo.

Pôs-se a copiá-lo profundamente atento, e o desenho quando pronto, afigurou-se-lhe bem sucedido e quase igual ao modelo. Dele apoderou-se então um sentimento de alegria nunca dantes experimentado.

Os pais não esconderam sua admiração e assim todos os que examinaram o desenho. Pensava constantemente daí por diante, em desenvolver sua inclinação para a Arte, faltando-lhe porém o indispensável auxílio, quando um vizinho lhe ofereceu alguns cadernos de esboços nos quais se pôde exercitar. Seus desenhos passaram depois de mão em mão, até a primeira autoridade local e outras pessoas gradas, que se foram interessando por ele proporcionando-lhe freqüentar cursos particulares, nos quais estudou francês, latim e música, ao mesmo tempo que lhe forneciam melhores roupas e o superintendente dava-lhe lugar à sua mesa. Obteve depois colocação no escritório de impostos em Luneburgo e, em seguida, na subprefeitura de Ulzen. Em 1813 porém, abandonando todos os seus planos, pensou unicamente em se alistar como voluntário nas tropas que combatiam os franceses então ocupando o país. Conseguiu entrar para o batalhão de caçadores de Kielmannsegg, no qual fez a campanha de inverno, de 1813 a 1814, através de Mecklenburgo, Holstein, e defronte a Hamburgo contra o Marechal Davoust, e na marcha sobre o Reno contra o General Maison. No verão avançaram as tropas para Flandres e Brabante, onde seu batalhão foi dissolvido, em virtude da libertação do país.

Regressa então ao lar. Falecera já o pai, na antiga casinha vivia a mãe com uma das filhas, viúva. Pouco aí demorou, e tornando a amarrar a trouxa, em pleno inverno, sozinho, a pé sob fortes nevadas, alcança por fim a cidade de Hannover após mais de quarenta horas de caminho através da charneca desolada. Passa então a estudar desenho e anatomia com Ramberg; a falta de saúde, porém, impede-o de continuar e entra para um posto na Comissão de Chancelaria de guerra onde é muito estimado por seus chefes.

Inspirado pelo poema patriótico de Körner "A lira e a espada" que o entusiasmam, pois sentia como aquele, o ódio pelo inimigo opressor de tantos anos, o qual também lhe fora dado combater na Guerra da Libertação, escreve uma poesia patriótica que imprime à sua custa e distribui, tendo a alegria de vê-la musicada por um compositor de renome.

Estava já em seus 24 anos, e em seu peito agitava-se um mundo de sentimentos e impressões, mas carecia de cultura e conhecimentos.

Começa então o estudo dos nossos grandes poetas, sobretudo de Schiller e Klopstock. Por essa ocasião, ouve pela primeira vez o nome Goethe, lê os seus lieder que o empolgam. Engolfa-se neles e sente então uma inexprimível ventura. Vive, durante semanas e meses nesses lieder, obtém após, o "Wilhelm Meister" e o "Fausto", sem imaginar a gloriosa parte que lhe estava reservada na conclusão daquelas obras-primas. Um sentimento de profunda admiração cresce em seu íntimo e não fala e não pensa senão em Goethe. Após ter-se aprofundado o mais possível em suas produções, estuda os grandes autores clássicos e os estrangeiros em boas traduções, não somente Shakespeare, como também Sófocles e Homero.

Acerca-se de filólogos eminentes do Ginásio de Hannover que lhe ministram aulas particulares de latim e grego, e ao mesmo tempo entra para a Universidade de Göttingen na qual inicia o estudo de Direito. Essa vida de extraordinária atividade intelectual, que não lhe dá tempo para dormir nem se alimentar, esgota-lhe as forças, o organismo não resiste a tamanho esforço e é obrigado a renunciar ao Liceu, continuando no entanto com suas aulas particulares e o estudo de Direito na Universidade, que deixa mais tarde pelas Humanidades.

Em 1823, terminado seu volume de ensaios: "Contribuições para o estudo da Poesia", envia o manuscrito a Goethe, pedindo-lhe uma recomendação para o editor Cotta.

Entretanto, na ânsia irreprimível de se aproximar do grande poeta, de quem recebera elogiosa e animadora carta dirigiu-se, a pé, de Göttingen a Weimar, atravessando sob temperatura escaldante o vale do Werra, guardando no entanto, durante o longo trajeto, a impressão consoladora de estar sendo guiado por entes favoráveis.

A 10 de junho de 1823, apresentava-se ante Goethe em sua residência da Frauenplan — sem pensar que iniciava nesse dia as "Conversações", que iam imortalizar-lhe o nome.

Da maneira cordial e bondosa com que foi acolhido, testemunha ele próprio, nessa data.

A 11 de junho, Goethe dirige-se nos seguintes termos a Cotta: "Venho observando um jovem Eckermann, de Hannover, que me inspira muita confiança. Envio a V., pelo estafeta, um manuscrito de sua autoria que ele deseja seja publicado na casa editora de V., que julgará de seu merecimento.

ঙ ଓ ঙ ଓ

Após a morte de Goethe, Eckermann ocupa-se com a impressão, da qual se encarregara, das suas obras póstumas, e das "Conversações". Em 1838, escreve um volume de poesias insignificantes. Ocupava, naquela época, os cargos de preceptor dos filhos do Grão-duque Carl Friedrich, sucessor de Carlos Augusto, e de bibliotecário da Grã-duquesa Soberana. Desposara, um ano antes, sua antiga noiva de Hannover, Johanna Bertram, que três anos depois falecia. Devota-se então à educação do filho e ao desempenho de seus sagrados deveres, extinguindo-se em Weimar a 3 de dezembro de 1854.

Estas "Conversações" foram traduzidas para o francês, por Délerot, já em 1835, logo após sua publicação, e para o inglês em 1850 por John Oxenford, seguindo-se-lhes numerosas versões para as outras línguas da civilização.

Maria Leivas Bastian Pinto.

CONVERSAÇÕES COM GOETHE
1823-1832

1823

Weimar, terça-feira 10 de junho.

Aqui cheguei há poucos dias e hoje estive pela primeira vez em casa de Goethe. Seu acolhimento foi extremamente cordial e tal a impressão que me deixou, que conto esse dia entre os mais felizes da minha vida.

Marcara as doze horas de hoje para me receber; pus-me pois a caminho a hora indicada, encontrando à minha espera o criado que ia conduzir-me ao primeiro andar.

O interior da residência[1] impressionou-me muito agradavelmente; sem ser suntuoso, é sumamente nobre e simples. Pela escadaria, diversas reproduções de estátuas clássicas revelam a especial predileção de Goethe pelas artes plásticas e a Grécia antiga. Várias mulheres iam e vinham atarefadas, e um dos lindos filhos de Ottilie[2] chegou-se a mim confiante, fitando-me com seus grandes olhos.

Após um rápido olhar em torno, subi com o loquaz servente, que me introduziu numa sala em cujo limiar se lia a palavra "Salve", como presságio de amável acolhida. Passando através dessa, penetramos em outra um tanto mais espaçosa, na qual pediu-me esperasse enquanto ia anunciar-me.

Reinava nesse aposento a mais fresca e agradável temperatura. Um tapete encobria o assoalho; era mobiliado, com acentuado gosto, por um canapé e cadeiras da mesma cor rubra e por um piano de cauda.

Viam-se pelas paredes desenhos primorosos e pinturas a óleo de varias escolas, que ornavam também a sala contígua que o criado atravessara para ir anunciar minha chegada.

Goethe não tardou a aparecer, de sobrecasaca azul e sapatos rasos. A nobre figura causou-me extraordinária impressão. Ele, porém, com grande afabilidade dis-

---

1. Goethe habitou essa casa, que em 1792 lhe foi presenteada pelo Duque Carlos Augusto, desde junho de 1782 até sua morte, em 1832.

Seu neto Walter, último herdeiro sobrevivente, legou-a com todas as suas coleções, ao Estado. Desde então Museu Nacional de Goethe, até sua destruição pelos bombardeios de 1944.

2. Ottilie, n. Baronesa von Pogwisch, Dantzig 1796 — Weimar 1812. Desposou em 1817 Augusto von Goethe.

sipou logo minha timidez. Sentado a seu lado, ditosamente perturbado por sua augusta presença, pouco ou nada eu encontrava para dizer. Começou falando sobre o meu manuscrito. "Venho de ocupar-me de V." disse, "estive compulsando seu trabalho toda a manhã. Dispensa qualquer recomendação, pois recomenda-se por si mesmo." Louvou em seguida a clareza da exposição e a fluência das idéias, enaltecendo o evidente critério e a reflexão.

"Providenciarei sem demora", acrescentou; "hoje mesmo escreverei a Cotta[1] pelo estafeta e amanhã enviarei seu livro pela mala-posta."

Emocionado manifestei-lhe meu reconhecimento. Discorremos depois a propósito de minha próxima viagem e eu lhe disse que o meu destino era o Reno onde pensava demorar-me num lugar favorável para ali escrever algo de novo. Antes, porém, desejava ir a Iena afim de lá aguardar a resposta do Sr. von Cotta. Perguntou-me então se tinha conhecidos naquela cidade; respondi-lhe que esperava entrar em relações com o Sr. von Knebel, ao que prometeu dar-me para este uma carta, com a qual estaria certo dum melhor acolhimento

"Pois bem", prosseguiu, "quando estiver em Iena ficaremos próximos um do outro, poderemos visitar-nos e escrever-nos quando algo ocorrer." Permanecemos por longo tempo sentados lado a lado, em serena e afetuosa disposição. Comovido sob o calor daquele olhar, esquecia-me de falar e não me cansava de contemplar a face enérgica, morena e cheia de rugas e em cada ruga uma expressão; e, no conjunto tanta bonomia e firmeza, tanta grandeza e serenidade! Falava pausadamente e com naturalidade, tal como imaginamos ouvir um venerável monarca. Via-se que se bastava a si próprio e que pairava acima de louvores e críticas.

Sentia-me a seu lado num indizível bem-estar, e tão confortado como alguém que, após grandes fadigas e longa espera, visse finalmente realizados os seus mais caros anelos.

Referindo-se à minha carta, deu-me razão: "quando se consegue tratar um assunto com clareza, tem-se capacidade para também resolver muitos outros." "Não se pode saber o que irá acontecer", disse depois "tenho em Berlim muito bons amigos e a propósito deles lembrei-me de V." E sorriu pensativo. Continuando, chamou-me a atenção para o que eu tinha ainda a ver em Weimar, e exprimiu a intenção de instruir seu secretário, Sr. Kräuter, para que me servisse de guia. Sobretudo, porém, não deixasse de visitar o teatro. Perguntou depois onde me hospedava e manifestou o desejo de ver-me mais uma vez, prometendo chamar-me em hora conveniente. Separamo-nos cordialmente; eu sentindo-me transbordar de alegria, pois cada palavra sua revelava benevolência, e eram evidentes de sua parte as melhores intenções para comigo.

---

1. Cotta von Cottendorf — Johann Friedrich, barão de (1764 a 1832). Editor das obras de Goethe e Schiller. A casa editora ainda existia em Stuttgard (Würtemberg) até o início da última guerra.

Quarta-feira, 11 de junho de 1823.

Esta manhã recebi outro convite de Goethe, por um cartão de seu próprio punho. Estive em sua casa mais ou menos uma hora e pareceu-me hoje completamente diferente, cheio de vivacidade e decidido como um jovem.

Trazia dois grossos livros, quando veio a meu encontro. "Não é bom que se vá tão depressa, será muito melhor que nos aproximemos mais um do outro. Gostaria de vê-lo e falar-lhe mais vezes. Como porém, a generalidade é tão vasta, pensei logo em algo de particular que, como um "tertius", servisse de traço de ligação e de debate entre nós. Nestes dois volumes encontrará os "Frankfurter Gelehrten Anzeigen" (Anais literários de Frankfurt) dos anos 1772 e 73, os quais contêm também quase todas as pequenas críticas que naquela época escrevi. Não estão assinadas; V. porém, que conhece meu estilo e modo de pensar, saberá distingui-las das outras. Desejo pois que considere mais de perto esses meus trabalhos da juventude e manifeste sua opinião. Preciso saber se os julga merecedores de serem incluídos numa futura edição das minhas obras completas.

"Para mim essas coisas estão já muito distantes e abstenho-me de julgá-las. Vós porém, os jovens, deveis saber se têm valor e até que ponto são ainda aproveitáveis sob a atual orientação literária. Já mandei tirar cópias que breve receberá afim de compará-las com o original. Depois, em cuidadosa redação, veremos se não será conveniente deixar de parte ou modificar, aqui ou ali alguma minúcia, sem prejudicar o seu caráter em conjunto.

Respondi-lhe que tentaria esse objetivo com grande prazer e que o meu único desejo seria realizá-lo segundo suas intenções.

"Logo de início", tornou ele, "verá que a coisa está perfeitamente ao seu alcance e que lhe será fácil." A seguir comunicou-me que, nesses oito dias, mais ou menos, pensava viajar para Marienbad, e que estimaria se eu permanecesse em Weimar até então, afim de que durante esse tempo, nos víssemos, conversássemos e nos aproximássemos mais, um do outro.

"Desejaria também", acrescentou, "que V. não se detivesse em Iena apenas poucos dias ou semanas, mas que ali se instalasse para todo o verão até o meu regresso de Marienbad, no próximo outono.

"Já ontem escrevi a propósito de uma moradia e de outros assuntos, de modo a proporcionar-lhe conforto e bem-estar. Lá encontrará as mais heterogêneas fontes e recursos para estudos ulteriores, uma sociedade muito culta e acessível, e, além disso, uma região de tão variegados aspectos, que poderá bem fazer cinqüenta excursões diversas, todas próprias a uma tranqüila meditação. Terá lazeres e oportunidade para escrever muita cousa nova e ao mesmo tempo adiantar os meus desígnios".

Nada encontrei a sugerir acerca de tão boas propostas, e a tudo anuí com alegria. Ao retirar-me, mostrou-se sobremodo afetuoso e marcou para depois de amanhã outra hora para novo encontro.

Segunda-feira, 16 de junho de 1823.

Nestes dias tornei repetidas vezes à casa de Goethe e hoje ocupamo-nos de assuntos bem diversos. Externei-me também sobre as "Críticas Literárias de Frankfurt" as quais intitulei "Reminiscências dos anos acadêmicos", o que pareceu agradar-lhe por indicar o ponto de vista sob o qual deveriam ser apreciadas aquelas obras da sua juventude. Em seguida entregou-me os onze primeiros cadernos de "Kunst und Altertum"[1] para que os levasse, com as críticas de Frankfurt, como um segundo trabalho.

"É que desejo", disse, "que V. estude bem esses cadernos, e faça, não somente um índice geral, como também tome notas acerca dos assuntos que devo considerar como ainda não concluídos, para que se me evidencie quais os fios que devo retomar e entrelaçar. Com isso terei um grande desafogo e V. mesmo tirará proveito desse meio prático, pois verá com maior penetração, assimilando melhor o assunto de cada artigo, do que por uma simples leitura sujeita a interpretações pessoais". Considerando tudo isso justo e razoável, afirmei-lhe que me encarregaria prazenteiramente de mais esse trabalho.

Quinta-feira, 19 de junho de 1823

Pretendia estar já hoje em Iena; porém Goethe pediu-me ficasse ainda até domingo e partisse então pela diligência. Deu-me ontem as cartas de recomendação prometidas e também uma para a família Frommann. "Sentir-se-á bem nesse meio", disse. " Ali passei belos serões. Também Jean Paul, Tieck, os irmãos Schlegel e todos os que têm renome na Alemanha, lá estiveram de bom grado; hoje ainda é essa casa o ponto de reunião de escritores, artistas e pessoas de conceito. Escreva-me dentro de umas semanas para Marienbad, para que eu saiba como se está dando e se Iena lhe está agradando. Recomendei a meu filho[2] que o visite oportunamente durante minha ausência."

Senti-me muito grato por tantos desvelos e sobretudo fez-me bem constatar que Goethe me inclui entre os seus amigos e que como tal me considera.

---

1. "Kunst und Altertum" (Arte e Antigüidade). Jornal de Goethe, de 1818 a 32.

2. Julius August Walter von Goethe. (Weimar, 1789 — Roma, 1830) Camarista do príncipe herdeiro de Weimar. A grandeza de Goethe, pela qual os contemporâneos involuntariamente mediam os méritos do filho, bondoso, mas de caráter fraco, pesou como uma fatalidade sobre o seu destino e dos seus filhos, Walter e Wolfgang.

Sábado, 21 de junho de 1823.

Despedi-me pois e ao dia seguinte parti para Iena onde me instalei numa dependência da casa de pessoas muito bondosas e honestas.

Nas famílias von Knebel e Frommann, encontrei, graças às recomendações que de Goethe trazia, um cordial acolhimento e relações muito proveitosas.

Encaminhei satisfatoriamente os trabalhos que comigo trouxera e além disso tive, logo depois, a satisfação de receber uma carta do Sr. von Cotta na qual se declarava pronto, não só a editar o meu manuscrito, como também me garantia consideráveis honorários e a impressão do livro em Iena sob as minhas vistas. Estava assim garantida a minha subsistência por um ano pelo menos; e experimentei então o mais vivo anseio de produzir nesse prazo novas obras que assegurassem minha sorte futura como autor. Contava ter-me afastado em definitivo da orientação teórica e do rumo meramente critico com as minhas "Contribuições para a Poesia". Por elas procurara esclarecer-me das normas diretrizes e, no meu íntimo sentia-me unicamente inclinado a pô-las em prática. Tinha em mente inúmeras poesias, curtas e extensas, assim como diversos assuntos dramáticos, e tratava apenas de resolver, segundo meu modo de sentir, qual a direção a tomar afim de publicá-las calmamente, cada uma por sua vez.

Com o correr do tempo, Iena não me agradou por demasiado monótona. Aspirava viver em uma grande cidade que tivesse não só um excelente teatro, como também intensa vida intelectual para nela me integrar e conseguir aprimorar minha cultura. Num tal ambiente esperava poder viver e ao mesmo tempo isolar-me o suficiente para escrever sem estorvos.

Esboçara, entretanto, o sumário dos quatro primeiros volumes de "Kunst und Altertum", conforme a determinação de Goethe, e o enviara para Marienbad com uma carta na qual lhe falava abertamente acerca de minhas intenções.

Logo em seguida recebi as seguintes linhas: "O índice chegou-me às mãos no devido tempo, correspondendo perfeitamente aos meus propósitos. Assim possa eu, em meu regresso, encontrar as críticas de Frankfurt redigidas da mesma forma ficando-lhe devedor da mais sincera gratidão, que já lhe presto, compartilhando de seus anseios, disposições e planos, para depois de meu regresso deliberarmos com mais ponderação sobre suas conveniências.

Nada acrescentarei por hoje. A despedida de Marienbad dá bastante que pensar e que fazer, ao mesmo tempo lamentando-se a exigüidade da permanência entre pessoas tão distintas. Possa eu encontrá-lo na tranqüila operosidade da qual por fim resultam segura e claramente a noção e a experiência do mundo. Até breve, na antecipada alegria de um convívio mais longo e íntimo. — Marienbad, 14 de agosto de 1823.

Goethe."

Essas linhas com as quais me senti extremamente feliz, vieram tranqüilizar-me no momento. Suas palavras me tinham decidido a evitar qualquer passo arbitrário e a abandonar-me inteiramente a seus conselhos e determinações.

Nesse meio tempo, escrevi algumas pequenas poesias e concluí a redação das "Frankfurter Rezensionen" sobre as quais exprimi minha opinião numa curta apreciação que lhe destinei. Saudoso esperava seu regresso enquanto a impressão do meu livro se aproximava do termo.

De qualquer forma tencionava, ainda nesse outono, fazer uma excursão de poucas semanas pelo Reno.

Iena, segunda-feira, 15 de setembro.

Goethe chegou sem novidade, de Marienbad; como porém seus aposentos no pavilhão do jardim não oferecem o necessário conforto, demorará apenas poucos dias. Está sadio e robusto, tanto que pode andar horas a pé; e é um verdadeiro prazer vê-lo assim tão ágil.

Depois de alegres saudações recíprocas, começou logo a discorrer sobre os meus interesses. "Devo dizer-lhe sem rodeios que desejo fique V. comigo este inverno em Weimar". Foram essas as suas primeiras palavras; em seguida entrando em detalhes, continuou: — "Na poesia e na crítica, está V. ótimo, em ambas possui uma base natural. E a sua carreira, nela se deve conservar e muito breve conseguirá uma sólida condição de existência.

"Há porém ainda, coisas que V. deve saber embora não pertençam ao ramo, importa todavia que com elas não perca muito tempo; aflore-as ligeiramente.

"Portanto permaneça conosco todo o inverno em Weimar e ficará surpreso com seus progressos até à Páscoa.

"Terá de tudo o melhor, pois os melhores recursos estão em minhas mãos.

"Firme-se pois para toda a vida, estabeleça-se confortavelmente e apresente-se confiante em toda parte".

Alegrei-me com essas propostas e protestei abandonar-me inteiramente a seus desejos e opiniões. "Providenciarei para sua moradia em minha vizinhança", continuou, "não terá em todo o inverno momento algum improdutivo."

"Há ainda em Weimar, muita gente de valor, e V. encontrará pouco a pouco nas altas rodas, uma sociedade semelhante à melhor de todas as grandes cidades. Homens dos mais eminentes estão ligados a mim; gradualmente, irá entrando com eles em relações e esse convívio ser-lhe-á sumamente instrutivo e útil".

"Onde encontraria V. em lugar tão pequeno, ainda tantas vantagens reunidas?

"Possuímos, além disso, uma excelente biblioteca e um teatro, que no essencial nada ficam a dever aos melhores da outras cidades alemãs. Repito por conseguinte: fique conosco; e não só este inverno. Eleja Weimar para sua moradia definitiva. De suas portas partem estradas para o mundo inteiro.

"No verão fará excursões e aos poucos irá vendo o que for do seu agrado."

"Há cinqüenta anos vivo lá e por onde não tenho andado eu! Volto porém sempre contente a Weimar".

Sentia-me feliz de novo a seu lado e de novo ouvindo-o discorrer, absolutamente dominado por ele no meu íntimo. E pensei: "bastar-me-á contigo conviver para ser bem sucedido." Repeti que estava pronto para tudo o que, considerando minha situação particular, porventura merecesse sua aprovação.

Iena, quinta-feira, 18 de setembro de 1823

Ontem pela manhã, antes de sua partida, tive a ventura de estar com Goethe ainda por algum tempo. E ouvi-o então desenvolver um assunto extremamente importante, para mim inestimável, e para toda a vida proveitoso.

Dele deviam tomar conhecimento todos os jovens poetas da Alemanha, porquanto poderá vir a ser-lhes útil. — Começou perguntando-me se havia feito alguma poesia neste verão. Respondi-lhe ter na verdade escrito algumas, as quais porém em conjunto não me satisfaziam.

"Acautele-se", disse em seguida, "contra as produções demasiado extensas. É o mal de que sofrem os nossos melhores poetas, precisamente aqueles de maior talento e aplicação ao trabalho. Eu também passei por isso e sei o quanto me prejudiquei. Quanta coisa não se foi água abaixo!"

"Tivesse eu feito tudo o que de bom poderia ter produzido, nem em cem volumes caberia".

"O presente tem os seus direitos; a multidão de idéias e sensações que ocorre diariamente ao poeta, deve e tem de ser expressa. Tendo-se porém em mente uma obra muito vasta, nada poderá medrar a seu lado, os pensamentos serão afastados, e enquanto tal estado perdurar, há que renunciar a todo conforto. Quanta energia e força intelectual é preciso empregar para coordenar e dar forma ao todo, e quanto desprendimento para exprimi-lo com fluência e cabalmente! Se nos equivocamos no conjunto, toda essa fadiga terá sido em vão; se ulteriormente, em assunto tão extenso, não formos, nas particularidades, inteiramente senhores da matéria, tornar-se-á a obra aqui e ali imperfeita e sujeita a censuras. E de toda a parte recairão sobre o poeta, ao invés da compensadora satisfação por tantos sacrifícios e fadigas, apenas desconforto e tolhimento das forças.

"Se, pelo contrário, interpretarmos cotidianamente a atualidade, tratando com viva disposição o que se nos oferece, faremos seguramente algo de bom, e se às vezes não somos bem sucedidos, não se perde muito.

"Veja por exemplo, o Augusto Hagen, de Königsberg, um talento admirável. Não leu V. seu "Olfried e Lisena?" Há ali trechos que não poderiam ser melhores; as cenas no Báltico e aliás o que se passa naquela localidade, é tudo magistral. Mas são apenas trechos; o conjunto a ninguém agradará. E quanta fadiga, quanta energia empregou naquilo! Sem dúvida ele quase se esgotou com essa obra... Agora escreveu uma tragédia."

Goethe sorriu e deteve-se um momento. Tomando, a palavra, lembrei que, se não me enganava, em "Kunst und Altertum" ele aconselhara a Hagen não tratar senão de pequenos assuntos. "Mas certamente que o fiz", acudiu, "quem ouve porém o conselho dos mais velhos? Cada um pensa ter mais experiência e, desse modo, muitos fracassam e outros tantos persistirão no erro. Agora para nós não é mais tempo de errar, para isso estamos já velhos, e para que nos serviriam nossos desvios e pesquisas se os novos querem trilhar a mesma estrada? Assim jamais adiantaríamos!

"A nós, os antigos, não se nos leva a mal o erro, por não termos encontrado o caminho aberto, porém de quem chegou mais tarde exige-se mais; não persistir errando e pesquisando, porém aproveitando o conselho dos antigos, enveredando, logo pelo bom caminho. Não lhe bastará seguir os passos que outrora conduziam ao alvo, cada passo de per si deve ser já um alvo e valer como tal. Guarde bem essas palavras, propague-as e considere o que delas lhe poderá convir. Propriamente nada tenho a temer por V.; estas sugestões porém talvez , ajudem a transpor rapidamente um período com o qual a sua presente situação não está em conformidade.

"Como lhe disse, escreva preliminarmente apenas sobre pequenos temas e, sempre com espontaneidade, o que se lhe oferecer na vida cotidiana.

"Produzirá assim em regra algo de bom, e cada dia lhe trará alegria.

"Colabore a princípio nos almanaques e publicações periódicas, evitando porém submeter-se a exigências de estranhos, e siga sempre suas próprias idéias.

O mundo é tão vasto e rico, e a vida tão vária que nunca faltarão assuntos para divagações. No entanto devem ser todas poesias de ocasião, isto é, a vida deve fornecer o motivo. Um caso especial torna-se geral e poético, precisamente pelo fato de ser tratado pelo vate.

"Todas as minhas produções são de ocasião, estimuladas pela realidade, nela se baseando. Composições apanhadas do ar, não aprecio.

"Não se diga que à realidade falte o interesse poético, pois o que revela o autor é ter o estro suficiente para emprestar a um assunto banal uma face interessante. A objetividade deve fornecer o tema, a substância principal, a verdadeira essência, mas ao poeta cabe criar com ela um belo conjunto animado.

V. conhece Fürnstein, o chamado poeta naturalista; sua poesia sobre o cultivo do lúpulo é o que há de melhor no gênero. Dei-lhe agora a fazer canções típicas da vida dos artífices, sobretudo um canto, do tecelão, e estou certo de que será bem sucedido, pois viveu desde sua juventude entre essa gente conhece o assunto a fundo e o dominará. E é essa precisamente a vantagem das pequenas produções para as quais escolhemos um tema que para nós não tem segredos. Em uma grande obra não pode ser assim, não há lugar para subterfúgios, tudo o que pertence ao encadeamento do conjunto e deve ser entrelaçado no plano, tem que ser apresentado, e aliás com eloqüente verdade. Na mocidade porém, o saber é ainda unilateral e uma grande obra requer múltiplos conhecimentos gerais; daí o fracasso".

Referi-lhe que tivera em mente escrever um grande poema sobre as estações do ano e nele entretecer as ocupações e os prazeres de todas as profissões. "Eis aqui o mesmo caso", retorquiu Goethe, "poderá V. ter sucesso em muitos trechos; em outros, porém, nos quais v. ainda não pesquisou convenientemente, não terá bom êxito. Será bem sucedido num "Pescador"; num "Caçador" talvez não. Se em alguma passagem não teve bom resultado, o total torna-se defeituoso por boas que sejam as particularidades, e V. não terá por conseqüência realizado uma obra completa. Apresente porém unicamente as partes isoladas, independentes entre si, que lhe estão ao alcance, e o resultado satisfará. Acautelo-o, em particular, contra seus próprios ardis, pois com eles pretendemos emprestar às coisas um aspecto que na mocidade raramente se apresenta amadurecido. Digo-lhe mais: caráter e opiniões afastam-se da personalidade do poeta e o despojam de sua força criadora.

E, finalmente, quanto tempo perdido na ficção, na composição, no encadeamento de idéias que ninguém nos leva a crédito, mesmo que tenhamos êxito em nosso trabalho! Em um assunto determinado, ao contrário, é tudo diferente e mais fácil. Ao poeta cabe unicamente dar vida ao conjunto, aos fatos e caracteres que lhe são transmitidos. Conserva todos os seus recursos pois que pouco precisa acrescentar de seu e a perda de tempo e de forças é muito menor, uma vez que só tem o trabalho da realização.

Aconselho-lhe mesmo assuntos já explorados. Quantas vezes não foi já a "Efigênia" aproveitada, e no entanto sempre de forma diversa, porquanto cada qual vê e apresenta o argumento à sua maneira.

Deixe pois todas as grandes produções provisoriamente de lado. Já se esforçou bastante, é tempo de chegar à grande serenidade da vida e para isso o melhor meio é desenvolver pequenos temas".

Durante a conversa íamos e vínhamos pelo gabinete; não me cabia senão anuir a tudo, pois sentia em meu íntimo a verdade de cada uma daquelas palavras.

A cada passo tudo se me ia tornando mais fácil e agradável, pois devo confessar que diversos grandes planos nos quais até agora não pudera ver bem claro, não me pesavam pouco. Afastei-os de mim temporariamente e deixá-los-ei em paz até o dia de os retomar tranqüilamente cada um por sua vez, depois que, pouco a pouco, pelo conhecimento do mundo, me for assenhoreando dos detalhes do tema.

Sentia-me agora, após as palavras de Goethe, de alguns anos mais prudente e adiantado; sei do mais profundo da minha alma, reconhecer a ventura que pode significar o encontro com um verdadeiro mestre, e o incalculável proveito que daí retirarei.

Quanto não aprenderei ainda este inverno, e quanto não lucrarei ao seu contato, mesmo quando ele não discorrer sobre assuntos importantes! Sua personalidade, sua simples presença, educam, instruem, ainda mesmo não pronunciando palavra alguma.

Weimar, quinta-feira, 2 de outubro de 1823.

Por um tempo muito aprazível cheguei ontem de Iena. Logo após, Goethe mandou-me com seus cumprimentos de boas-vindas, uma assinatura para o teatro. Empreguei o dia todo em meus arranjos domésticos em vista de haver grande movimento na casa de Goethe por terem vindo de Frankfurte para visitá-lo, o Embaixador da França conde Reinhard, e de Berlim o Conselheiro de Estado da Prússia, Schultz.

Só esta manhã compareci à sua presença. Alegrou-se com minha chegada e mostrou-se-me extremamente bondoso e afável. Quando me ia retirar, quis apresentar-me ao Conselheiro Schultz. Levou-me à sala contígua onde encontrei o mencionado senhor entretido na contemplação de obras de arte. Goethe fez a apresentação, deixando-nos depois a sós.

"Congratulo-me com V. por sua permanência em Weimar e por seu auxílio a Goethe na redação de suas obras ainda não publicadas. Ele já se me referiu aos reais proveitos que a sua colaboração lhe promete, e às produções que ainda espera completar". Asseverei-lhe não ter na vida outra aspiração além da de servir à literatura alemã, e que, na esperança de contribuir para esse fim, abandonava com prazer, temporariamente meus próprios projetos literários. "Também", acrescentei, "as relações com Goethe influirão de modo altamente favorável sobre o futuro aperfeiçoamento de minha cultura. Espero por esse meio, daqui a alguns anos, atingir a uma certa maturidade de espírito e depois realizar muitíssimo melhor o que atualmente só em grau insignificante poderia fazer".

"Certamente", aquiesceu o Conselheiro; "a influência pessoal de uma criatura tão extraordinária e um mestre como Goethe, é inestimável. Eu também aqui estou afim de ainda uma vez me retemperar ao contato desse grande espírito".

Perguntou em seguida pela edição do meu livro sobre o qual já no verão passado Goethe lhe tinha escrito. Retorqui-lhe que em alguns dias esperava receber de Iena os primeiros exemplares e que não deixaria de oferecer-lhe um, ou de enviar-lhe para Berlim no caso de não se achar S. E. mais aqui.

Terça-feira, 14 de outubro de 1823.

Esta tarde em casa de Goethe pela primeira vez numa grande reunião. Fui o primeiro a chegar, e regozijei-me ao ver brilhantemente iluminadas as salas comunicando-se pelas portas abertas.

Em uma das últimas encontrei Goethe que veio muito afavelmente a meu encontro. Ostentava a estrela da Ordem do Dragão,[1] sobre o traje negro, o que tão bem lhe assenta. Estivemos por algum tempo sós e dirigimo-nos à chamada sala "Deken" onde principalmente me atraía o quadro[2] das Núpcias Aldobrandinas, suspenso por sobre o sofá vermelho. A tela estava com a cortina verde[3] corrida para o lado, em plena luz ante meus olhos, e estimei poder contemplá-la à vontade. "Sem dúvida", disse Goethe, "os antigos não somente tinham grandes aspirações como também sabiam realizá-las. Nós, os modernos, ao contrário, certo também temos grandes intenções, contudo somos raramente capazes de levar a efeito com tanto vigor e ânimo o que imaginamos".

Vinham chegando Riemer[4] e Meyer,[5] o chanceler von Müller e outros distintos cavalheiros assim como damas da Corte. Entravam ainda Augusto von Goethe e sua senhora com quem fiz conhecimento nessa ocasião. As salas iam-se enchendo pouco a pouco, e em todas reinavam alegria e animação.

Estavam também presentes alguns distintos jovens estrangeiros, com os quais Goethe falava em francês. A sociedade agradava-me; era tudo tão franco e natural, as pessoas sentavam-se, levantavam-se, gracejavam, riam e palestravam segundo sua livre inclinação.

---

1. Ordem do grão-ducado de Weimar, instituída pelo duque Ernesto Augusto de Saxe-Weimar em 1732 e restabelecida em 1815 por Carlos Augusto.

A condecoração tem a forma de uma estrela e a divisa: "Vigilando ascendemos".

2. Cópia, por Meyer, do celebre afresco encontrado em 1616, perto de Sta. Maria Maggiore, em Roma, e pertencente ao Cardeal Aldobrandini. Presentemente na Biblioteca Vaticana.

3. Cortina verde de proteção à tela. Ainda lá se achava em 1939.

4. Friedrich Wilhelm Riemer (1774-1845). Professor em casa de Augusto von Goethe, de 1803 a 1812, e, em seguida, secretário de Goethe. Publicou memórias sobre este ("Mitteilungen"), poesias e o prólogo do Tasso.

5. Johann Heinrich Meyer. Conselheiro áulico, historiador, artista e grande amigo de Goethe. Falecido, como este, em 1832.

Autor da História das Artes Plásticas na Grécia e de outras obras de valor.

Conversei animadamente com o jovem Goethe acerca da "Imagem", de Houwald, levada à cena alguns dias antes. Tínhamos sobre a peça idêntica opinião e foi com prazer que ouvi Augusto von Goethe dissertar com tanto espírito e calor sobre suas observações. Goethe por sua vez foi muito amável para com seus convidados. Dirigindo-se ora a um ora a outro, parecia sempre preferir escutar e deixar falar seus hóspedes a discorrer ele próprio.

A senhora von Goethe vinha seguidamente para seu lado, apoiava-se nele e beijava-o. — Havia pouco dissera-lhe que o teatro causava-me um tal prazer e divertia-me tanto, que em geral abandonava-me à impressão da peça sem muito analisá-la. Pareceu-lhe estar no meu direito e de acordo com minhas condições atuais. Veio a meu encontro com a Sra. von Goethe; "esta é a minha nora, conhecem-se já" -Respondemos que acabávamos de travar conhecimento. "Eckermann é, como tu, um apreciador de teatro, Ottilie". E alegramo-nos reciprocamente pela comum predileção". — "Quando levam à cena peças boas e alegres", redargüi, "compreende-se, porém nas medíocres há que suportar um pouco". "Tem muita razão, concordou Goethe, "não se pode deixar o teatro, e somos assim constrangidos a assistir também ao que é ruim.

"E, revoltados contra o mau espetáculo, chegamos tanto melhor à compreensão do que é bom. Com a leitura não se dá o mesmo, se o livro não agrada, atiramo-lo para longe; no teatro, todavia, é preciso tolerar". De acordo com ele, pensei; o mestre sempre diz algo de bom em todas as ocasiões.

Separamo-nos confundindo-nos entre os outros que em torno a nós naquela, e nas outras salas, palestravam alegremente em voz alta. Goethe dirigiu-se às senhoras, eu reuni-me a Riemer e Meyer que muito nos falaram acerca da Itália.

Um pouco mais tarde sentou-se ao piano o Conselheiro Schmidt[1] e interpretou trechos de Beethoven, que os presentes escutavam com viva atenção. — Uma senhora[2] de grande espírito, narrou em seguida fatos muito interessantes sobre a personalidade de Beethoven.

E assim, pouco a pouco, chegamos às dez horas; e para mim a noite transcorrera extraordinariamente agradável.

Domingo, 19 de outubro de 1823.

Hoje ao meio-dia, pela primeira vez à mesa em casa de Goethe.

---

1. O Conselheiro Schmidt, apaixonado admirador de Beethoven, tocava de cor todas as suas sonatas e a cada uma dedicou um soneto.

2. Frau von Savigny, irmã de Betina von Arnim. Esposa do famoso jurista e chefe da histórica Escola de Direito, Frederico Carlos von Savigny, autor da História de Direito Romano na Idade Média.

Estavam presentes, além deste, a jovem senhora von Goethe, a senhorita Ulrica e o pequeno Walter. Achávamo-nos assim à vontade, entre nós.

Goethe mostrou-se um verdadeiro pai de família; trinchava as aves assadas, aliás com especial habilidade, servia de todas as iguarias e também vinho, de vez em quando. Nós outros tagarelávamos alegres tolices acerca de teatro, de uns jovens ingleses, e de outros acontecimentos do dia. A senhorita Ulrica, sobretudo, estava muito jovial e extremamente divertida.

Goethe mantinha-se em silêncio; só por intervalos saía-se com alguma observação importante e, passando os olhos aqui e ali pelos jornais, comunicava-nos qualquer notícia, principalmente sobre o avanço dos gregos.

Veio à baila a necessidade para mim, de aprender inglês, o que aconselhou vivamente, sobretudo com o fim de conhecer a obra de Byron, "personalidade de tal relevo como dificilmente tornará a haver".

Estiveram pensando nos professores que aqui existem e cuja pronúncia não lhes pareceu satisfatória, pelo que julgaram preferível que eu entretivesse relações com jovens ingleses.

Após o jantar realizou Goethe alguns experimentos relativos à Teoria das Cores. O assunto era-me todavia completamente estranho; compreendi tão pouco o fenômeno como o que ele me explicou a propósito; espero entretanto ter, no futuro, tempo e ocasião para de algum modo tomar conhecimento dessa ciência.

Terça-feira, 21 de outubro de 1823.

A noite passada, estando com Goethe, referi-me à "Pandora" e perguntei-lhe se essa poesia deve ser considerada completa ou se existe ainda uma continuação. Respondeu não haver continuação, aliás, por ter saído tão extensa a primeira parte, que não teria sido possível agregar-lhe uma segunda. Além disso a parte já escrita podia ser apresentada como um todo, e assim dera-a por concluída. Expliquei que só aos poucos fora compreendendo essa difícil poesia e após tê-la lido tantas vezes que quase a sabia de cor. Goethe achou graça nisso. "Creio bem", anuiu, "está tudo ali como "encavado", uma coisa dentro da outra". A propósito dessa produção observei que não concordava inteiramente com Schubarth o qual julga encontrar nela reunido tudo o que está expresso em separado no "Werther", em "Wilhelm Meister", no "Fausto", e nas " Afinidades Eletivas", o que a torna de tão difícil compreensão. "Schubarth," replicou Goethe, "freqüentemente aprofunda-se demasiado. É aliás muito inteligente e nele tudo é significativo".

Falando a propósito de Uhland, assim se externou Goethe: "quando observo grandes efeitos, costumo também supor grandes causas, e a tão vasta popularidade de que Uhland goza prova existir nele certamente algo de eminente. De resto pouco posso julgar as suas poesias. Abri o livro com as melhores intenções; todavia desde o princípio dei com tantos versos fracos e tristonhos, que perdi a vontade de prosseguir na leitura. Tomei então uma das suas baladas, nas quais se me evidenciou o seu talento superior e assim compreendi bem a razão da sua fama".

Perguntei em seguida sua opinião a respeito dos versos na tragédia alemã. "Será difícil na Alemanha chegar a um acordo sobre isso", contestou. — "Cada um faz somente aquilo que quer e, em algum modo, de conformidade com o assunto. O iambo de seis pés seria sem dúvida o mais digno; é porém para nós alemães muito longo; temos que nos contentar, pela carência de adjetivos com cinco pés. Os ingleses, devido às numerosas palavras monossilábicas, nem isso alcançam".

Mostrou-me depois algumas gravuras e falou-me na antiga arquitetura alemã, prometendo fazer-me aos poucos apreciar muita coisa dessa natureza.

"Nos monumentos da velha arquitetura alemã", prosseguiu, "vê-se a floração duma época extraordinária. Quem dela se aproxima subitamente, não pode deixar de sentir-se atônito; quem porém penetrou no segredo da vida íntima das plantas, no movimento das forças e no desenvolvimento progressivo da floração, esse vê o fenômeno com olhos inteiramente diferentes, esse sabe o que vê. Hei-de providenciar para que V., no decorrer deste inverno, adquira alguns conhecimentos nesse considerável assunto, afim de que, em sua viagem ao Reno no próximo verão, lhe sejam proveitosos quando visitar as catedrais de Colônia e de Estrasburgo." Senti-me com isso satisfeito e reconhecido.

Sábado, 25 de outubro de 1823.

Ao anoitecer estive uma hora com Goethe. Encontrei-o sentado numa cadeira de encosto, à sua mesa de trabalho e numa admirável e benévola disposição de espírito, como na plenitude duma paz celestial, ou como se meditasse na doce felicidade já fruída e que de novo paira em toda a magnificência ante sua alma.

A Stadelmann pediu que me avançasse uma cadeira a seu lado.

Discorremos sobre teatro, assunto dos que mais me apaixona este inverno. O "Ocaso da Terra" de Raupach, foi a última representação a que assisti. Minha opinião a respeito é que a peça não fora levada à cena como a ideara o autor, que a idéia predomina sobre a vida real, que é mais lírica que dramática; a ação, que se desenvolve através de cinco atos, teria sido melhor apresentada em dois ou três. E Goethe acrescentou que a idéia do conjunto gira em torno de aristocracia e democracia, o que não é de interesse geral. Em compensação, enalteci as "Afinidades" e a "Reconciliação", de Kotzebue, que vira representar. Louvei a apreciação tão verdadeira da vida real e a feliz escolha de seus aspectos, assim como o desempenho, por vezes muito expressivo e natural. Goethe conveio: "aquilo que se mantém durante vinte anos com geral agrado, deve ter algum valor. — Enquanto se limitava à sua esfera e não ultrapassava as suas possibilidades, Kotzebue produzia em regra algo de bom. Sucedeu-lhe o mesmo que a Chodowiecky; nas cenas burguesas este alcançava igualmente pleno sucesso; o contrário porém acontecia quando representava heróis gregos ou romanos. Goethe citou ainda algumas boas peças de Kotzebue, principalmente "Os dois Klingsberge." "É inegável", prosseguiu, "ele andou pela vida de olhos abertos".

"Espírito e alguma poesia", continuou, "não se pode negar aos nossos poetas trágicos; contudo a maior parte deles não possui o dom das representações leves e vivas. Esforçam-se por realizar o que lhes está acima do alcance e por isso os qualifico de talentos *forçados*".

"Duvido", disse eu, "que tais poetas possam escrever uma peça em prosa, e penso que isso seria a pedra de toque desses talentos".

Goethe concordou e acrescentou que os versos incentivam o senso poético ou até mesmo o despertam.

Conversamos em seguida a propósito de trabalhos em projeto. Tratamos de sua "Viagem à Suíça", que preparou em três fascículos e que me vai enviar afim de que os leia separadamente e proponha um modo de fazer deles um conjunto. "Verá", disse, "que os escrevi ao correr da pena, sem pensar num plano e de acordo com a inspiração do momento, como quem atira um balde d'água".

Achei graça na comparação que me pareceu muito apropriada a significar algo que se executou sem plano algum.

Segunda-feira, 27 de outubro de 1823.

Hoje cedo recebi convite de Goethe para um chá-concerto esta noite. O criado mostrou-me a lista das pessoas que ia convidar, pela qual vi que a reunião seria brilhante e concorrida e informou-me ter chegado uma jovem polonesa que se faria ouvir ao piano. Com prazer prometi comparecer. Pouco depois trouxeram o programa para o espetáculo desta noite; ia ser levada à cena a "Schach-Maschine". Essa peça era-me desconhecida; minha senhoria fez-lhe porém tais elogios, que despertou em mim grande desejo de vê-la. Além disso não me sentira bem durante o dia anterior e fui-me persuadindo que em uma comédia alegre estaria mais à vontade do que em tão distinta sociedade.

Ao anoitecer, uma hora antes do espetáculo, dirigi-me à casa de Goethe onde já estava tudo em movimento. Passando pelo salão, ouvi que afinavam o piano,[1] em preparativos para o sarau musical.

---

1. Um "Streicher", escolhido por Rochlitz (Joh Friedr), grande musicólogo e amigo, em correspondência com Goethe durante trinta anos.

Encontrei-o sozinho em seu quarto e já em traje de cerimônia. Pareceu-me chegar a propósito. "Fique por aqui, conversaremos até chegarem os outros." E comigo mesmo pensei: agora não me livrarei, será preciso ficar.

. Aliás, só com Goethe ser-me-ia muito agradável, mas quando aparecerem os numerosos cavalheiros estranhos e as senhoras, não me sentirei no meu elemento. Caminhávamos de um lado para o outro pelo quarto e em pouco era o teatro o assunto da palestra. Tive ensejo de repetir que era para mim a fonte de um prazer sempre novo, mormente por não ter tido ocasião de freqüentá-lo no passado. "E, devo mesmo dizer-lhe que, por esse motivo sinto-me inquieto e contrariado, embora na perspectiva de uma tão bela reunião social. E quase todos os dramas exercem agora sobre mim um efeito benfazejo". "Pois então, meu amigo", acudiu Goethe, enquanto se detinha fixando-me surpreso e amistosamente. "Vá, não se constranja! Se lhe parece mais apropriado ao seu estado o alegre espetáculo desta noite, vá assisti-lo!

"Aqui teria V. música, mas não lhe faltará ocasião para isso."

"Irei pois", decidi, "será mesmo melhor que vá rir um pouco".

"Agora", tornou Goethe, "fique comigo e até às seis horas poderemos conversar um bocadinho". Stadelmann trouxe duas velas de cera que colocou sobre a mesa de trabalho, e Goethe pediu que me sentasse junto à luz pois queria dar-me algo para ler. E que me apresentou ele? Sua produção mais recente e a mais prezada, sua "Elegia", de Marienbad!

A respeito dessa poesia quero lembrar alguma coisa. Logo após o seu regresso dessa estação de águas, espalhou-se a notícia de que Goethe conhecera uma jovem, bela de corpo e de espírito, que lhe despertara grande paixão. Cada vez que, na Alameda das Fontes ouvia a sua voz, apanhava depressa o chapéu e corria-lhe ao encontro. Não perdia um só instante de estar a seu lado e vivia dias felizes, tornando-se-lhe a separação, depois disso, muito penosa. Nesse estado de paixão compusera uma belíssima poesia sobre a qual guardava segredo, considerando-a sagrada.

Eu acreditava nesse boato perfeitamente verossímil não só pela robustez de Goethe, como também pela força produtora do seu espírito e pela saudável vitalidade de seu coração. Havia muito, ansiava por conhecer essa poesia, porém naturais escrúpulos tinham-me impedido até aí de mencioná-la; por conseqüência podia bem apreciar o favor que nessa ocasião me era concedido.

Ele escrevera os versos do próprio punho, em letras latinas sobre forte papel velino ligado por cordões de seda a uma pasta de marroquim vermelho, provando já pelo aspecto externo, o valor que para ele representa esse manuscrito sobre todos os outros.

Li-o com especial satisfação e em cada linha encontrei a confirmação dos rumores correntes. Contudo já os primeiros versos revelavam que o conhecimento não era recente e sim renovado. O poema gira sempre em torno do próprio eixo e aparenta voltar sempre ao ponto de partida. O final, admiravelmente delineado, impressiona de maneira insólita e empolgante.

Quando terminei a leitura, Goethe aproximou-se. "Não é verdade que lhe apresentei algo de bom? Daqui a alguns dias diga-me sua opinião a respeito".

Com essas palavras, evitava o que muito estimei, um julgamento precipitado de minha parte sob uma impressão demasiado recente e transitória, quando deveria exprimir-me ponderadamente sobre o assunto.

Prometeu pôr de novo a poesia à minha disposição em ocasião mais oportuna. Chegara no entanto a hora do teatro e deixei-o com amistoso aperto de mão.

A comédia pode ser boa e ter sido muito bem desempenhada; eu porém não lhe prestei a menor atenção. Todo o meu pensamento estava com Goethe.

Após a representação passei por sua casa; estava toda iluminada, ouvi os sons do piano e arrependi-me de lá não me ter deixado ficar.

No dia seguinte contaram-me que a jovem polonesa, Sra. Szymanowska,[1] em cuja honra fora realizada a festa, tocara magistralmente, sob o encanto de toda a assistência. Disseram-me também que Goethe a conhecera no último verão em Marienbad e que ela viera agora a Weimar a fim de visitá-lo. Ao meio-dia Goethe mandou-me um pequeno manuscrito, os "Estudos", de Zauper, no qual encontrei observações muito judiciosas. Em retribuição enviei-lhe algumas poesias escritas no verão passado, em Iena, sobre as quais já lhe falara.

Quarta-feira, 29 de outubro de 1823.

Hoje ao anoitecer, dirigi-me à casa de Goethe encontrando-o cheio de vivacidade e frescura de espírito. Os olhos brilhavam refletindo as luzes e aparentava alegria, vigor e mocidade.

Principiou logo, enquanto caminhávamos de um lado para outro, referindo-se às poesias que eu na véspera lhe tinha mandado. "Compreendo agora que V. não concordasse comigo em Iena quando desejava escrever um poema sobre as estações do ano. Aconselho porém que o faça; comece logo pelo inverno. V. parece ter especial gosto pelos assuntos da Natureza e sabe interpretá-los. Quero dizer-lhe ainda duas palavras sobre poesia.

---

1. Maria Szymanowska. Pianista da Corte da Rússia. Com sua arte proporcionou consolo a Goethe pelo malogro de seu pedido de casamento a Ulrica de Levetzlow, pelo que ele lhe dedicou a 2ª. parte da Trilogia da Paixão (Aussöhnung), na opinião de W. von Humboldt os mais belos e ardentes versos que Goethe jamais escreveu.

Morta ainda jovem, em S. Petersburgo, no mesmo ano que Goethe.

V. está agora no ponto em que necessariamente deve romper caminho para as verdadeiras altitudes, através de todas as dificuldades da Arte, para chegar à compreensão da individualidade. Seja enérgico e liberte-se da idéia.

V. possui esse talento e já progrediu tanto, esforce-se pois nesse sentido.

Esteve, há pouco em Tiefurt[1] e, a propósito, quero propor-lhe isso como assunto de sua próxima tarefa. Deverá lá voltar ainda três ou quatro vezes e observar o lugar até apreender seus lados característicos e reunir todas as particularidades. Não se poupe porém, estude bem todos e represente-os; o assunto vale a pena. Eu mesmo há muito tê-lo-ia feito, mas não pude; testemunhei aquilo em todos os seus aspectos importantes e sinto-me embaraçado ante a demasiada profusão de minúcias. V., porém, chegará como estranho; peça ao guardião que lhe relate o passado, e contemple o presente, o que mais se destaca e o que for mais significativo". — Prometi experimentá-lo, conquanto não possa negar que considero uma tarefa muito difícil e acima das minhas possibilidades.

---

1. Tiefurt — Aldeia às margens do Ilm, a 3 km. de Weimar — Castelo, residência de verão com magnífico parque, da Duquesa Ana Amália essa inteligente princesa que amava a Natureza, as festas e sobretudo o teatro e a música que seriamente estudara (com John Ernst Bach, de Eisenach, que a seguira a Weimar) e cultivava ainda; educada à francesa, mas de espírito inteiramente alemão. Muitas das imortais produções de grandes poetas eram lidas em Tiefurt pela primeira vez, para Ana Amália e seus hóspedes. Em 22 de julho de 1872, foi ali levada à cena a "Pescadora", de Goethe, expressamente escrita para aquele auditório de artistas, poetas e homens de Estado. A ação da peça desenvolvia-se no cenário da Natureza, parte às margens do Ilm e parte no próprio rio, à luz dos archotes. Representara o papel de protagonista, a célebre e formosa Corona Schröter a quem Goethe tinha dedicado os conhecidos versos:

> Amigos, abramos alas.
> Ei-la que se aproxima em galas,
> ....
>
> Nela se acumulam os encantos
> E até mesmo o nome, Corona, tua beleza adorna.

Natureza e espírito, passado e presente, lenda e história, conjugavam-se sob aquelas árvores frondosas. Aqui o recanto predileto de Wieland, que uma placa com estes versos de Goethe assinalava:

> "Aqui mora do coração o sossego.
> Douradas visões se elevam
> Da translúcida penumbra das águas.
> Ouvem-se palpitar junto à fonte
> as asas tênues de benignos espíritos..."

Dispersos pelo parque, os bustos de Herder, Wieland e Goethe. Sobre marmórea coluna, uma lira com duas máscaras era dedicada ao gênio de Mozart; mais longe se elevava o monumento à memória do príncipe Leo, irmão de Ana Amália, que encontrou a morte em 1785 quando salvava os que se afogavam na enchente do rio Oder; e, sobre uma iminência, um templo antigo dominava o panorama.

Em Goethe perdurou até o fim da vida, saudosa a lembrança de Tiefurt, dos seus dias juvenis ali transcorridos com seus companheiros de glória. Wieland, Herder, mais tarde Schiller e outros. Muitos anos após, em 1827, visitando o parque em companhia do conde Sternberg, as imagens do passado desfilavam a seus olhos e evocava comovido os amigos desaparecidos.

"Bem sei que é difícil" retorquiu Goethe, "porém a compreensão e a apresentação das circunstâncias características são também a própria vida da Arte. E depois, enquanto nos conservamos no que é vulgar, a todos é possível imitar-nos; mas nas particularidades ninguém nos imita. Porque? porque não passaram por elas.

"Também não se deve temer que as particularidades não encontrem eco. Cada caráter, por original que possa ser, e cada descrição desde a pedra à criatura, tem generalidade; pois tudo se repete e não há no mundo coisa alguma que só uma vez existisse. "Nesse grau de representação individual", continuou Goethe, "principia já o que chamamos composição". Isso não me pareceu logo muito claro; contudo abstive-me de fazer perguntas. Talvez, pensei, refira-se ele à fusão do ideal com o real, à união daquilo que encontramos exteriormente, com o que nos é inato. Talvez todavia pense ele de modo um tanto diverso. — Goethe prosseguiu: — "E ponha sempre sob cada poesia a data em que a compôs." Fitei-o interrogativo. "Por que essa recomendação?" — "Isso vale como um diário de seu estado d'alma. Há anos que o faço e reconheço o que significa".

Entretanto chegara a hora do espetáculo e retirei-me. "Siga para a Finlândia!" gritou-me ainda, caçoando. É que ia ser representado o "João de Finlândia", da Sra. de Weissenturn. Não faltaram à peça situações movimentadas; é porém tão sobrecarregada de emoções e percebem-se tanto os seus propósitos, que no conjunto não me causou boa impressão. Em compensação, o último ato agradou-me plenamente e saí reconciliado.

Ainda sob a impressão do drama, fiz as seguintes reflexões: caráteres ideados pelo autor, lucrarão apenas mediocremente em serem representados, porque os atores como seres viventes, lhes emprestam vida e contribuem para qualquer espécie de individualidade. Ao contrário os caráteres magistralmente desenhados com profunda personalidade, perdem necessariamente com a representação, porque os personagens em regra não se adaptam perfeitamente, e a minoria pode negar a sua personalidade até este ponto. Dela não dispondo o ator ou não possuindo o dom de transformar sua própria personalidade, resulta daí uma mistura e o caráter perde de sua pureza. É assim que uma peça de um autor verdadeiramente grande, aparece por via de regra apenas com poucas figuras expressando a intenção original.

Segunda-feira, 3 de novembro de 1823.

Às cinco horas dirigi-me à casa de Goethe. Ao subir, ouvi que no salão palestravam e gracejavam alegremente em voz alta. O criado informou-me que a jovem polonesa havia jantado lá e que todos se encontravam ainda reunidos.

Quis retirar-me, ele porém disse ter ordem de anunciar-me, e que seria talvez agradável a seu senhor minha presença, pois era já tarde.

Deixei-o ir, e após alguns instantes de espera apareceu Goethe muito prazenteiro, e dirigiu-se comigo a seu gabinete.

Tive a impressão de que se alegrara com a minha visita. Mandou logo que trouxessem uma garrafa de vinho da qual me servia e também a si próprio ocasionalmente.

" Antes que me esqueça", disse depois, enquanto procurava algo sobre a mesa, "aqui tem um bilhete para o concerto oficial que a Sra. Szymanowska realiza amanhã à noite, no salão da Câmara Municipal, e esse V. não deve perder".

Assegurei que não cometeria essa tolice pela segunda vez. "E, com certeza tocou muito bem", tornei. "Primorosamente!" Tão bem como Hummel?[1] -"Considere", advertiu Goethe, "que ela é, não somente uma grande virtuose, como também uma bela mulher, o que torna tudo para nós ainda mais agradável. Possui uma admirável destreza. É surpreendente!"

"E tem firmeza na execução?" "Sim, e é justamente o mais notável, porque nas mulheres não é comum". — Exprimi-lhe o meu contentamento por se me apresentar ainda ocasião de ouvi-la. Entrou o secretário Kräuter e tratou de assuntos da Biblioteca. Quando se retirou, Goethe teceu louvores à sua grande capacidade e infalibilidade em negócios.

Dirigi em seguida a conversa para a viagem à Suíça, empreendida no ano de 1797, por Frankfurt e Stuttgard, cujo manuscrito em três cadernos me comunicara naqueles dias e os quais eu já cuidadosamente estudara.

Recordei o quanto ele e Meyer outrora meditavam sobre Arte. "De fato", assentiu, "que haverá de mais importante do que o assunto propriamente dito e, sem isso, em que consistiria toda a sua compreensão!

"O talento é desperdiçado quando o tema não se adapta; e justamente por faltar ao artista moderno inspiração condigna, há também deficiências em todos os setores da arte moderna. Todos sofremos as conseqüências disso; eu mesmo não posso negar minhas tendências modernistas.

" A minoria dos artistas", continuou, "vê claro a esse respeito e sabe o que lhe.convém. Pintam, por exemplo, o meu "Pescador" e não percebem que é algo que não se pode reproduzir.

Nessa balada representei apenas a sensação da água e a delícia de um banho no verão; não há lá mais nada, como então pintam isso?"

Referi-me a seguir, ao interesse que tudo, naquela viagem lhe despertara e como em tudo se aprofundara: aspecto e situação das montanhas e variedades mi-

---

1. Hummel. Joh. Nep. (1778-1837). Pianista famoso e o único discípulo de Mozart. Diretor da orquestra da Corte, em Weimar. Desde 1830 organizara concertos para o povo no teatro da cidade.

nerais, o solo e o sistema hidrográfico, as nuvens, os ventos e a temperatura. As cidades depois, suas origens e sucessivas transformações; arquitetura, pintura, teatro, instalações municipais e administração; indústria, economia, construção de estradas, raças humanas, costumes, particularidades, ainda política, assuntos militares e mais uma centena de coisas...

Goethe advertiu: "todavia não leu V. palavra alguma sobre música. É que não estava em minha esfera. Cada qual deve saber o que tem a ver e o que lhe compete observar em uma viagem".

O Sr. Chanceler entrou; dirigiu-se a Goethe e depois a mim, externando-se com muita benevolência a respeito de um pequeno trabalho de minha autoria que lera um dia destes. Subiu em seguida para junto das senhoras e, segundo ouvi, iam tocar piano.

Quando saiu, Goethe referiu-se a ele com grandes elogios, e acrescentou: "Todas essas excelentes pessoas com as quais V. entretém agradáveis relações, representam para mim o lar, para onde sempre retorno com alegria".

Afirmei-lhe que já começava a sentir a benéfica influência da minha estada em Weimar; que pouco a pouco ia abandonando minhas propensões idealistas e teóricas para cada vez melhor aprender o valor da minha atual situação. "Seria mau", observou Goethe, "se assim não acontecesse. Persevere nessas convicções e aferre-se ao presente. Cada estado, cada momento mesmo, tem infinito valor, pois representa toda a Eternidade". Após pequena pausa referi-me a Tiefurt e à maneira de representá-lo com mais viva realidade. "Trata-se de um tema, tão variado," disse eu, "e tão difícil de se lhe dar uma determinada forma, que creio ser-me-ia mais simples tratá-lo em prosa." "Para isso", replicou Goethe, "não é o assunto bastante considerável. A forma chamada didático-descritiva poderia, é verdade, ser a preferida; contudo não se lhe amolda tampouco decisivamente. O melhor é V. repartir o tema em dez a doze pequenas poesias, rimadas, porém em diferente métrica e forma, como as exigem os diversos aspectos, contornando assim e ilustrando o conjunto".

Esse conselho tomei-o logo como muito oportuno. "E nada o impede de enveredar para o drama e encetar, digamos, uma palestra com o jardineiro. E destarte, por essa fragmentação, torna-se fácil e possível de melhor exprimir o característico das diversas faces do assunto. Um conjunto extenso é, pelo contrário, sempre complicado.

Segunda-feira, 10 de novembro de 1823.

Há alguns dias Goethe não se sente bem; parece ter um forte resfriado encubado. Tosse muito, conquanto alto e vigorosamente; o que todavia parece ser-lhe doloroso, pois freqüentemente apóia a mão sobre o coração. Esta noite, antes de ir ao teatro, estive com ele uma meia hora.

Descansava na cadeira de braços, as costas arrimadas a uma almofada e falava com dificuldade. Após trocarmos algumas palavras, desejou que eu lesse uma poesia com a qual pensa abrir o novo fascículo, ainda em obra, de " Arte e Antigüidade." Conservando-se em sua cadeira, indicou-me o lugar onde aquela se achava. Tomei uma vela e sentei-me à sua secretária, um pouco afastado. A poesia era maravilhosa, tanto que, sem aliás compreendê-la inteiramente nessa primeira leitura, deixou-me singularmente emocionado e abalado.

Tem como assunto a glorificação do pária e é escrita em forma de trilogia. O tom dominante parece vir de um mundo estranho, e sua forma torna a compreensão muito difícil. Aliás tão próximo de Goethe era-me impossível uma profunda penetração ouvindo-o ora tossir, ora suspirar; de modo que minha atenção se dividia lendo e ao mesmo tempo sentindo a sua presença. Foi-me pois preciso ler e reler para de alguma maneira entender a poesia. Quanto mais porém me aprofundava, tanto mais considerável me parecia, e do mais alto grau de arte.

Discorremos depois, tanto sobre o tema quanto a respeito da ação, e, com algumas explicações suas, muita coisa se me esclareceu. "Na verdade", acrescentou, "a ação é muito reduzida e é necessário compreendê-la bem para dominá-la. A mim próprio apresenta-se-me como uma espada de Damasco, de muitos fios forjada. Tive durante quarenta anos na mente esse assunto que portanto deve ter tido tempo de se purificar de todas as impropriedades".

"Vai causar efeito quando aparecer em público" disse eu. " Ai, o público!" suspirou Goethe. "Não será então de se louvar", tornei, "contribuir para a compreensão, como sói acontecer com a interpretação de uma pintura na qual ao apresentar os motivos precedentes se procura dar vida ao que se representa?"

"Não sou dessa opinião", replicou Goethe. "Em pintura o caso é diferente: por consistir uma poesia em palavras, uma invalida a outra."

Por esse meio, Goethe parece ter-me indicado muito acertadamente os escolhos contra os quais geralmente soçobram os intérpretes da poesia.

Ao retirar-me, desejou que levasse as folhas de "Arte e Antigüidade" a fim de melhor estudar a obra, assim como também as "Rosas Orientais", de Rückert, poeta a quem muito considera e de quem parece muito esperar.

Quarta-feira, 12 de novembro de 1823.

À tarde fui visitar Goethe; ao entrar porém, ouvi que o Ministro de Estado da Prússia, von Humboldt,[1] estava em sua companhia, o que muito estimei, na convicção de que a visita de um velho amigo lhe proporcionou a mais benéfica distração.

---

1. Wilhelm, barão de Humboldt, 1767-1835.

Filólogo, filósofo, erudito, diplomata e Homem de Estado ilustre. Tradutor do Aeschylus, de Agamemnon. Autor de numerosas obras sobre antigos idiomas. Fundador da Universidade de Berlim.

Dirigi-me então para o teatro onde, perante uma sala repleta, foi primorosamente representada a comédia "Irmãs de Praga" com excelente distribuição e com tanto espírito que risos não cessaram durante todo o espetáculo.

Quinta-feira, 13 de novembro de 1823.

Há alguns dias, quando por uma bela tarde eu seguia pela estrada que leva a Erfurt, chegou-se a mim acompanhando-me, um homem idoso o qual tomei por um burguês abastado. Não tínhamos falado muito e já a conversa recaía sobre Goethe. Perguntei-lhe se o conhecia pessoalmente. — "Se o conheço!" respondeu com certa satisfação, "durante uns vinte anos fui seu criado particular." E desfez-se em louvores a seu antigo amo. Pedi que me narrasse algo acerca da juventude de Goethe, ao que anuiu com alegria. "Quando entrei a seu serviço", começou, "devia ele ter uns vinte e sete anos; era magro, ágil e esbelto. Facilmente poderia eu carregá-lo." Inquiri se, naqueles primeiros tempos de Weimar, era muito folgazão. "De certo", concordou, "sem jamais exceder-se porém; embora fosse alegre com os folgazões. Nesses casos geralmente tornava-se grave."

Sempre trabalhando e pesquisando, o sentido dirigido para a Arte e a Ciência, essa fora a contínua tendência de espírito de seu amo.

À noite o duque visitava-o freqüentemente, e discorriam até altas horas sobre assuntos de erudição o que às vezes me parecia demasiado longo e a mim mesmo perguntava se o duque afinal não se iria embora. E já naquela época as ciências naturais eram a sua paixão".

"Uma vez tocou a campainha no meio da noite, e ao entrar em seu quarto vi que empurrava o leito, do canto da peça até a janela, e que deitado observava o firmamento. "Nada notaste no céu?" perguntou, e respondendo eu negativamente: "Então corre até à Guarda e indaga da sentinela se nada viu." O guarda porém nada vira de extraordinário e ao voltar encontrei-o ainda deitado, imóvel, observando o céu.

"Ouve", disse-me então, "atravessamos um grave momento; um terremoto ocorre neste instante ou está por vir."

E mandando-me sentar na cama a seu lado, demonstrou-me os indícios que o levaram àquela convicção."

Perguntei ao bom do velho que tempo fazia então. "O céu estava muito encoberto" respondeu, "a atmosfera calma e pesada, e não se movia a mais leve brisa."

Inquiri se acreditara logo naquela asserção de Goethe. "Sim", afirmou, "acreditei; pois tudo o que predizia confirmava-se sempre.

No dia seguinte, relatando meu amo na Corte suas observações, uma dama segredou ao ouvido de sua vizinha: "escuta! Goethe está divagando!" "O duque e todos os senhores acreditaram nele, e em breve ficou provada a certeza da sua previsão, pois passadas algumas semanas chegou a notícia de ter sido destruída naquela mesma noite, por um terremoto, uma parte de Messina."

Sexta-feira, 14 de novembro de 1823.

Ao anoitecer, Goethe convidou-me a visitá-lo. Humboldt fora à Corte e assim tanto mais bem-vindo eu seria.

Encontrei-o ainda como há dias, em sua cadeira de espaldar alto; estendeu-me afetuosamente a mão, com expressões de grande afabilidade. A seu lado, um biombo preservava-o do calor direto da lareira e das luzes que ardiam sobre a mesa mais afastada. Entrou também o chanceler Müller[1] e, sentando-nos ambos próximo a Goethe, entretivemos leves conversas para que este se distraísse apenas escutando. Em seguida chegou o médico, conselheiro Rehbein; segundo declarou, o pulso de Goethe era forte e regular, com o que nos alegramos e Goethe mesmo gracejou.

"Se ao menos me aliviasse esta dor no coração", lamentou-se depois.

Rehbein propôs aplicar sobre esse ponto um emplastro; nós recomendamos por seus bons resultados esse meio curativo, e o doente consentiu na aplicação. O médico dirigiu a conversa para Marienbad, o que pareceu despertar em Goethe agradáveis recordações. Formaram-se planos de lá voltar para o próximo verão, esperando-se que também o grão-duque não faltaria, e nessa expectativa Goethe alegrou-se. Falou-se também à respeito da Sra. Szymanowska relembrando os dias que aqui passou e cujos favores tão disputados eram pelos cavalheiros.

Retirando-se Rehbein, o chanceler pôs-se a ler as "poesias Indianas" e enquanto isso, Goethe comentou-me sua "Elegia" de Marienbad.

Às oito horas partiu o chanceler; também quis retirar-me, Goethe porém pediu-me demorasse ainda um pouco, e tornei a sentar-me. Falamos acerca de teatro, pois amanhã será levado o "Wallenstein", e veio assim ocasião de discorrer a respeito de Schiller. "A propósito de Schiller dá-se comigo algo singular", observei; "algumas cenas das suas grandes peças teatrais leio-as com verdadeiro encanto e admiração, deparo em seguida porém com atentados contra a verdade da Natureza, e não consigo prosseguir. Até no "Wallenstein" acontece-me o mesmo. — Não me posso abster de acreditar que a tendência filosófica de Schiller tenha prejudicado a sua poesia; e depois devido a isso, chegou a elevar a idéia muito mais alto que toda a Natureza, deste modo aniquilando-a. O que ele imaginava tinha de ser fosse conforme ou contrário às leis naturais".

"É contristador", considerou Goethe, "ver-se uma criatura tão extraordinariamente dotada, atormentar-se com idéias filosóficas que em nada o podiam aju-

---

1. Friedrich von Müller — (1779-1840) — Desde 1815 chanceler do grão ducado. Em convivência quase diária com Goethe. Deixou sobre este memórias ("Unterhaltungen") consideradas, depois destas "Conversações", a mais importante coleção de colóquios goetheanos.

Goethe em Weimar — (1780-1785).

Escadaria da residência de Frauerplan, mandada construir por Goethe à sua volta da Itália.

dar. Humboldt trouxe-me umas cartas de Schiller escritas na época atormentada daquelas investigações teóricas. Por elas se vê o quanto se preocupava com a intenção de libertar inteiramente a poesia sentimental da ingênua. Não pôde porém encontrar terreno favorável para aquela espécie de poesia e isso causou-lhe uma indizível confusão. Como se a poesia sentimental", acrescentou Goethe sorrindo, "pudesse porventura subsistir sem um fundo ingênuo!"

"Não era do caráter de Schiller", prosseguiu Goethe, "proceder sem consciência e por instinto. Pelo contrário, refletia sobre tudo que fazia, e mesmo a respeito de suas intenções poéticas nunca deixava de se manifestar, tanto que todas as suas peças teatrais do último período foram debatidas comigo cena por cena. Ao invés, era inteiramente contra a minha natureza discorrer com quem quer que fosse, mesmo com ele acerca dos meus projetos literários. Guardava tudo calado no meu íntimo e em regra ninguém tomava conhecimento da obra senão quando terminada.

"Ao apresentar a Schiller o meu "Hermann e Dorothea" já concluído, ele muito se surpreendeu, pois antes nunca lhe dissera ter semelhante coisa em mente.

"Estou porém curioso por saber o que dirá V. amanhã, a respeito do "Wallenstein"! Verá grandes personagens e a peça causar-lhe-á uma tal impressão como talvez não imagine".

Sábado, 15 de novembro de 1823.

À noite estive no teatro assistindo pela primeira vez à representação do "Wallenstein". Goethe não exagerara; tive uma grandiosa impressão e comovi-me profundamente. O atores, em sua maioria ainda do tempo em que Schiller e Goethe influíam sobre eles pessoalmente, apresentaram um considerável conjunto de notáveis personagens, de cuja individualidade por uma simples leitura não me teria compenetrado, pelo que a peça desenvolveu-se ante mim com extraordinária vida, e mesmo durante o resto da noite não me saiu do pensamento.

Domingo, 16 de novembro de 1823.

À tarde com Goethe. Estava ainda em sua cadeira de braços e pareceu-me um tanto enfraquecido. Sua primeira pergunta foi sobre o "Wallenstein". Descrevi-lhe a sensação que me causou o drama, o que ouviu com visível contentamento.

Acompanhando a Sra. von Goethe chegou Soret[1] e demoraram-se algum tempo enquanto este, incumbido pelo grão-duque, entregava a Goethe umas medalhas de ouro cujo exame pareceu proporcionar-lhe agradável entretenimento.

---

1. Soret, Friedrich Jakob (1795-1865). Republicano liberal. Quando em Genebra foi chamado a Weimar pela grã-duquesa Maria Paulowna para preceptor do príncipe herdeiro, tinha, graças a seus trabalhos científicos, já nome feito nos domínios da Mineralogia e da ótica. Em pouco era um dos íntimos em casa de Goethe, cuja "Metamorfose das Plantas" traduziu para o francês. Deixou também suas "Conversações com Goethe", nas quais "é mais objetivo e prova tê-lo compreendido a fundo".

A Sra. von Goethe e Soret saíram para a Corte, de modo que achamo-nos de novo sós.

Lembrando sua promessa de dar-me a reler em hora conveniente a "Elegia" de Marienbad, Goethe ergueu-se, colocou uma vela à sua mesa de trabalho e entregou-me o manuscrito. Senti-me feliz em tê-la de novo ante meus olhos. Tornando a sentar-se, Goethe deixou-me entregue a um tranqüilo estudo.

Depois de ter lido por algum tempo, quis dizer-lhe algo a respeito; pareceu-me porém que dormia. Aproveitei então o momento favorável para a ler e muitas vezes reler, o que ocasionou-me um raro gozo.

O ardor juvenil da paixão, suavizado pela elevação moral, afigurou-se-me como o geral característico da obra.

Pareceram-me contudo os sentimentos expressos, mais fortes que os que transparecem habitualmente em suas produções, o que atribuí à influência de Byron, que Goethe, aliás, não negou.

"Aí tem V. a conseqüência de uma forte paixão", disse ele: "Pensei que nada neste mundo me faria renunciar a esse amor e agora por preço algum tornaria a envolver-me nele. E compus a elegia imediatamente após a partida de Marienbad, quando ainda na plenitude do sentimento que de mim se apoderara.

De manhã às oito horas, na primeira parada, escrevi a primeira estrofe, e assim continuei a compor na carruagem, de estação a estação, passando para o papel à noite o que trouxera na memória durante o dia. Disso resultou uma certa espontaneidade, como de um jato, o que favorece o conjunto".

"Em toda a sua forma", observei, "tem também muito de característico, e por isto não lembra as outras produções de V. E." "Pode provir", replicou, "de ter eu apostado no presente, como se arrisca numa cartada uma considerável soma, e, sem exagerar, procurei elevá-la tão alto quanto possível".

Essa explicação pareceu-me interessante por esclarecer os processos de Goethe e revelar as múltiplas facetas do seu gênio por todos admirado. Entretanto tinham soado nove horas.

Pediu-me chamasse seu criado Stadelmann, e deixou que lhe fosse aplicado o emplastro receitado, sobre o peito, do lado do coração. Enquanto isso eu encostara-me à janela e daí ouvia suas queixas a Stadelmann; "que não melhorava e que seu mal tomava um caráter permanente". — Finda a operação, sentei-me ainda um pouco a seu lado. Lamentava-se-me também por não ter dormido absolutamente nas últimas noites e não sentir o mínimo apetite.

"O inverno passo-o assim", disse, "nada posso fazer, nada posso encadear, o espírito não tem vida alguma."

Procurei sossegá-lo, roguei-lhe não se preocupasse tanto com seus trabalhos e exprimi-lhe a esperança de ver em breve passado esse estado.

"Ai" suspirou — "impaciente não estou, já passei por muitas situações dessas e aprendi a sofrer e suportar".

Vestia um roupão de flanela branca e tinha os joelhos e os pés envoltos numa coberta de lã.[1] "Não irei para a cama", disse, "passarei a noite nesta minha cadeira, já que verdadeiramente não poderei dormir".

Fazia-se tarde; estendeu-me a mão e retirei-me.

Quando entrei no quarto de serviço, em baixo, para apanhar meu sobretudo, encontrei Stadelmann consternado. O estado de seu amo muito o afligia, suas queixas eram um mau sinal, os pés, até há pouco um tanto inchados, tinham-se tornado subitamente finos. Iria ao médico muito cedo comunicar-lhe esses maus sintomas. Procurei tranqüilizá-lo mas não o consegui.

Segunda-feira, 17 de novembro de 1823.

Ao chegar ao teatro esta noite, precipitaram-se numerosas pessoas ao meu encontro, indagando ansiosamente pela saúde de Goethe.

A notícia de sua enfermidade deve-se ter espalhado célere pela cidade, e talvez exagerada. Alguns diziam estar ele sofrendo de grave moléstia pulmonar.

Quarta-feira, 19 de novembro de 1823.

Andei ontem todo o dia preocupado. Com exceção da família, a ninguém era permitido entrar em seu quarto.

Esta tarde apresentei-me e fui recebido. Encontrei-o ainda sentado em sua poltrona; a aparência era a mesma, o espírito todavia mais animado.

Falamos principalmente a propósito de Zauper e da influência muito diversa resultante do estudo da literatura dos antigos.

Sexta-feira, 21 de novembro de 1823.

Goethe mandou chamar-me. Com grande alegria encontrei-o já de pé e caminhando pelo quarto. Apresentou-me o livrinho "Ghaselen",[2] do Conde Platen;

---

1. Essa manta acompanhou-o na campanha da França.

2. Gazel — Como é sabido, poesia amorosa ou báquica dos persas e dos turcos, que os árabes adotaram. Introduzida da literatura alemã por Rückert e Platen.

Conde August Platen, poeta notável, n. em 1796 em Ausbach, m. em 1835, em Siracusa. Autor de belos poemas entre os quais os "Sonetos Venezianos" nos quais elevou, à perfeição o seu ideal literário, "Ghaselen" e "Neue-Ghasele" aquele com um epílogo a Goethe que muito o elogiava.

"tencionava", disse, "referir-se em "Arte e Antigüidade" a essas poesias que bem o merecem. Meu estado porém não mo permite; veja pois se consegue compreendê-las bem e fazer-lhes jus." Prometi tentá-lo. "Existe nos gazéis a particularidade", continuou Goethe, "de exigirem certa opulência de idéias; e a contínua repetição das rimas idênticas requer sempre idênticos pensamentos, não estando assim ao alcance de qualquer um. Estas todavia agradar-lhe-ão." Com a chegada do médico retirei-me.

Segunda-feira, 24 de novembro de 1823.

Sábado e domingo estudei os "Gazéis". Esta manhã escrevi minha opinião sobre o livro e enviei-a a Goethe; fui informado de que já há alguns dias por ordem do médico não recebe pessoa alguma.

Hoje à tarde, apesar disso, mandou chamar-me. Aproximando-me encontrei já uma cadeira colocada a seu lado; estendeu-me a mão, extremamente afetuoso e benévolo. Principiou logo falando sobre minhas pequenas críticas.

"Alegrei-me muito lendo-as", disse: "Tem V. um belo talento. E quero dizer-lhe uma coisa", prosseguiu; "caso lhe façam de outra parte, oferecimentos ou propostas de gênero literário, recuse-as ou pelo menos, ponha-me ao corrente delas, pois já que se ligou a mim, não me agradaria tivesse ligações com outrem".

Afirmei-lhe que só desejava conservar-me a seu lado e que absolutamente não cogitava de ulteriores combinações Alegrou-se com isso e manifestou a intenção de fazermos em colaboração, ainda este inverno, muitos belos trabalhos.

Abordando o caso dos gazéis, regozijou-se pela terminação dessa obra e por ter a nossa mais nova literatura produzido tão belas poesias.

E continuando: "quero recomendar-lhe os nossos novos talentos para um estudo especial e para observação. Desejo que V. tome nota de tudo o que na nossa literatura aparecer de importante e me faça ver o mais meritório, afim de a isso nos referirmos nos cadernos de " Arte e Antigüidade" e podermos com fundamento mencionar o que é bom, nobre e valioso. Porque com a máxima boa vontade nada conseguirei sem o auxílio alheio, em tão avançada idade e em meio à milhares de ocupações".

Afirmei que o faria, e ao mesmo tempo alegrei-me por vê-lo afeiçoado aos nossos novos poetas, mais do que eu pensara.

Nos dias seguintes enviou-me os últimos diários literários para os fins que combináramos. Durante alguns dias não o procurei e também não fui chamado. Ouvi que seu amigo Zelter havia chegado para visitá-lo.

Segunda-feira, 1 de dezembro de 1823.

Convidado hoje para jantar em casa de Goethe. Ao entrar encontrei Zelter[1] sentado a seu lado; levantaram-se e dando uns passos ao meu encontro estenderam-me a mão. "Aqui temos meu amigo Zelter", apresentou Goethe, "será uma boa relação para V. e, como penso mandá-lo em breve para Berlim, lá será por ele acolhido da melhor maneira". "Deve ser bom em Berlim", disse eu. "Sim", concordou Zelter rindo, "lá, muito se aprende e se desaprende." — Sentamo-nos e falamos sobre assuntos vários. Perguntei por Schubarth. "Ele visita-me no mínimo todas as semanas, respondeu Zelter. Casou, mas está desempregado porque se incompatibilizou com os filólogos em Berlim. Perguntou-me se conhecia Immermann. Disse-lhe ter ouvido freqüentemente seu nome, mas que até hoje nada lera do que escreveu. "Conheci-o em Münster" continuou. É um jovem que muito promete, e seria de desejar que a sua ocupação lhe deixasse mais tempo para a Arte". Goethe louvou-lhe igualmente o talento. "Veremos" acrescentou, "como se vai desenvolver, se se conformará em purificar o gosto e, a propósito da forma, tomar como guias os melhores mestres. Suas aspirações originais têm na verdade seu lado bom, contudo perde-se facilmente em divagações estéreis."

O pequeno Walter aproximou-se aos saltos e começou a dirigir inúmeras perguntas a Zelter e ao avô. "Quando chegas, irrequieto espírito", acudiu Goethe, "estragas logo qualquer conversa". De resto, ele quer muito ao menino e não se cansa de satisfazer-lhe os caprichos.

A senhora Goethe e a senhorita Ulrica,[2] entraram e também o jovem Goethe, de farda e espada, para ir à Corte. Sentamo-nos à mesa. A senhorita e Zelter, sobremaneira alegres, gracejaram da maneira mais gentil durante toda a refeição. A pessoa de Zelter e sua presença fizeram-me grande bem. É um homem saudável e feliz que se abandona ao momento presente e a quem nunca falta a palavra justa. Além disso, de uma grande bondade natural e simpatia, e tão sem cerimônia, que tudo diz francamente, de quando em quando mesmo com rudeza. Sua própria liberdade espiritual transmite-se aos outros, de modo que em sua presença desaparece logo qualquer constrangimento. No meu íntimo desejei viver algum tempo em sua companhia e estou certo que me sentiria muito bem.

Zelter retirou-se logo depois; estava convidado nessa noite pela grã-duquesa.

---

1. Zelter, Karl Friedrich, 1758-1832.

Mestre pedreiro em Berlim, músico, compositor. Fundador da primeira filarmônica alemã e do Instituto de Música Sacra. Diretor da "Singakademie". "O mais fiel, o mais afetuoso, o mais devotado amigo de Goethe desde 1796. Era um dos três a quem tratava por tu. Ao receber a notícia de sua morte, deixou também de viver. Perdeu de repente as forças e envelheceu dez anos num dia". É uma história comovente, essa, do desaparecimento quase simultâneo dos dois amigos. Sentindo-se gravemente enfermo, inclina-se ante o busto de Goethe, dizendo: — "V. Excelência passou, como é natural, antes de mim. Segui-lo-ei porém muito em breve". E recolhendo-se ao quarto, morreu (15 de maio).

2. Ulrica von Pogwisch, irmã de Ottilie.

Quinta-feira, 4 de dezembro de 1823.

Esta manhã trouxe-me o secretário Kräuter um convite de Goethe para jantar. Este, além disso, insinuava-me dedicar a Zelter um exemplar das minhas "Contribuições para a Poesia". Assim fiz, e fui levá-lo à hospedaria. Em retribuição, deu-me as poesias de Immermann. "Teria muito gosto em presentear-lhe esse livro", disse; mas como vê, o autor dedicou-mo. É pois para mim uma valiosa lembrança que devo conservar".

Em seguida, antes do jantar, demos um passeio até "Ober-Weimar", através do parque. Em muitos trechos, que lhe recordaram tempos passados, Zelter narrou-me fatos a propósito de Schiller, Wieland e Herder de quem tinha sido amigo, o que considerava de elevado proveito para sua vida inteira.

Discorreu depois sobre composição e recitou vários Lieder de Goethe. "Quando quero compor uma poesia", prosseguiu ele, "procuro de início penetrar no sentido literal e dar vida ao assunto. Em seguimento leio alto para mim mesmo até sabê-lo de cor, e assim, enquanto continuo a recitar, vem vindo por si a cadência". A ventania e a chuva obrigaram-nos a voltar mais cedo do que desejaríamos. Acompanhei-o até à casa de Goethe, e aí ele subiu ao primeiro andar para antes da refeição cantar um pouco com a senhora von Goethe.

Às duas horas cheguei para o jantar e encontrei-o já ao lado de Goethe examinando gravuras em cobre de regiões italianas. Entrou a senhora von Goethe e sentamo-nos à mesa. A senhorita Ulrica estava hoje ausente, assim como o jovem Goethe, o qual entrou apenas para dar-nos as boas tardes e tornou à Corte.

A palestra à mesa esteve sobremaneira variada. Numerosas e originais anedotas foram narradas, tanto por Zelter como por Goethe, as quais punham em relevo as qualidades do seu comum amigo Frederico Augusto Wolf, de Berlim. Falou-se muito, em seguida, a respeito dos Nibelungen e após sobre Lorde Byron e sua tão esperada visita a Weimar, no que a senhora von Goethe tomou especial interesse. A festa de São Roque em Bingen, forneceu também assunto muito animado; Zelter recordava-se principalmente de duas raparigas que o impressionaram profundamente e cuja lembrança parecia ainda hoje alegrá-lo. A divertida canção de Goethe, "Felicidade da Guerra", foi em seguida espirituosamente debatida. Zelter esteve inesgotável em anedotas de soldados feridos e belas mulheres, com o propósito de provar a realidade daquela poesia. O próprio Goethe afirmou que não necessitava ir longe para justificar tais realismos pois observara-os pessoalmente em Weimar... A senhora von Goethe, porém, sustentou continuamente uma jovial oposição, por não querer concordar que as mulheres fossem tais como as representava a maliciosa poesia. E assim também hoje à mesa foram-se escoando as horas da maneira mais agradável. "Então, como lhe pareceu Zelter?" Louvei sua personalidade em extremo benevolente. "A primeira vista", tornou Goethe, "poderá parecer muito rude, às vezes até violento. Isso é porém apenas na aparência; quase não conheço quem ao mesmo tempo seja tão suave como Zelter. E é preciso também não esquecer que passou meio século em Berlim, onde convive, como pude observar, com criaturas tão audaciosas que não vão longe, em delicadeza, e que lhe é necessário muita resolução como também um pouco de severidade, afim de se manter no seu nível".

Quarta-feira, 31 de dezembro de 1823.

Com Goethe, à mesa, em diferentes assuntos. Fez-me ver uma pasta com desenhos, entre eles, principalmente notáveis, os primeiros de Heinrich Füssli. Falamos depois em assuntos religiosos condenando o uso excessivo do nome de Deus. "Tratam-no", observou Goethe, "como se o incompreensível, inconcebível e mais elevado Ser, fosse pouco mais do que um igual. Do contrário não diriam; O Altíssimo, o bom Deus, Deus Nosso Senhor, mormente para os sacerdotes que o pronunciam cotidianamente, é uma mera frase, uma simples denominação, na qual nem mesmo pensam. Estivessem compenetrados de Sua Grandeza, emudeceriam e por veneração nem citariam Seu Nome".

1824

Sexta-feira, 2 de janeiro de 1824.

À mesa em casa de Goethe, em alegre palestra. Falou-se numa linda jovem da sociedade de Weimar, e, a propósito, um dos convivas declarou que quase chegou a amá-la, embora sua inteligência não se pudesse chamar brilhante,

"Ora essa"! acudiu Goethe rindo, "como se o amor tivesse algo que ver com a inteligência! Nós amamos numa mulher moça coisa inteiramente diversa da inteligência. Amamos nela a beleza, a mocidade, os atrativos, a meiguice, o caráter, seus caprichos e imperfeições, e quem sabe, fora disso, o que mais há de inexprimível, porém não sua inteligência. Sua inteligência, admiramo-la se é brilhante, e com isso pode uma jovem adquirir infinito valor a nossos olhos. O talento pode contribuir para cativar-nos quando já estamos presos pelo sentimento, isolado porém, não teria o poder de nos inflamar e inspirar uma paixão."

As palavras de Goethe pareceram verdadeiras e muito convincentes, e todos se dispuseram a encarar igualmente o assunto por esse lado. Depois que os outros se retiraram, tratamos ainda de vários temas interessantes.

Discorremos sobre literatura inglesa, sobre a grandeza de Shakespeare e a situação desfavorável em que se encontraram os dramaturgos ingleses que vieram após aquele gigante da poesia.

"Um talento dramático", afirmou Goethe, "tão considerável que não podia deixar de tomar conhecimento de Shakespeare; sim, não era possível evitar estudá-lo. Estudando-o, porém, devia ficar ciente de que Shakespeare esgotara já a natureza humana integralmente e em todos os sentidos, das suas profundezas aos píncaros, e que em suma, aos pósteros nada mais restava a realizar.

"De onde tomaria alguém sequer a coragem de empunhar a pena, consciente em seu íntimo da existência desses primores insondáveis e inatingíveis! Há cinqüenta anos achava-me nesse sentido evidentemente melhor, na minha querida Alemanha. Consegui logo acomodar-me com o "existente", que não se me impôs e tão pouco deteve por muito tempo.

"Em breve deixei para trás a literatura alemã e o estudo da mesma, e voltei-me para a vida e a produção. E assim aos poucos avançando, fui progredindo em meu natural desenvolvimento e evoluindo para as produções com as quais em uma e outra época alcançava êxito; a idéia que eu fazia do ópimo não era, naquele grau de evolução da minha vida, muito mais elevada do que a capacidade de produzir. Se porém, eu tivesse nascido inglês e me houvessem aquelas múltiplas obras-primas, no primeiro despontar da juventude, penetrado com todo o seu poder, sentir-me-ia subjugado, e sem saber como agir.

"Não teria progredido com ânimo tão vivo, e, forçado a hesitar longamente, procuraria algures uma outra saída."

Dirigi de novo a conversa para Shakespeare. "Se, de certa maneira o arrancássemos à literatura inglesa e, transportado à Alemanha, o observássemos isoladamente, não poderíamos deixar de extasiar-nos ante sua gigantesca magnitude. Se porém, no solo da sua pátria, e na atmosfera do século em que viveu, estudássemos também seus coevos e sucessores imediatos respirando a força que nos vem de Ben Jonson, Massinger, Marlow e Beaumont e Fletcher, não deixaria Shakespeare de ser sempre uma imponente e extraordinária figura. Mas chega-se à convicção de que muitas maravilhas de seu espírito tornam-se de certo modo acessíveis e que grande parte do que é seu, assenta na atmosfera produtiva e fecunda do seu século e do seu tempo.

"Tem razão", concordou Goethe. "Dá-se com Shakespeare o mesmo que com as montanhas da Suíça. Transplante o Monte Branco para a vasta planície das charnecas de Luneburgo, e ele através de seus alterosos vizinhos, o Jungfrau, o

Finsteraarhorn, o Eiger, o Wetterhorn, o S. Gothardo e o Monte Rosa, parecerá sempre gigantesco sem entretanto causar o mesmo assombro.

"Quem, de resto, não quiser acreditar", prosseguiu, "que a glória de Shakespeare origina-se em grande parte da sua época fecunda e grandiosa, interrogue-se a si próprio se seria admissível na atual Inglaterra de 1824 nestes maus dias de imprensa maldizente e demolidora, um tão extraordinário fenômeno.

"Aquela tranqüila, inocente, abstrata produção, pela qual unicamente medra o que é grandioso, nem é mais exeqüível. Nossos talentos de hoje jazem todos no tabuleiro da publicidade. Os jornais de crítica que aparecem diariamente em inúmeras localidades diversas, e as bisbilhotices por eles produzidas em público, nada de são permitem vicejar. Quem hoje em dia não se mantém retraído e não se isola com energia, está perdido.

"O influxo malévolo, quase sempre negativamente crítico e estetizante, da imprensa periódica, originou uma certa semicultura das massas, que para o espírito criador é uma névoa obcecante e um veneno letal, destruindo a planta da produtividade, desde o verdor ornamental das folhas até à profundidade da medula e as fibras mais recônditas.

"E como se entibiou e debilitou a existência, de uns magros séculos para cá! Onde se encontra ainda uma natureza espontânea! Onde alguém com a coragem de ser verdadeiro e mostrar-se tal qual é! Isso repercute sobre o ânimo do poeta, forçado a buscar tudo em si, desamparado por tudo que o cerca.

Passou-se a falar no "Werther". "É essa também uma criatura que nutri, como o pelicano, do meu coração. Encerra tanto de íntimo, do meu próprio âmago, que daria bem para uns dez pequenos volumes, tais como ele.

"De resto, eu o li uma única vez, desde que apareceu, conforme já declarei, e evitei repeti-la. São fogos de artifício! Sinto verdadeiro pavor de voltar ao mesmo estado patológico de que o livro resultou".

Vieram-me à mente as notas de seu colóquio com Napoleão, que encontrara entre os manuscritos inéditos, e observei: — "Napoleão aludiu a uma passagem que lhe parecera não resistir a um exame rigoroso,[1] o que V. E. admitiu. Anseio por saber de qual se trata". "Adivinhe", respondeu com misterioso sorriso. "Estou quase certo ser aquela em que Lotte envia as pistolas a Werther, sem dizer palavra a Alberto, nem participar-lhe seus pressentimentos e temores. É verdade que V. E. se esforçou por fundamentar esse silêncio; entretanto parece ser infração de uma imperiosa necessidade, por tratar-se da vida de um amigo". "Sua observação realmente não é má. Se coincide com a de Napoleão, acho conveniente não revelar".

---

1. Napoleão criticou no "Werther" a união do motivo do amor-próprio ofendido com o da paixão amorosa.

"Repito contudo, que o seu reparo é tão acertado quanto o dele".

Referi-me então à grande sensação causada por "Werther" ao aparecer, duvidando se realmente seria conseqüência da época "Não estou de acordo", continuei, "com essa opinião tão generalizada. "Werther" fez época por ter aparecido, não por ter aparecido numa determinada ocasião. Existem em todos os tempos, tantos sofrimentos inexprimíveis, tantos dissabores secretos e desgostosos da vida, e nas próprias criaturas tantas divergências com o mundo, tantos conflitos da sua natureza com as instituições sociais, que "Werther" faria época mesmo se aparecesse hoje!" "Tem V. plena razão", concordou Goethe, "eis porque também o livro influi ainda agora sobre a juventude como outrora".

"Também não me teria sido preciso derivar as minhas melancolias de adolescente, da influência do meu tempo e da leitura de certos autores ingleses. Foram antes situações íntimas, que me atormentavam como espinhos e me deram que fazer impondo-me aquele estado de espírito do qual originou-se o "Werther". Eu tinha vivido, amado e sofrido muito! E foi assim"...

"A tão discutida época de "Werther" observada de mais perto, certamente não faz parte da civilização mundial, mas sim do curso da vida de cada um que, possuindo inato o genuíno sentimento da Natureza, se encontra restrito nas estreitas formas de um mundo antiquado e deve aprender a conformar-se.

"Felicidade tolhida, atividades refreadas, desejos insatisfeitos não são defeitos duma certa época, mas inerente a todas as criaturas, e mau seria, se cada um não tivesse em sua vida uma época, em que "Werther" lhe parecesse como escrito especialmente para si".

Domingo, 4 de janeiro de 1824.

Hoje depois do jantar, examinamos a pasta dos desenhos de Rafael. Goethe ocupa-se muito freqüentemente com esse grande artista afim de manter-se em constante contato com o que de melhor existe e reviver as concepções dessa sublime criatura. E sente prazer em fazer-me compartilhar de semelhantes assuntos.

Comentamos em seguida o "Divan", sobretudo o "Livro do Agastamento", no qual desabafou grande parte do que tinha no coração contra seus inimigos. "De resto procedi com muita moderação", acrescentou, "se eu quisesse exprimir tudo o que me atormentava e preocupava, aquelas escassas páginas aumentariam para um volume inteiro.

"No fundo nunca estavam contentes comigo e exigiam sempre coisa diferente do que a Deus prouve fazer de mim. Também, raramente estavam satisfeitos com o que eu produzia. E quando, dia por dia, eu me esforçava do fundo d´alma para, com uma nova obra, fazer algo por amor do mundo, exigiam que lhes agradecesse por achá-la apenas passável.

"Se me concediam louvores, eu não devia tomá-los com jovialidade, como um tributo devido, porém esperavam que os recusasse modestamente, proclamando assim a completa insignificância de minha pessoa e de minha obra.

"Isso porém estava em oposição à minha natureza e seria preciso que fosse um miserável para mentir e dissimular dessa maneira. Como eu era bastante forte para mostrar francamente o que sentia, passei por orgulhoso e assim sou julgado até o dia de hoje.

"Em assuntos de religião, de ciência e política, sempre tive muito que suportar por não saber fingir e por ter a coragem de manifestar meus sentimentos.

"Acreditava em Deus e na Natureza, na vitória do Bem sobre o Mal; contudo, isso não bastava às almas beatas. Queriam também acreditasse que Três formam Um, e Um, Três. O que era contrário à minha concepção: também não via em que isso me pudesse servir de qualquer modo.

"Depois saiu-me mal ter verificado que a teoria da luz e da cor, de Newton, era um erro, e ter tido a coragem de contradizer o credo geral. Reconheci a luz em sua pureza e realidade, e considerei minha obrigação combater por essa opinião. O partido oposto porém esforçava-se seriamente por obscurecer a luz, afirmando que: — As cores que, possuindo elas mesmas algo de opaco, seriam a própria luz ou, o que vinha a dar no mesmo, raios da luz refratados ora deste ora daquele modo. Goethe calou-se, enquanto seu rosto olímpico se abria num sorriso irônico. E prosseguindo: "E então, em assuntos políticos? O que tive de suportar e padecer a esse respeito nem posso dizer. Conhece os meus "Exaltados"? — "Só ontem", respondi, "li essa peça, na nova edição das obras de V. E., e de coração lamentei permanecesse incompleta; apesar disso todos os bem pensantes serão da vossa opinião".

"Escrevi-a no tempo da Revolução Francesa", continuou, "pode até certo ponto ser considerada como a minha profissão de fé daquela época. Como representante da aristocracia, criei a figura da Condessa e explanei, com as palavras que lhe pus na boca, como a nobreza realmente deve pensar. A condessa acaba de chegar de Paris, onde presenciou as sensacionais ocorrências das quais tirou para si ensinamentos que não são maus.

"Convenceu-se de que o povo até certo ponto pode ser oprimido, mas não tiranizado, e que a revolta das classes inferiores é uma conseqüência da iniqüidade dos poderosos. "Quero", diz ela, "para o futuro evitar rigorosamente qualquer ação que me pareça injusta, assim como direi alto a minha opinião sobre semelhantes ações de outrem, na sociedade e na Corte. Não mais calarei injustiça alguma, mesmo que me taxem de democrata". "Essa opinião", continuou Goethe, parece-me de todo respeitável. Era minha, outrora, e ainda o é agora. Em recompensa, me infligiram toda espécie de qualificativos que não quero repetir".

"Basta ler o "Egmont", retorqui, "para se ficar conhecendo o modo de pensar de. V. E. — Não sei de outra obra alemã em que mais se advogue a liberdade

55

dos povos". "Persistem", prosseguiu Goethe, "em não querer ver-me tal qual sou, desviando o olhar de tudo que revela a minha verdadeira personalidade.

"Schiller, pelo contrário, o qual, aqui entre nós, era muitíssimo mais aristocrata do que eu, tinha a singular ventura de ser reputado um amigo do povo. Concedo-lhe isso cordialmente e consolo-me com outros que antes de mim não se saíram melhor.

"Na verdade, eu não poderia ser partidário da Revolução Francesa, pois seus horrores estavam-me demasiado próximos e revoltavam-me incessantemente, enquanto, naquele tempo não apareciam ainda, seus benéficos efeitos. Também não me posso conservar indiferente quando se pretende promover na Alemanha, por meros artifícios, semelhantes cenas que foram na França conseqüência de uma inevitável contingência. Eu não era tampouco amigo do despotismo e estava convencido de que o povo não é culpado das grandes revoluções e sim o Governo.

"Essas revoltas seriam de todo impossíveis se os Governos fossem sempre justos e prudentes, se se aproximassem do povo por aperfeiçoamentos oportunos e não se obstinassem até que estes lhes sejam impostos pelas camadas inferiores.

"Pelo fato de detestar as revoluções, acusam-me de partidário do "existente". Esse é porém qualificativo muito ambíguo e que repilo. Fosse o que aí existe, em tudo perfeito, benigno e justo, eu nada teria a opor. Mas como a par de muita coisa boa, existem muitas más, injustas e imperfeitas; um partidário dessa situação não é em geral senão um amigo do que é antiquado e ruim.

"O tempo está porém em constante evolução e as coisas humanas assumem aspecto diverso cada meio século, de modo que uma organização que no ano de 1800 era perfeita, já em 1850 pode ser uma coisa disforme. E por outro lado, só é conveniente a uma nação, o que provém de sua própria substância e das próprias necessidades gerais, sem ser um arremedo servil, pois o que pode ser alimento benfazejo a um povo em certo grau de evolução, agirá talvez sobre outro como um veneno.

"Todas as tentativas para introduzir qualquer inovação estranha, cuja necessidade não se origina da substância principal da própria nação, são portanto insensatas, e todas as projetadas revoluções dessa espécie, fracassadas, pois não estão com Deus, o qual se afasta de tais arremedos falhos. Se porém existe em um povo real ansiedade por uma grande reforma, então Deus estará com ela e será bem sucedida. Ela é manifesta em Cristo e seus primeiros prosélitos, pois a nova doutrina do amor era uma necessidade para a plebe, e igualmente evidente em Lutero, porquanto a purificação daquela doutrina, desfigurada pelo clericalismo não o era menos.

"Aquelas chamadas grandes forças que pareciam de acordo com o presente, estavam antes fortemente compenetradas de que o velho fermento devia ser revolvido e de que a situação não podia continuar inverídica, injusta e imperfeita".

Terça-feira, 27 de janeiro de 1824.

Goethe falou-me no prosseguimento da história da sua vida, em cuja elaboração atualmente se ocupa, dizendo-me que nesta época de sua existência não pode ser tão minucioso como na de sua mocidade em "Verdade e Ficção". "É mister que eu trate" disse ele, "estes últimos anos, antes como anais, e daí ressaltará menos a minha vida do que a minha atividade. Aliás a época do desenvolvimento do indivíduo, é a mais importante, e no meu caso tem seu remate nos pormenorizados volumes de "Verdade e Ficção". Passada essa fase, principia o conflito com o mundo que somente desperta interesse quando daí surge algum resultado. "E depois. Que é a vida de um letrado alemão? O que no meu caso tivesse havido de bom, não seria para divulgar, e o que poderia sê-lo não vale esse trabalho. E onde estão os ouvintes com quem se poderia discorrer com algum agrado?

"Quando recordo minha juventude e madureza, e constato em minha idade atual, quão poucos existem ainda daqueles que foram jovens no meu tempo, vem-me ao pensamento a estada de verão numa estação de águas.

"Logo ao chegar, travam-se relações de amizade com os que já lá estavam e que tornarão a partir nas próximas semanas, o que é para nós uma sensível perda. Apegamo-nos então à segunda geração, com a qual vamos vivendo durante um bom espaço de tempo e privamos intimamente. Esta também parte porém, deixando-nos a sós com a terceira, chegada pouco antes da nossa partida e com a qual nada temos que ver.

"Fui constantemente considerado como um homem extremamente favorecido pela sorte; aliás não me quero queixar e maldizer do curso da minha vida. Esta porém, não foi no fundo senão penas e trabalho; e posso bem dizer que nos meus setenta e cinco anos não tive propriamente quatro semanas de perfeito lazer. Era o eterno rolar de um seixo que lutava por se elevar. Os meus " Anais" esclarecerão o que aqui digo. Foram demasiadas as exigências à minha atividade tanto interna como externa.

"Minha verdadeira felicidade consistia nas próprias reflexões e criações poéticas. E contudo quanto fui nisso estorvado, restringido, embaraçado, pela minha posição oficial!

"Tivesse-me eu retraído um tanto das ações e atividades públicas e profissionais, para viver na solidão, teria sido mais feliz e, como poeta, produzido muitíssimo mais. Assim, porém, logo após a aparição de "Werther", e de "Götz", confirmou-se a palavra de um sábio, segundo o qual, quando se faz alguma coisa por amor ao mundo, este saberá tratar de impedir que a gente torne a fazê-lo.

"Um nome vastamente conhecido, uma posição elevada na vida, são boas coisas. Entretanto com todo o meu nome e minha situação, nada mais consegui além de calar-me em face de opiniões alheias, afim de não sensibilizar alguém. Seria de fato um mau gracejo se com isso eu não tivesse tido a vantagem de desvendar o pensamento alheio sem dar a conhecer o meu.

Domingo, 15 de fevereiro de 1824.

Hoje, antes do jantar, Goethe mandou-me convidar para um passeio de carruagem. Quando entrei tomava uma pequena refeição e estava alegremente disposto.

"Tive uma agradável visita", disse, vindo contente ao meu encontro; "um jovem muito esperançoso, Meyer, da Westfália, esteve há pouco aqui. Ele compõe umas poesias que prometem muito; com dezoito anos apenas, está já incrivelmente adiantado!

"Alegro-me, continuou Goethe sorrindo, por não ter dezoito anos. Quando eu estava nessa idade, a Alemanha também completava seus dezoito anos, e então ainda se podia fazer alguma coisa; agora, porém, as exigências são inacreditáveis e todos os caminhos estão barrados. A Alemanha paira tão alto em todos os ramos, que mal se pode abranger tudo com a vista, e atualmente ainda querem que sejamos ao mesmo tempo, gregos e latinos e ainda ingleses e franceses! Cometemos a loucura de também nos inclinar para o Oriente, e tudo isso traz a mocidade em inteira confusão.

"Fiz-lhe ver, para consolá-lo, a minha colossal Juno,[1] como um símbolo, para que persevere firme nos gregos e possa entre eles encontrar tranqüilidade. É um jovem encantador. Se conseguir evitar a dispersão de seu talento, poderá vir a ser alguma coisa".

"Como já disse, dou graças ao Céu por já não ser moço, neste mundo tão artificial.

"Não me saberia nele radicar, e mesmo que me refugiasse na América, chegaria tarde, pois lá também os primeiros albores já teriam passado.

Domingo, 22 de fevereiro de 1824.

À mesa, com Goethe e seu filho o qual, ao terminarmos, contou muitas histórias divertidas do seu tempo de estudante, principalmente de Heidelberg. Com seus amigos realizou durante as férias, várias excursões pelo Reno, e guarda especial recordação de um estalajadeiro em cuja casa pernoitou com dez colegas e o qual lhes fornecia gratuitamente o vinho, com o único fim de tomar parte numa alegre festa de estudantes.

---

1. Juno. Reprodução da cabeça colossal da Vila Ludovisi, presente do Conselheiro Schultz a G. em 1823. "Dieses erhabene einzige Götterbild"... assim a qualifica em sua carta de agradecimento a Schultz, e alude ao choque que lhe causou o busto gigantesco da deusa, ao penetrar na grande sala frígida onde havia semanas não entrava.

Finda a refeição, Goethe fez-nos ver aquarelas de regiões italianas, mormente do Norte do pais, com as montanhas limítrofes da Suíça, e do Lago Maggiore. As ilhas Borromeas refletem-se nas águas, vendo-se nas margens embarcações e apetrechos de pesca; Goethe chamou-nos a atenção para o lago, que é o do seu "Wilhelm Meister". O promontório que o limita para noroeste na direção do Monte Rosa, estende-se em massas da cor azul escuro que tomam ao crepúsculo.

Ponderei que a mim, nascido na planície, a sombria majestade daquelas montanhas suscita lúgubres impressões e que não experimento o menor desejo de excursionar por aqueles desfiladeiros.

"Esse sentimento", concordou Goethe, "é natural, pois no fundo, tudo no homem está de acordo com as condições nas quais e para as quais nasceu. Quem não é atraído por grandes desígnios no estrangeiro, vive muitíssimo mais feliz em sua casa. A Suíça produziu em mim, a princípio, uma impressão tão grandiosa que me senti desorientado e inquieto; só depois de repetidas permanências e após alguns anos, quando somente observava as montanhas com objetivos meramente mineralógicos, pude a elas afazer-me tranqüilamente."

Examinamos em seguida grande cópia de gravuras de uma exposição francesa; reprodução de pinturas de artistas novos. A concepção nesses quadros era em geral fraca, de modo que, entre quarenta, apenas havia quatro ou cinco bons. Esses eram: uma rapariga ditando uma carta de amor, uma mulher numa "maison à vendre" que ninguém quer comprar, uma pescaria, e músicos ante uma imagem de Nossa Senhora. Também não era má uma paisagem da escola de Poussin, a propósito da qual Goethe assim se externou: "Esses artistas compreenderam a idéia geral das paisagens de Poussin e continuam a produzir seguindo essa impressão. Não se pode chamar de maus nem de bons esses quadros.

"Não são maus, porque neles transparece uma boa escola, mas não se lhes pode chamar bons porque a seus autores falta em regra a grande personalidade de Poussin. O mesmo se dá com os poetas; existem alguns que se revelariam medíocres, por exemplo, na grande escola de Shakespeare".

E para terminar, foi longamente contemplado e discutido o modelo de Rauch para a estátua de Goethe destinada à cidade de Frankfurt.

Terça-feira, 24 de fevereiro de 1824.

Hoje à 1 hora, em casa de Goethe. Deu-me a ler manuscritos que havia ditado para o primeiro fascículo do quinto volume de "Arte e Antigüidade". Encontrei também para que eu julgasse, o "Pária" alemão, um apêndice de sua autoria tanto à respeito da tragédia francesa, como de sua própria "Trilogia Lírica", na qual de certo modo esse assunto se apresentava como um todo homogêneo. "Estimo", disse Goethe, "que V. por ocasião de suas críticas, tenha-se inteirado das condições indianas; pois ao fim de todos os nossos estudos, apenas retemos aquilo que nos é de proveito prático."

Concordando, afirmei ter feito durante meu curso na Academia essa experiência, pois das aulas do professor retinha apenas aquilo que convinha a uma aplicação na prática; em compensação, esquecia por completo tudo o que não aproveitava praticamente. "Assisti às aulas de Heer sobre História Antiga e Moderna, e delas não recordo palavra alguma. Estudasse porém eu agora um ponto de História com a intenção de porventura representá-lo num drama, estou certo de que o guardaria para sempre na memória".

"Geralmente", ponderou Goethe, "estuda-se em excesso nas Academias e muitíssimo além do que seria necessário. Também os lentes tratam as matérias de modo muito prolixo, excedendo-se sem real proveito para seus ouvintes. Nos tempos passados, Química e Botânica eram convenientemente ensinadas como ramos que são da Farmacologia e com isto se contentava o estudante de Medicina, agora porém, Química e Botânica tornaram-se ciências independentes, absorvendo cada qual uma vida inteira. E ainda querem exigi-las dos futuros médicos! Disso nada pode sair de bom; uma ciência será suplantada pela outra e esquecida. Por esse motivo, quem for sensato evitará qualquer dispersão, limitando-se a *um ramo* e tornando-se assim competente *nesse mesmo ramo*".

Mostrou-me, em seguida, uma breve apreciação que escreveu a propósito de "Cain", de Byron, a qual li com vivo interesse. "Vê-se", disse ele, "o quanto deu que fazer a um espírito independente como o de Byron, a estreiteza dos dogmas da Igreja e como ele procura libertar-se nessa obra de uma doutrina que o importunava. O clero inglês certamente não lhe será grato, para mim porém será de admirar se o poeta não prosseguir apresentando assuntos bíblicos afins, e se deixar escapar um motivo como o da destruição de Sodoma e Gomorra".

Após essa apreciação literária, desviou minha atenção para as artes plásticas, fazendo-me ver uma antiga pedra talhada, sobre a qual já dias antes se referira com admiração. Encantado examinei a simplicidade do motivo representado; um homem que tirara do ombro uma pesada ânfora para que um menino dela bebesse. Esse porém não se ajeitava, a água não fluía, a boca não alcançava o vaso e, enquanto nele apoiava as mãozinhas, elevava o olhar para o homem como pedindo-lhe inclinasse-o um pouco mais.

"Então, que tal lhe parece?" acudiu Goethe, "nós os modernos, podemos, é certo, sentir a grande beleza de um motivo desses, ingênuo, verdadeiro e natural, possuímos também o conhecimento e a compreensão da maneira de fazê-lo, não o fazemos porém; a faculdade intelectual prevalece, e falta sempre esta graça encantadora".

Apreciamos depois uma medalha de Brandt, de Berlim, representando Teseu jovem, ao retirar de sob a rocha as armas do pai. A posição da figura tem muito de notável, no entanto pareceu-nos insuficiente a tensão dos músculos para mover a pedra.

Não julgamos também muito bem pensado que o jovem conservasse numa mão as armas, enquanto que com a outra sustinha a rocha, pois conforme a natureza das coisas, teria antes arrojado para o lado a pesada pedra, e em seguida tomado as armas. "Em compensação", tornou Goethe. "quero mostrar-lhe uma antiga gema na qual o mesmo assunto é tratado por um antigo". Mandou que Stadelmann trouxesse uma caixa contendo algumas centenas de reproduções de pedras antigas que ele trouxera de Roma por ocasião de sua viagem. Vi então a mesma cena tratada por um artista da velha Helade, e quão diferente! O jovem herói emprega toda a sua força para levantar a pesada massa. O guerreiro valendo-se de todo o seu vigor, apenas baixa o olhar para as armas a seus pés. Satisfeitos admiramos a grande naturalidade desse trabalho.

"Meyer costuma dizer", tornou Goethe rindo, "*se o pensar não fosse tão difícil!* O pior é porém", continuou gracejando, "que o pensar não ajuda ao pensamento; devemos para isto ter boas idéias, que como mensageiros divinos, estejam sempre ante nós bradando: aqui estamos!"

Quarta-feira, 25 de fevereiro de 1824.

Goethe mostrou-me hoje duas poesias muito notáveis, ambas da mais alta moralidade em sua tendência; em seus detalhes porém, de um realismo sem reservas, daquelas que a sociedade costuma taxar de imorais. Por isso ele guardou-as em segredo, sem cuidar em publicá-las.

"Se espírito e alta cultura fossem um bem comum" disse, "fácil seria a tarefa do poeta; poderia ser sempre inteiramente sincero, não hesitaria em dizer o que de melhor lhe ocorresse. Necessita porém manter-se em certo nível; pois é preciso considerar que suas obras irão ter às mãos de um público heterogêneo, e terá daí motivos para se acautelar a fim de que a maioria das boas criaturas não se desgoste por uma demasiada liberdade. E, fora disso, o tempo é uma coisa estranha; é um tirano que tem suas manias e que em cada século julga diversamente as criações alheias.

"O que aos antigos gregos era permitido dizer, não mais nos parece conveniente, e o que foi de absoluto agrado dos rudes contemporâneos de Shakespeare, não mais será tolerado pelos ingleses de 1820, de modo que nos tempos modernos uma "Family-Shakespeare"[1] torna-se uma sensível necessidade.

"Depende muito também da forma"; retorqui. "Uma daquelas poesias, escrita na cadência e na metrificação dos antigos, tem muito menos de chocante. Certamente algumas minúcias são desagradáveis em si, porém a composição projeta sobre o conjunto tanta dignidade e grandeza, que é como se estivéssemos lendo um verdadeiro clássico, e retrocedêssemos aos tempos dos heróis gregos."

---

1. Em inglês no original.

"A outra poesia, pelo contrário, na cadência e metrificação do mestre Ariosto, é muito mais melindrosa. Trata-se de uma aventura de hoje, na linguagem de hoje, e por se nos apresentar em completa nudez, muito mais audaciosa se nos depara. "Tem razão", concordou Goethe, "ocorrem nas diversas formas poéticas, grandes e misteriosos efeitos. Seria de um efeito atroz se se quisesse transferir o argumento das minhas "Elegias Romanas" para o ritmo e metrificação de "D. João", de Byron.

Trouxeram os jornais de França. O fim da campanha militar dos franceses, na Espanha, sob o comando do duque de Angoulême, interessou-o vivamente. "Os Bourbons merecem grandes elogios por essa empresa", disse, "pois só assim conquistam o trono e ao mesmo tempo o exército. E já atingiram esse objetivo. O soldado volta de novo fiel a seu rei, pois tem a convicção da sua própria vitória como da derrota dos espanhóis governados por tantos chefes, e conhecendo a diferença que existe entre obedecer a um só ou a muitos. O exército afirmou a antiga glória e proclamou sua bravura e o poder de vencer, independente de Napoleão".

Voltando seus pensamentos para a História, Goethe discorreu largamente a propósito do exército prussiano na Guerra dos Sete Anos, o qual, afeito por Frederico o Grande a constantes triunfos, e assim mal acostumado, mais tarde tantas batalhas perdeu por demasiada confiança em si próprio. Todas as minudências da História lhe são familiares e não pude deixar de admirar tão afortunada memória.

"Tive a grande vantagem", prosseguiu, "de nascer numa época em que estiveram na ordem do dia os mais importantes acontecimentos mundiais os quais continuaram a se desenrolar durante minha longa existência, de forma que fui testemunha viva da Guerra dos Sete Anos assim como da Independência da América; em seguida, da Revolução Francesa, e, finalmente, de toda a era napoleônica até a queda do herói, e dos subseqüentes acontecimentos.

"Em conseqüência, cheguei a resultados e pontos de vista absolutamente diversos dos que agora estão por nascer e que terão que julgar aquelas grandes ocorrências, através de livros que não compreenderão.

"O que nos espera nos próximos anos é impossível prever: temo porém, que não tenhamos tão cedo a paz. Ao mundo não é dado moderar-se; aos grandes, afim de não haver algum abuso do poder, às massas também não, para que se contentem na esperança de sucessivos melhoramentos, com uma situação razoável. Se fosse possível tornar a humanidade perfeita, então seria também admissível um estado perfeito; como está porém, haverá um eterno balançar. Uma parte terá de sofrer enquanto a outra se diverte; o egoísmo e a inveja, como verdadeiros demônios, prosseguirão em sua nefasta ação e a luta dos partidos não terá fim.

"O mais sensato é que cada um exerça o ofício para o qual nasceu e que aprendeu e não impeça aos outros de exercer os seus. Não suba o sapateiro além da chinela, conserve-se o lavrador por detrás da charrua e governe o soberano com sabedoria, pois é esse igualmente um ofício que deve ser aprendido e que ninguém se deve arrogar sem dele ter perfeito conhecimento.

Voltando em seguida aos jornais: "os liberais podem falar, pois quando judiciosos são ouvidos com prazer: os monarquistas porém em cujas mãos está o poder executivo, discorrem mal; que ordenem a marcha das tropas e execuções, nos jornais oficiais; porém combater opiniões e justificar suas medidas vexatórias, isso não lhes assenta. Para um auditório de Reis poderiam eles falar.

"Por mim, no meu modo de proceder", continuou Goethe, "mantive-me sempre monarquista. Deixei falar os outros e fiz o que me pareceu bem. Examinava os meus assuntos e tomava a direção que convinha. Cometendo sozinho um erro, poderia remediá-lo, se porém, o tivesse cometido com dois, três ou mais, seria impossível uma reparação, pois entre muitos as opiniões divergem."

Em seguida, à mesa, Goethe estava em alegre disposição. Fez-me ver o álbum da senhora von Spiegel, no qual escrevera uns belos versos. Durante dois anos permaneceu em branco a página que lhe fora destinada e regozijou-se por ter enfim conseguido cumprir a antiga promessa. Depois de ter lido a poesia dedicada à senhora von Spiegel, continuei folheando o livro e notei muitos nomes importantes. Logo à página seguinte, havia uma poesia de Tiedge,[1] escrita inteiramente nos moldes e na cadência da sua "Urânia". "Em uma crise de audácia", disse Goethe, "estive por acrescentar-lhe alguns versos meus; estimo porém não tê-lo feito, pois não seria a primeira vez que melindrava boas criaturas por manifestações francas, estragando a ação das minhas melhores coisas.

"E no entanto", prosseguiu, "não aturei pouco a "Urânia", de Tiedge, pois em certa época não se cantava nem declamava senão essa poesia, que era encontrada em todas as mesas onde quer que se entrasse, e constituía, assim como a "Imortalidade", o assunto de todas as conversas.

"De forma alguma quero renunciar à ventura de crer numa futura existência; direi mesmo como Lourenço de Médicis, "que já nesta vida estão mortos os que não têm esperança em outra". Somente estão muito distantes de nós e incompreensíveis essas coisas, para serem objeto de observação diária e idéias de especulações destruidoras. Que goze pois em silêncio sua ventura quem acredita na imortalidade, mas não seja isso causa de quaisquer pretensões.

A propósito de "Urânia", observei que assim como a nobreza, formam os devotos uma certa aristocracia. Encontrei mulheres ingênuas, que se sentiam orgulhosas por acreditar, como Tiedge, na imortalidade e tive de suportar que muitas delas me argüissem sobre esse ponto, de uma maneira muito presunçosa. Irritei-as porém, retorquindo-lhes: gostaria bem se ao cabo dessa tivéssemos a ventura de uma nova vida; suplicaria porém não ter de encontrar no Além, nenhum dos que aqui nisso acreditaram, pois do contrário recomeçariam assim os meus tormentos!"

---

1. Tiedge — Carlos Augusto — (1752-1841) Publicou em 1800, "Urânia", uma poesia em seis cantos, sobre Deus, Imortalidade e Liberdade.

"Os devotos cercar-me-iam dizendo: "não tínhamos pois razão? Não o havíamos então predito? E não se tornou uma realidade? "E assim também da outra banda os aborrecimentos não teriam fim.

"Ocupar-se com idéias de imortalidade, continuou Goethe, é para os ociosos, principalmente para mulheres que nada têm a fazer. Mas um homem inteligente que pretende ser aqui respeitável e que com esse fim se esforça, combate e age, deixa em sossego a vida futura para ser laborioso e útil nesta. E depois, os pensamentos acerca da imortalidade são para aqueles que em matéria de felicidade não se saíram bem por aqui, e seria capaz de apostar que se o bom Tiedge, houvesse tido um melhor destino, teria tido também melhores idéias".

Quinta-feira, 26 de fevereiro de 1824.

Com Goethe à mesa. — Após havermos jantado e ter sido retirada a toalha, mandou que Stadelmann trouxesse umas grandes pastas com gravuras. Sobre aquelas havia algum pó e não tendo sido encontrado nenhum pano apropriado para removê-lo, Goethe indignou-se e repreendeu o criado. "Lembro-te pela última vez;", advertiu, "que, se não fores, ainda hoje, comprar os panos tão freqüentemente reclamados, irei eu próprio amanhã, e tu verás se cumpro a palavra". — Stadelmann retirou-se. " Aconteceu-me uma vez fato idêntico com o ator Becker", prosseguiu Goethe alegremente, "o qual se negava a representar um cavaleiro, em "Wallenstein". Mandei-lhe dizer que se ele não quisesse desempenhar o papel, fá-lo-ia eu em pessoa. E isso deu resultado, pois conheciam-me como diretor de teatro, sabiam que não admitia brincadeiras nesses assuntos e que era bastante amalucado para sustentar minha palavra e praticar uma extravagância.

"E seriamente, teria V. E. representado o cavaleiro?" perguntei. "Sim, e com maior êxito, pois conhecia o papel melhor do que Becker". Abrimos ato contínuo, as pastas, e passamos a examinar os desenhos e gravuras. Goethe procedia nisso a meu respeito com muito zelo, e eu sentia seu evidente propósito de elevar-me na contemplação da arte a um alto grau de penetração. Apresenta-me unicamente o que é perfeito no gênero, elucidando-me sobre o propósito e o merecimento do artista, afim de que eu medite sobre as idéias dos melhores e consiga senti-los logo.

"Por esse meio", disse ele hoje, "forma-se aquilo a que chamamos gosto, porque o gosto não se pode aperfeiçoar no que é medíocre, mas somente no que há de mais aprimorado. Por isso faço-lhe ver somente o melhor; e quando V. consolidar seus conhecimentos terá então uma escala para julgar sem exageros mas sabendo apreciar o que realmente vale. E mostro-lhe o que de superior existe em cada espécie, para que veja que nenhuma é de desprezar, e nunca desagrada, desde que um grande talento lhes atinja à perfeição. Esse quadro dum artista francês, por exemplo, é gracioso como nenhum e uma obra-prima em seu gênero".

Goethe passou-me a gravura que com prazer examinei. Na sala encantadora de um palácio de verão, cujas janelas e portas abrem para o jardim, vê-se um gracioso grupo. Uma bela mulher de uns trinta anos, sentada, segura um álbum de música parecendo ter acabado de cantar. A seu lado, mais ao fundo, está uma mocinha duns quinze anos. Para trás, de pé, junto à janela aberta, uma outra jovem acaba de fazer vibrar as cordas de um alaúde. Naquele momento entrava um mancebo para o qual se dirigiam os olhares das damas; parece ter interrompido a reunião e como está ante elas levemente curvado, dá a impressão de pedir desculpas que as senhoras parecem acolher de bom grado.

"Para mim", opinou Goethe, "isso é tão gracioso como qualquer obra de Calderon, e V. está vendo o que há de mais perfeito na espécie.

"Que diz V. porém disto?" E com essas palavras apresentou-me algumas gravuras em água-forte, do famoso animalista Roos, que representavam unicamente carneiros, em todas as atitudes e situações; a nescidade da fisionomia, a fealdade e o emaranhamento da lã, tudo com a maior realidade como se vivos estivessem. "Sinto-me inquieto quando observo esses animais", tornou Goethe. "Seu limitado entendimento, o ar apático absorto e tedioso inspira-me comiseração; a gente teme tornar-se também um animal e quase se chega a acreditar que o próprio artista se tenha identificado com eles.

"Em todo o caso não deixa de ser digno de admiração seu poder de familiarizarse com essas criaturas e penetrar-lhes na alma para com tamanha realidade deixar entrever-lhes a índole na forma externa. Constata-se porém a capacidade de um grande talento quando persevera nos assuntos em conformidade com a sua natureza".

"Não pintou também esse artista ", perguntei, "cães, gatos e feras com idêntica fidelidade?"

"Não", tudo isso está fora do seu ambiente; mas em compensação, não se cansava de representar esses mansos herbívoros: carneiros, cabras, vacas e outros semelhantes. Essa era a verdadeira esfera do seu talento da qual não saiu enquanto viveu. E nisso procedeu bem!

"Era-lhe inata a comiseração para com esses animais; fora-lhe dado conhecer seu estado psicológico e por isso tinha igualmente, para o físico um golpe de vista tão feliz — As outras criaturas, ao contrário, não lhe seriam tão compreensíveis e para representá-las faltar-lhe-iam tanto vocação como inspiração".

Essas manifestações de Goethe excitaram em meu íntimo muitas idéias semelhantes, fazendo-as reviver.

Há algum tempo dissera-me também, que o conhecimento do mundo é congênito no verdadeiro poeta o qual absolutamente não necessita de muita experiência nem de grande empirismo. "Escrevi meu "Götz von Berlichingen", na idade de vinte e dois anos, e surpreendeu-me dez anos mais tarde o realismo das minhas descrições. Não vira até então notoriamente coisas tais, e nem presenciara aquelas situações, portanto devia ter a intuição prévia das diversas condições humanas.

"Tivera somente prazer em descrever o meu mundo interior antes de conhecer o exterior. Quando depois descobri que era realmente tal como o tinha imaginado, tornou-se-me enfadonho e perdi o gosto de descrevê-lo — Poderia mesmo dizer: se tivesse adiado a minha descrição do mundo até conhecê-lo, teria esta sido um *persiflage*.

"Existe nos caracteres", dissera em outra ocasião "algo de obrigatório, uma certa seqüência lógica, que faz com que neste ou naquele particular se encontrem certos traços secundários. A experiência ensina isso suficientemente; pode porém ser esse conhecimento também inato em certas classes de indivíduos. Não quero averiguar se se reúnem em mim o natural e a experiência; sei porém que se falo a alguém durante um quarto de hora, de bom grado consinto em deixá-lo falar durante duas horas". A propósito de Lorde Byron, Goethe disse que a esse fora dado ver um mundo como que translúcido, tornando-se-lhe assim, possível representá-lo por antecipação. Externei a respeito alguma dúvida; se, por exemplo, Byron conseguiria representar uma criatura inferior, por me parecer a sua individualidade demasiado impetuosa para se dedicar com amor a assuntos tais. Goethe concordou, explicando que a antecipação dos fatos alcança somente os objetos proporcionados ao talento, e depois concordamos que à proporção de ser ela restrita ou ampla, o próprio talento representativo seria de considerar-se maior ou menor. "Quando V. Excelência afirma", tornei, "que o conhecimento do mundo é inato ao poeta, decerto só teve em mente o mundo interior e não o empírico dos fenômenos e conveniências; e para que o vate consiga uma exata representação do mesmo será mister acrescentar o estudo da realidade".

"Certamente" replicou Goethe, "assim é. A esfera do amor, do ódio, da esperança, do desespero, e seja como se queira chamar aos estados e paixões d´alma, é familiar ao poeta, de modo que a pode retratar fielmente. Assim, a priori, pude bem interpretar no "Fausto" o sombrio estado de misantropia no herói, como também o sentimento amoroso de Gretchen. Contudo, para dizer, por exemplo:

> *Como se eleva triste o sombrio disco,*
> *Da lua minguante na tranqüila claridade...*[1]

foi-me necessário alguma observação da Natureza. Não lhe vem do berço a noção de como presidir a um tribunal ou de proceder em um parlamento ou em uma coroação, e para que não desvirtue o realismo dos acontecimentos, o poeta deve deles se inteirar, segundo a própria experiência e a tradição".

"Não existe aliás em todo o "Fausto", retorqui, "uma só linha que não demonstre uma cuidadosa investigação do mundo e flagrantes impressões da vida e nunca imaginaríamos que não fossem o fruto de uma vasta experiência."

---

1. Do "Fausto" — (Noite de Walpurgis).

"Pode ser", anuiu Goethe. "Não tivesse eu contudo já em mim o mundo, e ter-me-ia conservado cego apesar de vidente, e todas as pesquisas e experiências nada mais seriam do que um baldado esforço. A luz aqui está e cercam-nos as cores; não as trouxéssemos todavia em nossa retina, tampouco as descobriríamos em derredor!

Sábado, 28 de fevereiro de 1824.

"Há criaturas excelentes", disse Goethe "que nada podem fazer sem refle-xão e de improviso, e cuja natureza exige que todos os assuntos sejam profunda-mente meditados em sossego. Em geral esses talentos deixam-nos impacientes porque raramente alcançamos deles o que de momento desejamos. Contudo é por essa forma que se atinge às culminâncias."

Dirigi a conversa para Ramberg. "Eis um artista de espécie inteiramente diversa", tornou Goethe, "uma vocação extraordinária, e mesmo um improvisador sem igual. Em Dresden, uma vez, solicitou-me uma tarefa. Propus-lhe então o Agamenon, quando, chegando de Tróia ao lar, desce do carro e sente-se atemorizado ao transpor os umbrais da sua casa. V. confessará que é esse um dos mais difíceis temas, que exigiria de qualquer outro artista madura reflexão. Apenas porém acabara eu de falar e Ramberg começava a desenhar; com viva admiração observei quão exatamente compreendera logo o assunto. — Não posso negar que desejaria possuir alguns desenhos seus".

Falamos em seguida a respeito de outros artistas que procedem levianamente em suas obras e por fim fracassam por demasiado superficiais. "Tais artífices", disse Goethe, "querem somente chegar ao fim e não sentem prazer algum no trabalho. O legítimo talento, verdadeiramente grande, encontra na interpretação sua mais elevada satisfação. Roos é incansável nas acuradas minúcias da lã e do pêlo de seus carneiros e cabras, e pelos infinitos detalhes vê-se que se sente durante o trabalho inteiramente feliz, sem a preocupação de terminá-lo. Os talentos medíocres não se satisfazem com a arte em si, têm sempre em mira, enquanto trabalham, a idéia do lucro que esperam conseguir uma vez pronta a obra; de tão frívolos desígnios porém, nada de grandioso resultará."

Domingo, 29 de fevereiro de 1824.

Às 12 horas dirigi-me à casa de Goethe que me havia convidado para um passeio de carro antes do jantar. Encontrei-o almoçando e sentei-me à sua frente enquanto iniciava a conversa referindo-me ao trabalho de que nos estamos ocu-pando, relativo à nova edição de suas obras.

Persuadi-o de nelas incluir o seu "Deuses, Heróis e Wieland", assim como a sua Carta do Pastor.

"No meu atual ponto de vista", disse, "não tenho propriamente, opinião alguma sobre aquelas produções da mocidade. Vós os moços, deveis pois opinar a respeito. Não quero entretanto maldizer daqueles meus ensaios; certo debatia-me ainda na penumbra e ansiava por dela sair mas possuía já um sentimento do direito, a varinha mágica que me indicava onde encontrar o filão de ouro".

Fiz notar que esse seria o caso de todos os grandes talentos, pois do contrário ao despertarem neste mundo de confusões, não poderiam acertar com a razão e evitar o reverso.

Enquanto isso, haviam atrelado o carro e tomamos pelo caminho de Iena. Falando de coisas diversas, Goethe aludiu aos jornais franceses recém-chegados.

"Os fundamentos da constituição francesa", observou, "destinada a um povo com tantos elementos de corrupção, são bem diferentes dos da Inglaterra. Na França tudo se consegue pelo suborno, a própria Revolução Francesa foi dirigida por suborno".

Deu-me em seguida a notícia do falecimento de Eugênio Napoleão, Duque de Leuchtenberg,[1] ocorrido esta manhã, e que parecia impressioná-lo profundamente. "Era ele um dos grandes caráteres", continuou Goethe, "que se vão cada dia tornando mais raros, e o mundo está novamente privado de uma notável personalidade. Conheci-o pessoalmente, e ainda no verão passado estivemos juntos em Marienbad. Era um belo homem nos seus quarenta e dois anos, aparentando porém mais idade, o que não admira quando se considera o que teve de suportar em sua vida que foi uma sucessão ininterrupta de campanhas militares e grandes feitos. Em Marienbad comunicara-me um plano sobre cuja realização muito debatemos.

Tratava-se da ligação entre o Reno e o Danúbio, por um canal. Um empreendimento gigantesco, quando se reflete nas condições desfavoráveis daquelas regiões. Nada porém parecia impossível a quem serviu sob as ordens de Napoleão e com ele revolucionou o mundo. Carlos Magno tinha o mesmo projeto e chegou a começar os trabalhos que porém em pouco paralisaram. As areias não se mantinham firmes e as massas de terra desmoronavam sem cessar, de ambos os lados".

Segunda-feira, 22 de março de 1824.

Antes do jantar num passeio de carro com Goethe até o seu "Garten".[2] A situação deste, na outra margem do Ilm, próximo ao parque, no declive ocidental duma colina, respira uma tranqüilidade deliciosa. Protegida dos ventos do norte e de leste, exposto à vivificadora influência dos ventos alísios setentrional e ocidental, é, sobretudo no outono e na primavera, um retiro extremamente agradável.

---

1. — Filho de Josefina e do Visconde de Beauharnais. Pai da nossa segunda imperatriz Dona Amélia e do primeiro marido de Dona Maria II, de Portugal.

2. Quarenta e oito anos decorridos desde que entrou em sua posse.

A cidade, situada na direção noroeste, fica tão próxima que se pode em poucos minutos alcançá-la e, no entanto, olhando-se em torno, não se avista construção alguma, nem mesmo uma torre que possa indicar sua vizinhança imediata.

O frondoso arvoredo do parque oculta inteiramente a vista para aquele lado e se prolonga à esquerda em direção norte, sob o nome de "Sterne", para a estrada que lhe passa à frente. A oeste e sudoeste estende-se um grande prado, através do qual, a distância duma flechada, desliza o Ilm em suaves curvas. Para além do rio se eleva a margem também em colinas, em cujos cimos e encostas verdeja em variadas gradações a folhagem dos alterosos amieiros, freixos, álamos e bétulas, interceptando o horizonte em direção sul e oeste numa razoável distância.

Fixando a vista, do parque para o prado, tem-se a impressão, principalmente no estio, de estar próximo a uma floresta que se desdobra a perder de vista. A cada momento espera-se ver surgir no prado um veado ou uma corça. Sentimo-nos transportados a um tranqüilo ermo em plena Natureza, pois o profundo silêncio é apenas quebrado a espaços pela voz solitária do melro ou pelo canto alternado de um tordo, no bosque.

Desses devaneios de completa solidão desperta-nos no entanto o bater das horas na torre do relógio,[1] o grito dos pavões que ressoa duma eminência do parque, o rufar dos tambores e o toque de corneta na caserna, sons que na verdade não nos são desagradáveis pois que nos vêm recordar a proximidade da cidade hospitaleira da qual já nos julgávamos tão distantes.

Em determinados dias e estações do ano, estes prados são muito movimentados. Vêem-se ora camponeses que se dirigem a Weimar para o mercado ou para o trabalho e que de lá voltam, ora passeantes de toda espécie ao longo das margens sinuosas do Ilm, sobretudo na direção de Oberweimar em certos dias muito freqüentadas. E depois, na época da ceifa do feno, anima-se alegremente este trecho. Mais além, pastam rebanhos de carneiros e as magníficas vacas da granja vizinha.

Contudo ainda não havia vestígios da aproximação restauradora do verão; apenas pelos prados reverdeciam alguns trechos e nos galhos ainda escuros das árvores apontavam rebentos. Não obstante, o canto do tentilhão anunciava já a primavera, assim como o do melro e do tordo, perceptíveis de espaço a espaço. A temperatura era estival, agradável; soprava um vento ameno de sudoeste. Pelo céu sereno, pequenas nuvens borrascosas passavam isoladas e, muito alto, longos cirros se iam desfazendo. Atentos observávamos as nuvens e notamos que se desmanchavam também as que subiam aglomeradas, donde Goethe concluiu que o barômetro devia estar em ascensão.

Discorreu em seguida a respeito da subida e queda do barômetro, a que denomina indício positivo ou negativo de chuva. Falou sobre a respiração rítmica da Terra segundo as leis eternas, e sobre a possibilidade de um dilúvio resultante de um constante predomínio das águas. E mais: que cada região tem sua atmosfera própria, contudo ocorrendo nas indicações barométricas da Europa uma grande

---

1. Do Palácio Ducal.

homogeneidade. A Natureza é incomensurável, e com grandes irregularidades é sempre dificílimo encontrar as leis que regem os seus fenômenos.[1]

Enquanto me instruía sobre tão elevados assuntos, andávamos abaixo e acima pela larga estrada arenosa. Acercamo-nos da casa[2] a qual mandou abrir pelo criado. Na fachada caiada de branco, roseiras presas às paredes, trepavam até o telhado. E em volta, notei, particularmente interessado, grande número de ninhos de pássaros diversos que desde o verão aí se tinham conservado, e que agora pela ausência da folhagem nos galhos estavam expostos à vista, principalmente de pintarroxos e várias espécies de toutinegras, conforme a sua tendência de os construírem a maior ou menor altura.

Goethe conduziu-me depois ao interior, que eu no passado estio negligenciara visitar. No andar térreo encontrei apenas uma peça habitável, de cujas paredes pendiam alguns mapas e águas-fortes assim como um retrato a aquarela de Goethe, em tamanho natural, pintado por Meyer,[3] logo após o regresso da Itália dos dois amigos. Representa-o em sua robusta madureza, muito moreno e um tanto corpulento. O rosto está pouco expressivo e muito grave, como de um homem sobre o qual pesa o encargo das futuras ações.

Subimos ao andar superior onde há três quartos e um pequeno gabinete, todos porém exíguos e propriamente sem comodidade.

Goethe referiu-me ter ali vivido satisfeito longo tempo[4] em passados anos, trabalhando em grande tranqüilidade. A temperatura nessas peças era um tanto fria, pelo que tornamos ao suave calor do ar livre.

Enquanto andávamos abaixo e acima pela estrada principal, conversamos sobre a literatura moderna, a respeito de Schilling, e, entre outros, sobre alguns novos dramas de Platen.

Em pouco porém volvemos a atenção para a Natureza[5] que nos rodeava.

As coroas imperiais[6] e os lírios brotavam com vigor, e também as malvas[7] já verdejavam de ambos os lados do caminho.

---

1. "Nach ewigen ehernen Gesetzen regiert sich die Welt" disse em outra parte, esse precursor da ciência atual.

2. Destruída pelos bombardeios de 1944.

3. Em 1914 este quadro estava na posse do assessor florestal, Schuchardt, neto do último secretário de Goethe.

4. Desde 18 de maio de 1776 a 10 de janeiro de 1782. — Ainda em 1829, porém, mandou arranjar o interior da casa para uma permanência prolongada. Foram seus primeiros hóspedes nessa ocasião, os membros da Família Ducal. Já então lamentava a perda do seu grande amigo, o Grão Duque Augusto, falecido em 1828.

Também da cidade e de todo o mundo, vinham aí visitá-lo ilustres personagens.

5. Nunca me dediquei tão intensamente ao estudo da Natureza, observando-a e sentindo-a a cada hora do dia e da noite.

6. Fritillaria Imperialis.

7. A última visão de beleza estival, que levou do seu "Garten", foi a dupla fileira de malvas floridas que bordavam o longo caminho da casa até a pedra "des guten Glückes". Nunca até então haviam desabrochado tão grandes e lindamente coloridas como nesse ano, por todo o mês de agosto.

Freqüentemente contemplava-as em silêncio o grande poeta e gostava de fazê-las admirar. A 9 desse mesmo agosto ofereceu à sociedade um lanche para festejar a bela floração.

A parte superior do "Garten", descendo pela colina, estende-se como um gramado, com árvores frutíferas dispersas. Estradas serpenteando aqui e ali, despertaram-me o desejo de galgar a encosta e de lá mirar em torno. Goethe tomou-me rápido a dianteira na subida, e regozijei-me por vê-lo tão ágil.

No alto, junto à sebe, encontramos uma pavoa que parecia vinda do parque ducal, e Goethe explicou-me que no verão costumava atrair os pavões e ali habituá-los, por meio de seus alimentos preferidos.

Descendo pelo outro lado da sinuosa vereda, deparei, num maciço de verdura, com uma pedra onde se liam gravados os conhecidos versos:

Aqui, neste remanso, pensava o amante em sua amada...

E julguei achar-me ante uma estela clássica.

Pouco adiante, chegamos a um bosque de carvalhos novos-pinheiros, bétulas e faias. Sob os pinheiros encontrei, no chão, detritos de ave de rapina. Mostrando-os a Goethe, disse-me ele achá-los freqüentemente nesse lugar, do que deduzimos serem essas coníferas um apreciado refúgio das corujas que aqui são continuamente vistas.

Contornando o grupo de árvores, tornamos a encontrar-nos na estrada principal junto à casa. O bosque de carvalhos, pinheiros, bétulas e faias, formam aqui um semicírculo, abobadado como uma gruta, e aí nos assentamos em pequenas cadeiras que cercavam uma mesa redonda. O sol era tão forte que a escassa sombra das árvores ainda despidas de folha já nos oferecia um bem estar.

"Contra a canícula", disse Goethe, "não conheço refúgio melhor. Estas árvores plantei-as todas com minhas próprias mãos há quarenta anos;[1] tive a alegria de vê-las crescer e há já longo tempo gozo destas sombras. O sol mais ardente não penetra a fresca penumbra destes carvalhos e faias, e após o jantar apraz-me sentar aqui nos dias quentes enquanto por todo o parque reina uma tranqüilidade que faria dizer aos antigos; Pan adormeceu."

---

1. Já no Outono de 1776, logo após sua chegada a Weimar.

Sag ich´s euch, geliebte Bäume

Wachset, wie aus meinem Herzen

Briget Shatten
Traget Früchte
Neue Früchte jeden Tag...

Devo dizer-lhes, queridas árvores

Crescei, cama da minh´alma

Dai-nos sombras,
Dai-nos frutos
Novos frutos cada dia...

Entretanto, ouvindo soar duas horas na cidade, tratamos de regressar.

Terça-feira, 30 de março de 1824.

A noite a sós, conversávamos sobre vários assuntos enquanto tomávamos uma garrafa de vinho. Tratamos em seguida do teatro francês, em confronto com o alemão. "Será difícil", continuou Goethe, "para o nosso público, chegar a uma opinião definida como a têm mais ou menos os da Itália e da França. É que, a nós sobretudo, nos inibe disso, o fato de se representar em nossos palcos toda a sorte de peças, indiscriminadamente".

Na mesma cena em que ontem vimos "Hamlet", assistimos hoje ao "Staberle", e onde amanhã nos vai encantar a "Flauta mágica", teremos de achar prazer nos chistes de "Neuen Sonntagskindes". Daí resulta para o público uma confusão de julgamento, uma mescla dos gêneros mais diversos, que impedem uma compreensão e apreciação convenientes. E depois, cada um tem suas exigências e desejos individuais que o atraem ao ponto onde os encontra realizados. Na mesma árvore em que hoje colhe figos, deseja tornar a colhê-los amanhã, e faria má catadura se, em vez daquelas frutas, no dia seguinte encontrasse abrunhos. Se porém alguém aprecia abrunhos, conforma-se com os espinhos.

"Schiller tivera a boa idéia de construir um templo destinado a Tragédia, onde todas as semanas seria representada uma peça somente para homens. Isso porém fazia pressupor grandes instalações; um sonho irrealizável em nossa modesta Corte."

Discorremos sobre as peças de Iffland e Kotzebue, as quais no seu gênero Goethe muito aprecia. Ponderou ainda que "justamente pelo mencionado erro, ninguém estabelece as devidas distinções, por cuja razão as peças daqueles autores foram muito injustamente criticadas. Teríamos no entanto muito que esperar antes que aparecessem escritores tão talentosos e populares."

Elogiei o "Celibatário", de Iffland, que muito me agradou.

"É indiscutivelmente sua melhor peça ", concordou Goethe; "a única na qual se perde em divagações mais elevadas". E referiu-me em seguida que ele e Schiller compuseram uma continuação do "Celibatário", sem contudo escrevê-la, apenas em forma oral. E desenvolveu-me a ação, cena por cena; ouvi-a com grande prazer tão graciosa e alegre é. Referiu-se depois a alguns dramas novos de Platen. "Sente-se", disse ele, "nesses dramas, a influência de Calderon. São certamente espirituosos e sob certos pontos de vista, perfeitos, falta-lhes todavia uma austeridade, uma certa gravidade no teor. Não são dos que despertam o interesse profundo e dominante do leitor, tocam antes de leve e superficialmente as cordas sensíveis do íntimo. Assemelham-se à cortiça boiando à tona, que não deixa n´água vestígio algum, tão ligeiramente é levada à superfície.

"Os alemães requerem dos escritores uma certa serenidade, uma grandeza de sentimento e plenitude íntima, e eis porque também, Schiller é por todos tão altamente apreciado.

"Não duvido de forma alguma do belo caráter de Platen, o qual porém aqui não se manifesta, devido provavelmente a uma divergência do ponto de vista artístico. Ele possui uma opulenta cultura, verve, uma final ironia, e até mesmo um consumado esmero artístico, o que, entretanto não é decisivo, principalmente para nós, alemães. E sobretudo, é o caráter pessoal do escritor que o impõe ao público e não o primor do seu talento. Napoleão disse de Corneille: "S´il vivait je le ferais prince!" E nunca o lera. Lera Racine mas a seu respeito não se manifestou. E, se Lafontaine goza entre os franceses duma tão grande consideração, não a deve tanto a seus méritos de poeta, mas sim à grandeza de caráter que transparece em suas obras".

Passando a discorrer sobre as "Afinidades Eletivas", Goethe referiu-se a um inglês de passagem na cidade, o qual tencionava divorciar-se quando chegasse à Inglaterra. Achou graça no que considera uma tolice e mencionou vários exemplos de casais separados, que continuavam intimamente solidários.

"O falecido Reinhard, de Dresden", prosseguiu, "admirava-se dos meus severos princípios a respeito do matrimônio; quando sou tão tolerante em todas as outras questões". Essas opiniões manifestadas por Goethe pareceram-me notáveis por revelarem decisivamente o seu exato modo de pensar naquele romance tão erroneamente interpretado.

Falamos sobre Tieck e sua situação particular com relação a Goethe.

"Sou muito afeiçoado a Tieck", disse "e ele também é em geral muito bem intencionado para comigo; entretanto existe em nossas relações algo que não é como deveria ser.

"E a culpa não é minha, nem dele; a causa é muito outra. É que, quando os Schlegel começaram a tornar-se notáveis, eu lhes parecia demasiado importante; e, para contrabalançar-me, tiveram que recorrer a um escritor talentoso, afim de opô-lo a mim. Esse instrumento encontraram em Tieck; e para que aparecesse ao vulgo bastante importante, foram obrigados a fazer dele mais do que na realidade o merecia. Isso prejudicou nossas relações, pois em conseqüência, Tieck colocou-se mal, sem propriamente saber porque. Tieck é um talento de alto valor, e ninguém melhor pode reconhecer seus extraordinários méritos do que eu. Erra porém aquele que o eleva acima dele mesmo e o compara a mim. Posso dizê-lo com sinceridade, pois isso pouco se me faz; não sou obra de mim próprio.

"É como se eu me quisesse comparar a Shakespeare o qual também não se fez a si mesmo e é no entanto um ente da mais alta categoria a quem venero e rendo homenagem".

Goethe estava à noite sobremodo vivo, alegre e bem disposto. Andou buscando um volume de poesias inéditas que me leu. E foi-me um gozo único, extraordinário, ouvi-lo, não somente pela vida e a originalidade dos versos como por apresentar em sua leitura uma expressão que até então me era desconhecida.

Na voz quente quanta variedade de sons! Quanta expressão e quanta vida na magna face rugosa e no olhar!

Quarta-feira, 14 de abril de 1824.

A uma hora, passeando com Goethe de carruagem, falávamos sobre o estilo de vários escritores.

"Aos alemães", disse, "é a especulação filosófica em geral prejudicial, por imprimir à sua maneira de escrever um quê de contraditório, incompreensível, prolixo e desconcertante. Quanto mais se entregam a uma determinada escola filosófica, tanto pior escrevem.[1]

"Os que porém, como profissionais e homens ativos, se restringem ao lado prático da vida, são bons escritores. Por isso é o estilo de Schiller mais brilhante e comovente quando não se punha a filosofar, como ainda hoje verifiquei em suas notáveis cartas com as quais me estou atualmente ocupando.

"Existem igualmente mulheres alemãs geniais que na verdade escrevem muito corretamente, sobrepujando mesmo muitos dos nossos mais apreciados literatos.

"Os ingleses são em geral bons escritores como oradores natos, e homens essencialmente práticos.

"Os franceses também não negam a sua maneira característica de escrever. Sociáveis por natureza, nunca esquecem o público ao qual se dirigem; esforçam-se em ser claros afim de convencer os leitores, e agradáveis para agradar.

"Em suma: O estilo do escritor é uma imagem fiel do próprio âmago; quem quiser escrever num estilo *claro*, deve antes de tudo ter íntima compreensão dele, e quem quiser fazê-lo num estilo *grandioso*, há de possuir um grande caráter." Referiu-se em seguida a seus contraditores, "essa raça que nunca se há de extinguir. — Formam legião, continuou, não é todavia impossível classificá-los em determinadas categorias".

"Refiro em primeiro lugar os meus opositores por parvoíce; são os que me não entendem e censuram sem me conhecer. Essa considerável massa causou-me na vida muitas contrariedades; estão porém perdoados por não saberem o que faziam. Uma segunda multidão formam os *que me invejam*. Esses não se conformam com a mi-

---

1. O historiador Theodoro Mommsen foi um dos primeiros que reagiram contra o estilo descuidado dos homens de ciência alemães.

nha sorte e a honrosa situação que por minha própria capacidade alcancei; dilaceram meu renome e gostariam de poder aniquilar-me. Se eu caísse na desgraça e na miséria, então deixar-me-iam em paz.

"Vem depois o grande número dos que, por *carência do próprio sucesso*, tornaram-se meus antagonistas. Entre eles contam-se algumas inteligências bem dotadas que porém não se podem conformar em ficar na penumbra.

"Em quarto lugar designo os que me contradizem com *fundamento*, pois como sou homem e por conseguinte tenho defeitos e fraquezas humanas, as minhas obras também não podem ser delas isentas. Como tomei muito a sério a minha formação e tenho constantemente trabalhado pelo seu aperfeiçoamento, fui sempre progredindo; e assim aconteceu muitas vezes censurarem-me por um erro de que já muito antes me libertara.

"Foi essa boa gente a que menos me atingiu; visaram-me quando estava fora de seu alcance. Aliás foi-me sempre um tanto indiferente uma obra já concluída; deixava de ocupar-me dela pensando logo em coisa diversa.

"Outros, em número considerável, manifestam-me inimizade por divergirem dos meus modos de pensar e pontos de vista. Diz-se que entre as folhas duma mesma árvore, não se encontram duas perfeitamente iguais, e assim também entre milhares de homens, dificilmente encontrar-se-ão dois deles que se harmonizem perfeitamente em seus sentimentos e convicções.

"Isso pressuposto, é natural que me surpreenda menos, serem tão numerosos os meus adversários, do que ainda contar eu tantos amigos e partidários. Minha época distanciou-se de mim, pois tinha apenas uma mentalidade subjetiva enquanto eu me encontrava completamente só e em desvantagem, nos meus esforços objetivos.

"A esse respeito levou-me Schiller grande vantagem. — A propósito, um general, aliás bem intencionado, deu-me claramente a entender que eu deveria fazer como Schiller. Então fiz-lhe ver os seus méritos, pois conhecia-os melhor do que ele. Continuei tranqüilamente o meu caminho sem preocupar-me mais com os sucessos e, com meus adversários, o menos possível". Regressamos à casa e estivemos muito alegres durante o jantar.

A Sra. von Goethe narrou muitas coisas de Berlim, de onde voltara há pouco. Com especial entusiasmo referiu-se à Duquesa de Cumberland[1] que lhe manifestara muita bondade.

Goethe recordou com particular simpatia essa princesa que, quando ainda muito moça fora hóspede de sua mãe.[2]

---

1. Frederica, (1778- 1848) n. Princesa de Mecklenburg — Schwerin, mais tarde Rainha de Hannover. Com sua irmã a Rainha Luiza da Prússia, hospedou-se em casa da mãe de Goethe em Frankfurt, no Grossen Hirschgraben 25, durante as festas da coroação de Leopoldo II (1790).

2. Katharina Elisabeth Textor; Frankfurt 1731-1808. Na intimidade, Frau Aja.

À noite, em casa de Goethe, tive o regalo de um sarau musical da mais alta classe, ouvindo executar trechos do Messias,[1] de Handel, por excelentes cantores sob a direção de Eberwein.[2]

A Condessa Karolina von Egloffstein, a senhorinha von Freriep, assim como as Sras. von Pogwisch e von Goethe, juntaram suas vozes, cordialmente contribuindo para a realização dum desejo que Goethe há muito acariciava. Sentado a certa distância, escutando com a mais profunda atenção, viveu horas encantado, em admiração pela grandiosa obra.

Segunda-feira, 19 de abril de 1824.

O maior filólogo do nosso tempo, Friedrich August Wolf, de Berlim, acha-se aqui de passagem para o sul da França.

Em sua honra deu Goethe hoje um jantar ao qual estavam presentes seus amigos de Weimar: Superintendente Garel Röhr, chanceler von Müller, urbanista Coudray, professor Riemer, o Conselheiro Rehbein e eu.

À mesa reinou sempre a mais franca alegria, para isso contribuindo Wolf com seus espirituosos motes. Em disposição encantadora, Goethe contradizia-o sempre. "Com Wolf não posso agir de, outra maneira", dizia-me ele depois, "senão desempenhando o papel de Mefistófeles; sem o que não revelaria os seus inestimáveis dons".

Os espirituosos gracejos ao jantar eram demasiado sutis e ocasionais para que me fosse possível fixá-los. Nas pilhérias, prontas respostas e rodeios era Wolf admirável, parecendo-me contudo evidente uma certa superioridade de Goethe. As horas à mesa voaram e já passava das seis quando demos por nós.

---

1. Como seu amigo Zelter, Goethe tivera sempre a fascinação do "Messias", nessa primavera avivara-se ainda nele o desejo de tornar a ouvir o oratório heróico, e os seus músicos proporcionaram-lhe esse prazer. Muito antes do resto da Alemanha fora o "Messias" cantado em Weimar de janeiro a março de 1781, e Goethe assistira a todos os ensaios.

Uma audição desse oratório decidira da carreira musical de Zelter então mestre pedreiro. Tanto o comovera, que soluçava, voltando a pé, de Potsdam para Berlim (1783).

2. Eberwein, Franz Karl, (1786-1869) — Diretor da orquestra, particular de Goethe. — "Dois meses depois de fundá-la, Goethe, que nada concebia que não pudesse servir à sociedade em que vivia e por ela à toda a Alemanha, apresentava-a a um grupo escolhido de amigos, na mês seguinte à Corte e depois à toda a cidade" (1807).

O repertório que se foi alargando rapidamente, compunha-se a princípio de grande música religiosa alemã e italiana, estendendo-se logo à bela música profana, *lieder* cantos populares e sobretudo quartetos de cordas que ele tanto apreciava, missas e fragmentos de oratórios.

Já em julho de 1807, escrevia de Carlsbad a Zelter pedindo-lhe cantos religiosos não muito difíceis, para quatro vozes, cânones e o que mais pudesse. "Envie-me o pacote diretamente a Weimar, pois pretendo começar logo de volta à casa, minhas reuniões musicais domingueiras".

E de Bettina (11 de novembro de 1807) : "Pela próxima diligência receberás um pacote de músicas quase todas a quatro vozes, arranjadas portanto para tua orquestra particular"... Por sua vez, também de Frankfurt, a sua afetuosa Frau Aja contribuía para o sucesso dos saraus com o envio de apreciados trechos. (Briefe von Goethes Mutter).

Em seguida dirigi-me com Augusto von Goethe ao teatro, onde ia ser cantada a "Flauta Mágica". Mais tarde notei a presença de Wolf com o Grão-duque Carlos Augusto, em seu camarote.

Wolf demorou em Weimar até o dia 25, quando prosseguiu viagem.

Seu estado de saúde era, tão sério que Goethe não dissimulava as sensíveis apreensões que lhe inspirava.[1]

Domingo, 2 de maio de 1824.

Goethe censurou-me por não ter visitado uma respeitável família da sociedade local. "No decorrer do inverno teria V. gozado em seu convívio muitos serões agradáveis, poderia também ter feito conhecimento com forasteiros conceituados; agora, por um capricho qualquer, perdeu tudo isso".

"Dada a minha natureza emotiva", retorqui, "e a inclinação a tomar parte nos interesses alheios, nada me seria mais prejudicial e desagradável do que um excesso de novas impressões. Não fui criado para a sociedade e nela não me sinto bem. As condições da minha passada existência eram tais que para mim é como se a vida só tivesse começado no dia em que tive a ventura de me aproximar de V. E. Desde então tudo se me transformou. Cada colóquio com V. E., cada espetáculo, marca época em meu íntimo. O que é indiferente a outra pessoa de cultura e hábitos diversos, é para mim altamente eficaz; e tal é a minha avidez de instrução, que o meu espírito se apodera de tudo com energia, extraindo todo o proveito possível. Nesta minha situação, bastaram-me plenamente o contacto com V. E., e a freqüência do teatro no decorrer do inverno passado; e não poderia dedicar-me a novos convívios e relações, sem grandes perturbações de espírito."

"V. é uma criatura singular", disse Goethe rindo; "faça como quiser, dou-lhe para isso inteira liberdade."

" Além de que", prossegui, "conservo habitualmente em sociedade minhas inclinações e aversões pessoais, assim como uma certa necessidade de estimar e ser estimado. Procuro pessoas em harmonia com minha própria natureza; a essas devotar-me-ia com prazer, as outras são-me indiferentes".

"Essa tendência de sua natureza", replicou Goethe, "não é francamente de índole sociável; o que, seria porém da educação, se não buscássemos vencer nossas propensões naturais? É uma grande estultice exigir que todos vivam conosco

---

1. E com fundadas razões, pois já a 8 de agosto desse mesmo ano, morria em Marselha o genial fundador da moderna ciência arqueológica e cujas numerosas obras abrangem todos os ramos desses conhecimentos. Dedicou a Goethe o seu "Museum Antiquitatis".

em completa harmonia. Isso, eu nunca fiz. Considerei sempre os homens somente como existentes por si, procurei estudá-los e conhecê-los em suas particularidades, sem contudo deles exigir maior simpatia. Assim consegui entreter relações com qualquer um; e só daí pode provir o conhecimento dos diferentes caracteres como também o necessário desembaraço na vida."

Porque, precisamente quando se trata de naturezas antagônicas, é preciso conter-se para com elas chegar a bom entendimento, e por esse meio são estimuladas em nós as diferentes facetas que destarte chegam a um perfeito desenvolvimento e requinte, de modo a sentirmo-nos em pouco à altura de quem quer que seja. Assim deve, também proceder; tem para isso mais disposição do que imagina. Não há remédio; V. deve penetrar no grande mundo, quer queira, quer não." — Tomei nota dessas judiciosas palavras e formei o projeto de guiar-me o mais possível por elas.

Nessa tarde Goethe mandou convidar-me para um passeio de carruagem.

Nosso trajeto levou-nos através de Oberweimar, pelos outeiros, de onde para oeste, se descortina o panorama do parque. O arvoredo estava em flor, as bétulas cobriam-se já de nova folhagem e os prados formavam um tapete verdejante que o sol no ocaso raiava de luz. Procurávamos os pontos mais pitorescos e não nos saciávamos de admirar.

Aludimos às dificuldades para os pintores, de reproduzir a branca florescência que a isso não se presta por não formar relevo. E assim também à de colocar no primeiro plano as bétulas cuja nova folhagem tênue e pálida não se destaca dos tons esbranquiçados do tronco. Não constituem um conjunto suficiente que se possa fazer sobressair em contrastes de luz e sombra.

"Por isso", continuou Goethe, "Ruysdael nunca pintava no primeiro plano bétulas com folhas, mas somente os galhos quebrados e despidos".

Após tocar incidentemente em vários assuntos, referimo-nos à tendência artificial dos artistas, de quererem fazer da religião uma arte, quando a arte deveria ser para eles uma religião. "A religião", observou Goethe, "está para a arte na mesma relação que qualquer dos grandes interesses da vida. Deve ser considerada apenas como assunto, com os mesmos direitos de todos os outros. Tampouco são a fé e a descrença, de maneira alguma, órgãos pelos quais se possa interpretar uma obra d´arte; antes pelo contrário, são para isso necessárias outras forças e aptidões. Contudo a arte, deve educar os órgãos pelos quais nós a concebemos. Se assim não acontece, falha o seu objetivo e passa por nós sem a menor influência. Um assunto religioso pode todavia ser um bom tema em arte, apenas quando acentuadamente humano. Por isso mesmo, é a Virgem com o Menino Jesus, um tema excelente, o qual representado centenas de vezes é sempre contemplado com agrado".

Rodáramos enquanto isso, em torno do bosque de "Webicht" e tomamos por Tiefurt o caminho de Weimar, admirando o sol no poente.

Um momento aprofundado em seus pensamentos, citou-me Goethe depois a clássica estrofe:

No crepúsculo embora, é sempre o mesmo sol...

"Quando já se atingiu aos setenta e cinco anos", continuou ele com grande serenidade, "não se pode deixar de pensar na morte. A mim deixa-me essa idéia perfeitamente tranqüilo, pois tenho a firme convicção de que o nosso espírito é uma essência imperecível, e, princípio ativo, continua agindo por toda a eternidade. Comparável ao sol, que só aos nossos olhos terrenos desaparece, mas que em verdade nunca se põe, antes continua incessantemente a brilhar".

Entretanto, descampara o astro por detrás do "Etters". Sob o arvoredo fazia-se já sentir a friagem da tarde e bem depressa retornamos a Weimar. Chegados à casa, pediu-me subisse com ele e lá me demorasse ainda um pouco. Estava em excelente e amabilíssima disposição.

Referiu-se especialmente à Teoria das Cores e a seus obstinados contendores[1] reafirmando a convicção de ter produzido algo nesse ramo da Ciência.

"Para fazer época no mundo", disse então, "são sabidamente necessárias duas coisas: primeiro, ter um bom cérebro; segundo, fazer uma grande herança. Napoleão herdou a Revolução Francesa; Frederico o Grande, a guerra da Silésia; Lutero as trevas do clericalismo e a mim colhe-me o erro da teoria de Newton. A geração hodierna não faz a menor idéia da minha ação neste particular, mas os tempos futuros provarão que não me coube má sucessão.

Goethe enviou-me hoje cedo um maço de papéis referentes ao teatro.

Entre eles encontrei disseminadas observações com regras e estudos que ele com Wolff e Grümer havia levado a termo para deles fazer uns bons atores. Pareceram-me importantes esses detalhes e altamente instrutivos para os novos comediantes, pelo que resolvi reuni-los formando assim uma espécie de catecismo de teatro.

Isso deu causa a que recordássemos alguns artistas famosos saídos da sua escola, e nessa ocasião perguntei-lhe por vários, entre outros, pela Sra. de Heigendorf. "É possível que eu tivesse tido alguma influência sobre ela", esclareceu Goethe, "mas não é propriamente minha aluna. Dir-se-ia que nascera para o palco e aí era em tudo decidida e desembaraçada como um peixe dentro d'água. Nunca necessitou minhas lições; agia corretamente por instinto, talvez, sem mesmo o saber".

Continuamos evocando o dilatado período da sua direção no teatro e a imensidade de tempo que isso lhe fez perder em sua produção literária.

---

1. Os partidários da teoria de Newton, o grande físico inglês. Já quando jovem estudante em Leipzig, Goethe acompanhava as experiências de ótica de Winckler, em ligação com a teoria de Newton.

"Sem dúvida", declarou "teria eu podido escrever nesse comenos, muitas e boa obras; não obstante, pensando bem, de nada me arrependo. Sempre considerei apenas simbolicamente minhas produções, e, no fundo, era-me bastante indiferente se fabricava caçarolas ou terrinas".

Quarta-feira, 5 de maio de 1824.

Os papéis contendo os estudos de Goethe e dos atores Wolff e Grümer ocuparam-me seriamente estes dias e por fim consegui dar às notas fragmentárias uma forma da qual resultou algo que servirá como um princípio de catecismo para atores. A propósito desse trabalho falei hoje com Goethe e revisamos as matérias uma por uma. Pareceram-me sobremodo importantes as indicações sobre a pronúncia e a abstenção de regionalismos.

"Em minha longa experiência", explicou Goethe, "conheci principiantes de todas as regiões da Alemanha. A pronúncia dos alemães do Norte, de resto pouco deixa a desejar; é clara e a muitos respeitos pode servir de exemplo. Ao invés, com suábios natos, austríacos e saxões, tive minhas dificuldades. Também os naturais da nossa querida Weimar deram-me muito que fazer.

Estes ocasionaram os mais engraçados qüiproquós por não terem aprendido em nossas escolas, a distinguir por acentuada pronúncia o *B* do *P* e o *D* do *T*." *

Quinta-feira,6 de maio de 1824.

Ao chegar a Weimar no verão passado, não tinha, como já disse, a intenção de aqui me fixar. Queria apenas travar conhecimento com Goethe e prosseguir para o Reno, onde pensava demorar em lugar conveniente.

Senti-me todavia preso a Weimar pela particular benevolência de Goethe. Além disso minha convivência com ele foi tomando cada vez mais um caráter prático. Aprofundava-me sempre mais em suas produções, e, na organização da edição completa de suas obras, encarregou-me de muitos trabalhos de não pouco valor.

Entre outros, classifiquei este inverno dentre os esparsos fascículos, diversos que qualificaria de "Zahme Xenien",[1] redigi um volume de novas poesias, assim como o mencionado catecismo do teatro e um esboço de dissertação sobre o diletantismo na Arte.

---

*. Seguem-se diversas considerações exemplificadas acerca das divergências de pronúncia nas diferentes regiões da Alemanha, dando lugar a confusões e trocadilhos espirituosos que não é possível reproduzir e seriam falhos de interesse em qualquer outro idioma.

1. "Zahme Xenien", em oposição aos xênios algo agressivos, outrora publicados em colaboração com Schiller.

Xênio, do grego, "presente ao hóspede", — Poesias muito curtas em hexâmetros e pentâmetros.

Contudo permanecia firme em minha resolução de visitar o Reno, e, para que mais tarde não me ferisse o aguilhão de um anseio insatisfeito, aconselhou-me o próprio Goethe a empregar alguns meses do próximo estio numa excursão àquelas regiões.

Desejava porém vivamente que eu retornasse a Weimar. Alegava não me ser conveniente quebrar relações que apenas formara, pois que tudo que na vida deve prosperar, tem que ter continuidade.

Deu-me em seguida claramente a entender que nos escolhera, a Riemer, e a mim, para auxiliá-lo eficazmente não só na próxima reimpressão de suas obras, como também tomando a nós (como o mencionado amigo) a conclusão daquele empreendimento, no caso de, em sua avançada idade, desaparecer em breve dentre os vivos.

Esta manhã fez-me ver grandes maços de sua correspondência que na Sala dos Bustos mandara separar. "Estas cartas todas", explicou, "foram-me dirigidas desde 1780 pelos mais ilustres homens do país e constituem um verdadeiro tesouro de idéias que a vós cumpre publicar futuramente. Mandarei fazer uma estante para nela recolher essa correspondência juntamente com o resto do meu legado à posteridade.

"V. deverá ver tudo isso reunido em perfeita ordem antes de pôr-se a caminho, afim de que me sinta tranqüilo e com uma preocupação a menos".

Comunicou-me em seguida suas intenções de neste verão tornar a Marienbad, o que todavia só lhe seria possível ao fim de julho, e cujas razões me confiou. Exprimiu o desejo de ver-me de regresso ainda antes de sua partida, pois que necessitava anteriormente falar-me.

Terça-feira, 18 de maio de 1824.

À noite com Riemer em casa de Goethe. Este divertiu-nos com uma poesia inglesa cujo assunto é a geologia, e da qual, a maneira de narrativa, improvisou uma tradução com tanto espírito, tanta imaginação e bom humor, que a nossos olhos surgiam vivas todas as particularidades como se fora produção original sua.

"Estava o herói do poema, o rei Carvão, no suntuoso trono ao lado de sua esposa Pirita, dando audiência a seus vassalos que iam entrando e sendo apresentados em ordem, segundo a sua categoria no reino mineral: o duque Granito, o marquês Xisto, a condessa Porfíria, e assim os mais, todos definidos por jocosos atributos. Chegou depois o vetusto Sir Lourenço Cálcio, possuidor de vastos territórios e muito bem visto na Corte. Explicou a ausência de sua mãe, Lady Mármore, senhora de brilhante cultura e extremamente polida, por residir muito afastada e por se ter comprometido com Canova, o qual muito a lisonjeava. Tufo Calcário, outro grande do reino, com a cabeça ornada de lagartos e peixes, parecia um tanto embriagado.

João da Greda e Jacó Argila, só apareceram pelo fim; este, favorito da rainha, por ter-lhe prometido uma coleção de conchas marinhas.

E assim prolongou-se alegremente a história com umas quantas minúcias que me foi impossível reter.

"Uma produção dessas", acrescentou, "é imaginada para entreter a sociedade, ao mesmo tempo divulgando numerosos conhecimentos que na verdade ninguém devia ignorar. Assim, estimula-se o interesse científico nas altas rodas e não se pode prever quantas vantagens resultariam de uma tal peça, meio séria, meio chistosa. Muitos espíritos capazes são induzidos a fazer observações próprias no ambiente ao seu alcance, e os resultados individuais são às vezes tanto mais preciosos quando o observador não é profissional."

"Quer V. E. então dar a entender" indaguei, "que tanto mais incompleta é a observação, quanto maior é o cabedal de ciência?" — "Quando o saber transmitido está sujeito a erros, certamente", tornou Goethe; "logo que, como cientistas, pertencermos a uma determinada e restrita orientação, vai desaparecendo toda e qualquer idéia imparcial. O vulcanista[1] convicto enxergará sempre através das lentes do vulcanista, enquanto que o netuniano e o adepto da mais recente teoria telúrica, persevera em seus pontos de vista.

"A visão do mundo de todos esses teóricos que se acham presos a uma orientação estreita e única, perde a sua naturalidade, e os objetos já não lhes aparecem em sua original limpidez. Se esses sábios dão contas de suas percepções, apesar do acendrado amor de cada um pela verdade, não encontramos todavia a realidade objetiva e de forma alguma o objeto em sua realidade, mas apenas com um sabor acentuadamente subjetivo.

"Estou porém longe de afirmar que uma verdadeira exata ciência sirva de obstáculo à observação. Antes fica de pé a velha verdade: que a rigor só temos olhos e ouvidos para aquilo que conhecemos.

"O músico profissional distingue durante as execuções orquestrais o som de cada instrumento, enquanto que o leigo sente-se aturdido diante da ação coletiva do conjunto. Assim o simples apreciador da Natureza apenas contempla o alegre prado virente ou florido, ao passo que ao botânico estudioso saltam-lhe aos olhos os infinitos detalhes das plantas das mais variegadas espécies.

"Tudo no entanto tem seu fim e justa medida, e, como já fiz ver no meu "Götz", que o filho, mergulhado em seus calhamaços, chega ao ponto de nem mais

---

1. Naquela época, duas escolas opostas contendiam sobre a influência predominante na formação do nosso globo; os netunianos que atribuíam quase todos os efeitos à ação da água e os plutonistas ou vulcanistas às do seu calor interior. Entre as duas teorias sobre fenômenos geológicos, Goethe decidiu-se pelo netunismo. Na segunda parte do Fausto exprime essa sua fé científica.

reconhecer o próprio pai, assim encontramos também na ciência, gente que, concentrada em seus altos estudos e hipóteses, nada mais vê nem ouve. Nessas pessoas tudo deriva para o seu interior; tão embevecidas se encontram que lhes acontece como a um homem apaixonado que cruza na rua os seus mais caros amigos sem vê-los.

"Faz-se mister, para o estudo da Natureza, uma certa serenidade que nada possa perturbar.

"À criança não passa despercebido o coleóptero sobre a flor, pois todos os seus sentidos se concentram num único e simples interesse, não lhe passando sequer pela mente que, ao mesmo tempo, algo de notável esteja acontecendo nas regiões atmosféricas capaz de também atrair a sua atenção."

"Poderão então as crianças", indaguei, "assim como outras ingênuas criaturas, prestar bons serviços à ciência?" — "Permitissem os céus", redargüiu Goethe, "não fossemos todos, mais do que bons auxiliares! Justamente por querermos ser mais do que somos e por levarmos a toda parte um grande aparato de filosofia e hipóteses, é que tudo estragamos".

Sobreveio à conversa uma pausa que Riemer interrompeu, falando a propósito de Lorde Byron e sua morte. Goethe fez então uma brilhante análise da obra do grande vate, altamente elogiosa e da mais pura compreensão intelectual. "Aliás", continuou ele, "não obstante sua morte prematura, as letras não sofreram, com seu desaparecimento, uma perda real. A respeito de uma mais ampla produção, Byron não poderia ter ido além; atingira ao ápice da sua força criadora, e o que daí para diante pudesse ter feito, nunca ultrapassaria os limites que seu talento lhe traçara.

"Na indefinível poesia do "Jungstes Gericht" atingiu ao extremo da sua capacidade.

Passamos a falar sobre Tasso, em confronto com Lorde Byron.

Goethe não pôde ocultar a grande superioridade intelectual do inglês e sua faculdade de produção. "Não é possível", acrescentou, "comparar ambos os poetas sem ser injusto para com um deles. Byron é a sarça ardente cuja centelha reduz a cinzas o sagrado cedro do Líbano.[1] A grande epopéia do italiano parecia desafiar os séculos e, não obstante, com uma única linha do "D. João", poder-se-ia levar de vencida toda a "Jerusalém Libertada".

Quarta-feira, 26 de maio de 1824.

Despedi-me hoje de Goethe, afim de ir visitar os meus em Hannover, e depois o Reno, como era há tanto tempo o meu desígnio.

---

1. Alusão ao Antigo Testamento.

Mostrou-se-me muito afetuoso e estreitou-me nos braços.

"Se acaso vir em Hannover, em casa dos Rehbergs, minha velha amiga Charlotte Kestner,[1] transmita-lhe minhas afetuosas lembranças.

"Recomendá-lo-ei aos meus amigos Willemer,[2] de Frankfurt, ao conde Reinhardt e aos Schlossers. Encontrará também em Heidelberg e Bonn, amigos que me são fielmente dedicados e dos quais receberá a melhor acolhida. Tenciono tornar a passar algum tempo em Marienbad, porém não antes do regresso de V."

A despedida foi-me penosa. Parti no entanto na firme confiança de encontrá-lo em boa saúde e satisfeito, dentro de dois meses.

Não obstante, senti-me feliz quando no dia seguinte a carruagem me ia aproximando do meu Hannover querido para o qual incessante me atraía a mais profunda saudade.

Após ter visitado os meus caros, permaneci no Reno durante os meses de junho e julho, tendo feito, sobretudo em Frankfurt, Heidelberg e Bonn entre os amigos de Goethe, muitos e valiosos conhecimentos.

Terça-feira, 10 de agosto de 1824,

Há uns oito dias estou de volta da minha viagem. Goethe externou uma viva alegria à minha chegada, e eu por minha parte, não me senti menos feliz em ver-me de novo a seu lado. Tinha muito a dizer e comunicar-me, de modo que nos primeiros dias quase não o deixei.

Desistiu do seu plano de ir a Marienbad, e neste verão não deseja empreender viagem alguma. "E agora que V. está outra vez aqui", disse-me ontem, "posso ter ainda um belo mês de agosto".

Entregou-me há dias o esboço da continuação de "Verdade e Ficção", escrito em caderno de finas folhas *in quarto*, da espessura de apenas um dedo.

Alguma coisa está concluída, mas a maior parte resume-se em notas e indicações. Existem contudo já prontos cinco volumes, e as notas sinóticas estão reunidas de tal forma que se pode num rápido exame ter uma exata noção de todo o conjunto.

A parte já concluída evidencia-se tão superior e os trechos esboçados, de tal importância, que lamento profundamente ver paralisado esse trabalho tão instrutivo que tanto agrado prenunciava.

Insistirei com Goethe para que de toda maneira o continue e termine.

---

1. Nascida Buff — 1753-1828. A Lotte do "Werther".

2. Frau Marianne Willemer, a "Zuleika", do " West-Oestlicher Divan".

O entrecho tem muito de romance. Um amor terno, gentil, apaixonado, sereno em seu princípio, idílico em seu desenvolvimento, trágico em seu termo naquela tácita renúncia mútua, entrelaça-se através dos quatro volumes e os reúne num harmonioso conjunto.

A graça inata de Lili, minuciosamente descrita, cativa todos os leitores assim como soube prender o homem amado que somente por meio de repetidas evasões conseguiu livrar-se.

A época representada é igualmente romanesca pelo desenvolvimento do seu caráter principal, significativa e importante como pre-Weimariana; decisiva portanto para a inteira existência.

Se pois um período qualquer da vida de Goethe excita o interesse por uma minudenciosa narração, é decerto esse.

Em vista disso, e com o fim de estimular o gosto e a solicitude por esse trabalho há anos esquecido, não somente referi-me a ele nessa ocasião, como também passei hoje às mãos de Goethe as seguintes notas, para que com seus próprios olhos tome conhecimento do que já está concluído e verifique quais os trechos que ainda necessitam prosseguimento e ulteriores disposições.

PRIMEIRO VOLUME

Este livro considerado terminado, segundo o primitivo propósito, encerra uma espécie de narrativa na qual está principalmente expresso o desejo de tomar parte nos acontecimentos mundiais, cuja realização alcança o fim de todo aquele período, com o convite para Weimar.

Para que porém mais intimamente se integre no todo, aconselho a principiar neste, e continuar através dos quatro volumes seguintes, o assunto das relações com Lili, que por eles perpassam, até o episódio de Offenbach. Com isso ganhará este primeiro tomo em volume e importância, ao mesmo tempo evitando-se um excessivo acréscimo do segundo.

SEGUNDO VOLUME

A vida idílica de Offenbach abre pois este segundo tomo, e conduz a feliz aventura amorosa até assumir por fim um caráter grave e mesmo trágico.

Cabe aqui bem agora a observação de coisas mais sérias, como o promete a súmula em relação a Stilling, e, das intenções apenas em poucas palavras esboçadas, deduz-se haver muito de instrutivo e de alta significação.

TERCEIRO VOLUME

Este volume, que compreende o plano de uma continuação do "Fausto" etc., deve ser apreciado como episódio, o qual, através da tentativa de separação, encadeia-se igualmente aos outros volumes.

Quando se tem sob os olhos o plano para o prosseguimento do "Fausto", não se pode hesitar sobre a conveniência de comunicá-lo ou mantê-lo em reserva. Esse dilema poderemos afastá-lo, desde que tenhamos presentes para o devido exame os fragmentos já concluídos e estejamos certos de ver terminada a obra.

QUARTO VOLUME

A tentativa de separar-se da amada, remata o terceiro tomo e o quarto começa, por conseguinte muito a propósito, com a chegada dos Stalberg e Haugwitz que dá lugar à viagem à Suíça e com isso à primeira evasão. Promete a pormenorizada sinopse desse livro as coisas mais interessantes e provoca vivamente o desejo de uma prossecução mais detalhada.

A paixão, por Lili, que irrompia sempre irreprimível, perpassa também através desse livro, com todo o entusiasmo do juvenil amor, projetando sobre o estado de espírito do viajante, uma luz característica e encantadora.

QUINTO VOLUME

Esse belo volume está igualmente quase terminado. A continuação e o fim, que tocam os mistérios insondáveis do Destino quase definindo-os, devem pelo menos, ser considerados concluídos, carecendo apenas de um ligeiro prefácio, do qual aliás já existe um resumo muito claro.

Dar-lhe vida é porém tanto mais essencial por aparecerem então em primeiro lugar as relações com Weimar, incentivando-se assim o interesse por elas.

Segunda-feira, 16 de agosto de 1824.

A convivência com Goethe foi-me nestes dias altamente proveitosa; estive porém demasiado atarefado com outros assuntos, o que me impediu de tomar notas da grande cópia de suas inestimáveis reflexões.

Encontro apenas em meu caderno as seguintes máximas, esquecido todavia dos motivos e conexão que as originaram:

"Os homens são potes de barro levados pela corrente, que se entrechocam".

"De manhã sentimo-nos mais prudentes, mas também mais apreensivos, pois o receio é já uma prudência, embora passiva. Os tolos não têm preocupações."

"Não se deve levar para a velhice as faltas da mocidade, pois a velhice já carrega as suas."

" A vida de Corte assemelha-se a uma orquestra em que cada um tem que marcar seu compasso e pausa."

"Os cortesãos morreriam de aborrecimento se o seu tempo não estivesse preenchido pelas cerimônias."

"Não é bom aconselhar a um príncipe que renuncie, mesmo às coisas mais insignificantes."

"Quem quiser formar bons atores deve munir-se de inesgotável paciência."

Terça-feira, 9 de novembro de 1824.

À noite, em casa de Goethe. Falando a respeito de Klopstock e Herder tive o gosto de ouvi-lo analisar os grandes méritos desses autores. "Sem esses notáveis precursores, nossa literatura não teria chegado ao que hoje é. Com sua aparição ultrapassam sua época impelindo-a por assim dizer, para diante. Agora porém, o tempo tomou-lhes a dianteira, e eles, que tão necessários e consideráveis eram, não são mais os precursores.

"Um jovem que no momento atual quisesse haurir de Klopstock e Herder a sua cultura, permaneceria muito em atraso".

Discorremos sobre o "Messias", de Klopstock e suas "Odes", pesquisando-lhes os respectivos méritos e defeitos. Concordamos não ter tido Klopstock os necessários dons e a verdadeira fibra que o capacitassem para a devida visão e a concepção do mundo material e assim pois, ter-lhe-ia faltado o essencial a um poeta épico e dramático e, em suma, o principal que define o verdadeiro poeta.

"Lembro-me", continuou Goethe, "daquela ode em que ele faz empenharem-se numa competição a musa inglesa e a alemã; e, na realidade, quando se nos acode a visão das duas jovens, correndo juntas, revolvendo o pó com os pés, vemo-nos forçados a admitir que o bom do Klopstock não realizou bem ou não se imaginava o que fazia, do contrário seria incapaz duma tal falta de senso".

Indaguei de Goethe quais as suas relações com Klopstock em sua juventude e como o considerava naquele tempo. "Respeitava-o", contestou, "com a devida veneração e estimava-o como a um velho tio.

"Respeitava-o profundamente em todas as suas ações e nunca me veio à idéia objetar ou criticá-las no que quer que fosse. Deixei-me influenciar por sua superioridade, e em tudo mais segui meu caminho".

Tornando a Herder, perguntei a Goethe qual das suas obras preferia.

"Suas "Idéias sobre a História da Humanidade" têm incontestavelmente a primazia. Mais tarde, tendo-se deixado dominar por um certo pessimismo, tornou-se menos agradável". "Malgrado a grande importância de Herder", redargüi, "sinto-me dele discordar, quando parece julgar tão superficialmente certos assuntos. Por exemplo, não lhe posso relevar o ter, sobretudo na situação em que se achava a literatura alemã, devolvido o manuscrito do "Götz von Berlichingen" com observações sarcásticas sem ao menos ter-lhe reconhecido os méritos. Era evidentemente falho de raciocínio para certos assuntos".

"Neste particular pecava Herder", contestou Goethe, "e se seu espírito estivesse aqui presente, não nos compreenderia".

"Em compensação", disse eu, "Merck é digno de louvor por ter animado V. E. a publicar o "Götz".

"Era na verdade uma criatura boa e inteligente", anuiu Goethe.

"Mande imprimir isso!" insistia ele; "não é que valha a pena, mas mande-o imprimir!" Opunha-se a que eu remodelasse o livro e tinha razão; o sentido teria sido alterado sem proveito algum.

Quarta-feira, 24 de novembro de 1824.

Esta noite, antes de ir ao teatro, visitei Goethe encontrando-o muito bem-disposto e alegre. Pediu-me notícias de uns jovens ingleses atualmente aqui. Falei-lhe que tencionava ler com o Sr. Deellan uma tradução de Plutarco, e com isso foi-se encaminhando a conversa para a História Grega e Romana sobre as quais externou-se da seguinte maneira:

"A História Romana", começou, "para nós não é mais de atualidade. Somos hoje demasiado humanos para que não nos repugnem os triunfos de César.

"A História Grega também pouco nos oferece de agradável. Esse povo, quando combate o inimigo estrangeiro, é admirável em sua bravura; porém o desmembramento do país e as infindáveis guerras civis em que um grego empunha a arma contra outro, são tanto mais intoleráveis.

"A História contemporânea é aliás grandiosa e interessante; as batalhas de Leipzig e Waterloo sobrepujam brilhantemente as de Marathona e similares, ofuscando-as por fim inteiramente.

"Nossos heróis não ficaram também atrás: os marechais franceses, assim como Blücher e Wellington, são dignos de figurar ao lado dos da Antigüidade". O assunto passou para a nova literatura francesa e para o interesse sempre crescente na França pelas produções alemãs.

"Fazem muito bem", prosseguiu, "em estudar e traduzir os nossos escritores, pois limitados como são na forma e no assunto, não lhes resta outro recurso senão o de apelar para as letras de outros países.

"Poderão exprobrar-nos, a nós alemães, um certo desprezo pela forma, somos-lhes contudo superiores na matéria. As peças teatrais de Kotzebue e Iffland são tão ricas de idéias, que nelas terão por muito tempo o que respigar até que as esgotem.

"É muito apreciado em França o nosso idealismo filosófico, pois todo o ideal serve aos fins revolucionários".

"Os franceses", continuou Goethe, "têm inteligência e espírito, porém carecem de julgamento e nada respeitam. O que pode aproveitar no momento e ser de utilidade a seu partido, é o que lhes parece bem.

"Não nos elogiam por reconhecerem nossos méritos, mas somente quando nossos pontos de vista podem fortalecer sua facção."

A seguir discorremos sobre a nossa própria literatura e o que nela estorva nossos poetas novos. "À maioria dos nossos jovens vates", disse Goethe, "falta apenas uma individualidade mais forte e o dom de encontrar os seus motivos dentro da objetividade e a matéria em harmonia com sua própria índole. Não se deve contudo escolher o assunto tão só por ser poético e encerrar méritos em si, quando avesso ao próprio indivíduo.

"Mas fossem, como disse, tão-somente personagens importantes formados por estudos profundos e condições de vida favoráveis, outro seria então o caso dos nossos jovens poetas líricos".

Sexta-feira, 3 de dezembro de 1824.

Recebi nestes dias uma proposta de um jornal inglês, em muito vantajosas condições, para enviar-lhe mensalmente um relato acerca das mais recentes produções da literatura alemã. Senti-me logo muito inclinado a aceitar o oferecimento; no entanto pensei que talvez devesse primeiramente consultar Goethe sobre o caso. Em conseqüência, fui procurá-lo esta tarde ao acender das luzes. Os transparentes das janelas estavam descidos; ele achava-se ainda à mesa onde haviam jantado sobre a qual ardiam duas velas que lhe iluminavam a um tempo a fisionomia e um grande busto colocado à sua frente, o qual contemplava atentamente. "Então", interpelou-me, indicando-o, após ter-me saudado afetuosamente, "quem é ele?" "Parece-me um poeta e sem dúvida italiano", respondi. "É Dante e está muito bem feito; uma bela cabeça, mas no entanto não impressiona agradavelmente." tornou Goethe. Representava o grande poeta já velho, curvo, tristonho, os traços caídos e os músculos flácidos, como se viesse chegando do inferno.

"Possuo uma medalha, cunhada durante sua vida, que o retrata muito mais belo". E erguendo-se, Goethe apresentou-me a efígie metálica.

"Veja como aqui o nariz é forte, como o lábio sobressai poderoso, como é enérgico o mento e como se harmoniza o osso do maxilar!

"A parte superior em torno dos olhos, a fronte, são quase idênticas neste busto colossal, no mais porém é fraco e parece envelhecido. De resto, não quero depreciar esta moderna obra, que afinal é muito digna de elogios".

Em seguida Goethe indagou da minha vida e do que fizera eu naqueles dias. Relatei-lhe então a proposta que de Londres me fora feita e a qual me sentia muito disposto a aceitar. Sua fisionomia, até aí tão afável, tornou-se agastada a essas palavras e pude ler em sua expressão o quanto reprovava o meu projeto.

"Quisera", disse ele, "que seus amigos o tivessem deixado em paz."

"Como pode V. ocupar-se com coisas que não estão em sua esfera e são inteiramente contrárias às suas propensões naturais? O ouro, a prata e o papel circulam cada qual com sua cotação, mas para avaliá-los devidamente é necessário conhecê-los. Com a literatura dá-se o mesmo. V. sabe bem apreciar os metais porém não a moeda papel; nesse assunto não se familiarizou, razão pela qual fará crítica iníqua e tudo estragará.

"Se no entanto quiser ser justo, apreciar cada um em sua maneira e dar-lhe valor, deverá V. antes tomar conhecimento da nossa literatura comum, não se contentando com um estudo deficiente. Deve remontar aos predecessores e observar a obra dos Schlegel, e depois todos os novos autores: Franz Horn, Hoffmann, Clauren e outros, terá que lê-los todos. E não lhe bastará.

"Há que percorrer todos os jornais, desde a Folha da Manhã até o Diário da Noite, afim de ter uma perfeita e imediata noção de tudo que aparecer de novo, e, desta forma perderá os seus dias e suas horas mais belas.

" Além disso, todos os novos livros sobre os quais de certa maneira V. terá que dar um exato resumo, não será suficiente folheá-los, terá mesmo que estudá-los. E como lhe saberia isso?

"Em conclusão: quando o que for mau lhe parecer mau, não poderá dizê-lo se não quiser arriscar-se a guerrear com todo o mundo.

"Não; em vista do que lhe expus, recuse o oferecimento que não está em sua alçada. E sobretudo acautele-se contra a dispersão e concentre suas forças. Se há trinta anos tivesse sido assim avisado, teria eu produzido coisas inteiramente diversas.

"Quanto tempo não desperdiçamos, Schiller e eu, com a revista "Horen" e o Almanaque das Musas! Justamente nestes dias, revendo nossa correspondência, compreendi-o claramente, e não posso pensar sem desgosto naqueles empreendimentos. Todos abusaram de nós e o próprio trabalho foi para nós mesmos de todo improdutivo.

"Os homens inteligentes acreditam firmemente poder realizar o que vêem fazer aos outros; não é porém tão fácil, e arrependem-se, depois, de seu *faux-frais*. Que ganhamos nós enrolando à noite os cabelos em papelotes enquanto dormimos, se na seguinte estão de novo lisos?

"O que importa" continuou Goethe, "é formar um capital intelectual que nunca se esgote; e isso V. conseguirá pelo estudo já iniciado da língua e da literatura inglesas. Persevere nisso aproveitando a excelente oportunidade da convivência cotidiana com os jovens ingleses. Como V. não teve em sua juventude ocasião de assenhorear-se das línguas clássicas, procure auxílio numa considerável literatura como o é a inglesa. Ademais, a nossa própria, proveio em grande, parte da deles. Nossos romances, nossas tragédias, quem no-los inspirou senão Goldsmith, Fielding e Shakespeare?

"Ainda hoje, onde quererá encontrar na literatura alemã três vultos comparáveis a Lorde Byron, Moore e Walter Scott?"

E insistindo: "firme-se no inglês, concentre suas forças em algo de sólido e deixe passar tudo o que para V. não trouxer vantagem e não se coadunar com seu ponto de vista".

Regozijei-me por ter levado Goethe a discorrer, sentindo-me no íntimo perfeitamente tranqüilo e resolvido a agir em todos os sentidos de acordo com seus conselhos.

O Sr. chanceler von Müller fez-se anunciar e reuniu-se a nós. Voltamos a falar a propósito do busto de Dante, de sua vida e sua obra.

Referimo-nos principalmente à obscuridade do seu poema, para os próprios compatriotas um intricado enigma e tanto mais impenetrável para um estrangeiro. " A V.," disse, virando-se caçoísta para mim, "deve seu confessor proibir rigorosamente o estudo desse poeta". E em seguida observou que a difícil rima era a causa principal da falta de clareza do poema.

De resto, referia-se a Dante com a mais alta veneração. Reparei que não lhe bastava o vocábulo "talento" pois que o qualificava "uma natureza", como se quisesse expressar algo de mais vasto e de mais profundo.

Quinta-feira, 9 de dezembro de 1824.

Pela noite estive em casa de Goethe.

Estendeu-me cordialmente a mão e saudou-me com o elogio da minha poesia para o jubileu de Schellhorn. Por minha vez dei-lhe a notícia de ter escrito recusando a proposta dos ingleses.

"Demos graças", disse, "por estar V. de novo livre e tranqüilo. Quero agora também pô-lo em guarda contra uns compositores que estão para chegar e que hão de

pretender um novo argumento de ópera; mantenha-se igualmente firme e recuse —
pois trata-se também de um assunto improfícuo com o qual perderá o seu tempo".

Narrou-me Goethe em seguida, ter enviado por intermédio de Ness von
Esenbeck ao autor do "Paria", em Bonn, os bilhetes para a representação dessa
peça afim de que soubesse ter sido aqui levada à cena. " A vida é curta" acrescentou, "devemos procurar gracejar uns com os outros de vez em quando".

Os jornais de Berlim tinham chegado e Goethe descreveu-me a grande inundação de São Petersburgo. Passou-me um deles e referiu-se à situação daquela
cidade. Sorrindo citou a frase de Rousseau, "que não se podia impedir um terremoto construindo uma cidade nas proximidades de um vulcão".

"A natureza segue seu curso", disse, "e o que a nós parece uma exceção, está
na regra".

Aludimos depois à grande tormenta reinante em todo o litoral, assim como
aos outros fenômenos convulsos que os jornais noticiavam, e perguntei a Goethe
se era possível determinar-lhes a origem. "Isso ninguém sabe", respondeu, "mal
temos sobre estes mistérios uma vaga noção, de modo que não nos seria possível
defini-los exatamente".

O diretor em chefe das obras da cidade, Coudray, fez-se anunciar, e também
o professor Riemer. Voltamos a ocupar-nos da inundação de São Petersburgo, e
Coudray traçando o plano daquela capital indicou-nos com clareza a influência do
Newa sobre essa e outras regiões.

1825

Segunda-feira, 10 de fevereiro de 1825.

Em seu constante interesse pela Inglaterra, Goethe pediu-me lhe fosse apresentando aos poucos os jovens ingleses atualmente em Weimar, e hoje as 5 horas
esperava-nos, a mim e ao oficial de engenheiros, Sr. H. a respeito de quem eu lhe
fizera tão boas referências.

À hora determinada, fomos ambos conduzidos pelo criado a uma sala con-
fortável e aquecida, onde Goethe habitualmente se mantém à tarde e à noite.

Três velas ardiam sobre a mesa; Goethe porém ali não se achava. Ouvíamos
sua voz na peça vizinha.

O Sr. H. enquanto isso, observava em torno de si e notou além dos quadros
e de um grande mapa de montanhas, uma estante cheia de pastas que eu lhe expli-

quei conterem os desenhos de mestres famosos e reproduções dos melhores autores de todas as escolas, os quais Goethe em sua vida fora pouco a pouco colecionando e que freqüentemente contemplava com prazer. Após alguns minutos de espera, Goethe entrou saudando-nos com afabilidade.

"Devo propositalmente falar a V. S. em alemão", disse dirigindo-se ao Sr. H. "pois sei-o já versado em nossa língua". Aquele contestou com algumas palavras cordiais e Goethe convidou-nos a sentar.

A personalidade do Sr. H. deve ter produzido em Goethe uma boa impressão pois sua cortesia e serena amabilidade manifestaram-se hoje ante o estrangeiro em sua real beleza. "Fez bem", disse "em vir até nós para estudar a língua alemã, pois não só a aprenderá com rapidez e facilidade, como também levará em espírito para a Inglaterra os elementos sobre os quais se baseia, como nosso solo, clima e modo de viver, relações sociais, costumes, constituição e similares".

"O interesse pela língua alemã", replicou o Sr. H. "é grande atualmente na Inglaterra, e generaliza-se diariamente, de forma que não há hoje um jovem de boa família que não estude o vosso idioma".

"Nós, os alemães", retorquiu Goethe amavelmente, "adiantamo-nos a esse respeito de meio século à pátria de V. S."

"Há cinqüenta anos me aplico a estudar a língua e a literatura inglesas, de maneira que conheço muito bem os seus escritores, a vida e a organização de vosso país e se um dia for à Inglaterra, lá não me sentirei estranho.

"Porém, como disse, vossos jovens compatriotas procedem bem vindo a nós e também procurando conhecer a língua, não só porque nossa literatura em si o merece, como por ser inegável que quando se compreende bem o alemão, pode-se dispensar vários outros idiomas. Não me refiro ao francês, que considero a língua de sociedade e indispensável, sobretudo em viagem, por ser universalmente conhecida e com a qual cada um se desembaraça sem o auxílio de intérprete. Quanto ao grego, porém, ao latim, ao italiano e ao espanhol, podemos ler as mais belas obras em tão boas traduções para o alemão que sem um desígnio inteiramente especial, não há necessidade de gastar tempo no difícil estudo daqueles idiomas. Está na natureza do alemão honrar à sua maneira o estrangeiro e adaptar-se a particularidades estranhas. Isso e a grande maleabilidade da nossa língua, fazem com que as traduções alemãs sejam absolutamente fiéis e completas. E é ainda inegável que em geral se vai longe com uma boa tradução. Frederico o Grande, não sabia latim, porém leu Cícero traduzido para o francês, tão bem como nós no original".

Mudando de assunto, Goethe perguntou ao Sr. H. se freqüentava assiduamente o teatro: "Todas as noites", respondeu este, "e penso tirar com isto grande proveito para a compreensão da língua".

"É digno de nota" tornou Goethe, "que o ouvido e em geral a faculdade de entender, antecipam-se à capacidade de expressão, de modo que a gente compreende tudo rapidamente sem no entanto poder exprimir-se".

"Diariamente observo esta grande verdade", retorquiu o Sr. H. "pois entendo muito bem tudo que se diz e também o que leio, e mesmo percebo quando alguém não se exprime corretamente em alemão. Ao falar, no entanto, estaca-se-me a palavra e não consigo dizer bem o que quero. Em uma conversa superficial na corte, em um gracejo com damas, em palestra num baile e em casos similares, saio-me todavia sofrivelmente. Entretanto, quando quero dar minha opinião sobre um assunto elevado, ou dizer algo de particular ou de espirituoso, emudeço e nada me acode".

"Console-se e tranqüilize-se", replicou Goethe; "pois a nós próprios não é fácil expressarmo-nos na língua materna em casos tais." E perguntou-lhe em seguida quais os seus conhecimentos na literatura alemã. "Li o "Egmont", respondeu o Sr. H. "e causou-me este livro tanto prazer que voltei a lê-lo por três vezes; também "Torquato Tasso", proporcionou-me um gozo espiritual. Estudo agora o "Fausto" que me parece porém um tanto difícil".

Goethe achou graça nessas últimas palavras. "Certamente, não lhe teria ainda aconselhado tal leitura. É uma extravagância e está fora de toda a comum percepção. Uma vez porém, que por si próprio decidiu fazê-lo sem me consultar, veja como se sai disso.

"Fausto é uma personalidade tão excêntrica que bem poucos poderão compreender o que lhe vai na alma. Também o caráter de Mefistófeles por sua feição irônica e como manifestação que é de uma filosofia *sui generis*, é igualmente difícil de ser entendido. Observe contudo quais os horizontes que essa leitura lhe abrirá.

"O "Tasso", ao contrário, está muito mais próximo do vulgar sentimento humano e também sua forma circunstanciada favorece uma fácil compreensão". "No entanto", objetou o Sr. H. "essa obra é considerada na própria Alemanha bem pouco acessível para os estrangeiros, pois admiram minha ousadia em estudá-la". "O essencial para assimilar o "Tasso", explicou Goethe, "é o leitor não ser mais criança e ter vivido em boa sociedade".

"Um jovem de boa família, de suficiente espírito, delicadeza e moderada cultura, como resultam do convívio com as altas rodas sociais, não encontrará dificuldade no "Tasso".

A conversa desviou-se para o "Egmont" e, a propósito, Goethe narrou o seguinte: "Escrevi o "Egmont" em 1775, há portanto cinqüenta anos".

"Cingi-me, fielmente à História e esforcei-me o mais possível por interpretar a verdade. Quando dez anos mais tarde achando-me em Roma, li nos jornais terem-se repetido exatamente as cenas revolucionárias da Holanda que eu representara no "Egmont", certifiquei-me de que o mundo é sempre o mesmo e que minhas descrições deviam ser de algum modo reais".

Entre esses e outros assuntos chegara a hora do teatro; levantamo-nos e Goethe despediu-nos cordialmente.

Em caminho perguntei ao Sr. H. a sua impressão. "Nunca vi um homem, que possuísse, a par de uma afetuosa benevolência, tanta dignidade inata.

"É sempre grande, seja qual for a sua atitude".

Terça-feira, 18 de janeiro de 1825.

Hoje às 5 horas visitei Goethe a quem não via desde alguns dias, e passei a seu lado uma bela tarde.

Encontrei-o no seu gabinete de trabalho, ao escurecer, em palestra com o filho e o conselheiro Rehbein, seu médico.

Tomando lugar junto a ele, conversamos ainda um pouco na semi-obscuridade; em seguida trouxeram luzes e tive a satisfação de contemplá-lo cheio de vivacidade e alegria.

Como de costume, informou-se, interessado, pelo que de novo me acontecera nestes dias. Relatei-lhe o meu novo conhecimento com uma poetisa sérvia. Elogiei-lhe o talento pouco comum, e Goethe que, também conhecia algumas das suas produções, associou-se a meus louvores. "Uma das suas poesias", prosseguiu, "que descreve uma região da sua terra natal, possui um caráter altamente original; ela tem o dom de descrever o mundo exterior e não lhe faltam tampouco qualidades inatas. Há ainda certamente muito a criticar em sua obra; deixemo-la não obstante prosseguir, a orientar por seu talento e não errará o caminho".

Falou-se depois nas poetisas em geral, e o conselheiro Rehbein observou que o talento poético das mulheres freqüentemente lhe parecia como uma espécie de impulso sexual do espírito. — "Ouçam bem", exclamou Goethe, rindo e fitando-me, "o impulso sexual do espírito! — como o define o médico!" "Não sei se me exprimo bem", continuou este, "mas é mais ou menos isso. A essas criaturas não foi dado gozar a felicidade no amor e procuram a compensação nos prazeres espirituais. Se em tempo oportuno tivessem casado e criado filhos, não teriam pensado em produções poéticas".

"Não quero pesquisar", replicou Goethe, "até que ponto tem V. razão em casos tais; contudo pareceu-me sempre que os talentos femininos de outra espécie, tinham seu fim no casamento. Conheci mocinhas que desenhavam otimamente, mas que ao tornarem-se esposas e mães, abandonaram essa arte para dedicar-se aos filhos e nunca mais tocaram num lápis".

"Que nossas poetisas", continuou Goethe com vivacidade, "rimem e escrevam o quanto quiserem, contanto que, pelo menos, nossos vates não adotem estilo efeminado. E é isso que não me agrada. Vejam nossos jornais e almanaques como são fracos e cada vez têm menos vigor moral! Se agora quisessem mandar publicar um capítulo do "Cellini", na Folha da Manhã, que tal seria a impressão do público? Entretanto," prosseguiu alegremente, "concordemos e regozijemo-nos com aquela robusta moça de Halle que com seu espírito másculo nos fez ingressar no mundo longínquo da Sérvia.

"São excelentes essas poesias! Há entre elas algumas comparáveis aos cânticos de Salomão e isso quer dizer alguma coisa.

"Terminei o artigo sobre esse assunto que também já está impresso".

Ao dizer isso entregou-me as quatro primeiras provas dum novo fascículo de "Kunst und Altertum" onde encontrei o mencionado artigo.

"Caracterizei" explicou Goethe, "em poucas palavras, as poesias separadas segundo sua síntese e v. apreciará a delicadeza dos assuntos.

"Rehbein é sem dúvida também versado em poesia, pelo menos no tocante à substância e ao argumento, e escutará talvez com prazer se V. quiser ler esse trecho".

Observei que esses simples títulos despertaram em mim tanta vivacidade como se lesse as produções completas e por conseguinte não fazia questão de percorrê-las.

"Tem razão", concordou Goethe "e V. vê assim o papel preponderante do assunto, o qual ninguém quer compreender. Nossas mulheres não têm absolutamente idéia sobre isso. Esses versos são bonitos, dizem elas, e pensam somente nas sensações, nas palavras, nas estrofes. Como porém a verdadeira força e influência dum poema consiste na situação, ou seja, nos motivos, disso ninguém se lembra. E por razão concebem-se também milhares de versos cujo tema é inteiramente nulo e que apenas através de sentimentos e rimas bem soñantes dão a ilusão errônea de algo que não existe. Aliás os diletantes e principalmente as mulheres, têm uma idéia muito fraca da poesia. Acreditam comumente, uma vez conhecedoras do mecanismo, estar a par da verdadeira essência, e assumem ares de artistas consumados".

O Professor Riemer fez-se anunciar; o conselheiro Rehbein despediu-se. Riemer sentou-se a nosso lado, e prosseguimos nas poesias amorosas sérvias. Sabendo já do que se tratava, observou que, conforme os mencionados títulos, não só seria possível escrever poesias, como também que aqueles motivos, sem que fossem conhecidos através do sérvio, já teriam sido empregados pelos poetas alemães. Lembrou em seguida algumas poesias suas que também me tinham acudido à mente quando daquela leitura, e às quais me referi.

"O mundo permanece eternamente invariável;" tornou Goethe, "as situações repetem-se, um povo vive, ama e sente como outro; porque então um poeta não poderia fazer versos como outro poeta? As circunstâncias da vida são idênticas em si; porque não seriam idênticas as condições da poesia?"

"E justamente por essa homogeneidade de vida e de sentimentos," observou Riemer, "tornamo-nos capazes de compreender a poesia dos outros povos.

"Não fosse isso e nunca saberíamos do que tratam as produções estrangeiras". "Por essa razão", disse eu, "os sábios pareceram-me sempre singulares por julgarem que o versejar não deriva da própria vida, mas sim dos alfarrábios. Constantemente dizem: isto foi tirado daqui e aquilo dacolá. Se V. encontrar em Shakespeare, trechos já existentes nos antigos significaria isso então que deles os copiou?! Há em Shakespeare, entre outras, uma situação na qual, ao ver uma bela jovem, qualificamos de felizes os que a chamam filha e feliz, igualmente, o mancebo que a conduzirá como esposa ao lar. E, por existir em Homero o mesmo caso seria pois crível que Shakespeare, tivesse-o plagiado? — Extraordinário! Como se fosse necessário ir buscar exemplos tão distantes, e como se não os tivéssemos diariamente diante dos olhos, não os sentíssemos e expressássemos!"

"Realmente", concordou Goethe, "é muitíssimo ridículo!" "E também", continuei, "o próprio Lorde Byron não demonstra maior argúcia, fragmentando o "Fausto" e supondo ter V. E. extraído este e aquele trecho daqui ou dali".

Goethe revelou não ter lido quase nenhuma daquelas maravilhas "mencionadas por Byron e menos ainda nelas pensou ao escrever o "Fausto", acrescentando "A grandeza de Byron, manifesta-se somente quando poetisa, raciocina porém como uma criança. Assim não se sabe defender contra os incompreensíveis ataques de sua própria nação que deveria ter enfrentado com maior energia". — "O que aí está pertence-me, poderia ter dito, e, se o tirei da vida real ou dum livro, não importa, o caso é que soube aproveitá-lo com acerto".

"Walter Scott aproveitou uma cena do meu "Egmont" e tinha esse direito pois fê-lo com inteligência e merece louvores. Reproduziu também o caráter da minha Mignon em um dos seus romances; se o fez porém com a mesma discrição, é outro caso. — O seu "Demônio Convertido", é uma continuação do meu Mefistófeles, e não vejo mal nisso! Houvesse ele querido, por um capricho pessoal, evitar o suposto plágio, seu procedimento teria sido pior.

"Assim, meu Mefistófeles entoa uma canção de Shakespeare, e porque não deveria fazê-lo? Para que dar-me ao trabalho de compor outra, quando a de Shakespeare calhava tão bem e exprimia tão exatamente o que eu queria dizer? E se existe no argumento do meu "Fausto", alguma semelhança com o Livro de Job, é igualmente meu direito e mereço por isso mais aplausos que censuras".

Goethe estava de excelente humor. Mandou vir uma garrafa de vinho do qual nos serviu, a Riemer e a mim; ele porém tomou apenas água de Marienbad. A noite parecia destinada à revisar com Riemer o manuscrito da continuação de sua autobiografia, para talvez, em vista da publicação, corrigir algo, aqui ou ali. "Eckermann fica conosco e escuta", disse Goethe, e que me foi muito grato ouvir. E passou o manuscrito a Riemer o qual principiou a leitura do ano 1795.

No correr do verão tivera eu já o prazer de repetidas vezes ler e analisar ainda em manuscrito, aquela história de sua vida, até o tempo presente. Mas agora ouvi-la em voz alta e em sua presença, proporcionou-me um gozo inteiramente novo.

Riemer estava preso à expressão, e tive ocasião de admirar seu grande desembaraço e a palavra fluente. Em Goethe palpitava ainda aquela época de sua existência, deleitava-se naquelas recordações e completando-as lembrava com minúcias os vultos e acontecimentos do passado. Uma noite magnífica! Seus contemporâneos mais notáveis foram repetidas vezes rememorados.

A Schiller mais intimamente integrado a esse período (1795 a 1800) , volvia sempre de novo o pensamento. O teatro foi objeto de sua obra comum, e as mais belas produções de Goethe datam daquele tempo, a conclusão de "Wilhelm Meister"; "Hermann e Dorothea", pouco antes concebido; a tradução de "Cellini " para a revista "Horen", e as "Xenien", escritas por ambos para o Almanaque das Musas; não faltavam os pontos de contato diários. De tudo isso se falou e não faltou a Goethe ocasião para os mais interessantes comentários.

"Hermann e Dorothea", considerou, entre outras coisa: "é quase a única das minhas grandes criações que ainda me dá prazer; não posso lê-la sem nela tomar íntima parte. Aprecio-a sobretudo na tradução latina; parece-me assim mais nobre, como se, no que se refere à forma, tivesse tornado à sua origem".

Volvemos ao "Wilhelm Meister". — "Schiller", observou Goethe, "reprovou nessa obra a associação do trágico, como impróprio ao romance. Não estava com a razão, como sabemos. De suas cartas a mim dirigidas, constam a respeito de "Wilhelm Meister", os mais valiosos conceitos e manifestações.

"Essa obra, de resto, faz parte das produções mais discutíveis, das quais já muito me distanciei. O leitor procura orientar-se, o que é difícil e nem sempre aconselhável.

"Penso que uma vida ricamente multiforme, que passa ante nossos olhos, seria também de per si algo despida de um tendência expressa que alias só existe para fins de definição. Se porém de todo desejarem uma coisa dessas, norteiem-se pelas palavras que Frederico dirige no fim a nosso herói:

"Vens a mim como Saul, o filho de Kis, o qual saiu à procura dos jumentos de seu pai e encontrou um reino".

"E sigam tal orientação, pois no fundo parece que o todo nada mais significa senão que o homem, malgrado suas tolices e confusões, alcança o desejado alvo quando guiado por um pulso forte".

Referimo-nos depois à grande cultura das classes médias que desde os últimos cinqüenta anos se evidencia na Alemanha, e cujos méritos Goethe atribuiu menos a Lessing do que a Wieland.

"Lessing," tornou ele, "personificava a inteligência máxima e só um talento nas mesmas condições poderia realmente aprender com ele. Para as mediocridades era até perigoso". Citou um jornalista que tomara Lessing por modelo e que no fim do século passado desempenhou um certo papel, que contudo não era dos mais brilhantes, pior ter sido manifestamente inferior a seu grande predecessor.

"A Wieland",[1] ponderou Goethe, "deve toda a Alemanha do Norte o seu estilo. Com ele muito aprendeu, e a faculdade de se exprimir convenientemente, não é a menos importante".

Referindo-se aos "xênios", elogiou os de Schiller os quais qualificou de irônicos e sarcásticos, e, em compensação, os seus próprios de inofensivos e insignificantes.

"Leio sempre com admiração o "Zodíaco", de Schiller", prosseguiu. "O benéfico efeito que exerceu em sua época sobre a literatura alemã é incalculável. Muitas pessoas contra as quais eram dirigidas as "Xenien", foram mencionadas nessa ocasião; os nomes, porém, me escapam à memória".

Após ter sido interrompida por Goethe com estas e centenas de outras interessantes revelações e acréscimos, concluímos a análise do manuscrito até o ano de 1800, e Goethe, pondo de lado a papelada, mandou servir no extremo da longa mesa à qual nos assentáramos, uma pequena ceia.

Sentado entre nós, servia-nos, espevitava as velas e entretinha-nos de um modo admirável. A lembrança de Schiller era nele tão viva, que a última parte do dia foi-lhe inteiramente dedicada. Riemer recordou a personalidade de Schiller, "O seu físico, seu modo de andar, cada movimento", disse, "denotava altivez, só o olhar era suave". "Sim", concordou Goethe, "tudo nele era nobre e sublime, e o olhar era meigo".

---

1. Wieland, Christoph Martin (1733-1813). — Em 1772 chamado a Weimar para educador de Carlos Augusto, continuava como pensionista da Corte quando Goethe, já célebre pelas suas primeiras obras, ali apareceu. Wieland sentiu-se conquistado pelo luminoso astro que surgia e a seu respeito assim se manifesta em carta a um amigo: "Minh'alma está repleta de Goethe como a gota de orvalho dos raios do sol que se vai erguendo. Sinto uma alegria profunda em vê-lo tão belo, tão grande, em senti-lo tão superior a mim e pairando numa altura a que nunca me será dado alcançar!"

"E, assim como o vulto, era o seu talento. Atacava com decisão um tema grandioso, estudava-o, volvia-o para todos os lados, , analisava-o de todos os modos, dominando-o por fim, fosse como fosse. Observava a questão por assim dizer, só pelo lado externo; não lhe era dado desenvolvê-la do íntimo. Seu talento era mais condescendente. Por isso também era irresoluto e nunca dava por terminadas suas criações; freqüentemente modificava um papel de um drama pouco antes do ensaio. E, como se aplicava ao trabalho com audácia, não era também muito pela argumentação".

"Sei o quanto me custou fazê-lo modificar em "Guilherme Tell" o trecho em que o Gessler ia colher da árvore uma maçã para servir de alvo sobre a cabeça do pequeno. Isso era inteiramente contra minha natureza e persuadi-o de, ao menos atenuar essa crueldade fazendo o menino jactar-se diante do Governador, da destreza do pai que, acertava numa maçã a cem passos da árvore. A princípio Schiller relutou em modificar a cena, por fim porém, cedeu às minhas exortações. Eu, pelo contrário, por argumentar demasiado, afastei do teatro minhas peças. Minha "Eugênia" é "uma cadeia de temas" e não pode ter sucesso no palco.

"O talento de Schiller era criado especialmente para a ribalta. — Em cada nova produção progredia e se aperfeiçoava; no entanto era de notar nele, desde os "Räubern", uma certa tendência para o tétrico, que mesmo em seus mais belos tempos não o deixou inteiramente.

"Lembro-me assim muito bem, que, na cena da prisão do "Egmont", quando este ouve a leitura da sua sentença, faz surgir ao fundo o duque de Alba mascarado e envolto numa manta; regozijando-se com o efeito que ia causar ao prisioneiro sua condenação à morte. Destarte devia o duque ser representado como insaciável na vingança e crueldade. Eu, no entanto, protestei e aquela figura foi afastada.

"Era um grande homem que tinha suas singularidades. Todas as semanas se desenvolvia e completava; cada vez que o tornava a ver, aparecia-me evoluído em erudição e bom senso.

"Suas cartas são a mais bela lembrança que dele possuo, e figuram entre as mais primorosas que jamais escreveu.

"A derradeira conservo como uma relíquia, entre os meus tesouros".

E ergueu-se procurando-a. "Aqui a tem; leia-a". Uma bela carta e escrita em vigorosa caligrafia. Refere-se a uma crítica a propósito dos comentários de Goethe sobre os "Sobrinhos de Rameau", que representava a literatura francesa daquela época e que ele comunicara a Schiller em manuscrito, pedindo-lhe sua opinião.

"Estão vendo", observou Goethe, "o quanto é sensato e concorde, e como está longe a sua letra de qualquer indício de enfraquecimento.

"Era uma esplêndida criatura, e foi-nos arrebatada em plena força.

"Essa carta é datada de 24 de abril de 1805 — Schiller faleceu a 9 de maio".

Analisamos a epístola cada um por sua vez, admirando a clareza da expressão assim como a beleza da caligrafia, e Goethe dedicou ainda ao amigo desaparecido comovidas expressões de saudosa lembrança, até as onze horas, quando por fim nos retiramos.

Quinta-feira, 24 de fevereiro, de 1825.

"Se eu fosse ainda diretor do teatro", declarou Goethe esta noite, "levaria à cena o "Doge de Veneza", de Byron. A peça é, na verdade demasiado longa e necessitaria ser encurtada. Contudo não seria preciso suprimir coisa alguma, procedendo do seguinte modo: inteirar-se da substância de cada cena e depois reproduzi-la com maior concisão. Ficaria assim o drama mais curto, sem sofrer alterações, lucrando no seu efeito, sem prejuízo de suas belezas".

Dessa maneira, Goethe demonstrou-me como proceder no teatro em centenas de casos idênticos, e muito admirei essa norma que bem define uma forte mentalidade, um poeta mesmo, que sabe o que diz.

Continuando a falar a respeito de Byron, referi-me às suas "Conversas com Medwin" que revelam o quanto é difícil e ingrato escrever para o teatro. "Depende", replicou Goethe, "de encontrar a direção tomada pelo gosto e o interesse do público".

"Se a orientação do autor inteligente está de acordo com a do público, o sucesso é garantido. Houwald com seu "Bild" acertou; daí o aplauso geral. Byron não terá sido talvez tão feliz, visto que suas tendências destoavam das do público, pois a questão não era absolutamente de indagar do valor do poeta. Antes pode ele, desde que sua personalidade de pouco sobrepuje a dos espectadores, justamente por isso, merecer-lhes a estima".

Prosseguimos sobre Lorde Byron, e Goethe enalteceu-lhe o extraordinário talento. "Aquilo que denomino a intuição, em nenhum outro ser me pareceu maior do que nele. O modo com que desata um nó dramático, está sempre acima da expectativa e sempre melhor do que nós imaginávamos".

"Outrotanto me, aconteceu com Shakespeare", retorqui, sobretudo com "Falstaff", quando este, de tanto mentir, se vê em má situação, perguntando-me o que o mandaria fazer nesse caso para ajudá-lo a desembaraçar-se; situação essa em que, certamente Shakespeare ultrapassou todas as minhas idéias a respeito. O fato porém, de V. Ex. dizer o mesmo de Byron, constitui evidentemente o maior elogio que a este se pode fazer. Contudo, acrescentei, "o poeta que claramente abrange o assunto do principio ao fim, leva grande vantagem sobre o leitor não isento de ânimo".

Goethe aprovou-me e riu, porque Byron, que em vida a nada se sujeitara, e que nunca indagara de leis, submetera-se finalmente à mais tola das leis, a das três unidades.[1] "Ele compreendeu tão pouco o fundamento dessa lei, como o resto do mundo. O *perceptível* é a base, e as três unidades só são boas quando este escopo for por elas atingido.

"Se porém constituírem empecilho ao *perceptível*, nunca se compreenderá os que as consideram leis e pretendem segui-las. Na própria Grécia onde teve origem, essa regra nem sempre foi seguida; no "Phaeton" de Eurípedes e em outros dramas há mudança de cenário e vê-se que o bom desempenho da ação lhes vale mais do que o respeito cego por uma lei que em si jamais teve muita importância.

" As peças de Shakespeare ultrapassam tanto quanto possível a consagrada unidade do tempo e, do lugar. Contudo não escapam à nossa compreensão; nada é mais fácil de ser entendido e até os próprios gregos julgá-los-iam irrepreensíveis. Quem mais severamente procurou obedecer à lei das três unidades foram os autores franceses. Pecaram porém contra o conceito da compreensão, resolvendo uma situação dramática por uma narração.

"No entanto pensei no "Götz von Berlichingen", peça que despreza o quanto é possível a unidade do tempo e lugar. Mas mesmo assim, desenvolvendo-se a ação na atualidade e sendo por isso tão genuinamente dramática, é compreensível como a que mais o for.

"Do mesmo modo considerei que a unidade de tempo e lugar seria natural e de conformidade com a idéia dos gregos, desde que um acontecimento fosse tão curto que no devido tempo se pudesse desenrolar ante nossos olhos.

"Numa ação extensa porém, que se passa em diversas localidades, não há razão de limitá-la a uma *única*, tanto mais que em nossos palcos de agora não existem dificuldades para quaisquer mudanças de cenário.

Goethe seguiu ocupando-se de Byron. "À sua natureza sem cessar inclinada para o infinito", continuou, "vai muito bem a restrição que se impôs pelas observações das três unidades. Assim tivesse ele também sabido conter-se na moralidade. E não tê-lo podido foi a sua ruína, e pode-se muito bem dizê-lo, que a licenciosidade foi a sua perdição".

"Ele não via bem em si próprio. Vivia apaixonadamente no presente e sem saber nem pensar no que fazia. A si mesmo tudo permitindo e nada aos outros, era fatal que se aniquilasse e que incitasse o mundo contra si".

"De início ofendeu, com seus "English Bards" e "Scotch Reviewers", os mais distintos escritores. Em seguida viu-se obrigado a se retratar para poder viver.

---

1. Referia-se Goethe evidentemente ao princípio da unidade; de tempo, de ação e de lugar, como norma para intensificar o efeito dramático, esposada pelos gregos e seguida pelos clássicos franceses, desprezada por Shakespeare e os românticos e abertamente impugnada por Lessing, na "Dramaturgie".

Em suas obras subseqüentes continuou em sua atitude de oposição e de desprezo para com todos, não poupando mesmo o Estado, nem a Igreja. Tais irreverências e desconsiderações enxotaram-no por fim da Inglaterra e, com o tempo, tê-lo-iam obrigado a deixar a Europa.

"Sentia-se constrangido em toda parte, opresso, e apesar da ilimitada liberdade pessoal o universo era para ele como uma prisão. Sua jornada aventurosa para a Grécia não foi uma decisão espontânea, mas o resultado da sua discordância com a humanidade.

"Eximido de qualquer tradição e de patriotismo, foi esse homem tão proeminente levado à ruína: e assim também seu caráter revolucionário e a constante agitação de seu espírito impediram o perfeito desenvolvimento do seu talento. Essa situação de eterna luta e desacordo foi profundamente prejudicial às suas esplêndidas obras, pois não somente a incessante inquietação do poeta se transmite ao leitor, como também toda a influência contraditória tende para a negativa e esta em si nada representa.

"Quando qualifico o mau como mau, que ganho com isso? qualificando porém de mau o que é bom, causo grande prejuízo. Quem quer agir corretamente, nunca deve injuriar, não se preocupar com o que está errado e unicamente proceder bem, pois não se trata de demolir e sim de construir algo que proporcione à humanidade verdadeira alegria".

"Deve-se estudar a personalidade de Lorde Byron", prosseguiu Goethe, "como homem, como inglês e como gênio. Suas boas qualidades derivam principalmente do homem; as más de ter sido inglês e par do Reino. E seu talento é incomensurável.

"Os ingleses propriamente não reflexionam; as distrações e o espírito de partido não permitem que atinjam a uma serena cultura, são porém notáveis como homens práticos.

"Assim jamais chegou Byron a meditar acerca da própria personalidade, razão pela qual nada conseguiu com seus raciocínios, como prova a sua divisa: *Muito dinheiro e nenhuma autoridade!* porque o excesso de dinheiro estorva a ação da autoridade.

"Teve, não obstante, sucesso, em tudo o que almejou produzir e pode-se na verdade dizer, que nele a inspiração supriu a reflexão.

"Criava incessantemente, e tudo que emanava do homem, particularmente do seu íntimo, era magnífico. Alcançava os sucessos como as mulheres que geram belos filhos, sem nisso pensar e sem saber como.

"Era um grande talento *nato*, e a própria capacidade poética nunca em pessoa alguma me pareceu tão grandiosa como nele. Na interpretação das exterioridades, na percepção clara de passadas situações é ele tão grande como

Shakespeare; este, todavia, como simples indivíduo, é-lhe, de muito, superior. Byron sentia-o muito bem, por isso não o mencionava muitas vezes, embora soubesse de cor inúmeras passagens suas.

"Com satisfação tê-lo-ia renegado, pois a serenidade de Shakespeare incomodava-o; não obstante reconheceu que não se podia insurgir contra ele. A Pope não renegou porque não o temia. — Mencionava-o e considerava-o onde quer que o encontrasse, pois sabia muito bem que até certo ponto Pope servia-lhe de escudo".

Goethe mostrava-se inesgotável no assunto e eu não me saciava de ouvi-lo. Após ligeiras considerações, continuou: "A sua alta posição de Par da Inglaterra foi-lhe muito prejudicial, porquanto a qualquer talento embaraça o mundo exterior, mormente a um homem de tão alta linhagem e tão grandes recursos. Uma certa condição mediana ser-lhe-ia sem dúvida muito mais proveitosa; é assim que encontramos na classe média todos os grandes artistas e poetas. A propensão de Byron para o genérico, se tivesse nascido de pais modestos e de modestos haveres, não lhe teria sido tão prejudicial. Estava porém em seu poder realizar qualquer idéia e isso envolvia-o em inúmeras contendas; e além do mais, como poderiam impressioná-lo e impor-lhe respeito quaisquer posições, sendo já ele próprio de tão nobre estirpe? Dizia o que queria sem considerações, e isso levou-o a um conflito insolúvel com a sociedade.

"Nota-se com assombro", tornou Goethe, "a grande parte que na vida de um inglês rico e distinto tomam os raptos e duelos. Narra o próprio Byron que seu pai raptou três mulheres. Como poderia ele ter gerado um filho sensato! Byron viveu sempre, por assim dizer, no estado primitivo, e por isso sentia cotidianamente necessidade de uma própria defesa.

"Em conseqüência, atirava de revólver constantemente e a todo momento esperava ser desafiado.

"Não podia viver só. Devido a isso, e apesar de todas as suas esquisitices, era condescendente para com a sociedade em que vivia.

"Uma noite fez a leitura do seu belo poema sobre a morte do General Moore do qual seus amigos nada perceberam. Não se impressionou porém com isso e tornou a guardar a poesia. Como poeta revelou-se nessa ocasião manso como um cordeiro; qualquer outro tê-los-ia mandado ao diabo!"

Terça-feira, 22 de março de 1825.

Esta noite, logo após as doze horas, fomos despertados pelo toque de incêndio e pelos gritos: fogo no teatro! Vesti-me imediatamente e corri para o lugar do sinistro. A consternação era grande e geral.

Ainda poucas horas antes, ali admiráramos o excelente desempenho do ator La Roche no "Judeu de Cumberland" e também o de Seidel, o qual com seu bom humor e gracejos, provocou o riso de todos os espectadores. E agora, nesse mesmo ponto de prazeres espirituais apenas desfrutados, alastra-se terrível o elemento de destruição.

Segundo parece, o fogo, originado pelo aquecimento, irrompeu na platéia, propagou-se ao palco e aos sarrafos dos bastidores; alimentado então pelas matérias inflamáveis, cresceu com rapidez espantosa. Em pouco as chamas atingiram o telhado e os caibros estalavam rebentando.

Tudo se fez para combater o incêndio. O edifício foi aos poucos cercado de mangueiras que jorravam enorme quantidade d´água no braseiro. Tudo porém em vão. As labaredas se elevavam de todos os lados, lançando para o céu inesgotáveis massas de fagulhas e fragmentos inflamados de leves tecidos, que a brisa ia espalhando por sobre a cidade.

O tumulto, o clamor, os gritos dos populares que lidavam nas escadas dos bombeiros e manejavam as mangueiras, eram intensos. Todas as energias estavam em ação, procurando fosse como fosse vencer o elemento.

Um pouco de lado, mas tão próximo quanto o braseiro o permitia, via-se um homem envolto numa manta e com quepe militar, que fumava um charuto na mais tranqüila atitude. Dir-se-ia à primeira vista um espectador despreocupado; não assim, porém. Cercavam-no pessoas a quem em poucas palavras ia distribuindo ordens, logo em seguida executadas. Era o Grão-Duque Carlos Augusto. Compenetrara-se de que não era possível salvar o edifício; ordenou por isso que o demolissem e dirigissem as bombas disponíveis unicamente contra as casas vizinhas que já estavam sendo atingidas. Parecia meditar em sua resignação nas palavras filosóficas:

> *"Que arda até aos alicerces...*
> *Edificaremos outro mais belo"*

E não deixava de ter razão. O teatro era velho, não tinha beleza nem espaço suficiente para conter um público cada ano mais numeroso.

Era todavia de lamentar a perda irremediável dessa construção à qual se ligavam tantas recordações de um grande e caro passado.

Vi lágrimas em belos olhos, e não pouco me comoveu um músico, membro da orquestra, que chorava a perda do seu violino.

Ao raiar do dia, observei muitos rostos pálidos e diversas moças e senhoras de alta condição que assistiram durante a noite inteira ao desenrolar do sinistro e começavam a sentir calafrios na frescura da madrugada. Voltei à casa a fim de repousar um pouco e ir visitar Goethe ainda no correr da manhã.

Informou-me o criado que ele não se sentia bem e estava de cama.

Não obstante, mandou-me chamar para seu lado. Estendeu-me a mão dizendo: "Todos perdemos com o desastre, mas nada há a fazer! Meu pequeno Wolfgang hoje cedo aproximou-se da minha cama; pegou-me na mão e fitando-me com seus grandes olhos disse: O mundo é assim mesmo!

"Não se pode dizer mais senão essas palavras com as quais o meu querido Wolf procurou confortar-me. A cena dos meus incansáveis esforços de quase trinta anos, jaz em cascalho e ruínas. Porém, como diz Wolf, "o mundo é assim mesmo".

"Pouco dormi, observando da minha janela da frente as labaredas erguerem-se incessantemente para o céu. V. com certeza imagina as inúmeras recordações dos velhos tempos que me passam pela memória; minha colaboração de tantos anos com Schiller, o advento e evolução de tantos alunos caros, e pode bem admitir minha emoção...

"Assim, penso manter-me hoje prudentemente no leito".

Aprovei essa precaução embora não me parecesse debilitado nem cansado; antes pelo contrário, aparentava bem-estar físico e espírito sereno.

Julguei um estratagema, essa resolução de conservar-se de cama, de que costuma fazer uso com o fim de evitar, por ocasião de acontecimentos extraordinários, o acúmulo de visitantes.

Pediu que me sentasse defronte a seu leito e ali me conservasse por algum tempo. "Pensei em V. e lamentei-o", disse, "que fará agora das suas noites?" "Bem conhece", retorqui, "minha paixão pelo teatro. Quando há dois anos aqui cheguei, nada conhecia, além de três ou quatro comédias que vira em Hannover. Para mim, pois, tudo era novo, atores e peças; e como, seguindo o conselho de V. E., me abandonasse à impressão do assunto sem nele refletir demasiado, posso em verdade dizer que vivi nestes dois invernos, as horas mais despreocupadas e aprazíveis que jamais me couberam por sorte. O teatro atraía-me de tal modo que não somente assistia a todas as representações, como também arranjava modo de ir assistir aos ensaios; e ainda não me contentando com isso, ao passar defronte entrava, sentava-me meia hora nos bancos vazios da platéia e ficava imaginando cenas que se poderiam representar."

"V. é mesmo maluco!" replicou Goethe rindo; "gostaria porém que o público fosse constituído por pessoas assim! E, no fundo, está V. com a razão; já não é pouco. Quem não estiver mal acostumado e for bastante jovem, não encontrará facilmente um lugar onde tão bem se sinta como no teatro.

"Não se lhe fazem exigências, não necessita falar quando não quer; V. senta-se em completo bem-estar e, como um rei, deixa-se oferecer toda a comodidade e regalar espírito e gosto a seu desejo. Ali há poesia, pintura, canto e música, arte dramática e quanta coisa mais! Quando todos esses atrativos de arte e beleza cooperam em considerável grau numa única noite, tem-se uma festa a nenhuma outra comparável. Mesmo se algo de mau ocorresse e somente um pouco de bom, é sempre melhor do que estar à janela ou jogar uma partida de uíste num ar confinado e impregnado de fumo.

"O teatro de Weimar, como V. bem o percebe, não é absolutamente de desprezar; continua sendo a velha estirpe dos nossos tempos melhores à qual se agregaram jovens talentos nele formados. Somos ainda capazes de criar algo que estimula e agrada, oferecendo pelo menos a aparência de um elenco homogêneo.

"Quem me dera ter visto isso, há vinte ou trinta anos!" exclamei.

"Era sem dúvida uma época que com grandes vantagens nos veio em auxílio", continuou. "Imagine-se que o monótono período do gosto francês não era há muito tempo passado, e o público, ainda não estava de forma alguma *blasé*; que Shakespeare entusiasmava ainda em seu prestigio inicial, que as óperas de Mozart eram recentes e, finalmente, que as peças de Schiller foram aqui, nesse teatro representadas pela primeira vez, por ele mesmo ensaiadas e em sua glória nascente levadas à cena. Desse modo pode V. admitir que com tais iguarias, velhos e moços se haviam de regalar e que tínhamos sempre um público agradecido".

"As pessoas que viveram tal época", observei "vangloriam-se da elevação a que atingiu então o teatro de Weimar."

"Não quero negá-lo", aquiesceu Goethe, "fez-se alguma coisa.[1]

"Mas o essencial foi ter-me o Grão-duque concedido inteira liberdade de ação, de pôr e dispor como bem o entendesse. Não me preocupava tanto com pomposas decorações e guarda-roupa luxuoso, fazia porém questão de boas produções. Desde a tragédia até a farsa, o gênero não me interessava, mas uma peça devia ter valor para ser admitida e, também, ser fora do comum e elevada, alegre e graciosa, mas principalmente sã, e encerrar uma certa função educativa.

"Assuntos mórbidos, fracos, chorosos e sentimentais, assim como os tenebrosos e os que ofendiam os bons costumes, eram banidos de uma vez para sempre, pois temia deitar a perder os intérpretes e o público.

"Pelo estudo de boas peças de alta moralidade, elevava também o ator, porquanto o conhecimento do que é excelente e apurado, e seu exercício contínuo, não podiam deixar de exercer uma benfazeja influência sobre o artista sensa-

---

1. Sob sua direção, que durou 26 anos, (de 1791 a 1817) foram representadas 600 peças entre as quais 104 óperas, principalmente de Mozart: "Flauta Mágica", "Rapto do Serralho", "Bodas de Fígaro" e 31 operetas, comédias, dramas etc., até a aparição das tragédias de Schiller. Após a morte deste, voltou a supremacia das óperas de Mozart, Salieri, Cherubini, Spontini e outros. Em 1814, "Egmont", de Beethoven; em 1816 o "Fidelio". Rossini depois, com a "Semiramis", "La Gazza Ladra", "Guilherme Tell" e Weber, com o "Freischütz".

to. Mantinha-me outrossim, em constante contato pessoal com os atores. Dirigia a leitura da peça esclarecendo a cada um o seu papel. Aos ensaios gerais estava sempre presente e combinava com todos sobre o modo de interpretar ainda melhor; nunca faltei às representações e tomava nota no dia seguinte, de tudo o que me não satisfizera.

"Em conseqüência, levei-os avante, em sua arte, mas procurei também elevar toda a classe na consideração geral, atraindo para o meu círculo os melhores e mais esperançosos, tornando assim público que os achava dignos de comigo conviver. E aconteceu que a alta sociedade weimariana não me ficou atrás e em breve tiveram os atores e atrizes honroso acesso nas mais distintas rodas. De tudo isso resultou para eles uma grande cultura; meu discípulo Wolff, de Berlim, assim como o nosso Dürand, são pessoas do mais fino trato social. Os Srs. Oels e Graff são bastante ilustrados para fazer honra à melhor sociedade.

"Schiller procedia do mesmo modo que eu, convivendo assiduamente com os artistas e sempre a meu lado em todos os ensaios, após o triunfo de suas peças costumava convidar os intérpretes a festejar alegremente reunidos o feliz sucesso, enquanto trocávamos idéias sobre o que ainda se poderia fazer de melhor na próxima vez.

"Contudo, quando Schiller veio para nós, já encontrou atores e público em alto grau ilustrados, e é inegável que isso favoreceu o rápido êxito de suas produções".

Sentia imenso prazer em ouvir Goethe discorrer tão minuciosamente sobre um assunto que sempre despertou em mim grande interesse e o qual, sobretudo devido ao sinistro dessa noite, mais me empolgava.

"O incêndio de hoje", disse eu, "na casa que V. E. e, Schiller elevaram ao máximo, encerra de certa maneira, também exteriormente, uma grande era que tão cedo não voltará a Weimar. V. E. deve por certo ter experimentado uma grande satisfação quando diretor do teatro, com o extraordinário êxito que alcançou".

"Mas também com não poucos incômodos e trabalhos!", replicou Goethe com um suspiro. "Há de ser difícil", disse eu, "manter em conveniente disciplina uma organização formada de elementos tão heterogêneos".

"Muito se consegue pela severidade, porém mais pela indulgência, e mais ainda pela compreensão dos fatos e por uma justiça imparcial, sem preferência nem exceções.

"Foi preciso acautelar-me contra dois inimigos que teriam podido tornar-se perigosos. Um deles, a minha admiração pelos talentos, arriscaria talvez minha imparcialidade. Do outro não quero falar, V. porém já o advinha. Não faltavam em nosso teatro mulheres bonitas e jovens de grande atração de espírito. Por várias vezes senti-me apaixonadamente atraído, e também não faltou quem me viesse ao encontro a meio caminho.

"Contudo soube conter-me impondo-me severas barreiras, pois conhecia a minha posição e os deveres a que ela me obrigava. Não me considerava um simples particular, mas sim o chefe duma organização cuja prosperidade significava para mim muito mais que a minha própria felicidade".

"Eu já tivera aliás conhecimento, por outrem, do proceder de V. E. naquele tempo e muito estimei ouvir de sua própria boca a confirmação."

Admirando-o mais do que nunca, deixei-o com afetuoso aperto de mão.

Volvi ao lugar do incêndio onde, dos grandes montões de ruínas se elevavam ainda chamas e colunas de fumo e continuavam os trabalhos de extinção e desentulho. Aí, nas proximidades, dei com uns papéis inflamados — eram trechos do "Tasso", de Goethe.

Quinta-feira, 24 de março de 1825.

Com Goethe, à mesa. A destruição do teatro constituiu quase que exclusivamente o assunto do dia. A Sra. von Goethe e a Srta. Ulrica relembraram as horas felizes que gozaram na velha casa. Ambas procuraram no entulho algumas relíquias que lhes seriam preciosas; no fim porém nada mais havia do que umas pedras e fragmentos duma tapeçaria que justamente ornava o seu camarote habitual.

"O essencial", opinou Goethe, "é recobrar ânimo sem tardança e organizar tudo tão depressa quanto possível. Por mim, já na próxima semana faria continuar as representações, na "Fürstenhause" ou na grande sala da Câmara.

"É preciso evitar que sobrevenha uma longa pausa, afim de que o público não procure outros derivativos contra a monotonia de suas noites".

"Mas, dos cenários nada ou quase nada foi salvo!" observou alguém.

"Não serão indispensáveis muitos cenários", replicou Goethe, "nem tampouco grandes peças. E também não é imprescindível representá-las por inteiro, mormente em se tratando de uma obra muito extensa. Deve-se principalmente preferir as que não exijam grandes mudanças de cena. Alguma comédia em um ato, uma pequena farsa ou opereta... Depois, qualquer ária ou dueto, o final de uma ópera apreciada — e sentir-se-ão já todos sofrivelmente satisfeitos. Basta atentar à Natureza: que abril passe suportável, e já em maio terão os pássaros cantando na floresta. Ao mesmo tempo", prosseguiu, "verão ir surgindo no decorrer do estio, o novo templo de arte. Esse incêndio está-me parecendo um tanto singular. Quero agora revelar-lhes que, durante as longas noites do inverno, Coudray[1] e eu, ocupávamo-nos em traçar a planta de uma casa de espetáculos ade-

---

1. Clemens Wenzeslaus, diretor das Obras Públicas desde 1816, em Weimar. (1775-1845).

quada a Weimar. Mandamos vir os projetos de alguns dos famosos teatros alemães, e, depois de aproveitar deles o que têm de melhor, evitando o que nos parecia defeituoso, conseguimos uma planta digna de ser vista.

"Logo que for aprovada pelo Grão-duque, poder-se-á iniciar a construção, e já é uma boa coisa ter-nos esse sinistro encontrado tão bem preparados, por mera casualidade." — Com grande alegria acolhemos esta notícia.

"No antigo teatro", continuou Goethe "a nobreza estava bem colocada nos balcões, as classes trabalhadoras e os jovens operários nas galerias.

"Para o grande número dos abastados porém, e para a classe média distinta, as coisas freqüentemente iam mal, pois na representação de certas peças, os estudantes ocupavam a platéia e aqueles não sabiam para onde ir.

"Os pequenos camarotes atrás da platéia e os escassos bancos que nela havia, não eram suficientes. Esses inconvenientes estão agora sanados.

"Traçamos uma fila inteira de camarotes contornando a platéia, e entre os balcões e galerias ainda outra ordem de camarotes de segunda classe."

Essas novas causaram-nos a todos vivo prazer, e louvamos a Goethe por tanto se preocupar com as artes e o público.

Domingo, 27 de março de 1825.

À mesa de Goethe, em grande sociedade. Apresentou-nos o projeto da nova casa de espetáculos tal como no-lo descreveu há dias. A planta promete, tanto pelo interior como pelo exterior, um magnífico edifício.

Alguém observou que um tão belo teatro exigiria melhores cenários e mais rico guarda-roupa, e lembramos que o elenco começava a apresentar certas falhas e que seria indispensável contratar alguns elementos novos de destaque, tanto para a ópera como para o drama.

Ao mesmo tempo não nos dissimulávamos que tudo isso significava considerável dispêndio, para o qual seriam insuficientes os recursos atuais da caixa. "Sei perfeitamente", atalhou Goethe, "que, sob o pretexto de economia, quererão contratar figuras medíocres pouco exigentes. Não se espere porém, com tais medidas boas receitas. Nada seria mais prejudicial do que economizar em coisas tão essenciais. É preciso contar com casa cheia todas as noites. E para isso muito contribuiriam cantores jovens, protagonistas de grande talento e algumas artistas realmente belas. Estivesse eu ainda na direção, seguiria avante em prol da caixa e estejam V. V. certos de que não falhariam os meios necessários".

Perguntando-se-lhe sobre o que tinha em mente, retorquiu "que poria em prática um processo muito simples; faria representar também aos domingos.

"Teria desta maneira a receita de, pelo menos, quarenta espetáculos a mais, e seria improvável que com essa medida não rendessem anualmente de dez a quinze mil táleres".

Esse expediente foi por todos considerado muito praticável e observou-se que a grande classe trabalhadora, a qual durante a semana labutava em geral até altas horas, tinha o domingo como único dia de recreio e preferia o prazer mais elevado do drama, às danças e libações das tabernas de aldeia. Aludimos também aos rendeiros e proprietários, assim como aos empregados e abastados moradores das pequenas cidades vizinhas, para o quais seria o domingo o dia desejado que lhes permitiria freqüentar o teatro de Weimar.

Assim também até agora, as tardes domingueiras para os que não freqüentam a Corte e não pertencem a um feliz círculo familiar ou a uma sociedade particular eram pouco agradáveis e monótonas pois que não sabiam onde ir.

E, não obstante, levantam exigências como se fosse possível encontrar algures lugar onde aos domingos se sentissem mais à vontade e pudessem esquecer as preocupações da semana.

Essa lembrança de realizar espetáculos também aos domingos, o que aliás ocorre nas outras cidades alemãs, encontrou pois o mais completo acolhimento e foi aceita como muito oportuna. Levantou-se apenas uma vaga dúvida: se mereceria na Corte igual aprovação.

"A Corte de Weimar", contestou Goethe, "é demasiado bondosa e previdente para impedir uma medida para o bem da cidade e que favorece um empreendimento de vulto. Estou certo de que a Casa Ducal fará gostosamente o pequeno sacrifício de transferir para um outro dia as suas recepções dominicais. Se porém isso não fosse admissível, há peças que não agradam à Corte e são perfeitamente apropriadas ao gosto popular, as quais contribuiriam para encher a caixa".

A conversa desviou-se para os atores falando-se muito a propósito sobre o emprego e o abuso de suas respectivas forças.

"Em minha longa prática", tornou Goethe, "observei que nunca se deve ensaiar uma comedia ou quiçá mesmo uma ópera, sem uma certa convicção de seu permanente sucesso. Ninguém reflete suficientemente no trabalho paciente que demandam os ensaios de um drama em cinco atos ou de uma ópera igualmente longa. Sim, meus caros, é preciso muito estudo até que um personagem esteja inteiramente seguro do seu papel através de todas as cenas e, mais ainda, até que se consiga um trabalho irrepreensível dos coros. Em geral sinto-me atemorizado quando ouço dar ordem de encenar uma ópera de cujo sucesso tudo se ignora e da qual unicamente se tem algumas notícias muito incertas pelos jornais.

"Já que temos agora na Alemanha correios bem regulares e mesmo diligências rápidas, quando se soubesse que uma nova ópera estava sendo cantada com sucesso algures, mandaria lá o *regisseur* ou um outro membro competente do elenco, para constatar "in loco" até que ponto a apreciada ópera seria aproveitável e se estaria ao alcance de nossas forças.

"As despesas duma tal viagem não devem ser tomadas em consideração, comparando-se as enormes vantagens que dela resultarão e os funestos erros que nos evitaria.

"E, uma vez ensaiada, uma boa peça, deve ser consecutivamente levada à cena em curtos intervalos enquanto agradar e porventura trouxer enchentes à casa. O mesmo poderia suceder com uma boa ópera ou comédia antiga, há anos dormindo no esquecimento e que agora com um novo estudo de certa monta, seria representada com sucesso.

"Pode-se igualmente repetir uma tal representação enquanto merecer aplausos e o interesse do público. A mania de querer sempre coisas novas e assistir apenas uma, ou no máximo duas vezes, a uma boa peça ensaiada com incalculável trabalho, ou então deixar-se passar entre tais reprises longos intervalos de seis a oito semanas que tornam necessário novo estudo, é um verdadeiro desperdício e imperdoável abuso de forças do elenco.

Goethe mostrava-se tão sensível nesse assunto que tanto parecia tocar-lhe o coração, que falava com veemência, o que em sua habitual serenidade raramente acontece. "Na Itália", prosseguiu, "representa-se a mesma ópera durante quatro a seis semanas ininterruptamente e os italianos, essas crianças grandes, não exigem mudança de programa. O parisiense culto assiste às peças clássicas de seus grandes poetas tão assiduamente que já as sabe de cor e possui um ouvido experimentado para a pronúncia correta de cada sílaba.

"Aqui em Weimar, deram-me, é claro, a honra de levar à cena o meu "Tasso" e a "Ifigênia". Quantas vezes porém? Apenas de três em três ou de quatro em quatro anos. O público julga-as monótonas, o que é muito compreensível. Os artistas não estão aptos a desempenhá-las devidamente e nem a assistência a ouvi-las. Se os intérpretes estivessem, por freqüentes repetições bem compenetrados dos seus papéis dando assim vida à representação como se não fosse estudada e sim como se emanasse do próprio íntimo, não faltariam também ao público interesse e sentimento.

"Realmente afaguei já uma vez a ilusão de ser possível formar um teatro alemão. Alimentei mesmo essa quimera como se pudesse eu próprio contribuir com algumas pedras para esse edifício. Na pueril esperança de ver realizar esse sonho, escrevi a "Ifigênia" e o "Tasso". Nada porém se concretizava, e tudo continuou como dantes. Tivesse eu causado impressão, tivessem-me secundado os aplausos, teria escrito bem uma dúzia de peças como aquelas.

"Argumentos não me faltavam; mas como disse, faltavam os artistas capazes de emprestar aos dramas animação e vida, e faltava também o público para ouvi-los com sentimento e assimilá-los".

Quarta-feira, 30 de março de 1825.

Esta noite grande reunião e chá em casa de Goethe, onde, além dos ingleses que aqui se acham, encontrei um jovem americano. Tive também o prazer de ver a condessa Julie von Egloffstein e com ela entreter agradável palestra.

Quarta-feira, 6 de abril de 1825.

Esta noite foi executado seguindo os conselhos de Goethe, na grande sala da Câmara, um variado programa de peças leves, em virtude da falta de espaço e de cenários. A pequena ópera "A criadagem", agradou plenamente, tanto como no teatro. Em seguida um apreciado quarteto da ópera "Condessa de Gleichen", de Eberwein, foi igualmente recebido com vivos aplausos.

Nosso primeiro tenor, Sr. von Moltke, cantou depois uma canção muito conhecida, da "Zauberflöte", e após o intervalo, triunfou no grandioso final do "D. Juan". Assim encerrou-se condignamente o primeiro sarau improvisado, de uma noite de teatro grandiosa e digna.

Domingo, 10 de abril de 1825.

"Tenho a comunicar-vos uma boa nova", declarou Goethe hoje à mesa.

"O Grão-duque aprovou a planta da futura casa de espetáculos, cuja construção será sem demora iniciada com o lançamento da pedra fundamental".

Essa notícia deixou-nos muito satisfeitos.

"Tivemos que enfrentar oposições", continuou Goethe, "felizmente por último vencemos. Temos muito que agradecer ao conselheiro Schweitzer, o qual, como era de esperar de um homem probo, colocou-se firmemente a nosso lado. O projeto foi assinado pelo próprio Grão-duque e não sofrerá alteração alguma. Congratulemo-nos, pois terão um excelente teatro.

Quinta-feira, 14 de abril de 1825.

À noite, já que estava na ordem do dia o assunto, perguntei a Goethe quais as suas diretrizes na escolha de um novo membro do elenco. "É difícil responder", contestou, "eu procedia de diferentes maneiras. Quando o ator chegava precedido de grande fama, deixava-o representar livremente, observando se se adaptava ao conjunto, e, sobretudo, se seus métodos não se afastavam dos nossos, principalmente, se vinha de fato preencher um vácuo. Se porém se tratava de um jovem, que até então não pisara o palco, eu começava estudando-lhe a personalidade, julgando, inferindo se nele se evidenciavam qualidades atraentes e interessantes, e, acima de tudo, se tinha poder sobre si mesmo. Porque um artista que não possui força de vontade e que diante dum estranho não é capaz de apresentar seus dons mais favoráveis, é em geral pouco talentoso. Toda a sua arte exige uma contínua renúncia, uma incessante identificação com seu papel, pois que vive uma vida que não é a sua! Quando me agradavam sua conduta e aparência, mandava-o ler em voz alta, afim de tomar conhecimento tanto do volume e poder de seus órgãos vocais, como de sua percepção íntima.

"Submetia-lhe um trecho elevado de um grande autor para que provasse sua capacidade de sentir e exprimir o que é verdadeiramente grande; em seguida algo de apaixonado e rude afim de experimentar suas forças, e depois uma passagem sensata, espirituosa e irônica, para vê-lo conduzir-se nesses casos com suficiente emancipação de espírito.

"Dava-lhe ainda a declamar trechos que expressavam a dor de um coração ferido, o sofrimento de uma grande alma, para que provasse também o poder de revelar emoção.

"Se me satisfazia em todas essas múltiplas exigências, sobravam-me fundadas esperanças de fazer dele um excelente ator.

"Enquanto se mostrava decididamente superior em certas particularidades, eu tomava nota do gênero para o qual mais se inclinava de preferência, e, conhecedor de seus pontos fracos, procurava antes de tudo influenciá-lo afim de que os aperfeiçoasse. Notando porém nele vícios de linguagem, erros de dicção e os chamados provincialismos, incitava-o a corrigi-los e recomendava-o a um membro do elenco, deles perfeitamente isento, para entreter relações sociais e uma cordial convivência.

"Inquiria outrossim se dançava e esgrimia; se esse era o caso, entregava-o por algum tempo aos respectivos mestres.

"Quando finalmente achava-se em condições de estrear, confiava-lhe preliminarmente papéis adequados à sua personalidade, e de começo nada mais exigia senão que representasse com naturalidade. Se me aparecia como uma natureza demasiado ardente, fazia-o desempenhar caracteres fleumáticos, demonstrasse porém lentidão e certa moleza, encarregava-o de papéis movimentados e irrequietos para que aprendesse a renunciar à sua personalidade e viver um personagem diverso". Falamos a seguir a propósito da distribuição dos papéis e Goethe entre outras coisas explicou-me o seguinte, que me pareceu muito notável:

114

"É um grande erro pensar que uma peça medíocre deve ser entregue a artistas medíocres, uma comédia de segunda ou terceira classe pode ser extremamente elevada quando confiada a intérpretes de primeira ordem. Se porém a representassem atores de segunda e terceira, não seria de estranhar a sua ação completamente nula. Os artistas secundários são excelentes em grandes peças. Prestam ótimo serviço tal como as figuras que, em certos quadros, ficam em plano recuado para que as demais sobressaiam à luz da ribalta".

Sábado, 16 de abril de 1825.

À mesa em casa de Goethe com D´Alton,[1] que eu conhecera no passado verão em Bonn e a quem com tão grande prazer tornava a encontrar.

D´Alton é bem um homem segundo a idéia de Goethe; existem também entre ambos belos pontos de contato. Sua erudição é tão vasta que Goethe dá muita importância a seus conceitos e toma em consideração cada palavra sua.

Além disso D´Alton é, como homem, amável, espirituoso, de uma tal eloqüência e prodigalidade de idéias, que bem poucos se lhe podem comparar.

Ninguém se cansa de ouvi-lo. Goethe que em seu infatigável esforço de pesquisar a Natureza, quereria abranger o Cosmos, está, não obstante, em desvantagem em confronto com os insignes naturalistas que devotaram a vida a pesquisas especializadas.

Conhecedores profundos de um reino, encontram nele infinitos detalhes, enquanto que Goethe vive mais na contemplação das grandes leis universais.

Disso resulta pois, que, embora sempre investigando alguma síntese grandiosa, falta-lhe todavia, por carência de conhecimento dos detalhes, a confirmação de suas hipóteses, e apega-se com decidido afeto às relações com naturalistas ilustres, por encontrar neles o que lhe falta, por descobrir neles o complemento daquilo que em si próprio permanece incompleto.

Em poucos anos será octogenário; é porém infatigável em suas pesquisas e experiências. Em nenhum dos ramos do conhecimento humano considera-se de todo preparado; quer progredir sempre, sempre avançar! Aprender, aprender constantemente! E por isso precisamente, é uma criatura eterna em sua inalterável mocidade!

Esses conceitos foram-me inspirados esta tarde durante suas animadas conversações com D´Alton. Este falou sobre os roedores, as formações e modificações do seu esqueleto, e Goethe não se fartava de ouvir novos pormenores a esse respeito.

---

1. D´Alton, Eduard Joseph (1772-1840). Anatomista, arqueólogo e gravador em cobre; professor de Arqueologia e História de Arte em Bonn.

Quarta-feira, 20 de abril de 1825.

Esta tarde Goethe fez-me ver uma carta de um moço estudante, pedindo-lhe o argumento da segunda parte do "Fausto", pois que projetava completar, por sua vez, essa obra. Seco e não obstante sincero, discorre com desembaraço sobre seus anseios e desígnios e, por fim, declara com a maior franqueza que, "na verdade, todas as restantes tendências literárias nada valem, mas que com ele surgiria uma nova literatura".

Se no decorrer da vida deparasse com um mancebo disposto a continuar as conquistas mundiais de Napoleão, ou com um arquiteto diletante, que se propusesse a terminar a construção da Catedral de Colônia, não me surpreenderiam mais e não os julgaria mais loucos e ridículos do que esse jovem amador de poesia o qual se ilude a ponto de se acreditar capaz de escrever, por simples inclinação, a segunda parte do "Fausto". Considero sem dúvida mais exeqüível terminar a Catedral de Colônia do que continuar o "Fausto" no espírito de Goethe.

Porque uma obra arquitetônica poderia em última análise ser matematicamente resolvida, pois que em realidade se ergue ante nossos olhos e constitui algo de palpável. Com que medidas pretender-se-ia então atingir a uma obra intelectual e invisível que em tudo e por tudo se baseia no subjetivo e em que tudo depende do "aperçu"? É incontestável que sua realização não pode prescindir duma longa existência bem vivida e duma longa técnica exercida durante anos a fio e elevada às culminâncias da maestria.

Quem considerar fácil ou mesmo possível um tal empreendimento, é com certeza muito pobre de inteligência, precisamente por não possuir idéia alguma do que é elevado e árduo. E poder-se-ia muito bem admitir que, se o próprio Goethe quisesse preencher em seu "Fausto" uma lacuna de poucos versos, esse tal jovem nem sequer saberia inseri-los no original.

"Não quero investigar a maneira por que chegaram os nossos moços de hoje a imaginar que já trazem de nascença o que até agora só ao cabo de muitos anos de estudo e experiência se podia conseguir. Creio contudo poder dizer que as exteriorizações tão freqüentes agora na Alemanha, de um senso que ultrapassa todas as fases de uma evolução gradativa, poucas esperanças dão de futuras obras-primas.

"É de lastimar-se em Arte, que ninguém se queira regozijar com aquilo que já existe, e sim com o que cada um por sua vez pretende produzir.

"Também ninguém há que pense em se deixar guiar em seu caminho por uma obra poética de outrem e que pretenda produzir algo do individual. E não há além disso, um sereno esforço que vise às conveniências da coletividade, e tampouco há tendência de algo fazer por ele. Todos tratam apenas de, na medida do possível, evidenciar o seu próprio ego perante a sociedade.

"Esse falso esforço apresenta-se por toda parte; imita-se assim os novos virtuosos que não escolhem para seus recitais os trechos que oferecem mais elevado gozo espiritual ao ouvintes, mas pelo contrário, aqueles nos quais podem fazer admirar a sua destreza. É sempre o indivíduo que se quer mostrar com brilhantismo, e em parte alguma se encontra quem se esforce honestamente pela arte e se coloque no segundo plano.

"Acontece que os homens metem-se em obras de fancaria, sem mesmo o saber. As crianças já fazem versos e vão prosseguindo; quando na idade madura se compenetram de tudo que existe de excelente, sentem-se arrependidos e contrariados por terem perdido tantos anos num falso e insuficiente esforço.

"Muitos nem chegam à noção do que é perfeito nem tampouco de sua própria imperfeição e continuam produzindo até o fim coisas medíocres.

"É certo que, se se pudesse a tempo convencer a cada um de como o mundo está cheio de primores e que é necessário colocar-se algo de equivalente ao lado de tais obras, então de cem jovens com tendências a poetas talvez nem um só sentir-se-ia com bastante perseverança, talento e coragem para prosseguir em seu caminho e alcançar uma tal maestria.

"Muitos jovens pintores nunca teriam tocado num pincel se em tempo tivessem sabido e compreendido o que realmente produziu um mestre como Rafael".

A conversa desviou-se em seguida para as falsas tendências em geral, e Goethe continuou: "Minha inclinação prática também, a rigor, não era nada natural para as artes plásticas faltava-me a vocação e não podia por conseguinte segui-la. Uma certa predileção pela paisagem era-me peculiar e em conseqüência, foram os meus primeiros ensaios até certo ponto esperançosos. A viagem a Itália perturbou essa minha boa disposição de ânimo; perspectivas mais vastas sobrevieram tomando-lhe o lugar, mas perdeu-se a capacidade afetiva e, já que um talento artístico não se pode desenvolver técnica ou esteticamente, desfez-se em nada o meu esforço.

"Diz-se e com razão", prosseguiu ele, "que é de se desejar o aperfeiçoamento coletivo das forças humanas, por corresponder aos anseios gerais. O homem porém não nasceu para isso; cada um deve a rigor formar-se como um indivíduo à parte, mas deve procurar alcançar a noção do que todos representam em conjunto".

Pensei então no "Wilhelm Meister", onde também está expresso que somente todas as criaturas tomadas em conjunto formam a Humanidade, e que nós só merecemos consideração, na proporção de quanto somos capazes de apreciar. E pensei igualmente no trecho da "Wanderjahre" no qual Jarno aconselha que se tenha sempre o mesmo ofício, explicando estarmos agora na era da especialização e que se deve acatar aquele que compreende isso e que por si e pelos outros age nesse sentido.

A questão, porém, depende do ofício, para que se não lhe ultrapasse os limites, mas também que não se esforce insuficientemente.

Aquele que tiver por missão abranger muitos ramos, dirigi-los, julgá-los, deve também procurar conseguir a possível compreensão de todos eles. Assim, um príncipe,

117

um futuro homem de Estado nunca se poderá aperfeiçoar com bastante diversidade pois que uma cultura de múltiplas facetas é parte integrante do seu ofício.

Da mesma maneira deve o poeta esforçar-se por ter conhecimentos gerais; pois o mundo inteiro é o seu argumento, que necessita ter à mão e saber exprimir. Não deve contudo querer ser pintor mas contentar-se em retratar o ambiente pela palavra, assim como o vate deixa ao critério do ator representar o mundo por sua interpretação individual, pois compreensão e ação hão-de ser bem distintas. Convém lembrar-se que cada arte, logo que se faça mister exercê-la, é algo de grandioso e difícil e que, para ser levado à perfeição exige a dedicação duma vida inteira.

Assim, Goethe, em tantas ciências versado e em sua vida de atividades tão diversas, limitou-se, não obstante, a uma única.

Exerceu apenas a arte de escrever alemão e essa com excepcional maestria. Se os assuntos de que tratava eram de natureza complexa, é outro caso.

Da mesma maneira se deve distinguir a formação sistemática de atividades mal controladas, assim como faz parte integrante da formação do poeta o amplo exercício de sua visão para que essa o capacite a interpretar devidamente as coisas que o cercam.

E quando Goethe taxa de falsa a sua inclinação prática para as artes plásticas, referindo-se ao que poderia ter realizado em sua vida, estava ele, ao contrário, em seu justo lugar no que se referia à sua cultura de poeta.

"Devo pois ao meu espírito de observação e ao exercício da visão, a objetividade da minha poesia", disse Goethe, "assim como também poder devidamente avaliar os conhecimentos daí adquiridos".

"Devemos contudo precatar-nos em alargar demasiado os limites que a Natureza nos impôs".

"Os naturalistas", explicou Goethe, "são os mais propensos a isso, porque a observação da Natureza requer realmente uma cultura geral muito harmônica.

"Ao contrario, porém, deve cada um, logo que se trate o conhecimentos essenciais à sua especialidade, acautelar-se contra restrições indevidas e orientações unilaterais.

"Um poeta que escreve peças teatrais, necessita possuir experiência do palco, a fim de considerar os recursos de que dispõe, e sobretudo certificar-se do que deve ou não fazer. E assim também aos compositores de ópera não devem faltar as luzes da poesia para que possam distinguir o que é mau do que é bom, e não malbaratar sua arte em assuntos deficientes.

"Carl Maria von Weber", observou Goethe, "não deveria ter composto a opera "Euryanthe"[1] visto que o argumento era impróprio, inadequado e que dele nada se podia fazer.

---

1. Helmina von Chezy foi a autora desse libreto, o qual também não agradou a Weber, tendo sido revisto onze vezes por ele antes de compor a partitura.

"E deste modo também o pintor necessita ter conhecimento da diversidade dos assuntos, pois é atributo de seu ofício saber o que deve ou não pintar.

"Em tudo isso, porém, a grande arte consiste em preservar-se de dispersões nocivas".

Assim, em todo este tempo que com ele privo, Goethe desviou-me sempre de qualquer tendência derivativa aconselhando-me que me concentrasse num único assunto. Se me vi inclinado às ciências naturais, persuadia-me a deixá-las de lado e a fixar-me, no momento; exclusivamente na poesia, se eu desejava ler um livro que ele sabia não me fazer progredir em meu ramo atual, dissuadia-me sempre, pois que eu não tiraria disso vantagem alguma.

"Dissipei um tempo infinito", disse ele um dia, "em coisas que nada tinham com minha carreira literária.

"Quando penso no que Lopez de Vega produziu, aparece-me muito reduzido o número das minhas obras poéticas.

"Devia me ter limitado exclusivamente a meu próprio "metiér".

"Se não me tivesse ocupado tanto com pedras", revelou-me em outra ocasião, " e empregado o meu tempo em melhores atividades, teria facilmente podido possuir a mais bela coleção de diamantes".

Por essa mesma razão aprecia e louva em seu amigo Meyer o ter dedicado a vida exclusivamente ao estudo da arte, pelo que é considerado a mais alta autoridade no assunto.

"Eu também orientei-me precocemente nessa direção", observou Goethe, "empreguei quase metade da existência na contemplação e no estudo de obras de arte; contudo, a certo respeito não me posso comparar a Meyer. Evito por conseguinte apresentar logo a esse amigo um novo quadro sem antes refletir se minha aquisição poderá impressioná-lo bem. Uma vez certo de poder distinguir o que há nela de perfeito ou de defeituoso, faço-a ver a Meyer O qual é indubitavelmente um critério mais apurado e a quem, em relação à arte, se desvendam luzes muito diversas. E deste modo vejo sempre de novo o que significa e o que é exigido para ser perito num único assunto. Há em Meyer uma compreensão de arte que abrange milênios".

Poder-se-ia agora perguntar porque então Goethe, tendo a convicção de que o homem deve unicamente consagrar-se a uma carreira, seguiu em sua vida precisamente rumos tão diversos.

A isso respondo que, caso Goethe viesse agora ao mundo e eçontrando já o elevado nível poético e científico de seu país na mesma altura a que ele posteriormente o guindou, de certo não encontraria motivos para tão variadas orientações e ter-se-ia então limitado a um exclusivo ramo.

Também não provinha somente de sua índole pesquisar de um modo geral e elucidar-se sobre assuntos terrenos, mas era uma imposição da época, exteriorizar suas observações.

De início recebeu ele dois grandes encargos: couberam-lhe por sorte o erro e a incompetência alheios para que os afastasse do caminho, o que dele exigiu os múltiplos esforços de toda uma vida.

Se a teoria das cores de Newton, não se afigurasse a Goethe como um grande equívoco altamente nocivo ao espírito humano, seria pois admissível ter-lhe vindo à mente escrever a sua "Teoria das Cores", sacrificando assim tantos anos a esse estudo fora do seu âmbito e para ele secundário? De modo algum! Foi o seu amor à verdade, em contraste com o erro que o levou a projetar a clara luz do seu espírito sobre aquele meio obscuro.

O mesmo se poderia afirmar a propósito da sua "Teoria da Metamorfose", na qual se deve tratar cientificamente uma questão, obra essa que jamais teria imaginado escrever se tivesse visto seus contemporâneos encaminhados para esse fito.

Sim, deve-se até afirmar o mesmo de suas tendências poéticas variadas, pois é muito duvidoso que Goethe tivesse jamais escrito um romance se uma obra como "Wilhelm Meister" já existisse em seu país. É muito incerto também que nesse caso não se dedicasse quase que exclusivamente à poesia dramática. E de modo algum é possível prever o que não teria produzido de uma orientação unilateral. O que contudo é certo, é que ao contemplar o conjunto de sua obra, nenhuma criatura sensata desejaria que ele não tivesse justamente realizado as inspirações do supremo Criador.

Quarta-feira, 27 de abril de 1825.

À tarde com Goethe, que me havia convidado para um passeio de carro pelo parque.

"Antes de sairmos", disse ele, "quero mostrar-lhe uma carta de Zelter que ontem recebi e na qual se refere aos nossos negócios de teatro".

"Que não eras o homem" escreve Zelter entre outras coisas, "para construir um teatro para o povo em Weimar isso tinha eu previsto. "Quem se transforma em capim é comido pelas cabras! Dessa verdade deviam também se compenetrar muitos sabichões que pretendem enxertar a videira enquanto o vinho ainda fermenta. Amigo, já passamos por isso, soframo-lo mais uma vez".

Goethe fitou-me e rimos. — "Zelter é um rapaz bom e inteligente, mas às vezes dá-se o caso de não me compreender bem e interpretar erradamente minhas expressões.

"Dediquei ao povo e à sua instrução toda a minha vida porque então não deveria também construir-lhe um teatro?

"Aqui em Weimar, porém, nesta pequena Corte onde existem, como se diz por gracejo, dez mil poetas e alguns habitantes, como se pode falar seriamente em "povo" quanto mais em teatro para o povo?

"Um dia Weimar será sem dúvida uma verdadeira metrópole; contudo teremos que esperar alguns séculos até que sua população possa encher uma casa de espetáculos, construí-la e conservá-la".

Enquanto isso, tinham atrelado os cavalos e partimos. A tarde estava calma, a temperatura suave, um tanto pesada, e grandes nuvens se iam formando e acumulando em massas precursoras de tempestade. Caminhávamos depois abaixo e acima pela estrada arenosa. A meu lado, Goethe silencioso parecia como que emocionado por diferentes recordações.

Eu entretanto, escutava o canto do melro e do tordo que no alto dos freixos ainda sem folhas, além do Ilm, na outra margem do rio, gorjeavam enquanto o temporal se aproximava.

O olhar de Goethe vagava ora pelas nuvens, ora pela verdura que brotava viçosa aos lados do caminho ou pelo prado, como pelos freixos e tapadas.

"Um cálido aguaceiro como a tarde faz prever", observou ele, "e a Primavera aqui estará novamente em toda sua pompa e plenitude".

O céu entretanto tornara-se ameaçador, ouvia-se já um surdo trovejar, pesadas gotas começavam a cair e Goethe achou prudente tornarmos à cidade.

"Se V. não tem outra coisa em vista", disse ao chegarmos à sua casa, "suba também e fique comigo algum tempo"; e assim fiz com o maior prazer.

A carta de Zelter estava ainda sobre a mesa. "É extraordinário, muito extraordinário", considerou, "quão facilmente se assume uma opinião errada em confronto com o conceito geral! Eu ignoro ter jamais cometido falta alguma para com o povo, do qual querem fazer constar que não sou amigo. Na realidade não sou amigo da população revolucionária que trama o saque, o assassínio e a destruição, e que, hipocritamente oculta por detrás da opinião pública, só visa as intenções mais baixas e egoístas.

"Não sou amigo de tal gente, como também não o sou de um Luís XV. Odeio toda subversão violenta, porque com ela tanto de bom se destrói, como se ganha. Odeio os que a tramam como os que a motivam. E então por isso não sou amigo do povo? Será possível que um homem probo pense de outra maneira?!

"V. sabe o quanto me alegro com qualquer progresso que o porvir acaso nos prometa; porém, como disse, sou avesso a toda violência e às improvisações, pois infringem as leis da Natureza.

"Amo as plantas, a rosa como a criação mais perfeita da Natureza em nossa Alemanha; não sou, porém, tão insensato para exigir que desabrochem já agora, em fins de abril, no meu jardim. Sinto-me contente em descobrir neste momento as primeiras folhas verdes, contente ao observar de uma semana para outra formar-se-lhe o caule, contente quando em maio surgem os rebentos, e feliz, quando finalmente junho me oferece a própria rosa em toda a sua beleza, com todo seu perfume.

"Quem, porém, não tiver paciência de esperar, que recorra às plantas de estufa.

"Dizem ainda que sou um fâmulo, um servo dos príncipes. Como se isso tivesse algum sentido! Sirvo eu acaso a um tirano? a um déspota? A um desses que vive somente para a satisfação de seus prazeres à custa do povo? Tais opressores e tais épocas, graças a Deus já há muito pertencem ao passado.

"Há meio século vivo estreitamente ligado ao Grão-duque e durante esse meio século tenho lutado e trabalhado a seu lado.

"Mentiria, porém, se dissesse ter-se passado um único dia sem que o Grão-duque pensasse em fazer algo para o bem do país e para melhorar a condição dos seus súditos.

"Sua situação de soberano não lhe dá pessoalmente senão encargos e trabalhos. São por acaso sua residência, seu guarda-roupa e sua mesa, mais bem providos do que os de um particular abastado? Em nossas cidades do litoral, encontrarão muito melhor sortidas do que as suas, a despensa e a adega de um comerciante próspero".

"No próximo outono", continuou Goethe, "festejaremos o dia em que se completam cinqüenta anos do seu governo. E, refletindo bem: o que tem sido o seu reinado senão uma abnegação constante em prol da coletividade. E o que tem sido ele como servidor na realização de grandes intentos senão um servidor para o bem do seu povo! Se pois devo ser um vassalo de príncipe, tenho ao menos o consolo de sê-lo apenas de um que é ele próprio o servo do bem geral".

Sexta-feira, 29 de abril de 1825.

A construção do teatro tinha progredido com rapidez ultimamente, elevavam-se já bem alto os alicerces fazendo esperar para breve um belíssimo edifício.

Hoje, porém, ao visitar a obra, notei sobressaltado que os trabalhos estavam suspensos, e soube que corria o boato de ter finalmente vencido outra facção contrária ao plano de Goethe e Coudray, que este havia deixado a direção da obra e que um outro arquiteto iria concluí-la segundo nova planta modificando mesmo os alicerces já construídos.

Contristou-me profundamente o que vi e ouvi, pois como tantos outros, me tinha alegrado em ver levantar-se em Weimar um teatro que seria, segundo o experiente parecer de Goethe, de uma adequada disposição interna, e, quanto à beleza, de conformidade com seu gosto altamente educado.

Também afligia-me pensar em que ele e Coudray sentir-se-iam mais ou menos melindrados pelo acontecido.

Domingo, 1 de maio de 1825.

Com Goethe, à mesa. É fácil imaginar termos logo falado sobre as alterações na planta do teatro.

Como disse, eu temia que a tão inesperada medida viesse desgostá-lo profundamente. Nem de longe, porém! Encontrei-o na mais agradável e serena disposição, e muito acima de quaisquer suscetibilidades.

"Esforçaram-se por convencer o Grão-duque de que as despesas seriam demasiadas e que a modificação do projeto traria grandes economias, e afinal assim o conseguiram. Por mim, podem fazê-lo. Um novo teatro terá que acabar mais cedo ou mais tarde por um acaso qualquer, em chamas outra vez. Com isso me consolo. De resto, quaisquer alterações para mais ou para menos pouco valor têm e não vale a pena discutir. De qualquer maneira terão um edifício bem aceitável, conquanto não exatamente assim como o desejei e imaginei.

"Todos o freqüentarão, como também eu, e no fim tudo acabará de forma agradável".

"O Grão-duque", continuou "manifestou em minha presença a seguinte, opinião, contra a qual por certo nada encontro a objetar: que uma casa de espetáculos não necessita ser uma obra de arquitetura pomposa. E fez ver ainda que se trata apenas de uma casa destinada a produzir lucro.

"Esse ponto de vista soa a princípio um tanto interesseiro, mas pensando bem, tem um sentido elevado. Porque, se um teatro quer não só subsistir mas ainda além disso aumentar o seu fundo de reserva, tem de ser em tudo primoroso. Há que ter à sua testa a melhor administração, os melhores atores, e é forçoso continue apresentando tão seleto repertório que nunca falhe o poder de atração para uma casa cheia todas as noites. É dizer, em poucas palavras, muito, e pretender realizar quase o impossível".

"A intenção do Grão-duque" observei, "de auferir lucros com o teatro, parece em verdade muito prática, posto que encerre uma obrigação de mantê-lo constantemente no mais elevado nível artístico".

"Shakespeare e Molière tinham idêntica maneira de pensar", tornou Goethe. "Ambos queriam acima de tudo ganhar dinheiro com seu teatro. Para atingir, porém, a essa finalidade primordial, esforçavam-se por conseguir manter um elenco continuamente em forma e incluindo no repertório de tempos em tempos, os antigos de franca aceitação e sempre algo de novo e de bom que pudesse atrair e encantar.

"A proibição do "Tartufo" foi para Molière como um verdadeiro raio, não tanto para o poeta-autor como para o *diretor Molière* o qual tinha a seu cargo uma companhia numerosa e ainda o seu sustento e dos seus.

"Nada é mais perigoso para a prosperidade de um teatro do que a direção dispor de recursos tais que chegue a ser-lhe indiferente uma maior ou menor receita de bilheteria. Assim poderia ela viver despreocupada tendo a certeza de que o déficit da caixa seria coberto ao fim do ano por outros recursos quaisquer.

"É próprio da natureza humana afrouxar as energias, quando não é levada por vantagens pessoais. Não se pode exigir atualmente que o teatro de uma cidade pequena como Weimar, se sustente por si próprio e que possa prescindir da subvenção particular do Grão-duque. Tudo, porém, tem seu termo e seu limite, e alguns milhares de táleres a mais ou a menos por ano, não são de desprezar, visto que a diminuição da receita conduz a uma certa decadência do elenco, e, portanto, não só se perde o dinheiro, como ao mesmo tempo o conceito geral.

"Fosse eu o Grão-duque, destinaria para o futuro uma vez por todas, ao acaso de uma mudança de direção, uma soma fixa como ajuda anual, repartiria a importância do suprimento dos últimos dez anos e depois mandaria averiguar qual a média das contribuições do último decênio. Obtidos esses dados fixaria uma soma mais modesta, suficiente para uma decente manutenção, a qual deveria bastar à direção da casa. Daria ainda mais um passo e decidiria que, se o diretor e seus contra-regras, por meio de uma acertada e enérgica orientação, conseguissem que a caixa no fim do ano tivesse saldo, perceberiam eles e os melhores elementos uma remuneração adicional. Veriam todos então como a casa despertaria do letargo no qual pouco a pouco teria que cair".

"O nosso regimento interno", continuou Goethe, "tem, é certo, suas disposições punitivas, mas nenhuma visando recompensar ou estimular serviços de valia. É uma grande falta, pois quando por um descuido qualquer me exponho a um desconto nos vencimentos, faz-se também necessária a probabilidade de uma recompensa quando me esforço além do que é de mim exigido. E assim, quando todos fazem mais do que deles se espera, prospera o teatro".

A Sra. von Goethe e a Srta. Ulrica entravam nessa ocasião envergando ambas, de acordo com o lindo dia, graciosos vestidos de verão. A palestra durante a refeição foi leve e alegre. Falou-se sobre as diversas excursões da semana passada assim como de projetos do mesmo gênero para a próxima.

"Se continuam estas belas tardes", disse a Sra. von Goethe, "terei grande prazer em dar um chá no parque, enquanto cantam os rouxinóis. Que diz a isso, caro pai?"

"Seria muito agradável!", respondeu este. "E a V., Eckermann, que lhe parece", interpelou-me, "poderemos convidá-lo?".

"Mas Ottilie!", acudiu a Srta. Ulrica, "como, ainda podes pensar em convidar o doutor! Ele não virá e, se vier, sentir-se-á sobre brasas. Vê-se nessas reuniões que seu pensamento está ausente e que gostaria de retirar-se quanto antes".

"Se devo pronunciar-me em consciência", contestei, "preferia sem dúvida vaguear com Doolan pelos campos; chás de sociedade e palestras de chás são tão contrários à minha índole que já me sinto apavorado só de nisso pensar".

"Mas Eckermann!", insistiu a Sra. von Goethe, "numa reunião em pleno parque está V. ao ar livre e portanto em seu elemento!"

"Ao contrário", expliquei, "tão próximo à Natureza, aspirando-lhe todos os perfumes e propriamente não podendo nela penetrar, torno-me impaciente como uma marreca à beira d´água impedida de mergulhar".

"Também poderia dizer" observou Goethe rindo, "que se sentiria como um cavalo que estica o pescoço na estrebaria em direção a um vasto prado onde vê outros eqüinos em livres correrias. Fareja a liberdade e o frescor da Natureza sem contudo deles poder participar. Deixem, porém, o Eckermann em paz. Ele é como é, e vocês não o transformarão.

"Mas diga-me, caríssimo, que faz V. com o seu Doolan pelos campos durante essas longas tardes?"

"Procuramos algum vale solitário", respondi, "e atiramos com arco e flecha".

"Hum!", ponderou Goethe, "isso não deve ser tão má distração".

"Excelente, para acabar com os males do inverno".

"Mas como lhes foi possível, aqui em Weimar, arranjar arco e flecha?"

"Quanto às flechas", respondi, "trouxe de Brabante da campanha de 1814, um modelo. Lá é comum o exercício de arco e seta. Não há ali cidade alguma, por pequena que seja, sem uma sociedade de Tiro. Eles têm em alguma taverna sua cancha semelhante às do nosso jogo de bola e reúnem-se habitualmente à tarde; eu freqüentemente ia apreciar a destreza dos atiradores. Que homens robustos e que belas atitudes atléticas ao retesarem a corda! Que certeiros no atirar as flechas rápida e consecutivamente, de uma distância de sessenta a oitenta passos, em direção a um disco de cartão, posto sobre um muro de barro úmido, ali deixando as flechas espetadas. E não raro era ver, em quinze setas, cinco fincadas no centro, que era do tamanho de um táler,[1] e bem nas proximidades o resto. Uma vez todas cravadas, arrancam-nas da mira flexível e o jogo prossegue. Sentia-me naquele tempo tão encantado por esse exercício, que pensei fosse algo de meritório introduzi-lo na Alemanha, e fui tão tolo que acreditei nessa possibilidade. Procurei repetidas vezes adquirir um arco, mas não custavam menos de vinte francos, e, como poderia eu, pobre fuzileiro arranjar tão grande quantia! Tive de contentar-me com uma flecha que me pareceu a melhor e mais artística, que comprei por um franco numa fábrica em Bruxelas e trouxe para casa como único troféu".

"Isso é bem coisa sua! "exclamou Goethe "mas não pense tornar popular algo que é natural e belo. Exige pelo menos muito tempo e um esforço incrível".

---

1. "Táler" moeda de prata com diâmetro de alguns centímetros.

"Imagino, porém, o que possam ser esses exercícios de Brabante. Em confronto, as nossas canchas de bola parecerão um jogo rude, ordinário e muito vulgar".

"O que mais belo torna o tiro ao alvo", redargüi, "é que desenvolve o físico uniformemente. É o braço esquerdo que sustenta o arco retesado, firme e sem vacilar, é o braço direito que com a seta tira a corda e igual força deve ter; simultaneamente os pés bem firmes na terra sustentam o corpo. Os olhos visando o alvo, os músculos do pescoço e da nuca, todo o corpo reteso, enrijado, tenso. E então o sentimento de alegria quando a flecha parte sibilando e vai fixar-se na desejada mira! Não conheço outro exercício físico comparável a esse".

"Seria muito apropriado para os nossos ginásios", comentou Goethe, "e não me admiraria se daqui a vinte anos tivéssemos excelentes atiradores de arco aos milhares. Dos que já são adultos não há muito que esperar, tanto sob o ponto de vista físico como espiritual, no gosto como no caráter. Procedam, porém, com inteligência, começando nas escolas e tudo irá bem".

"Nossos professores de ginástica", observei, "não entendem de arco e flecha".

"Então", objetou Goethe, "é preciso que se reúnam algumas sociedades ginásticas e mandem vir de Brabante ou de Flandres um excelente atirador. Ou poderiam também lá enviar alguns belos e bem formados ginastas para que se exercitem com atiradores e aprendam igualmente a talhar o arco e preparar a seta. Esses então poderiam entrar para as escolas de ginástica alemãs como professores ambulantes que ora nesta, ora noutra escola estacionariam por algum tempo.

"Sabe de uma coisa?" declarou Goethe com misterioso sorriso. "Creio possuir algo que lhe causará prazer! Que tal se fôssemos ambos lá em baixo e eu lhe pusesse nas mãos um verdadeiro arco de tribo mongol?"

"Um arco mongol?" exclamei encantado, "e autêntico?"

"Exatamente, rapaz insensato, — legítimo! Venha pois".

Descemos ao jardim. Goethe abriu a sala térrea dum pequeno pavilhão anexo, atulhado pelas mesas e paredes, de raridades e objetos curiosos.

Passei ligeiramente os olhos por todos esses tesouros, procurando o arco.

"Aqui o tem!", disse Goethe enquanto num canto o retirava de sob um monte de curiosidades de toda espécie. "Vejo que se conserva ainda no mesmo estado em que o recebi no ano de 1814, como obséquio, das mãos de um régulo mongol. — Então que tal o acha?"

Eu sentia-me radiante por ter em mãos a tão desejada arma. Parecia em ótimo estado e também a corda perfeitamente aproveitável. Experimentei-o e sua elasticidade era ainda sofrível.

"É um bom arco!", exclamei. "Sobretudo agrada-me a forma, que futuramente servir-me-á de modelo".

"De que madeira julga ser ele feito?", indagou Goethe.

"Como vê", respondi, "está tão encoberto com esta casca de bétula, que a madeira só é visível nas extremidades e estas também pela ação do tempo estão tão obscurecidas que não é possível determinar claramente qual o lenho de que foram feitas. A primeira vista parece ter sido empregado um carvalho novo, ou então nogueira. Penso ser nogueira ou coisa parecida. Bordo não é. Trata-se dum pau de grossa textura e vejo também ter sido fendido".

"E se o experimentasse?", propôs Goethe. "Eis aqui a seta. Tome, porém, cuidado com a ponta de aço que poderia estar envenenada".

Volvemos ao jardim e estiquei o arco. Atirei para o alto, em direção às nuvens iluminadas pelo sol, no firmamento azul. A flecha elevou-se, e inclinou-se depois, sibilando para a terra.

"Agora deixe-me também tentar". Passei-lhe a arma e segurei a seta. Goethe fixou-a na corda, empunhando com firmeza o arco, embora lhe custasse um tanto. Em seguida fez pontaria para o alto e estirou a corda.

Representava-me ali Apolo, em sua eterna juventude d´alma não obstante fisicamente envelhecido. A flecha apenas alcançou uma altura moderada, caindo em seguida para a terra. Corri a apanhá-la.

"Ainda uma vez!", disse Goethe. E apontou então na direção horizontal, ao longo do caminho arenoso do jardim. A seta partiu bastante bem até uns trinta passos e veio cair assobiando. Encantado, eu o contemplava em sua atitude de atirador, e vieram-me à mente os versos:

"Esqueceu-se de mim o tempo?
Terei volvido à adolescência?"

Pediu-me visasse um ponto qualquer na direção horizontal e indicou-me um alvo no postigo do seu gabinete de trabalho. A flecha atingiu quase a mira e penetrou tão profundamente na madeira branda, que não consegui arrancá-la de lá. "Deixe-a ali mesmo", disse Goethe, "ficará por alguns dias como lembrança da nossa brincadeira".

Andamos naquela bela tarde abaixo e acima pelo jardim e sentamo-nos depois num banco, de costas para a cerca de espessa folhagem. Falamos sobre o arco de Ulisses, sobre os heróis de Homero, sobre os trágicos gregos e, por fim comentamos a opinião tão generalizada de ter o teatro heleno caído em decadência com Eurípedes, com o que Goethe não concorda. A seu ver, uma arte não poderá decair devido a um único homem seja ele qual for. Muitas causas devem concorrer para isso, não é fácil defini-las.

"A Arte Trágica dos antigos era tão pouco passível de retrocesso por causa de Eurípedes, quanto as Artes Plásticas por qualquer grande escultor contemporâneo de Fídias, porém, com menos mérito, pois a época, quando grandiosa, prossegue na senda da perfeição e quando medíocre se imobiliza.

"Quão extraordinária não foi a era de Eurípedes! Não um período de gosto retrógrado, mas um critério artístico em plena evolução. A escultura não alcançara ainda o seu apogeu e a pintura se ressentia de um certo primitivismo.

"Embora as obras de Eurípedes, acusassem grandes erros em comparação com as de Sófocles, não se pode daí concluir que os pósteros imitassem esses erros e que por isso malograssem. Já que tinham grandes merecimentos a ponto de serem mesmo algumas dessas obras preferidas às de Sófocles, porque, pois, não procuravam os pósteros imitar essas qualidades e qual a razão de não terem igualado o próprio Eurípedes?

"Se, porém, aos três grandes trágicos não se seguiram outros, é uma questão difícil de responder e sobre a qual no entanto fazemos conjeturas que de um certo modo nos aproximam da verdade.

"O homem é uma criatura simples. E rico embora, versátil e insondável como também possa ser, logo se atingirá o limite de sua competência.

"Fossem as nossas circunstâncias as mesmas, com um Lessing que escreveu duas a três peças de teatro razoáveis, com Schiller produzindo cinco a seis e comigo, que escrevi três ou quatro, certo existiria ainda espaço para mais um quarto, quinto ou sexto poeta trágico.

"Entre os gregos, porém, em sua opulenta produção, cada um dos três grandes tendo escrito uma centena, ou quase de peças, em que os trágicos assuntos de Homero e das lendas heróicas foram em parte três ou quatro vezes tratados: numa tal plenitude, digo eu, pode-se bem admitir que os argumentos e essências se foram aos poucos esgotando e que um poeta que sucedesse aos três grandes sentir-se-ia desorientado.

"E, no fundo, para que, também! Não seriam suficientes por algum tempo? Não eram de fato as produções de Ésquilo, Sófocles e Eurípedes das que, ouvidas sempre de novo, nunca se tornam vulgares? Pois não são esses poucos sobejos grandiosos que até nós chegaram, de tal importância, que nós pobres europeus, já deles nos ocupamos desde séculos e ainda por séculos a eles nos havemos de consagrar?"

Quinta-feira, 12 de maio de 1825.

Goethe discorreu com vivo entusiasmo a propósito de Menandro.

"Após Sófocles", não há outro que tanto admire. É absolutamente puro, nobre, grande, sereno e de uma suavidade inatingível. E é sem dúvida de lastimar possuirmos tão pouco do que escreveu. Esse pouco é, porém, de inestimável valor e as criaturas de talento nele muito aprenderão.

Contudo, sempre depende de sentirem-se aqueles, com quem queremos aprender, em harmonia com a nossa natureza, Calderon, por exemplo, embora tão grande e a quem muito admiro, nunca teve influência sobre mim, nem para o bem, nem para o mal. A Schiller teria sido prejudicial, ter-se-ia com ele desencaminhado, e foi uma felicidade Calderon só ter alcançado sucesso geral na Alemanha após sua morte. Calderon é infinitamente grande em técnica e no que se refere ao teatro; Schiller, ao contrário, é muito mais capaz, sereno e tenaz, e teria sido de lamentar se perdesse algo dessas virtudes sem atingir à grandeza de Calderon a outros respeitos".

Referindo-se a Molière, Goethe assim se pronunciou: "é tão grande que sempre, de novo surpreende. É um homem único; suas peças beiram o trágico, obrigam à madura reflexão e ninguém tem a coragem de imitá-lo.

"Seu "Avaro", no qual o vício anula todo e qualquer sentimento de piedade entre pai e filho, é particularmente grandioso e altamente trágico. Contudo, numa versão alemã na qual o filho é substituído por outro parente, a peça torna-se fraca e pouco significa. Chega-se a temer que surja o vício em sua verdadeira natureza, no entanto qual a feição de que se reveste e que outra influência age mais tragicamente que o insuportável?

"Todos os anos leio algumas peças de Molière, assim como de tempos em tempos contemplo as reproduções das obras-primas italianas, porque nós, humildes criaturas, não temos a capacidade de guardar em nós a elevada beleza destas coisas e por isso faz-se mister que, de vez em quando, voltemos a observá-las afim de revigorar tais impressões.

"Fala-se sempre em originalidade, e, afinal, que quer dizer isso? — Logo ao nascermos começa o mundo a agir sobre nós e assim prossegue até o fim. Que podemos chamar nosso, propriamente, senão a energia, a força e a vontade? Se eu pudesse dizer o quanto fiquei devendo aos meus grandes predecessores e coevos, não restaria de mim muito.

"Neste particular não é de forma alguma indiferente saber em que época da vida sofremos a influência de importante personalidade estranha.

"O fato de serem Lessing, Winckelmann e Kant, mais idosos do que eu, e terem os dois primeiros influído sobre minha juventude e o último, em minha velhice, foi para mim de grande significação. E depois, ser Schiller tão mais moço e estar cheio de vigor em suas atividades quando eu já principiava a sentir-me cansado do mundo, e do mesmo modo começavam a se destacar sob minhas vistas os irmãos von Humboldt e Schlegel, — disso tudo resultaram para mim inexprimíveis vantagens e grandes benefícios".

Tendo-se assim exteriorado acerca da ação que sobre ele exerceram essas notáveis personalidades, desviou a conversa para a influência que por sua vez teve sobre outros. Mencionei Bürger, no qual, apesar do seu talento espontâneo, parecia-me problemático não se perceber vestígio algum de influência por parte de Goethe.

"O talento de Bürger", disse ele, "tinha, é certo, afinidades comigo, porém, a árvore de sua cultura moral mergulhava as raízes num solo completamente diverso, e seguiu outra direção. Cada qual continua na linha ascendente de sua formação intelectual como a começou, e um homem que pode, aos trinta anos, escrever uma poesia como "Frau Schnips" teve que seguir um rumo que divergia um pouco do meu.

"Aliás conquistou ele por seu considerável talento, um público ao qual satisfazia perfeitamente, não tendo assim motivo algum de se preocupar com as particularidades de um êmulo com o qual nada tinha que ver".

"Geralmente", continuou Goethe, "só se aprende com quem se estima. É provável que os jovens talentos em formação alimentem tais sentimentos para com minha pessoa, contudo, encontrei-os raras vezes entre os coevos. Realmente, não poderia mencionar um único homem notável a quem eu satisfizesse plenamente. Já o meu "Werther" foi tão criticado que se eu tivesse querido suprimir cada trecho censurado, não sobraria linha alguma de todo o livro. Nenhuma crítica, porém, me prejudicou, pois tais julgamentos subjetivos, vindos embora de pessoas eminentes, eram contrabalançados pelo favor do grande público.

"Todavia quem não esperasse ter um milhão de leitores, não deveria escrever.

"Há vinte anos que o vulgo discute qual de nós dois é maior, se Schiller ou eu, quando deveria antes regozijar-se por haver dois colegas[1] a cujo respeito vale a pena discutir".

Sábado, 11 de junho de 1825.

Goethe externou-se minuciosamente durante o jantar, sobre o livro do Major Parry.[2] Elogiou-o vivamente e observou que nele, Byron se revela muito mais perfeito e mais a par do próprio mérito do que em tudo que sobre ele se escreveu até agora.

"O Major Parry", acrescentou, "deve ser também uma personalidade de valor, por ter emprestado a seu amigo um caráter tão ilibado. Sobretudo agradou-me no livro uma observação oportuna e digna de um grego antigo, de um Plutarco:

---

1. "Kerle", no texto.

2. "Os últimos dias de Lorde Byron".

"— Ao nobre lorde, diz Parry, faltavam todas aquelas virtudes que ornam a burguesia, das quais sua linhagem, educação e modo de vida, impediram-no de se apropriar. Seus críticos desfavoráveis pertencem, porém, todos à classe média, os quais em suas invectivas lastimam não encontrar nele suas próprias qualidades. Essa honrada gente não reflete que Byron em sua alta posição possuía méritos dos quais nem podem fazer idéia.

"Então, que tal lhe parece este trecho? Uma coisa destas não se ouve todos os dias".

"Faz-me prazer", contestei, "ver assim publicamente manifestada uma opinião, que aniquila todos os pequenos críticos e caluniadores invalidando-os uma vez por todas".

Falamos a seguir sobre assuntos da História Universal em sua relação com a poesia e até que ponto a tradição dum povo era menos favorável ao poeta do que a de outro povo.

"O poeta", disse Goethe, "deve lançar mão do que houver de excepcional e representará então algo de interesse geral, contanto que seja são.

"A História da França, é menos grata ao escritor pois representa épocas da vida que não voltam. A literatura desse povo conquanto baseada naquele período, possui um cunho singular que com o decorrer dos anos sofrerá as injunções do tempo".

"A época atual da literatura francesa", opinou Goethe noutra ocasião, "não pode de modo algum ser julgada. A penetração espiritual do alemão provoca nela uma acentuada fermentação, e só decorridas duas décadas se poderá testemunhar o resultado".

Discorremos depois a propósito de estetas que se esforçam por expressar através de definições abstratas, a essência da poesia e a mente do poeta sem contudo chegarem a uma conclusão clara.

"Pouco há aí a definir", volveu ele, "o que perfaz o poeta é a compreensão viva da situação e a capacidade de defini-la.

Quarta-feira, 15 de outubro de 1825.

Encontrei Goethe esta noite particularmente bem disposto e tive o gosto de ouvi-lo novamente proferir sentenças altamente judiciosas.

Conversamos a propósito do nível da recente literatura, sobre o qual assim se externou: "a deficiência de caráter dos pesquisadores e escritores em particular, constitui a fonte de todo o mal das nossas letras modernas. Evidencia-se essa falha em detrimento geral, especialmente na crítica, seja por divulgar o falso por verdadeiro ou por privar-nos do grandioso em troca de uma verdade bem insignificante.

"Até agora o mundo acreditava no heroísmo duma Lucrécia e de um Múcio Scévola, sentindo-se encantado e entusiasmado por eles. Agora, porém, afirma a crítica histórica que não existiram senão em ficção, criada pela fértil imaginação dos romanos. De que nos vale uma tão mesquinha realidade?! E, tendo sido os romanos tão grandes para idear tais personagens, deveriam nós sê-lo bastante para admiti-lo.

"Também sempre me entusiasmou o grande acontecimento do século XIII, quando o Imperador Frederico II contendia com o Papa, e o Norte da Alemanha estava a mercê de qualquer invasão inimiga. As hordas asiáticas atacaram-na de fato penetrando até à Silésia; o Duque de Leignitz, porém, derrotou-as fragorosamente. Viraram-se então para a Morávia onde foram vencidas pelo Conde Sternberg. Esses heróis viveram sempre na minha imaginação, como verdadeiros salvadores da pátria alemã. E agora, a crítica histórica afiança ter sido inútil o sacrifício daqueles valentes, porquanto o exército asiático recebera já ordem de contramarcha e assim ficou anulado um grande feito patriótico o que me desgostou profundamente".

Referiu-se depois aos pesquisadores e pseudo-literatos de outra espécie.

"Nunca eu teria conhecido a miséria moral da humanidade e quão pouco é ela inclinada a desígnios verdadeiramente grandes, se através de minhas pesquisas nas ciências naturais, não tivesse tentado esse desideratum. Reconheci então que para a maioria, a ciência nada representa senão um mero ganha-pão e chegaria até o extremo de consagrar o erro, se esse lhe garantisse a subsistência. E nas belas-letras, de um modo geral, não vão melhor as coisas. Também são muito raros os grandes propósitos, a legítima noção do que é verdadeiro e bom, e sua difusão. Um apóia o outro para ser por esse apoiado sendo-lhes a ambos avesso o que é realmente grandioso, interessados só em eliminá-lo afim de se vingarem. Assim é a grande maioria e os poucos que se destacam não são lá muito melhores.

"XXX[1] com seu grande talento, com sua sabedoria universal, poderia ter sido de *imensa* utilidade a seu país. Não obstante, por sua falta de caráter prejudicou imensamente a nação, e decaiu na consideração geral.

"Um homem como Lessing é que nos falta, pois o que tanto o eleva no conceito público é sua dignidade e retidão! Homens assim, cultos e sensatos, existem muitos, onde, porém, se nos depara um tal caráter? Muitos são assaz inteligentes e eruditos, mas igualmente cheios de vaidade, e para se fazerem admirar como pessoas de espírito pelos que não enxergam longe, perdem toda a vergonha e nada respeitam.

"Madame de Genlis tem pois toda a razão quando se revolta contra as excessivas ousadias e a insolência de Voltaire, pois no fundo, por mais espírito que contenha sua obra, o mundo nada ganha com ela; nada de estável nela se pode fundar. Pode mesmo ser profundamente nociva, perturbando os homens e despojando-os do necessário apoio moral.

---

1. XXX — Voltaire?

"E depois, o que sabemos nós, e até onde alcançamos com toda nossa sagacidade? O homem não foi criado para resolver os problemas do mundo, mas sim para tentar investigar onde eles têm início, para não ultrapassar os limites que lhe foram impostos pela compreensão. Sua capacidade não é suficiente para avaliar o que acontece no Universo e tampouco para pretender impor-lhe as suas razões, o que, dada sua mesquinhez, seria um baldado esforço. O discernimento do homem e o da divindade, são duas coisas muito diversas.

"Logo que concedermos a liberdade ao mortal, deixará de existir a onisciência divina, pois desde que a divindade esteja a par das minhas intenções, serei obrigado a agir de conformidade.

"Refiro-me a isso tão-somente como prova do pouco que sabemos, e da inconveniência de nos intrometermos nos mistérios sobrenaturais.

"Demais, só devemos expressar máximas muito elevadas, que a todos beneficiem. A respeito de outras devemos guardar certa reserva, mas, assim mesmo iluminarão os nossos feitos com a plácida luz de um sol invisível.

Domingo, 25 de dezembro de 1825.

Esta tarde, às 6 horas, visitei Goethe que se encontrava só, e com quem passei umas belas horas.

"Meu espírito", disse, "tem estado nestes últimos tempos muito sobrecarregado; vi-me por todos os lados tão obsequiado, que passei grande parte de meus dias ocupado em mandar agradecimentos. Os documentos relativos à edição das minhas obras aos poucos me vieram chegando das Cortes, e, dada a acentuada divergência das respectivas legislações, cada caso exigia uma solução em separado. Vieram depois as propostas de inúmeros livreiros, as quais também tinham de ser meditadas, e contestadas. Por ocasião do meu jubileu, fui cumulado de tantas amabilidades que não acabei ainda de enviar cartas de agradecimento; não quero entretanto responder com banalidades e lugares-comuns, mas a cada um com palavras adequadas e convenientes. Agora, porém, irei pouco a pouco ficando livre e de novo disposto a conversar.

"Fiz nestes dias uma observação que lhe quero comunicar; todas as nossas ações terão fatalmente suas conseqüências; nem sempre, contudo, o que é acertado e justo produz algo de bom, e do que está errado não resultam continuamente más conseqüências; antes vemos muitas vezes resultar o contrário.

"Há algum tempo, precisamente por ocasião daquelas negociações com livreiros, cometi um erro do qual me arrependi. No entanto as circunstâncias agora de tal forma mudaram, que teria sido um grande erro não ter eu incidido no primeiro. Fatos idênticos repetem-se com freqüência e por isso vemos homens experientes procederem com arrogância e ousadia".

Tomei nota dessas observações, novas para mim. Levei em seguida a conversa para algumas de suas obras e chegamos à elegia "Aléxis e Dora".

"O final dessa poesia", comentou Goethe, "é muito criticado; acham-no demasiado apaixonado e exigem que termine suave e tranqüilamente, sem aqueles transportes de ciúme; eu, porém, não posso dar razão àqueles críticos. O ciúme ali é parte integrante da poesia e nela não poderia faltar. Eu próprio conheci um jovem que, apaixonado por uma donzela facilmente conquistada, exclamou: quem sabe se com outro não procederá do mesmo modo?"

Concordei inteiramente e mencionei a singularidade dessa elegia: na qual em tão limitado espaço e, em tão poucos traços tudo é tão bem descrito, que se imagina perfeitamente o ambiente doméstico e a vida dos seus personagens. "Tudo está representado com tanta realidade" disse eu, "como se V. E. se tivesse inspirado em acontecimentos de fato observados".

"Agrada-me que assim lhe pareça", contestou Goethe. "Existem contudo, poucas criaturas capazes de representar a verdadeira realidade, divagando de preferência em regiões exóticas, para elas totalmente ignotas, e as quais a sua fantasia pinta em cores bastante arbitrárias.

"E depois, há outros ainda, que se apegam estritamente à realidade, por serem destituídos de toda e qualquer poesia, com mesquinhas exigências.

"Assim, por exemplo, instavam alguns para que, na referida elegia, eu desse a Aléxis um criado para levar sua trouxinha, sem refletirem que isso destoaria na poesia e no idílio".

Depois passamos a discorrer sobre "Wilhelm Meister".

"Há críticos singulares", observou Goethe. "Nesse romance desaprovam encontrar-se freqüentemente o herói em más companhias.

"Considerando eu, contudo, a chamada má sociedade capaz de servir de recipiente para conter as verdades referentes à boa, consegui dar ao assunto uma forma poética e ainda mais variegada. Porém se tivesse querido representar a boa sociedade através dos seus próprios elementos, ninguém teria lido o livro.

"Os pormenores aparentemente insignificantes do "Wilhelm Meister" têm sempre por base algo de nobre e depende apenas de possuir visão suficiente, conhecimento do mundo e um ponto de vista elevado para perceber o conjunto todo nas minuciosidades. Outros talvez se contentem com esse esboço de vida em substituição da vida real".

A seguir mostrou-me uma obra inglesa sumamente importante, representando em gravuras todo o teatro shakespeareano. Cada página contém em seis pequenos quadros uma de suas peças, com alguns dos respectivos versos, apresentando-nos assim a idéia principal e as cenas mais importantes. Todas as imortais tragédias e comédias desfilam dessa maneira como cortejos mascarados.

"Impressiona até certo ponto", disse Goethe, "a contemplação dessas cenas, e só por elas é possível avaliar a magnitude e a grandeza de Shakespeare! Nenhuma situação da vida humana deixou ele de representar e de exprimir. E tudo isso com que leveza e espontaneidade! Não é possível discorrer sobre Shakespeare, porquanto nada bastaria para render justiça a seu gênio.

"Há em meu "Wilhelm Meister" alguns leves traços tirados, aqui e ali, de sua obra, o que não tem muita importância. Ele não é poeta para o teatro, nunca pensou em escrever para o palco que parecia muito estreito a seu grande espírito; o mundo inteiro mesmo tornara-se-lhe demasiado restrito sendo ele tão fecundo e magnífico.

"Nenhuma personalidade criadora deveria ler mais de uma peça sua, anualmente, para não sentir-se aniquilada.

"Bem fiz eu em emancipar-me dele com meus "Götz" e "Egmont", e Byron procedeu igualmente bem em não ter tido por ele excessivo respeito e em seguir seu próprio caminho.

"Quantos alemães de talento não se perderam devido a Shakespeare e a Calderon!"

"Aquele", continuou Goethe, "oferece-nos maçãs de ouro em salvas de prata. Pelo estudo da sua obra recebemos as argênteas salvas, mas apenas temos umas pobres batatas para nelas depositar, o que é o pior!"

Divertiu-me a bela comparação. A seguir leu-me uma carta de Zelter sobre a representação de "Macbeth" em Berlim, na qual a música não pôde acompanhar o grande espírito e o caráter da peça, a cujo respeito Zelter se alarga em vários comentários. Lendo-a, Goethe dava vida às expressões e interrompia-se de vez em quando para comigo salientar os belos trechos, particularmente acertados.

"Penso ser "Macbeth"," disse ele nessa ocasião, "a melhor peça teatral de Shakespeare; há, nela a compreensão máxima da arte de representar. Se, porém, quiser conhecer a independência do seu espírito, leia "Troilus e Cressilda", no qual ele trata o assunto da "Ilíada", à sua maneira".

Volvemos a Byron e a desvantagem em que este se colocou em confronto com a ingênua alacridade de Shakespeare e como por sua reiterada ação negativa provocara freqüentes e nem sempre injustas censuras.

"Tivesse tido Byron ocasião de descarregar no Parlamento por repetidas manifestações, todo o seu ressentimento, recorrendo a expressões rudes, teria sido então sua obra menos atacada. Como porém mal chegou a falar na Câmara dos Lordes, guardou no íntimo tudo que sentia contra seu país e não teve outro meio de desabafar senão pelas suas obras.

"Uma grande parte dos efeitos negativos da personalidade de Byron, denominaria eu "Discursos não pronunciados no Parlamento", e creio tê-los assim qualificado com acerto..."

Falamos após a propósito de Platen, cuja feição negativa tampouco foi aprovada.

"Não se lhe pode negar", considerou Goethe, "brilhantes propriedades; falta-lhe contudo — o *amor*. Ele estima tão pouco seus leitores e colegas quanto a si próprio, e assim chega-se ao caso de se lhe aplicar também a sentença do Apóstolo: Se eu falasse a linguagem das criaturas e dos anjos, e não amasse, seria como um bronze que tine ou como o címbalo que ressoa.[1] Ainda nestes dias li versos de Platen e não lhe posso negar grande talento. Somente, como disse, falta-lhe o *amor* e assim nunca conseguirá os efeitos que de outro modo deveria obter.

"Será temido e idolatrado pelos que, como ele, gostariam de ser negativos, mas que não possuem a sua grande inteligência."

1826

Domingo, à tarde, 29 de janeiro de 1826.

O maior improvisador alemão, Dr. Wolff, de Hamburgo, está há vários dias aqui, e já tem dado em público brilhantes provas do seu raro talento repentista, como sexta-feira à noite, ante a Corte e uma numerosa assistência.

Por essa ocasião recebeu um convite de Goethe para as doze horas do dia seguinte. Falei-lhe ontem, logo após ter improvisado diante daquele. Sentia-se muito feliz e declarou que essa hora marcaria época em sua vida, porquanto Goethe em poucas palavras havia-lhe indicado um novo rumo, acertando no pouco que nele criticou. Esta noite então, achando-me em casa de Goethe, começamos logo a falar sobre Wolff.

"Ele se sente muito satisfeito, por ter-lhe V. Ex. dado um bom conselho".

"Falei-lhe com sinceridade" replicou, "e, se minhas palavras surtiram efeito e o estimularam, veria nisso um bom sinal.

"É um talento incontestável, não há a menor dúvida; sofre, não obstante, da moléstia comum da atualidade, ou seja do excesso de subjetividade, e disso gostaria eu de curá-lo. Dei-lhe uma prova como experiência. "Descreva-me", disse-lhe, "seu regresso a Hamburgo". Prontificou-se sem delongas, e em harmoniosos versos entrou logo no assunto. "Tive de admirá-lo e no entanto não pude louvá-lo. Não me descreveu sua volta a Hamburgo e sim apenas a sensação do re-

---

1. Capítulo 13, versículo I da 1ª. Epístola dos Coríntios.

Monumento a Goethe e Schiller em Weimar.

A casa onde nasceu Goethe, antes da reconstrução.

Detalhe da casa de Goethe em Frankfurt.

torno a casa paterna e aos seus parentes e amigos; e sua poesia tanto poderia narrar o regresso a Melseburgo e Jena como a Hamburgo. Não é acaso esta uma cidade bela e original que apresenta um campo tão variado para as mais notáveis descrições, tivesse ele sabido tirar do assunto o devido proveito?"

Observei que o público é o culpado dessas preferências tão subjetivas, pelo aplauso incondicional a tudo que é sentimental.

"Pode ser"; aquiesceu, "no entanto quando se oferece ao público algo de ainda melhor, sente-se mais satisfeito. Estou certo de que se um talento improvisador como Wolff, conseguisse retratar o movimento de grandes cidades como Roma, Nápoles, Viena, Hamburgo e Londres com tanta fidelidade e vida que nos parecesse tê-las diante dos olhos, a todos encantaria! Se abrir caminho para o objetivo estará salvo; está nele, pois que não deixa de ter imaginação. É todavia necessário que se decida com presteza e tenha a coragem de enveredar pelo caminho indicado".

"Temo", objetei, "seja isso mais difícil do que parece, pois exige uma mudança completa da maneira de raciocinar. Se lograr bom êxito, sobrevirá de qualquer modo uma estagnação momentânea da produção e nesse lado será preciso uma grande prática até que o objetivo se lhe torne familiar e como uma segunda natureza".

"Certamente", concordou Goethe, "é uma enorme transição e exige coragem para resolver-se incontinenti. Com isso dá-se o mesmo que com o receio da água fria ao tomar banho: mergulhando-se rapidamente domina-se logo o elemento.

"Quando alguém quer aprender a cantar", prosseguiu, "saem-se-lhe facilmente da garganta as notas que lhe são naturais; mas as que necessita aprender a emitir, são-lhe no começo extremamente difíceis. Apesar disso é indispensável dominá-las se quiser ser cantor, pois precisa tê-las todas à disposição. O mesmo dá-se com o poeta. Enquanto exprime unicamente seus escassos sentimentos subjetivos, não o é verdadeiramente, e sê-lo-a quando se tiver integrado no mundo real e souber expressá-lo. Será então o poeta inesgotável e sempre novo, enquanto que uma personalidade simplesmente subjetiva, esgota depressa os seus sentimentos para cair infalivelmente no nível baixo da mera rotina.

"Fala-se constantemente no estudo dos clássicos o que quer dizer apenas: concentra-te no mundo real e procura exprimi-lo, pois assim procediam os antigos, que nele viviam."

Goethe, erguendo-se, caminhou pelo gabinete, dum lado para outro, enquanto que eu, como é de seu agrado, permanecia sentado junto à mesa. Deteve-se por instantes, defronte à lareira e após, como se lhe acudisse um pensamento, veio para mim e pondo o dedo sobre os lábios, disse o seguinte:

"Quero revelar-lhe algo que terá freqüente oportunidade de ver confirmado em sua vida. Todas as épocas em retrocesso e dissolução são subjetivas, ao passo que os tempos em franca evolução apresentam feição acentuadamente objetiva.

"Nossa era atual é decadente, por ser pronunciadamente subjetiva. Isso lhe demonstram não somente a Poesia, como também a Pintura e muitos outros setores da atividade humana. Cada esforço verdadeiro, ao contrário, tem que vir do íntimo para o mundo exterior, como V. observará em todas as grandes épocas positivamente progressistas e objetivas".

Essas palavras deram causa à mais espirituosa palestra, na qual se tratou principalmente do período grandioso dos séculos XV e XVI. Passamos depois aos assuntos do teatro e da fraqueza, do sentimentalismo e da melancolia das atuais produções.

"Consolo-me e procuro forças agora em Molière", tornei, "traduzi o "Avaro" e ocupo-me no momento com o "Médico à força". — Como é grande Molière! E puro!"

"Sim", aquiesceu Goethe, "puro, é o termo próprio para defini-lo. Nada tem de oculto ou deformado! E que largueza de visão! Ele conhecia a fundo os costumes do seu tempo, enquanto que nossos Iffland e Kotzebue deixam-se dominar pelo ambiente. Molière castigou as criaturas apresentando-as como na realidade são".

"Não sei o que daria", disse eu, "para assistir às peças de Molière em sua feição primitiva. — Ao público que conheço, pareceriam todavia demasiado fortes e realistas. Não provirá esse requinte da chamada literatura idealista de certos autores?"

"Não", contestou Goethe, "vem da própria sociedade. E depois, que fazem as nossas donzelas no teatro? Não é o meio que lhes convém; mais apropriado ser-lhes-ia o convento, pois que o teatro é apenas para homens e senhoras que já conhecem as coisas da vida. Ao tempo em que Molière escrevia, as meninas estudavam nos conventos e ele não tinha que tomá-las em consideração. Já que, porém, não lhes podemos vedar o ingresso aos espetáculos, as peças terão de ser a elas adequadas, e, preciosamente por isso, sejam prudentes e façam como eu, que lá não vou.

"O teatro interessou-me apenas enquanto tive parte ativa em seus destinos. Aprazia-me elevá-lo constantemente, e interessava-me menos o valor da peça do que sua apresentação. O que tinha a censurar, escrevia na manhã imediata, ao encenador e podia estar certo de que as falhas apontadas seriam evitadas na representação seguinte. Agora, porém, que lá já não exerço influência alguma, não mais me seduz assistir aos espetáculos. Teria que tolerar os defeitos sem poder corrigi-los, e isso não me convém.

"Outro tanto me acontece com a leitura de peças teatrais. Os jovens literatos alemães continuam a mandar-me tragédias: e que posso fazer com elas? Lia sempre as peças apenas na expectativa de poderem ser representadas. De resto eram-me indiferentes. E, em minha atual situação, que interesse posso ter na literatura dessa juventude? Para mim próprio, nada ganho em ver como *não* deviam ter sido escritas, pois não lhes posso ser útil numa coisa já consumada. Se, ao invés de já impressa, me mandassem o *plano* de uma obra, poderia ao menos dizer-lhes: façam-na assim, ou de modo contrário! Haveria então algum proveito.

"Todo o mal provém do fato da arte poética no país ter-se difundido de modo tal, que ninguém mais escreve maus versos. Os novos, que me enviam suas obras não são inferiores aos seus predecessores e vendo aqueles tão altamente cotados, não podem compreender porque não são igualmente apreciados.

"E, no entanto, não se deve animá-los, precisamente por existirem agora centenas desses talentos e porque não se deve procurar aumentar o supérfluo quando há tanta coisa útil a fazer-se. Caso se tratasse dum destacando-se dos demais, então sim, pois o mundo só ganhará com talentos excepcionais".

Quinta-feira, 16 de fevereiro de 1826.

À noite, pelas 7 horas, estive em casa de Goethe que encontrei sozinho em seu gabinete. Tomei lugar à mesa a seu lado enquanto lhe dava a notícia de ter avistado ontem, na hospedaria, o Duque de Wellington, aqui de passagem para São Petersburgo.

"E então", acudiu Goethe interessado, "como é ele? Descreva-mo. Parece-se com os retratos"?

"Sim, mas em pessoa tem muito melhor aspecto. Fitando-o constata-se que nenhum dos seus retratos é fiel. E basta encará-lo uma única vez, para nunca mais esquecê-lo, tal a impressão que causa. Os olhos castanhos têm um brilho sereno que atrai, e a boca é expressiva mesmo quando cerrada. Vê-se logo que tem pensado, e vivido horas empolgantes, e que agora enfrenta serenamente a vida como filósofo a quem nada mais perturba. Austero e tenaz, pareceu-me da têmpera de um verdadeiro gládio de Damasco. Segundo aparenta, deve ter bastante mais de cinqüenta anos, seu porte é ereto, esbelto, não muito alto e antes magro do que forte. Observei-o quando ao partir subia à carruagem. Sua saudação ao passar por entre a multidão, se bem que apenas se curvasse tocando de leve o chapéu, tinha muito de afável".

"E, deste modo, teve V. ocasião de conhecer de vista mais um herói", observou, "e isto sempre significa alguma coisa".

Falamos depois a respeito de Napoleão, e lamentei nunca tê-lo visto.

"Certamente", concordou Goethe, "teria valido a pena ver esse compêndio do mundo."

"Notava-se-lhe de súbito a superioridade?" inquiri. "Era de fato o super-homem", contestou, "e tudo o revelava".

Eu trouxera-lhe uma poesia muito curiosa e a propósito da qual já lhe havia falado alguns dias antes. Uma produção sua e já por ele próprio esquecida, de tão remota no recuo dos tempos. Publicada no começo de 1766, no "Sichtbaren", uma revista que então aparecia em Frankfurt, fora trazida para Weimar por um seu velho criado e através dos descendentes deste, veio parar-me às mãos.

É sem dúvida a mais antiga das produções conhecidas de Goethe. Tem por assunto a descida de Cristo aos infernos e admirou-me estivesse ele, ainda tão jovem, já integrado no ambiente religioso. Poder-se-ia atribuir a Klopstock a inspiração dessa poesia; em seu todo, porém, é de natureza inteiramente diversa, mais forte, espontânea e fluente. E sugere sua extraordinária ardência uma juventude fortemente agitada. Por carência de assunto gira em torno de uma idéia única e é demasiado extensa.

Passei-lhe o jornal já amarelecido pelo tempo e quase lacerado, e mal o viu lembrou-se logo da sua velha produção.

"É possível que a tenha escrito por sugestão da Srta. von Kettenberg" disse, "visto haver anotado junto ao título: "escrita a pedido", e não recordo qual outro amigo possa ter-me indicado esse assunto. O material era minguado e estimava quando me aparecia algo que pudesse rimar. Ainda há dias encontrei uns versos daqueles tempos, escritos em inglês, e nos quais me referia à falta de assuntos poéticos, para nós alemães realmente escassos.

"Nossa História Antiga jaz nas brumas do passado e as épocas posteriores, não existindo uma casa reinante única, deixam de oferecer a mínima atração.

"Klopstock tentou escrever sobre "Hermann"; o assunto é todavia muito remoto, não há conexões possíveis, ninguém sabe o que fazer dele e sua apresentação não despertou eco nem popularidade. Tive uma idéia feliz criando o meu "Götz"; é uma concepção genuinamente minha, e dela fiz alguma coisa.

"Em "Werther" e no "Fausto", tive também que recorrer à minha própria inspiração, pois de pouco serviria ali a tradição. Só uma vez pintei o mundo das bruxas; estimei ter assim feito jus à minha condição de nórdico e volvi-me então para a beleza Ática. Tivesse eu, porém, sabido, tão claramente como hoje, o quanto produziram de belo em séculos e milênios, ter-me-ia dedicado a algo de bem diverso".

Domingo de Páscoa, 26 de março de 1826.

Durante o jantar, hoje, Goethe achava-se em feliz e serena disposição. Recebera um valioso autógrafo de Byron: a dedicatória do seu "Sardanapalo"[1] que à sobremesa nos apresentou, enquanto gracejava com sua nora insistindo para que lhe devolvesse a carta que o poeta lhe escrevera de Gênova.

---

1. To the illustrious Goethe, a stranger presumes to offer the homage of an literary vessal to his liege lord the first of living writers who has created the literature of his own country and illustrated that of Europe. The unworthy production which the author ventures to incribe to him is intitled.

SARDANAPALUS

Também "Werner", sua ulterior produção, foi dedicada a Goethe: "To the illustrious Goethe, by one of his humblest admirers, this tragedy is dedicated".

"Vês, querida filha, tenho agora reunido tudo que se relaciona com Byron. Até este notável documento chegou-me hoje milagrosamente às mãos e nada mais me falta além daquela carta"! — A gentil admiradora de Byron, contudo, dela não se quis privar.

"Deu-ma de presente, caro pai", objetou, "e não a devolverei. Se quiser que se conservem reunidos os autógrafos, dê-me também esse precioso manuscrito e assim tê-los-ei todos juntos sob minha guarda".

Essa proposta ainda menos agradou a Goethe, e a espirituosa controvérsia foi-se prolongando e por fim se desvaneceu numa alegre palestra geral.

Depois que nos levantamos da mesa e que as senhoras subiram, ficamos sós. Goethe trouxe de seu gabinete de trabalho uma pasta vermelha, que abriu, dirigindo-se comigo à janela.

"Veja", disse, "aqui reuni tudo que diz respeito às minhas relações com Lorde Byron. Eis a sua carta de Livorno, e uma cópia de sua dedicatória, esta minha poesia e o que escrevi a respeito das conversações de Medwin; falta-me somente a carta de Gênova que Ottilie, porém, não me quer entregar".

E prosseguindo, deu-me parte de um cordial convite que com relação a Byron, da Inglaterra lhe chegara hoje e que o sensibilizara agradavelmente. Seu espírito, nesta ocasião inteiramente sob a influência de Byron prodigalizava mil interessantes observações sobre seu talento e sua obra.

"Os ingleses", continuou, "podem pensar dele o que quiserem, contudo o certo é que não têm poeta algum que se lhe possa comparar. É diferente de todos e as mais das vezes maior".

Segunda-feira, 15 de maio de 1826.

Discorri hoje com Goethe acerca de Stephan Schüetze,[1] sobre o qual se externou com muita benevolência.

"Durante minha indisposição na semana passada", disse ele, "li, as suas "Horas alegres" e esse livro causou-me grande prazer. Se Schüetze tivesse vivido na Inglaterra teria feito época, pois com seus dons de observância e apresentação, faltava-lhe unicamente a contemplação duma vida ilustre.

Quinta-feira, 1 de junho de 1826.

Referindo-se ao "GLOBE", assim se manifestou Goethe: "os colaboradores são pessoas experimentadas, serenas, compreensivas, audazes no mais alto grau.

---

1. Schüetze, Stephan (1771-1834).

Conselheiro em Weimar, esteta, poeta lírico, autor de contos, poesias e de um livro de memórias sobre Goethe.

Em suas críticas são finos e galantes. Os doutos alemães, porém, julgam ter que detestar os que não pensam do seu modo. Conto o "GLOBE" entre as revistas mais interessantes e não poderia dispensá-lo".

Segunda-feira, 5 de junho de 1826.

Goethe referiu-me que Preller[1] visitou-o para despedir-se, pois segue para a Itália por alguns anos.

"Com meus votos de boa viagem dei-lhe o conselho de não mudar de rumo, conservando-se fiel a Poussin e Claude Lorrain e estudando a obra destes dois grandes pintores, afim de que possa compreender a maneira com que vêem a Natureza, utilizando-a para expressar suas idéias e sentimentos.

"Preller é um talento notável e não temo por seu futuro. Parece-me de resto um caráter muito sério, e estou quase certo de que se inclinará mais a Poussin do que a Lorrain. Recomendei-lhe no entanto este para que o estudasse particularmente, e não sem uma razão, pois que se dá com a formação do artista o mesmo que com a de outros intelectuais: nossos talentos mais robustos educam-se de certa maneira por si mesmos, porém, as nossas inclinações fracas que não se enquadram em nosso modo de pensar e que por isso não predominam, requerem um especial cuidado para que vinguem.

"Como já tenho dito, a um jovem cantor podem ser naturais certas notas excelentes que nada deixam a desejar, todavia não poderá emitir outras com a mesma pureza e plenitude. Estas necessitam precisamente de serem desenvolvidas por exercícios apropriados.

"Estou certo de que Preller conquistará grande sucesso um dia em assuntos sérios, grandiosos e mesmo rudes. Contudo, é incerto seja igualmente feliz em cenas alegres, graciosas e amáveis; por esse motivo fi-lo apreciar especialmente Claude Lorrain, para que se aproprie por meio de estudo, daquilo que talvez não encontre em sua inspiração natural.

"E em continuação, sugeri-lhe ainda algo: vi seus numerosos esboços, são excelentes e apanhados com argúcia, contudo, trata-se apenas de pormenores isolados dos quais mais tarde poucos haverá a aproveitar quando seguir sua vocação natural.

"Aconselhei-o a não desenhar futuramente nenhum objeto isolado na Natureza, nenhuma árvore solitária, nenhum monte de pedras nem cabana perdida, mas sempre com perspectiva e ambiente. E isso pela razão seguinte: nunca vemos

---

1. Frederick Preller — (1804-78).

Acompanhou Augusto vou Goethe em sua enfermidade, em Roma, assistindo-o em seus últimos momentos. Autor do célebre desenho que representa Goethe em seu leito de morte, coroado de louros.

na Natureza algo em detalhe, mas sim tudo em ligação com o que de distinto ali se encontra, em frente, ao lado, atrás, abaixo e acima. Por vezes também parece-nos singularmente belo e pitoresco um objeto qualquer, isolado; não é, porém, a coisa em si que nos impressiona mas sim a harmonia em que a vemos com tudo que a cerca e que contribui para causar essa impressão.

"Assim, num passeio, se me depara um carvalho cujo efeito pitoresco me surpreende, contudo, se quiser desenhá-lo solitário, talvez não mais apareça em seu aspecto anterior por lhe faltar aquilo que concorreu para seu efeito pitoresco na Natureza, fazendo-o ressaltar. Assim como também um trecho de floresta pode parecer-nos encantador justamente pela influência do céu, da luz, da situação do sol. E, se no meu desenho deixar de lado tudo isso, resultará algo frio e falho de encanto. Uma palavra ainda: nada de belo existe na Natureza que não tenha sido por suas leis motivado. Para que essa verdade apareça real também na imagem, deve ser justificada pela anotação das coisas que a compõem.

"Encontro por exemplo à margem de um córrego, seixos de belo feitio nos quais o musgo verde recobre as partes expostas. Não é somente a umidade que produz essa formação de líquen, mas também uma escarpa meio sombria ou a vizinhança de árvores ou maciços de arbustos nesse trecho do regato contribuem para aquela formação. Se eu não representar em meu quadro essas influências, resultará fraco, artificial e não convencerá.

"Destarte a situação duma árvore, a qualidade do solo que a nutre e as outras que a circundam, têm grande influxo sobre seu desenvolvimento. Um carvalho, crescido sobre o cume ocidental de uma colina exposta às ventanias, tomará forma diversa de outro que verdeja no brando solo de um vale protegido. Ambos podem ser belos à sua maneira; têm, porém, um aspecto muito diferente, por cuja razão numa paisagem imaginária terão que ser colocados num ambiente igual a esse onde os criou a Natureza. É pois de grande importância que o artista se guie por um esboço do ambiente que lhe lembre a posição exata dos objetos a representar.

"Seria, contudo, pueril, pretender desenhar ao mesmo tempo toda sorte de prosaicas minúcias que tão pouco influiriam na configuração do assunto principal, quanto em sua apresentação pictórica. Comuniquei a Preller todas essas pequenas sugestões em suas linhas gerais e estou certo de que vingarão com seu próprio talento".

Quarta-feira, 26 de julho de 1826.

Tive a satisfação de ouvir de Goethe esta tarde várias observações a propósito de teatro. Referi-lhe a intenção dum amigo meu, de adaptar para o palco os "Two Foscari" de Byron. Goethe externou dúvida acerca do sucesso desse empreendimento.

"É certamente tentador. Em geral quando nos sentimos impressionados pela leitura duma peça, imaginamos que também agradaria quando encenada e julgamo-nos vencedores com pequeno esforço. Dá-se, porém, então um fato curioso. Uma peça que não foi escrita de propósito para o palco, nele não terá sucesso, e, seja qual for nosso modo de proceder, conterá sempre algo de inadequado e impróprio.

"Quanto trabalho não me deu o "Götz", e contudo, não se prestava para o palco. É demasiado longo e tive de dividi-lo em duas partes, das quais a última teria algum efeito teatral; a primeira, porém, serviria como prólogo. Levássemos esta de uma só vez à cena para esclarecer o enredo, e em seguida a segunda parte, repetidamente, não haveria inconveniente.

"Caso semelhante: sucedeu com o "Wallenstein". Os "Piccolômini" não terão freqüentes reprises; a "Morte de Wallenstein", porém, será acolhida sempre com prazer".

Perguntei-lhe quais as finalidades necessárias para que o drama obtenha êxito.

"É imprescindível ser simbólico", respondeu. "Quer dizer: cada ato deve ter em si sua razão de ser e visar a um crescendo. O "Tartufo" de Molière, é a esse respeito um grande modelo. Pense somente na cena inicial; que bela introdução! Tudo ali é desde o começo altamente significativo e convida a deduções ainda mais importantes que estão por vir.

"A exposição da "Minna von Barnhelm", de Lessing, é também excelente, contudo, a do "Tartufo" é única; a mais grandiosa e a melhor que existe nesse gênero.

Passamos às peças de Calderon. "Nelas", comentou Goethe, "encontrará V. a mesma perfeição e uma inteira concordância com as regras da ribalta, e traço algum deixou de ser calculado para o pretendido efeito. Em Calderon aliam-se o gênio e o maior equilíbrio intelectual".

"É de admirar", notei, "que os dramas de Shakespeare não sejam a rigor peças para a cena, visto que as compôs para seu próprio teatro".

"É que as escreveu", contestou Goethe, "*sponte* sua, e além disso a sua época e a técnica teatral de então, não eram lá muito exigentes e contentaram-se com as idéias do autor. Tivesse-as, porém, escrito para a Corte de Madri ou para o teatro de Luís XIV, ter-se-ia provavelmente adaptado a uma forma de representação mais rigorosa. Não nos lamentemos aliás por isso, pois o que Shakespeare perdeu como teatrólogo, ganhou como poeta em geral. É um grande psicólogo e em suas obras se avaliam os sentimentos íntimos do homem".

Falamos sobre as dificuldades que oferece uma boa administração de teatro.

"A maior delas é saber expressar o que casualmente se nos depara, sem que nos deixemos desviar de seus mais elevados preceitos. Estes consistem em um repertório de excelentes tragédias, óperas e comédias, que devem ser consideradas como a parte permanente, e fortuitamente: um novo drama que desperte interesse, um ator de passagem e casos semelhantes. É indispensável não se deixar seduzir por essas novidades e voltar sempre a seu repertório fixo. A nossa época é tão rica em obras verdadeiramente boas, que nada é mais fácil a um conhecedor do que formar um conjunto de excelentes peças. Nada, porém, é mais difícil do que mantê-lo.

"Quando com Schiller eu dirigia o teatro, tínhamos a vantagem de representar em Lauchstädt durante o verão, onde um seleto auditório exigia sempre peças superiores. — E assim voltávamos a Weimar bem preparados nas mais belas, habilitados a repeti-las todas aqui, durante o inverno.

"Ademais, o público de Weimar confiava em nossa direção e mesmo não se entusiasmando com certos dramas, estava convencido das nossas elevadas intenções.

"Pelo fim do século", prosseguiu Goethe, "meu interesse pelo teatro tinha já propriamente passado e eu nada mais escrevia para o palco, tencionando dedicar-me exclusivamente ao gênero épico. Schiller reavivou em mim o entusiasmo que se extinguira, e por ele e por suas obras, reiniciei minha colaboração para a cena. No tempo do meu "Clavigo" ter-me-ia sido fácil escrever uma dúzia de peças teatrais, os assuntos não faltavam, e teria produzido facilmente uma por semana. Ainda hoje lamento não o ter feito."

Quarta-feira, 8 de novembro de 1826

Hoje, mais uma vez, Goethe referiu-se com admiração a Lorde Byron.

"Tornei a ler", disse, "o seu "Deformed Transformed" e devo confessar que seu talento se me apresenta cada vez superior. Seu demo originou-se do meu Mefistófeles; sem embargo, não é uma imitação, é em tudo perfeitamente original e novo, expressivo, opulento e cheio de espírito. Ali não se encontra um ponto fraco, nenhuma lacuna, há em tudo genialidade e vigor. Se não tivesse contra ele a sua própria negação e hipocondria, teria sido tão grande como Shakespeare e os antigos".

Surpreendi-me com isso. "Sim", confirmou, "pode crer-me, tornei a estudar sua personalidade e devo render-lhe essa justiça". — Numa conversa anterior expressou-se assim: "Byron é demasiado empírico!" — Não compreendi bem o que quis dizer com isso, mas abstive-me de interrogá-lo, limitando-me a pensar no assunto em silêncio. Nada, porém, poderia ganhar cogitando, e tive de esperar que uma melhor compreensão ou uma feliz circunstância me ajudasse a resolver o enigma. Tão feliz momento ocorreu quando assisti a uma excelente representação de "Macbeth" e no dia seguinte tomei as obras de Byron a fim de ler o seu "Beppo".

Depois do "Macbeth" essa poesia não me agradou e quanto mais a lia, melhor compreendi o que Goethe pretendeu exprimir com o termo "empírico". — Em "Macbeth" um espírito influiu sobre mim, o qual, grande, forte e elevado como era, só poderia provir do próprio Shakespeare. Eram os dons inatos de uma personalidade magnificamente privilegiada, pelos quais o indivíduo se distingue consagrando-se grande poeta.

A contribuição que nessa peça lhe deram a experiência e o ambiente, ficou num plano inferior ao espírito do autor, servindo tão-somente para fazer realçar sua personalidade. O grande vate se impunha e alçou-nos às culminâncias do seu espírito.

Ao ler o "Beppo", tive a impressão do predomínio de um mundo vil e material ao qual até certo ponto se associara o espírito que no-lo retrata. Não mais se me deparou aí aquela maior e mais pura mentalidade congênita de um poeta extraordinário que me pareceu ter-se nivelado ao ambiente em seu freqüente contato com este. Emparelhando-se com todas as pessoas de distinção e de espírito, das quais não se diferenciava senão por seu grande talento descritivo, podia ser considerado como seu porta-voz.

E assim, lendo o "Beppo", senti que Lorde Byron usava de excessivo empirismo, não por exibir uma representação demasiada crua da vida real, mas antes por ter-se calado a sua superior natureza poética, dominada porventura por uma tendência empírica.

Quarta-feira, 29 de novembro de 1826.

Li, eu também, o "Deformed Transformed" e acerca desse drama conversei com Goethe quando levantamos da mesa.

"Não lhe parecem grandiosas as primeiras cenas, como obra poética? O resto, em que divaga e descreve o sítio de Roma, não considero poesia e contudo deve-se admitir que tem muita verve".

"No mais alto grau", concordei, "entretanto não é difícil ser tão espirituoso quando não se respeita coisa alguma". — Goethe riu, ao dizer:

"V. não deixa de ter certa razão; deve-se seguramente concordar em que o autor diz mais do que devia. Ele diz a verdade, que, porém, não agrada ao leitor e que melhor teria sido calar. Há coisas que o poeta devia antes encobrir do que revelar, este é, porém, justamente o estilo de Byron e pretender alterá-lo seria perdê-lo".

"Sim", anuí, "tem muito espírito, como por exemplo neste trecho: The devil speaks truth much often than he´s deemed — He hath an ignorant audience..."

"É isso evidentemente tão forte e livre como dito por meu Mefistófeles. Já que falamos em Mefistófeles", prosseguiu ele, "quero mostrar-lhe o que Coudray acaba de trazer-me de Paris — que diz a isto?" E mostrou-me uma litografia representando a cena em que Fausto e Mefisto, com o fim de libertar Gretchen do cárcere, passam, à noite, velozes, a cavalo, pelo patíbulo. Fausto monta um fogoso corcel negro que, amedrontado como seu cavaleiro, pelos vultos pendentes às forcas, rompe em tão desenfreado galope que Fausto a custo se firma na sela. O deslocamento do ar arrebatou-lhe o boné que, preso ao pescoço por uma tira, lhe voa às costas. Aterrorizado, vira-se interrogador para Mefistófeles que se mantém inabalável, como um ente superior. — Monta um cavalo fantasma, pois não lhe agrada o que tem vida, do que aliás, não necessita, bastando-lhe seu próprio querer para movimentar o corcel na desejada rapidez. E monta um cavalo somente porque é mister representá-lo como cavaleiro. Foi-lhe suficiente arrebatar, de passagem num prado, uma simples carcaça que nas trevas da noite aparece fosforescente. Não leva sela nem freio pois deles prescinde para cortar os ares. O sobrenatural cavaleiro mal roça a sua montaria e, descuidado, inclina-se para Fausto que lhe fala. A ação do vento não o afeta nem a sua cavalgadura e nem se movem seus cabelos.

"E forçoso confessar", disse Goethe, "que a nós mesmos teriam escapado tão perfeitas minúcias! E aqui tem V. ainda uma outra cena. Que diz desta?"

Representava as selvagens libações da "Auerbach´s Keller" e, em sua quinta-essência, o momento em que o vinho derramando-se se inflama, e a bestialidade dos ébrios se revela da maneira mais diversa. Tudo é excitação e movimento; só Mefistófeles se conserva em sua impassibilidade habitual. As pragas brutais, os gritos e o punhal com que Siebel o ameaça, nada parece atingi-lo. Sentado a um canto da mesa, balançando as pernas, doma com o dedo levantado a chama e a excitação que ali reinam. Quanto mais examinávamos a perfeita composição, mais admirávamos o grande talento do autor em representar tão diversas figuras.

"Delacroix", observou Goethe, "tem uma inteligência extraordinária que encontrou no "Fausto" a sua verdadeira inspiração. Os franceses censuram nele seu realismo, nesse caso bem justificado. É de esperar que persevere na ilustração do "Fausto", com o que de antemão me regozijo; principalmente com a "Hexenkueche" e a cena na montanha de Brocken.[1] Vê-se que passou pela vida observando, e para isso uma cidade como Paris oferece as melhores oportunidades".

Observei que tais ilustrações muito contribuiriam para melhor compreensão do texto.

"Nem se comenta", concordou, "pois a imaginação opulenta desse artista força-nos a sentir as situações como ele próprio as concebeu. E quando eu confesso ter Delacroix excedido minha própria inspiração naquelas cenas que escrevi, quanto mais vivas não aparecerão aos leitores!?"

Segunda-feira, 11 de dezembro de 1826.

Encontrei-o hoje numa alegre e exuberante disposição. "Alexandre von Humboldt esteve algumas horas comigo esta manhã", exclamou cheio de expan-

---

1. No Harz — Noite de Walpurgis.

são. "Que homem extraordinário! Conheço-o há tanto tempo e, não obstante, curvo-me sempre em admiração ante sua personalidade. Pode-se bem afirmar que não tem rival em erudição e ciências vivas. E uma tal versatilidade como nunca se me deparou. Sente-se em seu elemento, seja qual for o assunto em questão e cumula-nos de tesouros espirituais. É comparável a uma fonte inexaurível, manancial inesgotável, cujas águas jorram em muitas direções, saciando-nos incessante a sede do saber. Ele passará alguns dias aqui e isso para mim, é como se fôssemos viver anos juntos".

Quarta-feira, 13 de dezembro de 1826.

Durante o jantar elogiavam as senhoras um retrato da autoria de um jovem pintor — "E o que mais admira é ter aprendido por si mesmo", — diziam.

Isso é evidente, e pode-se constatar sobretudo nas mãos, as quais não estão desenhadas com arte nem correção.

"Vê-se", observou Goethe, "que o rapaz tem talento, mas pelo fato de tudo ter aprendido sozinho, deve ser censurado e não louvado. Um talento não se gera espontâneo para ser isolado mas sim orientado para a Arte e os grandes mestres, que dele farão alguma coisa.

"Li há poucos dias certa carta de Mozart à um barão, que submetera ao seu parecer algumas composições, na qual aquele lhe dizia mais ou menos o seguinte: em vós, diletantes, freqüentemente se encontram duas coisas pelas quais devemos repreender-vos: "ou a carência de idéias próprias e nesse caso adotais as alheias, ou se as tendes não sabeis aproveitá-las." Não é engraçado? E não vigora a judiciosa sentença de Mozart sobre a música, para todas as Artes? — Leonardo da Vinci dizia: quando vosso filho não tiver o bom senso de em seus desenhos fazer destacar o motivo, por um forte sombreado realçando-o, é porque não tem talento. E ainda de Leonardo: "se vosso filho possuir inato o sentido da perspectiva e da anatomia, entregai-o então a um bom mestre!"

"Atualmente", prosseguiu Goethe, "nossos jovens artistas pouco entendem dessas duas ciências quando deixam seus professores, de tal modo mudaram os tempos.

"Aos novos pintores", continuou, "faltam alma e espírito; suas descobertas nada dizem e não exercem influência alguma. Pintam espadas que não cortam e setas que não ferem, e vem-me às vezes o pensamento de ter desaparecido do mundo todo e qualquer senso artístico".

"E não obstante", objetei, "era de crer terem os grandes acontecimentos da guerra, nos últimos anos, incentivado o espírito".

"Desenvolveram mais a vontade do que o espírito" tornou, Goethe, "e deste, mais o lado político do que o artístico, e com isso perderam-se toda a ingenuidade e a sensibilidade. Que fará pois um pintor sem nenhum desses atributos indispensáveis, que nos proporcionam alegria!"

Falei-lhe de um quadro de Correggio cuja descrição eu lera em sua "Viagem à Itália", o qual representa a Virgem desmamando o menino. Este, sentado ao colo, hesita entre o peito da Mãe e uma pêra que ela lhe oferece, sem saber o que escolher.

"Sim", assentiu ele, "é um belo quadro, no qual espírito e inocência formam uma divina harmonia. E esse assunto sagrado tornou-se profundamente humano, valendo por um símbolo de época da vida pela qual todos passamos. Uma pintura dessas é eterna, porque se relaciona tanto com os tempos mais primitivos da humanidade como com os futuros. Se, ao contrário, se quisesse pintar o Cristo chamando a si as criancinhas, seria esse um quadro sem grande significação. Venho observando, há cinqüenta anos, a pintura alemã, e não somente observando, como também procurando de minha parte nela influir, e posso agora dizer que no estado atual das coisas pouco há que esperar.

"Faz-se mister o advento de um gênio que se aproprie logo do que há de bom na atualidade, assim excedendo a tudo mais. Os meios aí estão todos, os caminhos indicados e aplainados. Temos até mesmo as obras de Fídias ante os olhos, no que nem se podia pensar, em nossa juventude. Falta agora, como disse, um grande talento, e esse está por vir, assim o espero. Talvez viva já em seu berço, e V. ainda o verá em sua gloria".

Quarta-feira, 20 de dezembro de 1826.

Comuniquei-lhe após o jantar, uma descoberta que me causou alegria. É que notei, numa vela de cera acesa, que a parte translúcida inferior da chama, apresentava o mesmo fenômeno que ocorre no céu, no qual a obscuridade é vista através duma nebulosidade luminosa. Perguntei-lhe se conhecia esse fenômeno da vela e se a ele se referira em sua "Teoria das Cores".

"Mas sem dúvida", retrucou. E tirando da estante um volume dessa obra leu-me o parágrafo em que descreve aquilo que eu observara: "Folgo muito que se tenha impressionado pois agora o compreendeu e pode dizer que dele se assenhoreou. Também com isso V. fixou-se num ponto de vista que lhe facilitará a observação de novos fenômenos. Quero demonstrar-lhe já um outro".

Deviam ser quatro horas, o céu estava encoberto e o crepúsculo começava. Goethe acendeu uma vela e dirigiu-se a uma mesa próxima à janela. Colocou a luz sobre uma folha de papel branco, e sobre esta uma varinha, de forma que a claridade da vela deitasse uma sombra da varinha para a luz do dia.

"E então", perguntou, "que diz desta sombra?" — "Que é azul!" repliquei. — "Aí tem pois de novo o azul; o que vê, porém, V. deste outro lado da vara que dá para a vela?" "Vejo igualmente uma sombra -" "- Mas de que cor?" "- de um amarelo avermelhado" respondi. –"Como, porém, se produz esse duplo fenômeno?"

151

"Isso é com V.," tornou Goethe, "veja como se sai disso. O problema tem solução, mas é difícil encontrá-la. E não vá procurá-la na minha "Teoria das Cores" antes de perder a esperança de por si mesmo esclarecê-la!" — Com alegria o prometi.

"O fenômeno da parte inferior da vela", prosseguiu Goethe, "em que uma claridade translúcida produz a sombra e faz sobressair a cor azul, far-lho-ei ver agora em ponto maior".

Tomou de uma colher, encheu-a de espírito e acendeu-o, formando-se assim de novo uma luz transparente, através da qual a obscuridade parecia azul. Tornando o líquido inflamado contra a escuridão da noite, a cor azul fazia-se mais intensa, se, porém, eu o sustinha contra a claridade, desmaiava ou desaparecia inteiramente. Com grande prazer eu seguia a demonstração do fenômeno.

"É -" precisou Goethe, "justamente o grandioso da Natureza ser tão simples e repetir em ponto pequeno seus maiores fenômenos. — A mesma lei pela qual o céu é azul, repete-se igualmente na parte inferior duma vela acesa, no espírito que se inflama, assim como no fumo iluminado que das chaminés duma aldeia sobe aos ares deixando transparecer as montanhas escuras ao fundo".

"Como então explicam os adeptos de Newton esse fenômeno tão simples?", perguntei.

"Nem queira saber", replicou, "é uma verdadeira tolice e nem mesmo se imagina o dano que causa a um cérebro esclarecido dedicar-se a disparates desses. Não se preocupe com os newtonianos, contente-se com a verdadeira doutrina e acertará".

"A aplicação ao que está errado", observei "é talvez neste caso tão desagradável e prejudicial como se tivéssemos que assistir a um péssimo drama, para criticá-lo em todas as suas partes e demonstrar as suas falhas".

"É exatamente a mesma coisa", obtemperou, "mas sem haver necessidade não nos devemos imiscuir em questões dessa natureza. Reverencio a matemática como a ciência mais elevada e útil, quando aplicada em seu devido lugar; não posso, porém, aprovar o seu abuso em casos que não estão em sua esfera, tornando assim absurda essa nobre ciência. É como se existisse apenas aquilo que se pode provar matematicamente. Seria pois uma tolice alguém não acreditar no amor de sua noiva por não poder ela demonstrá-lo pela matemática; seu dote pode prová-lo, não porém o seu amor. E a metamorfose das plantas foi acaso descoberta pelos matemáticos? Escrevia-a sem recorrer a essa ciência e os entendidos no assunto tiveram que aceitá-la. Para compreender a teoria das cores não se necessita mais do que um claro golpe de vista e um cérebro normal, essas duas condições são aliás mais raras do que se supõe".

"Qual é", perguntei, "a opinião dos franceses e ingleses de hoje, sobre a teoria das cores?"

"Ambas as nações", respondeu, "têm suas vantagens e desvantagens. Os ingleses são práticos, mas pedantes; os franceses têm inteligência, mas para eles

Quarto de dormir de Goethe. (Museu Nacional de Goethe — Weimar.)

Um cartão de Goethe.

J. F. A. Tischbein (1795): Carlos Augusto, Duque de Saxe-Weimar.

deve ser tudo positivo, e quando assim não é, fazem como se assim fosse. Estão no entanto bem encaminhados para a teoria das cores, e um dos mais ilustres dela se aproxima. É sua opinião que as cores são qualidades inerentes às coisas, pois assim como existem na Natureza substâncias que azedam, existem outras colorantes. Com isso entretanto não se explicam os fenômenos: ele contudo coloca o problema dentro da própria Natureza, liberto das restrições da matemática".

Nessa ocasião chegavam os jornais de Berlim e sentou-se a lê-los. Alcançou-me um deles e, pelas notícias de teatro, vi que lá estavam sendo representadas, na ópera e no Teatro Real, peças tão más como aqui.

"E como poderia ser de outra maneira?", exclamou. "É fora de dúvida que, com o auxílio de boas produções inglesas, francesas e espanholas poder-se-ia oferecer um belo espetáculo todas as noites. Não me parece, contudo, existir no país um tal anseio de assistir sempre a boas peças. Os tempos em que Ésquilo, Sófocles e Eurípedes escreviam, eram certamente bem diversos reinava então o espírito e exigia sempre o realmente grandioso e ótimo. Em nossa era tão desfavorável, todavia, onde está esse veemente desejo pelo que é superior? Onde o público capaz de compreendê-lo?"

"Ademais", prosseguiu, "querem sempre coisas variadas! Em Berlim como em Paris, por toda a parte, o público é o mesmo. Em Paris aparece todas as semanas um sem número de peças, das quais é preciso aturar cinco ou seis péssimas até vir a recompensa de um sucesso.

"O único meio para atualmente manter em nível elevado um teatro alemão, é contratar atores forasteiros. Fosse eu ainda o diretor, e durante o inverno atuariam aqui excelentes artistas, estranhos ao nosso meio. E assim, não somente voltariam sempre à cena as peças de êxito, como também o interesse se volveria ao desempenho, poder-se-ia comparar e julgar, ganhando assim o público em critério e os nossos artistas em estímulo e competição pelo notável desempenho dum hóspede eminente. Como disse: atores de passagem, artistas forasteiros, e sentir-se-ão surpresos dos proveitos que daí advirão para o teatro e para o público.

"Vejo que se aproxima a época em que alguém, com habilidade e inclinação para o assunto, dirigirá quatro teatros ao mesmo tempo, que terão, aqui e ali, a colaboração de atores forasteiros, e estou certo de que esses quatro darão melhor resultado do que se dirigisse um único".

Quarta-feira, 27 de dezembro de 1826.

Venho assiduamente refletindo, em casa, sobre a experiência da sombra azul e amarela, e, conquanto continue para mim um enigma, vislumbrei já, após continuadas observações, uma luz, e aos poucos me fui convencendo de ter compreendido o fenômeno. Hoje, à mesa, declarei a Goethe ter resolvido o problema.

155

"Seria uma grande coisa", contestou, "quando nos levantarmos faça-me a demonstração".

"Preferiria dá-la por escrito, pois para uma explicação verbal faltam-me os termos adequados".

"Poderá escrevê-la mais tarde", insistiu, "hoje, porém, deve fazer a explicação diante de mim, para que eu constate se está V. no bom caminho". — E pouco depois, quando sobreveio a luz crepuscular, afim que a da vela projetasse uma pronunciada sombra, embora fosse preciso ser ainda bastante claro para que a luz do dia pudesse acentuá-la, Goethe acendendo a vela de cera deu-me o papel branco e a varinha.

"Agora experimente e explique!"

Coloquei a luz sobre a mesa na proximidade da janela, o papel perto da vela e, quando firmei o pauzinho entre a claridade crepuscular e a da vela, surgiu o fenômeno em toda a sua beleza. A sombra do lado da vela tomou um decisivo tom amarelo e a outra junto à janela era completamente azul.

"E agora, vejamos", disse Goethe, "como se forma a cor azul?"

"Antes de explicá-lo", contestei, "quero expor-lhe a lei fundamental da qual deduzi ambas as experiências: luz e sombra não são cores, mas sim dois extremos entre os quais se forma a nossa escala cromática por uma modificação de ambas. Vizinhos aos dois extremos — luz e obscuridade — formam-se o amarelo e o azul, aquele rente à vela, pois que eu o contemplo através de uma opacidade; ao passo que o azul se me depara no limite da sombra pois eu o vejo através de uma luminosidade transparente".

"Voltando às nossas experiências", continuei "vemos pois que a varinha, por efeito do poder da vela, projeta uma pronunciada sombra. Essa penumbra apareceria como uma negra escuridão, se eu fechasse os postigos interceptando assim a claridade. Agora, porém, pela janela aberta penetra livremente a luz do dia formando um "médium" iluminado através do qual· vejo a negrura da sombra, e assim, desse modo, forma-se, de conformidade com a lei da Natureza, a cor azul".

Nesta altura Goethe riu. "Isso dá-se com o azul, e como explica então V. a sombra amarela?"

"Pela lei da luz mortiça", respondi. "A vela enquanto arde, projeta sobre a alvura do papel, uma luz já levemente amarelada. A claridade do dia tem, porém, o poder de projetar da varinha em direção à chama, uma tênue sombra, a qual, até onde alcança, turva a luz, destarte formando logicamente o amarelo. Aproximando a sombra para o lado da vela o que a torna menos turva, ela se mostra de um amarelo forte. Se eu porém, intensificar a opacidade afastando o mais possível a sombra da chama, torna-se então o amarelo mais carregado em tonalidades que chegam até o vermelho".

Goethe voltou a sorrir, e de modo misterioso. "E agora", perguntei-lhe, "estou com a razão?"

"V. observou bem o fenômeno e tentou explicá-lo otimamente, não o elucidou porém. Sua explicação é sensata, e mesmo engenhosa, não é todavia a exata".

"Auxilie-me então", roguei-lhe, "e decifre-me o problema, pois estou impaciente no mais alto grau".

"Fá-lo-ei, mas não ainda hoje e nem por este meio. Breve far-lhe-ei ver um outro fenômeno pelo qual a mesma lei se lhe evidenciará. Está próximo disso e nessa direção não pode estar mais perto da solução. Quando V. compreender bem a nova lei, terá penetrado numa região inteiramente diversa, deixando muita coisa para trás. Venha V. um dia de céu claro, pelas doze horas, um pouco antes do almoço, e demonstrar-lhe-ei um fenômeno positivo que lhe fará compreender imediatamente a mesma lei que é a base deste".

"Aprecio muito", prosseguiu ele, "o seu interesse pelas cores, que lhe proporcionará alegrias indescritíveis".

Depois que o deixei, à noite, não me saíram mais da cabeça essas idéias que até em sonhos me perseguiam. Nesse estado mesmo, nada se me esclareceu e não me aproximei um passo mais da solução do enigma.

Algum tempo antes, dissera-me Goethe: "vou prosseguindo também assaz lentamente em minhas anotações acerca das ciências naturais. Não que eu imagine poder ainda fazer progredir consideravelmente a ciência, porém, pelas numerosas e agradáveis relações que com esse fim entretenho. O estudo da Natureza é a mais inocente das ocupações. Sobre assuntos de estética é impossível, atualmente, pensar em correspondência e conexões. Muitos querem saber qual a cidade do Reno em que se passa meu "Hermann e Dorothea"! Como se não fosse melhor imaginar qualquer delas. Querem verdade, querem realidade, e assim prejudicam toda a poesia".

1827

Quarta-feira, 3 de janeiro de 1827.

Hoje à mesa falamos sobre o notável discurso de Canning a respeito de Portugal.

"Há pessoas", comentou Goethe, "que consideram grosseiro esse discurso: essa gente, porém, não sabe o que quer. Tem a constante preocupação de deprimir tudo o que é grande. Não é uma oposição, apenas a simples vontade de amesquinhar. Necessitam ter sempre algo de grande a detestar. Quando Napoleão ainda existia, odiavam-no e tinham nele um derivativo. Desaparecido este, viraram-se contra a "Santa Aliança" e entretanto nada se criou de mais benéfico e grandioso para a humanidade.

"Agora chegou a vez de Canning. Sua oração em favor de Portugal foi-lhe ditada pela própria consciência. Ele avalia muito bem a Extensão do seu poder e a importância de sua posição, e tem razão em dizer o que sente. É o que não podem compreender esses *sans culottes*, e, o que se nos afigura nobre e elevado, parece-lhes vulgar. O que é grandioso importuna-os e não o podem suportar".

Quinta-feira, à tarde, 4 de janeiro de 1827.

Goethe elogiou vivamente a poesia de Vitor Hugo.

"É um incontestável talento, influenciado pela literatura alemã. Suas produções da juventude foram prejudicadas pelo pedantismo dos adeptos do classicismo; agora tem, porém, o "GLOBE" do seu lado e a partida ganha. Eu comparo-o a Manzoni; tem muita objetividade e é para mim tão notável quanto os Srs. de Lamartine e Delavigne. Quando analiso atentamente suas obras, vejo bem, de que escola procedem, ele e outros novos literatos congêneres. Seguiram a orientação de Chateaubriand, o qual na realidade tem um grande talento retórico-poético. Para que V. possa formar uma opinião do estilo de Vitor Hugo, leia tão somente esta poesia sobre Napoleão: "Les deux îles".

Apresentou-me o livro e postou-se junto à lareira enquanto eu lia.

"Não são perfeitas as suas imagens? E não trata ele o assunto em plena isenção de espírito?" — e, acercando-se de mim, — "veja só esta passagem, como é bela".

Leu-me então o trecho das nuvens borrascosas baixas, de onde o raio fulmina o herói na altitude. "Admirável, pois que é uma imagem real, e comum nas regiões montanhosas, onde continuamente quando a tempestade se desencadeia a nossos pés, os relâmpagos riscam o céu de baixo para cima.[1]

"Admiro os poetas franceses", disse eu, "por jamais se deixarem afastar da realidade. Suas produções podem ser traduzidas em prosa sem que nada percam de sua substância".

"Isso provém", opinou Goethe "de terem eles conhecimentos gerais; os alemães, ao contrário, pensam perder o talento esforçando-se por adquirir noções duma sólida base de cultura, só assim se capacitando de suas próprias forças. Deixemo-los, porém; não podemos ajudá-los e a verdadeira inteligência acaba sempre por abrir caminho.

---

1. "Les deux îles". "Ce n'est plus qu'à ses pieds que gronde le tonerre."

"Os numerosos poetas novos que por aí andam, não constituem apreciáveis talentos. Exibem apenas a sua incompetência estimulada pelo elevado nível da literatura alemã".

"Não é de admirar", continuou, "que os franceses deixem o pedantismo, para se guindar a uma arte mais livre na Poesia. A Diderot e outros espíritos afins a Revolução, assim, como depois, a época napoleônica, foram-lhes favoráveis. Pois conquanto nos anos de guerra não existisse propriamente interesse pela poesia e no momento estivessem as musas um tanto depreciadas, formou-se um número considerável de espíritos independentes que agora, em tempo de paz, tornam a si e se destacam como talentos superiores".

Perguntei-lhe se o partido dos clássicos era também contrário ao admirável Béranger.

"O gênero de Béranger é antiquado e tradicional; no entanto, em muitos assuntos é mais independente do que seus predecessores e por isso incompatibilizou-se com os partidários da oposição".

A conversa desviou-se para a Pintura e os males da velha escola.

"V. não se julga um conhecedor", disse Goethe, "mas, não obstante, verá num quadro da autoria de um dos nossos mais notáveis pintores contemporâneos, as maiores faltas contra as mais simples regras da Arte. Verá que os detalhes estão muito bem feitos, mas o conjunto não lhe causará boa impressão e terá dificuldade em interpretá-lo. Isso porque o autor não tem suficiente talento, e porque seu espírito que deveria guiar-lhe a inteligência, é tão obscurecido como o cérebro dos antigos imitadores de pintura, de forma que ignora os mestres e recua para os predecessores falhos, tomando-os como modelo.

"Rafael e seus coevos romperam as barreiras de um limitado estilo, para a Natureza e a Liberdade.

"E os artistas da atualidade, ao invés de darem graças aos céus e aproveitarem essa vantagem prosseguindo na magna via, voltam à sua acanhada concepção. É demais, e custa-se a compreender o obscurecimento desses cérebros. E por não sentirem deste modo apóio algum da própria Arte, procuram-no então na religião e nas opiniões alheias, pois sem isso, em sua fraqueza, não poderiam subsistir".

"Existe", continuou Goethe, "através da Arte, todo um encadeamento. Observando-se um grande mestre nota-se ter aproveitado o exemplo de seus antecessores e que precisamente tornou-se grande por isso. Homens como Rafael, não se formam espontaneamente. Eles palmilharam o solo dos antigos e dos insignes, criados antes deles. Não tivessem tirado proveito da superioridade da sua época e pouco haveria a dizer deles".

159

Discorremos a seguir, acerca da antiga poesia alemã, e lembrei Fleming.

"Este", observou Goethe, "tem um belo talento, um tanto prosaico e burguês; e agora pouco auxílio poderá prestar aos modernos". "É esquisito", prosseguiu, "tanta poesia diversa tenho escrito e não obstante nenhuma poderia ser incluída no livro dos salmos".

Domingo, 14 de janeiro de 1827.

Realizou-se esta tarde em casa de Goethe um concerto que lhe foi oferecido pela família Eberwein e alguns membros da orquestra. Entre os poucos assistentes estavam: o superintendente geral Röhr, o conselheiro Vogel e algumas senhoras. Goethe manifestara o desejo de ouvir o quarteto de um jovem e já famoso compositor,[1] que foi executado em primeiro lugar. Carlos Eberwein, contando apenas doze anos, tocou, com grande satisfação de Goethe, a parte do piano e, de fato otimamente, de forma que o quarteto foi em todos os sentidos bem interpretado.

"É singular", observou ele, "até onde leva a técnica tão aperfeiçoada dos novos compositores! Suas produções deixam de ser música, ultrapassam o nível da percepção humana e não se lhes pode mais dar interpretação e cunho individuais. Que lhe parece essa música? A mim ficou-me no ouvido".

Disse-lhe ser da mesma opinião.

"Todavia", prosseguiu, "o Allegro é característico. Esse moto perpétuo, esse doido rodopiar, representou-me a Dança das Bruxas no Blocksberg,[2] tendo eu afinal encontrado uma interpretação apropriada a essa música misteriosa".

Após um intervalo durante o qual conversamos e foram servidos refrescos, Goethe pediu à senhora Eberwein que se fizesse ouvir em algumas canções. Em primeiro lugar cantou o belo lied de Zelter: "Um Mitternacht", que ocasionou profunda impressão.

"Embora freqüentemente ouvido, o lied é sempre belo", disse Goethe, "há em sua melodia algo de eterno, de indestrutível".

---

1. Trata-se de Felix Mendelssohn — 1809-1874. Goethe era-lhe muito afeiçoado e admirava seu gênio musical, principalmente como intérprete de Bach. Em 3 de junho de 1830 escrevia ele a Zelter: "Partiu há pouco, nesta linda manhã, meu hóspede, o excelente Felix, após ter-me consagrado 14 dias de sua arte perfeita e tão amável.

Sua presença foi-me particularmente benéfica por me ter feito sentir que o meu amor à música é sempre o mesmo. Da era de Bach aos nossos dias, familiarizou-me com a obra de Haydn, Mozart e Gluck, fez-me conhecer os grandes técnicos modernos e finalmente suas próprias composições. Minhas bênçãos o acompanham"... Não se cansava de ouvir, durante duas e três horas por dia, a música que lhe evocava o Deus da Gênese. Bach fora, durante nove anos (desde 1708) organista da catedral e diretor da orquestra da Corte em Weimar, onde sua tradição ficou perdurando por muito tempo entre seus discípulos.

2. Montanha do Harz onde se passa a famosa cena do "Fausto". Noite de Walpurgis.

Seguiram-se-lhe alguns outros, extraídos da "Fischerin" por Max Eberwein. O "Erlkönig" provocou entusiásticos aplausos e a ária "Ich hab´s gesagt der guten Mutter" confirmou a opinião generalizada, de ter sido com tanto acerto composta que ninguém a imaginaria de outro modo.

O próprio Goethe sentia-se sobremaneira contente, e a seu pedido encerrando o belo sarau, a senhora Eberwein cantou a passagem: "Jussufs Reise möcht ich borgen" — que agradou a Goethe muito especialmente.

"Eberwein", disse-me ele, "ultrapassa-se às vezes a si mesmo". E pediu repetição do lied: "Ach, um Deine feuchten Schwingen" — o qual em verdade toca-nos as cordas sensíveis.

Depois de todos se retirarem, permanecemos sós alguns instantes, dizendo-me ele:

"Observei hoje, que essas canções do "Divan" cessaram de me emocionar. Tampouco o que há nelas de oriental como de apaixonado, vibram mais em mim; estão fora da minha sensibilidade como uma pele de cobra abandonada pelo caminho. No entanto o lied "Um Mitternacht" sinto que vive ainda em mim e que assim perdurará. Acontece de resto freqüentemente que minhas próprias obras com o tempo se me vão tornando estranhas. Há dias, enquanto lia algo em francês, pensei: este autor fala com bastante sensatez, e tu mesmo não o dirias de outra forma. Reparando melhor, notei ser um trecho traduzido de uma produção minha".

Segunda-feira, 15 de janeiro de 1827.

Terminada a "Helena", Goethe dedicou-se no passado verão à continuação do "Wilhelm Meister" e, seguidamente me tinha a par dos progressos desse trabalho.

"Pensando em melhor aproveitar a matéria já existente", disse-me num daqueles dias, "refiz inteiramente toda a primeira parte e formarei então duas, juntando a antiga à nova. Mandarei copiar tudo o que já está impresso, as passagens nas quais terei de intercalar os novos trechos estarão assinaladas, e quando o copista chegar ao sinal, continuarei a ditar. Desta maneira não sou obrigado a fazer estacar o trabalho".

Em outras ocasiões falou-me assim: "A parte impressa do "Wilhelm Meister" está agora inteiramente copiada, as partes que devo escrever de novo, estão cobertas de papel azul, de forma que fiquem bem visíveis. À medida que escrevo, vão desaparecendo cada vez mais os trechos azuis, e isso faz-me prazer".

Há algumas semanas, ouvi de seu secretário estar ele escrevendo uma novela. Deixei por isso de procurá-lo à noite e limito-me a vê-lo unicamente de oito em oito dias, à mesa.

Essa novela estava terminada já há tempos e esta tarde apresentou-me as primeiras páginas, com o que muito me alegrei.

Li-as até o notável trecho em que todos de pé rodeiam o tigre morto e o guarda traz a notícia de que o leão se deitara no alto, ao sol, entre as ruínas. Senti-me assombrado pela clareza extraordinária com que descreveu todos os assuntos e até a menor localidade. A partida para a caça, a descrição do antigo castelo destruído, a feira anual, o atalho conduzindo às ruínas, tudo se me apresentava tão nitidamente à vista, que era obrigado a ver as imagens exatamente na intenção do autor. Tudo estava redigido com uma certeza, sensatez e maestria tais, que nada se podia prever dos futuros acontecimentos,

"V. Excelência", disse eu, "deve ter trabalhado segundo um esquema bem definido".

"Certamente que o fiz; há trinta anos tencionava desenvolver esse tema e desde então tinha-o na mente. Algo de singular passou-se com esse trabalho. Tal como em "Hermann e Dorothea", quis tratar o assunto na forma épica e em hexâmetros e, tinha com esse fim traçado um minucioso esboço. Quando agora retomei o mesmo tema e quis escrevê-lo, não pude encontrar o velho esquema, sendo obrigado a redigir um outro e aliás exatamente de acordo com a nova forma que tencionava dar-lhe. Entretanto, após o trabalho terminado, tornei a encontrar o antigo e regozijei-me por não tê-lo tido em mão antes, pois só me teria causado confusão. A ação e o seu desenvolvimento eram na verdade os mesmos; nos detalhes, porém, muito diversos. Escrito para ser tratado em hexâmetros, nunca poderia ser aproveitado em prosa."

Tornamos ao enredo da novela — "É uma bela situação", observei, "aquela em que Honório, à frente da princesa, se posta ao lado do tigre abatido, e dele se aproxima o singular grupo da chorosa mulher e o filho, acorrendo também o príncipe com sua comitiva de caça. Que belo conjunto e que lindo assunto para um quadro".

"Certo", concordou, "daria um belo quadro, no entanto", prosseguiu depois de alguma reflexão, "a cena se apresenta demasiado complexa e com excesso de personagens, de forma que o agrupamento e a distribuição de luz e sombra constituiriam para o artista difícil tarefa. Aliás o momento anterior, quando Honório ajoelha sobre o tigre, e a princesa a cavalo fica-lhe à frente, pareceu-me digno de ser pintado e isso seria bem exeqüível.

Conferi ainda da leitura, ter essa novela um estilo bem diferente de todo o "Wilhelm Meister" por ser nela a apresentação toda realidade.

"Dou-lhe razão, do intimo não encontra V. quase nada e é o que em toda a minha produção aparece em demasia".

"Estou, porém, curioso de saber", disse eu, "de que maneira foi o leão dominado; que isso acontecerá de um modo absolutamente inédito estou quase prevendo, mas a maneira é que não posso adivinhar".

"Também não seria bom que o descobrisse", tornou Goethe, "e não quero ainda hoje desvendá-lo. Quinta-feira dar-lhe-ei a ler o fim; até então continuará o leão deitado ao sol."

Levei o assunto para a segunda parte do "Fausto", especialmente para a clássica "Walpurgisnacht" a qual permanece ainda em esboço e, que ele há tempos pensara mandar imprimir assim mesmo. Resolvera-me então a pedir-lhe que não o fizesse, pois temia ficasse para sempre por acabar, se assim fosse impressa. Enquanto isso, Goethe mudara certamente de parecer, pois veio a mim dizendo ter resolvido não mandar à impressão o referido esboço.

"Folgo muito com isso", retruquei, "pois vem-me assim a esperança de que V. E. a conclua".

"Dentro de três meses", tornou ele, "estaria terminado; onde encontrarei, porém, a necessária tranqüilidade?"

"Durante o dia solicitam-me de todos os lados; é difícil isolar-me. Esta manhã visitou-me o Grão-duque herdeiro, para amanhã ao meio-dia fez-se anunciar a Grã-duquesa. Dou a essas visitas o alto valor que merecem, embelezam-me a vida. Impedem-me não obstante, a tranqüilidade de pensamento, e sobretudo preciso lembrar-me de apresentar à essas altas personagens sempre algo de novo, e entretê-las condignamente".

"E no entanto", repliquei, "V. E. terminou a "Helena" no inverno passado, sem ser menos estorvado do que agora o será".

"É verdade", anuiu, "sempre se consegue trabalhar, e é preciso que assim seja; é difícil, porém".

"Estimo tenha V.E. agora um tão minucioso esquema".

"O argumento existe", continuou Goethe, "o mais sério no entanto, está ainda por fazer, e a conclusão depende demasiado da sorte. — A "Klassische Walpurgisnacht" deve ser escrita em versos rimados, e aliás em estilo antigo, o que não é nada fácil. E então o diálogo!"

"Não foi acaso concebido com o esquema?" inquiri.

"Isso sim; estou certo quanto ao assunto, mas não quanto à forma. E depois, imagine só o que não se diz naquela noite de loucuras! A súplica de Fausto a Prosérpina afim de movê-la a entregar-lhe Helena, quão comovente deve ser essa exortação pois que àquela mesmo provocou lagrimas! Nada disso é tão simples e depende muito principalmente de sorte, e quase que inteiramente da inspiração e do acaso".

Quarta-feira, 17 de janeiro de 1827.

Nos últimos tempos, quando Goethe sentia-se indisposto, fazíamos as refeições em seu gabinete de trabalho que dá para o jardim. Hoje a mesa estava posta de novo na chamada sala Urbino,[1] o que me pareceu de bom augúrio. Ao entrar, dei com Goethe, e seu filho; ambos saudaram-me cordialmente em sua maneira singela e afetuosa. Goethe aparentava a mais alegre disposição, visível na fisionomia cheia de vivacidade.

Através da porta que dá para a "Deckenzimmer", avistei, curvado, apreciando uma grande gravura, o Sr. chanceler von Müller o qual se acercou logo e com prazer saudei como nosso agradável conviva.

Enquanto esperávamos pela Sra. von Goethe, fomo-nos sentando à mesa. Falou-se com admiração na gravura, que Goethe explicou ser obra do famoso Gérard, de Paris, que lha enviara de presente nestes últimos dias.

"Apresse-se a contemplá-la", acrescentou, "antes que venha a sopa".

Segui seu desejo que era também o meu, e tive a satisfação de apreciar a admirável obra de arte que trazia a assinatura que o mestre após como prova de sua respeitosa admiração. Não pude, porém, observá-la por mais tempo. Frau von Goethe entrava e retomei o meu lugar.

"Não é mesmo belíssima?" perguntou Goethe, "pode-se estudá-la por dias e semanas sem acabar de descobrir-lhe todas as perfeições e riqueza de motivos. V. terá ensejo de apreciá-la ainda em outras ocasiões".

Estávamos muito alegres à mesa. — O chanceler leu a carta de um homem notável, de Paris, o qual durante a ocupação francesa desempenhara como Ministro aqui, uma difícil missão e que desde essa época continuou a manter cordiais relações com Weimar. Lembrava-se do Grão-duque e de Goethe e celebrava a felicidade de Weimar "onde o gênio tão intimamente colaborava com o poder supremo".

Frau von Goethe contribuiu com sua graça para o encanto da reunião. Falava a propósito de umas aquisições suas com as quais não estava de acordo seu marido e por cujo motivo ela o provocava, gracejando.

"Não se deve acostumar mal as belas mulheres, porque facilmente se excedem", observou Goethe, "Napoleão, na ilha de Elbá recebeu ainda contas de modistas, e teve que pagá-las. Entretanto, a esse respeito, ele fazia antes de menos do que demais. Tempos antes, nas Tulherias, um negociante de modas apresentou, em sua presença, a Josefina coisas riquíssimas. Napoleão parecendo pouco disposto a adquiri-las, deu-lhe o homem a entender que ele pouco fazia, nesse particular, por sua esposa. A isto Napoleão não disse palavra, mas fulminou-o com um olhar tal, que o sujeito empacotou logo tudo e nunca mais reapareceu".

---

1. Sala Urbino — assim chamada pelo retrato, por Baroccio, de um nobre em traje da Renascença, tido como um Duque de Urbino, que a ornava.

"Era ele então Cônsul?", perguntou Frau von Goethe.

"Provavelmente já Imperador", respondeu Goethe, "pois do contrário seu olhar não seria tão terrível. Mas não posso deixar de rir, pensando no homem traspassado por aqueles olhos e imaginando-se talvez já decapitado ou fuzilado".

De excelente humor continuamos a falar sobre o mesmo assunto.

"Gostaria", ponderou o jovem Goethe, "de possuir pinturas ou gravuras representando todas as façanhas de Napoleão, para com elas encher uma grande sala".

"Teria que ser muito vasta", replicou seu pai, "e nem assim caberiam nela todos os quadros, tão numerosos são os seus feitos".

O chanceler levou o assunto à "História dos Alemães" de Luden, e causou-me admiração o desembaraço e a precisão com que Augusto von Goethe soube citar aquilo que a imprensa achou suscetível de criticar no dito livro, estabelecendo a devida correlação entre o sentimento nacional e as considerações que inspiraram o autor. Chegou-se à conclusão de que as guerras napoleônicas é que puseram em voga os "Comentários do Bello Gállico" de Júlio César, que até então só eram lidos como exercício, nas escolas superiores.

Dos velhos tempos alemães passamos ao gótico; tratava-se de um armário nesse estilo, e logo chegamos à nova moda de mobiliar peças inteiras no antigo estilo alemão e gótico, e assim viver num ambiente de passadas eras.

"Em uma casa", observou Goethe, "onde existem tantos quartos que alguns se conservam desocupados e onde durante o ano talvez neles se penetre três ou quatro vezes, pode-se permitir esses caprichos, como também parece-me admirável que Madame Panchoucke tenha uma, em Paris, em estilo chinês. Contudo, guarnecer a sua sala de estar, de um modo tão estranho e arcaico, não me parece nada louvável. É sempre uma espécie de mascarada, que no correr dos tempos a ninguém pode agradar e, antes terá uma influência nociva sobre o indivíduo com tais preferências. Porque uma coisa dessas está em contradição com os dias em que vivemos e como provém de um sentimento e modo de pensar pueril fará apenas recrudescer tal mania. Bem poderá alguém apresentar-se vestido de turco numa festa carnavalesca; o que pensaríamos, porém, de uma criatura que assim se mostrasse o ano inteiro? Pensaríamos estivesse maluca ou em vésperas disso".

Suas palavras sobre assunto tão interessante, pareceram-nos de todo persuasivas. Tornamos a tratar de teatro e ele gracejou comigo que na última segunda-feira tivesse sacrificado esse gosto para estar com ele.

"Eckermann está já há três anos em Weimar", disse, dirigindo-se aos outros amigos presentes, "e foi essa a única noite em que deixou de ir ao teatro por minha causa, devo lançar-lhe isso em conta. Tinha-o convidado e ele prometera vir, eu

165

duvidava no entanto, que mantivesse sua palavra, sobretudo quando às seis e meia ainda não havia chegado. E eu ter-me-ia mesmo alegrado caso não viesse, pois que então poderia dizer: é um homem completamente maluco que prefere o teatro aos seus mais caros amigos e que por nada deste mundo se deixa dissuadir de sua obstinada inclinação. Mas também eu soube recompensá-lo! Não é mesmo? Não lhe dei belas coisas a ler?", e apontou para a sua novela.

Falamos a seguir sobre o "Fiesco", de Schiller, que fora levado à cena no último sábado.

"Vi pela primeira vez essa peça", observei, "e muito me preocupou a idéia de que talvez fosse possível suavizar certas cenas demasiado fortes; pareceu-me no entanto que pouco haveria a fazer sem prejudicar a estrutura do drama".

"Tem toda a razão, é mesmo assim", concordou Goethe, "Schiller falou-me muitas vezes a esse respeito, pois ele próprio não podia suportar suas primeiras produções, e durante minha direção no teatro nunca permitiu que as levasse à cena. Mais tarde, porém, escasseando as peças desejamos adquirir para o nosso repertório aquelas três impetuosas primícias. Não foi, contudo, possível adaptá-las; tudo estava de tal forma unido, que Schiller mesmo desesperou da empreitada, vendo-se obrigado a abandonar o seu intento e a deixá-las como estavam".

"É pena", repliquei, "pois mau grado todas as cruezas, aprecio-as mil vezes mais do que as produções fracas, moles, forçadas e artificiais, de alguns dos nossos novos trágicos. Em Schiller fala sempre um grandioso espírito e um belo caráter".

"Da mesma forma penso eu", opinou Goethe, "Schiller podia proceder como quisesse, e superava de muito o melhor desses novos e até mesmo aparando as unhas era maior do que aqueles senhores". -Rimos todos da ousada comparação.

"Conheci contudo pessoas que não apreciavam as primeiras obras de Schiller. Um verão, quando me encontrava numa estação de águas, passava por um caminho muito estreito e fechado, que conduzia a um moinho. Aí encontrei o príncipe X e, como nesse mesmo instante se aproximassem umas mulas carregadas de sacos de farinha, tivemos de nos afastar e entramos numa pequena casa. E aí, num quarto acanhado, travamos logo uma viva conversa, segundo o costume desse príncipe, a respeito de coisas divinas e humanas. Chegando aos "Räuber" de Schiller, assim se externou meu interlocutor: se eu fosse Deus, resolvesse criar o mundo e tivesse previsto que nele seria escrito esse drama, não o teria criado". Não pudemos deixar de rir. — "Que diz V. a isso?", indagou Goethe, "trata-se de uma excessiva e injustificada, antipatia pela peça".

"Dessa aversão", retorqui, "não participam absolutamente a nossa juventude, e principalmente, os nossos estudantes. As mais belas peças de Schiller e de outros autores, têm escassa assistência de, gente moça ou de estudantes; represente-se, porém, os "Räuber" ou o "Fiesco" enche-se o teatro e quase unicamente de estudantes".

"Assim acontecia já há cinqüenta anos e ainda provavelmente acontecerá daqui a outros cinqüenta", comentou Goethe.

"O que foi escrito por um jovem, será também sempre mais apreciado pelos jovens. E não se imagine que o mundo já tenha progredido tanto em arte e cultura que até a juventude já se tenha elevado por sobre uma época tão rude como aquela! Por mais que o mundo progrida em tudo, a mocidade tem que recomeçar do princípio e atravessar individualmente aos diferentes fases da cultura universal. Não me irrito mais por isso e há tempos compus os versos que assim rezam:[1]

> *"Conservemos a fogueira joanina,*
> *E nunca se perca a alegria*
> *As vassouras se gastarão pelo uso*
> *E crianças continuarão nascendo".*

"Basta-me olhar pela janela para ver constantemente nas vassouras limpando as ruas e nas crianças a correr, o símbolo do que eternamente se vai deteriorando, e do mundo que se vai renovando.

"Folguedos infantis e prazeres da mocidade assim se conservam e se transmitem de séculos a séculos; pois, por mais absurdo que pareça à idade madura, as crianças são sempre crianças e em todas as épocas iguais. Por isso também não se lhes deve proibir os fogos de São João e estragar a alegria dos caros pequenos".

Nessas e outras alegres conversas passaram rápidas as horas à mesa. Nós, os jovens, subimos às salas do andar superior enquanto o chanceler permanecia ao lado de Goethe.

Quinta-feira, à tarde, 18 de janeiro de 1827.

O desfecho da novela tinha-me sido prometido para esta tarde. Dirigi-me pois à casa de Goethe às seis e meia, encontrando-o só, na intimidade do seu gabinete de trabalho. Sentei-me à mesa a seu lado, e após termos comentado os acontecimentos do dia, entregou-me as desejadas últimas páginas. Enquanto eu lia, ele andava pelo gabinete como de costume, e por vezes detinha-se junto à lareira.

A novela fora interrompida no episódio do leão deitado ao sol, ao pé de uma faia secular, além da muralha da antiga ruína, enquanto se providenciava a sua captura. O príncipe queria mandar caçá-lo, o estrangeiro, porém, pediu que poupassem o seu leão pois tinha a certeza de, por meios suaves, fazê-lo voltar à jaula. — "Essa criança o conseguirá", afirmou ele, "com suas maviosas canções e o suave som da flauta"...

---

1. Em 1804 — esses versos foram recitados pela primeira vez num brinde em casa dos Frommanns.

Com assentimento do príncipe, e depois de ordenadas as necessárias medidas de precaução, partiu a cavalo com os seus, para a cidade. Honório, com numeroso grupo de caçadores colocou-se junto ao desfiladeiro afim de afugentar o leão com uma fogueira caso fizesse menção de descer. Mãe e filho guiados pelo guarda do castelo, subiram às ruínas do lado oposto à muralha em que jazia o leão.

O intuito era atrair o temido animal até o vasto pátio do castelo. A mãe e o guarda escondem-se em cima, na Sala do Cavaleiros meio arruinada, e a criança vai sozinha através da sombria passagem no muro ao encontro da fera. Sucede-se uma pausa de expectativa, ignora-se o que acontece ao menino, os sons da sua flauta emudecem. Arrepende-se o guarda de não tê-lo acompanhado; a mãe conserva-se calma.

Por fim torna-se a ouvir os sons da flauta, cada vez mais perceptíveis, mais próximos. A criança torna a passar pela abertura da muralha e o leão segue-a docilmente com seu passo pesado. Andaram à roda do pátio, o menino sentou-se num lugar ao sol, o leão estendendo-se pacificamente a seu lado pousou uma das grandes garras no seu colo. Um espinho tinha-se-lhe metido na carne, o menino extraiu-o dali e com o lenço de seda que trazia ao pescoço ligou-lhe a pata.

A mãe e o guarda, que do alto, da Sala dos Cavaleiros, acompanham toda a cena, gozam da maior alegria. O leão está manso e em segurança, e o menino, para tranqüilizá-lo, entoa, alternando com a flauta, canções agradáveis e religiosas e os versos seguintes com que encerra a novela:

> *Und so geht mit guten Kindern*
> *Sel'ger Engel gern zu Rat,*
> *Böses Wollen zu verhindern,*
> *Zu befördern schöne Tat.*
> *So beschwören, fest zu bannen,*
> *Liebem Sohn ans zarte Knie*
> *Ihm, des Waldes Hochtyrannen,*
> *Frommer Sinn und Melodie.*

Não sem emoção cheguei ao final e todavia não sabia o que devia dizer. Sentia-me surpreso mas não satisfeito. Era como se o desfecho fosse demasiado ideal e lírico, necessitando ao menos a reaparição de algumas das restantes figuras que, encerrando o conjunto, dessem mais amplitude à conclusão.

Goethe reparando que havia, entretanto, uma pequena restrição no meu íntimo, procurou dissipá-la.

"Se eu", explicou ele, "fizesse reaparecer em cena as outras figuras, o fim ter-se-ia tornado muito prosaico. E que teriam elas a dizer e a fazer, uma vez já

168

tudo feito? O príncipe, com os seus, retirara-se para a cidade onde seu auxílio ia ser necessário; Honório, assim que soube o leão em segurança lá em cima, segue-o com seus caçadores. Em pouco chegaria o homem com a jaula de ferro para a qual o conduziria. Esses são acontecimentos previstos e que por isso não devem ser representados. Caso o fizesse, tornar-se-iam monótonos. Impunha-se, porém, um fim ideal, lírico mesmo, porque após as patéticas palavras do homem, que já eram poesia em prosa, devia sobrevir um recrudescimento da ação e então, tive de recorrer à poesia lírica passando para a canção. Para se estabelecer uma comparação com o desenvolvimento dessa novela, figure-se V. uma planta que brota e em pouco estende de um forte caule para os lados, viçosas folhas verdes e que por fim termina numa flor. Esta era inesperada, surpreendente, mas era preciso que viesse; sim, as virentes folhas só por ela vingaram e sem ela de nada valeriam".

A essas palavras respirei aliviado, caíram-me dos olhos as escamas e uma clara visão da beleza dessa magnífica composição começou a despertar em mim.

"A finalidade dessa produção", prosseguiu "era fazer ver como o amor e a fé freqüentemente, melhor do que a violência, domam o que parece invencível e indomável. E esse belo desígnio, representado na criança e no leão, instigou-me na realização. Isso é o ideal, isso é a flor. A verde folhagem da exposição evidentemente real ali está em razão da flor e só por ela existe e por ela tem valor. Pois o que é o realismo em si? Apreciamo-lo e quando representado com verdade, pode mesmo dar-nos em certas coisas uma noção mais clara; mas o genuíno benefício para o que em nós existe de mais elevado, está todavia no ideal proveniente do coração do poeta".

Que Goethe tinha toda a razão, reconheci-o pelo fato da conclusão da sua novela continuar a impressionar-me, suscitando em mim uma disposição à piedade como há muito não sentia.

Quanto não devem ser puros e profundos, pensei comigo, em tão avançada idade, os sentimentos do grande poeta, que lhe inspiram coisas tão belas! Não me pude conter e declarei-lhe minha admiração alegrando-me por existir agora essa produção única em seu gênero.

"Muito estimo", redargüiu Goethe, "seja do seu agrado, e alegro-me eu próprio por libertar-me de um assunto que trazia comigo há trinta anos. Schiller e Humboldt, a quem então comuniquei meus projetos, dissuadiram-me deles, por não saberem do que se tratava e porque somente o autor pode prever o encanto que é capaz de dar ao assunto que imaginou. Por conseguinte, nunca se deve consultar a outrem quando se quer escrever algo. Se Schiller me tivesse consultado a respeito do seu "Wallenstein", ter-lho-ia seguramente desaconselhado, pois nunca pude imaginar que de um assunto desses, pudesse resultar uma obra teatral tão bela. Ele era contrário a que eu compusesse em hexâmetros como era meu desejo e como já o fizera em "Hermann e Dorothea"; aconselhava-me as estâncias em oito versos. V., porém, vê que saí-me melhor com a prosa, muito mais apropriada à exata representação do ambiente, o que com as rimas teria sido embaraçoso. E depois, o começo tão realista e a conclusão toda ideal do estilo da novela, estão muito melhor em prosa assim como as pequenas canções impressionam bem, o que no entanto não poderia ter sido possível em hexâmetros nem rimadas em oito versos".

Vieram à baila os restantes contos e novelas do "Wilhelm Meister" e observou-se que cada um deles se distingue dos outros por um estilo e cadência especiais.

"De onde provém isso?" tornou Goethe, "vou explicar-lhe: pus mãos à obra como um pintor que evita para determinados assuntos certas cores, deixando, ao invés, predominar outras. Utilizará, por exemplo, para uma paisagem matinal, azul em quantidade, mas pouco amarelo. Se, pelo contrário, pinta um crepúsculo, usará bastante amarelo deixando quase de parte a cor azul. Adoto maneira semelhante em minhas heterogêneas produções literárias, e talvez resultem daí os estilos divergentes nelas encontrados".

Refletindo, verifiquei ser esta uma norma muito inteligente. estimando que ele próprio ma descrevesse. E admirei, mormente na última novela, os menores detalhes que figuram na paisagem.

"Nunca admirei a Natureza com fins poéticos", disse. "Não obstante, como meus antigos desenhos de paisagem e mais tarde minhas pesquisas de naturalista me induziam a uma constante e precisa contemplação, pude assim aos poucos estudá-la até em suas íntimas minúcias, de modo que quando delas necessito, como poeta, tenho-as logo à minha disposição, e não falto facilmente à verdade. Em Schiller não existia esse gosto pelo estudo da Natureza. O que há em seu "Wilhelm Tell" sobre a paisagem a suíça foilhe descrito por mim; ele tinha, porém, uma tão admirável inteligência, que somente por essas descrições, conseguiu representar fielmente a realidade".

Continuamos referindo-nos unicamente a Schiller, e Goethe a propósito assim se exprimiu: "sua força criadora propriamente dita, residia no ideal, e, é preciso que se diga; tanto na literatura alemã, como em qualquer outra, ele não tem rival.

"De Byron é que mais se aproxima, o qual, no entanto o supera em mundanismo. Gostaria que Schiller tivesse vivido no tempo de Byron, e nesse caso, de ouvir sua opinião a respeito desse espírito tão seu afim".

"Teria já Byron publicado alguma coisa em vida de Schiller?"

"Duvidei, mas nada podia asseverar". — Goethe tomando então a Enciclopédia, leu a biografia do poeta inglês à qual não deixou de intercalar algumas leves observações. Verificamos que Byron nada havia publicado antes de 1807 e que, por conseguinte, Schiller, morto em 1805, ignorava as suas produções.

"Em toda a sua obra", acrescentou Goethe, "vive a idéia de liberdade, e essa idéia ia tomando aspecto diferente à proporção que evoluía em sua cultura adquirindo nova personalidade. Em sua juventude preocupava-o a liberdade física, o que transparece em sua obra poética; em sua vida ulterior predominava a orientação idealista.

"Dá-se com a liberdade algo de estranho, e cada um resolve facilmente sua situação quando sabe contentar-se e conformar-se. E de que nos serve um excesso de liberdade que não utilizamos! Repare neste gabinete e na câmara contígua, na qual, pela porta aberta, pode ver o meu leito; nenhum deles é amplo e seu espaço está reduzido por toda a espécie de utensílios, livros, manuscritos e objetos de arte. São-me, porém, suficientes, neles vivi todo o inverno e quase não penetrei nas salas da frente.[1] De que me serviu a espaçosa casa e a liberdade de poder andar de uma peça para outra, se não há necessidade de aproveitá-las! Gozando a liberdade de viver sadios e dedicados a nossas ocupações, temos o que precisamos, e isso pode qualquer de nós facilmente obter. Além disso, somente somos livres sob certas condições que devemos satisfazer. O burguês é tão livre quanto o aristocrata, enquanto se restringe ao limite que Deus lhe indicou pela posição na qual nasceu. O fato de não querermos reconhecer o que está acima de nós, não nos dá a sensação da liberdade, mas somente venerando o que nos é superior. Pois, venerando-o, elevamo-nos, demonstrando possuir no íntimo a percepção, do que há de nobre e que somos dignos desse nivelamento.

— O aristocrata é tão livre quanto o soberano e se em sua condição de áulico, respeita o pequeno cerimonial da Corte, pode sentir-se seu igual.

"Encontrei muitas vezes em minhas viagens, negociantes da Alemanha do Norte que imaginavam tornar-se iguais a mim, quando grosseiramente sentavam-se à minha mesa. Desse modo não alcançavam sua pretensão; sê-lo-iam, porém, caso soubessem tratar-me com consideração".

"Esse anseio de Schiller pela liberdade individual em sua juventude, era devido em parte à natureza do seu espírito, mas sobretudo à pressão a que teve de se submeter na Escola Militar. Contudo, na idade madura, já saciado de sua independência física, tornou-se adepto da ideal e eu quase posso afirmar que essa idéia foi a causa de sua morte pois exigiu demasiados esforços de seu organismo, que não era capaz de tamanha resistência.

"O Grão-duque destinou a Schiller por ocasião de sua chegada aqui, a subvenção anual de mil táleres, e ofereceu o dobro no caso de por enfermidade estar impedido de trabalhar. Schiller recusou este último oferecimento e nunca se aproveitou dele. — "Tenho inteligência", disse, e "devo ajudar-me a mim mesmo"! — Acontece, porém, que para prover à subsistência da família, aumentada nos últimos anos,[2] era obrigado a escrever duas peças anualmente e com esse fim trabalhava mesmo quando adoentado; seu talento tinha que obedecer-lhe e estar sempre à disposição.

---

1. Eram seis as salas da frente, que se seguiam por ordem hierárquica como nas residências cardinalícias.

2. De sua união com Charlotte Von Lengefeld (Rudolstadt, 1776 -Bonn — 1826), deixou Schiller quatro filhos, dois rapazes e duas meninas, "...e tenho esperança de, se continuar trabalhando assim até os cinqüenta anos, conseguir para meus filhos a necessária independência. Falo-lhe como pai de família, pois que esse grupinho de crianças que me rodeiam dá-me bastante que pensar". (Carta a W. von Humboldt — 2 de abril de 1805).

Charlotte viveu inteiramente devotada a Schiller. Era a mulher merecedora de compartilhar de sua glória.

"Não obstante sua sobriedade e quase nunca beber, procurava fortalecer-se com um pouco de licor ou uma bebida alcoólica semelhante, o que, porém, consumia-lhe a saúde e mesmo prejudicava-lhe a obra.

"Atribuo a isso certos senões que algumas pessoas cultas repararam em suas produções. Todos aqueles trechos que dizem não estarem à sua altura, denomino-os *fragmentos patológicos* e são precisamente os que escreveu nos dias em que lhe falhavam as forças e a inspiração para encontrar o exato e verdadeiro tema.

"Tenho todo o respeito pelo "imperativo categórico" e não me iludo acerca do bem que dele poderá provir; não se deve contudo abusar, do contrário essa concepção de independência ideal certamente não conduz a nada de bom".

Nessas interessantes dissertações e semelhantes palestras a propósito de Byron e de ilustres literatos alemães, aos quais Schiller dizia preferir Kotzebue porque sempre produzia algo, passaram rápidas as horas da tarde, e Goethe entregou-me sua novela para que em casa, em sossego, ainda uma vez a percorresse.

Domingo, à noite, 21 de janeiro de 1827.

Estive em sua casa às sete e meia e ali permaneci quase uma hora. Mostrou-me um volume de novas poesias francesas de Demoiselle Gay, externando-se sobre elas com grandes elogios.

"Os franceses, estão se elevando e merecem ser estudados. Estou empenhado em fazer uma idéia da literatura francesa na atualidade, e, se for bem sucedido, voltarei ao assunto. Para mim é altamente interessante observar que entre eles apenas começam a agir os elementos que entre nós há muito pertencem ao passado. O talento medíocre acha-se sempre vinculado à sua própria época e necessita nutrir-se dos elementos a ele inerentes. Nos franceses, exceção feita da devoção agora tão em voga, tudo se passa como conosco, salvo sua apresentação um pouco mais elegante e espirituosa".

"Que diz porém V. Excelência de Béranger e do autor de *Clara Gazul*?"[1]

"Esses a meu ver constituem a exceção; são grandes talentos independentes e que se conservam alheios às tendências atuais".

"Folgo em ouvi-lo", redargüi, "pois o mesmo pensava acerca de ambos".

A conversa passou da literatura francesa para a alemã.

---

1. Prosper Mérimée, (1830-1870) cuja primeira obra "Théatre de Clara Gazul, comédienne espagnole", apareceu em 1825.

"A propósito quero mostrar-lhe uma coisa que o interessará. Alcance-me por favor um dos dois volumes que tem à sua frente. — Conhece Solger?[1]

"Sim, e gosto dele. Possuo a sua tradução de Sófocles e tanto o livro como seu prefácio, deram-me, há muito, uma elevada opinião do autor".

"V. sabe que é há anos falecido", tornou Goethe, "e agora saiu publicada uma coleção de suas obras e cartas póstumas. Nas investigações filosóficas, que escrevera à feição dos "Diálogos" de Platão, não foi tão feliz. Suas cartas são, no entanto, belíssimas. Em uma delas dirigida a Tieck, refere-se às "Afinidades Eletivas"; vou lê-la, pois não é fácil dizer coisa melhor acerca daquele romance".

E leu-me a excelente dissertação, que debatemos em suas minúcias, admirando as opiniões que revelam seu grande caráter, bem como a rigorosa exatidão de suas deduções.

"Essas referências", continuou, "foram escritas já no ano de 1809, e eu poderia ter tido, naquela época, o prazer de ler um tão sensato critério acerca das "Afinidades Eletivas", quando naquele tempo e mesmo mais tarde, ouvi críticas pouco agradáveis àquele romance.

"Solger, como estas cartas no-lo demonstram, era-me muito afeiçoado, e numa delas queixa-se de nunca lhe ter eu acusado o envio que me fez do "Sófocles". Mas Santo Deus isso não é de estranhar, pelo modo por que me correm as coisas. Conheci homens de alta posição a quem muitos livros eram enviados. A cada um contestavam por determinadas fórmulas, e assim escreviam-nas às centenas, todas iguais. Eu nunca me servi desse meio. Quando não me era possível dirigir algo de especial e de adequado como o exige cada caso em particular, preferia então nada escrever.

"Como reputo indignas as expressões artificiais, daí resultou ter deixado de escrever a homens distintos a quem gostaria de ter respondido. Você que convive comigo e vê a quantidade de cartas que me chegam de todas as partes do mundo, há de concordar que seria necessário mais de uma vida para a todos contestar embora concisamente. Lamento muito, porém, ter assim acontecido com Solger, porque era uma excelente pessoa e merecia receber de mim, antes de muitos outros, uma afetuosa resposta".

A seguir referi-me à novela, que tinha relido e tornado a estudar em casa.

"O início não é mais do que uma exposição, no entanto nada é apresentado sem ser necessário e isso com graça, de modo que não se acredita que ali figure por razões estranhas".

---

1. Karl W. F. Solger (1780-1819) estudou Jurisprudência em Halle e Iena, e também filosofia nessa cidade, onde iniciou o contato com o círculo dos românticos, mantido em Berlim, depois que passou a professar "Estética" na Universidade, em 1811.

Sua obra mais divulgada é: "Erwin — Debates acerca do Belo na Arte", reeditada em 1907, em Berlim, expondo as opiniões da escola Romântica, exercendo certa influência sobre a estética de Hegel. Reputada também foi sua tradução de Sófocles em dois volumes, que teve terceira edição em 1837.

"Estimo", disse Goethe, "que V. assim o entenda. Mas tenho ainda que modificar algo. É que segundo as leis de uma boa exposição, devia ter apresentado antes os donos dos animais. Quando a princesa e o tio passam a cavalo pela frente da tenda, as pessoas devem sair-lhes ao encontro e pedir àquela que lhes dê o prazer de visitar sua barraca".

"Sem dúvida, pois uma vez que se alude no início a todo o resto, devem essas pessoas também ser mencionadas".

"Veja pois V.", ponderou Goethe, "que numa produção dessas, embora completamente terminada, há sempre retoques a fazer".

E falou-me de um estrangeiro que ultimamente visitava-o com freqüência e que tencionava traduzir algumas de suas obras.

"É uma boa pessoa mas em literatura um verdadeiro diletante, pois ainda não sabe alemão e refere-se às suas futuras traduções e aos retratos que mandará gravar nos livros. É esta justamente a conduta dos amadores; não tendo conhecimento das dificuldades que a coisa encerra, querem sempre empreender o que está acima das suas forças".

Quinta-feira, de tarde, 25 de janeiro de 1827.

Levando comigo o manuscrito da novela e um volume de Béranger, dirigi-me pelas sete horas à sua casa. Encontrei-o em conversa com o Sr. Soret acerca da nova literatura francesa e interessado escutei o debate. O assunto rolou para os jovens mais talentosos, os quais, com respeito à boa poesia, muito aprenderam com Delille. Como ao Sr. Soret, genebrês nato, não era muito fácil o alemão e Goethe se exprime em francês, com toda a facilidade, continuaram nesse idioma, falando alemão apenas quando eu, em certas passagens, intervinha na conversa. Tirando da algibeira o Béranger, passei-o a Goethe que desejava reler ainda aquelas belíssimas estrofes.

O retrato do autor no frontispício do livro não pareceu ao Sr. Soret nada fiel. Goethe alegrou-se por ter em mãos a fina edição das poesias que considera perfeitas e das melhores no gênero.

"Béranger recordar-me-á sempre Horácio e Hafiz[1] que pairavam acima da sua época, de cuja corrupção também escarneciam e zombavam. Béranger está na mesma situação em relação a seu meio. Como, porém, procedia de uma condição humilde, não era tão avesso à libertinagem e à vulgaridade, às quais de certa maneira se inclinava".

Coisas semelhantes foram ainda lembradas a propósito de Béranger e outros franceses da atualidade, até o momento em que o Sr. Soret saiu para a Corte deixando-nos sós.

Um pacote selado estava sobre a mesa e Goethe pousando nele a mão, perguntou-me: "sabe o que é isto? É "Helena"[2] que envio a Cotta para que a publique".

---

1. Hafiz, poeta persa — Goethe tomou-o como modelo no "Divan".
2. "Helena" — A segunda parte do "Fausto".

Não pude explicar o que experimentei ao ouvir essas palavras e senti o significado do momento. Assim pois, tal uma nau em sua primeira viagem singra os mares na ignorância do seu fado, também a obra desse grande mestre se apresenta pela primeira vez ao mundo para nele criar sua duradoura influência e gerar destinos vários.

"Até agora", tornou Goethe, "tive sempre que aperfeiçoar em "Helena" algumas minúcias. Finalmente, porém, penso tê-la completado e sinto-me satisfeito em poder remetê-la ao seu destino e com o espírito desembaraçado, ocupar-me de outra coisa. O que me consola é estar a cultura na Alemanha num grau tão extraordinariamente elevado, que uma tal produção não poderá permanecer incompreendida por muito tempo nem deixará de exercer influência.

"Helena" encerra toda a história da Antigüidade", considerei.

"De fato", aquiesceu, "os filólogos acharão ali com o que se ocupar".

"Quanto à parte relativa à Antigüidade Clássica", retorquiu, "nada temo, pois que existe nessa obra uma grande minuciosidade, o desenvolvimento perfeito dos pormenores, dos quais cada um exprime o que deve dizer. A parte moderno-romântica oferece dificuldades pois que contém metade da História Universal; o tratamento em assunto tão grandioso é apenas insinuado e exige muito da imaginação do leitor. No entanto tudo ali tem o seu sentido, e, escrito para o teatro, será em geral compreendido. E nada mais pretendi do que agradar pela aparência à massa dos espectadores; ao iniciado, contudo, não passará despercebido o sentido mais elevado, como é também o caso na "Flauta Mágica" e em outras peças".

"Causará uma impressão fora do comum, no palco", tornei, "começar como tragédia e terminar como ópera. É mister, não obstante, apresentar a grandeza das personalidades e proferir os diálogos em linguagem elevada".

"A primeira parte,", continuou, "requer trágicos notáveis, como também os trechos da ópera devem ser desempenhados pelos mais competentes cantores e prima-donas. O papel de Helena não pode ser representado por uma única grande artista e sim por duas, pois só em caso excepcional se encontraria uma cantora que ao mesmo tempo fosse uma notável trágica".

"A peça", observei, "exige grande pompa, variedade nos vestuários e decorações, e não posso negar que de antemão me regozijo em vê-la encenada. Se houvesse ao menos um compositor verdadeiramente grande, para musicá-la!"

"Seria preciso", considerou Goethe, "*um que*, como Meyerbeer,[1] tenha vivido muito tempo na Itália, para conseguir harmonizar sua natureza de alemão com o estilo italiano. Tudo não obstante se resolveria, não tenho a menor dúvida; alegro-me simplesmente por ver-me livre dessa preocupação". "É uma nova forma de imortalidade", atalhei. Continuando, perguntou-me pela novela.

---

1. Esta frase tem sido erroneamente interpretada por vários escritores.

"Trouxe-a comigo, e após tê-la mais uma vez percorrido, entendo que V. E. não deve fazer a projetada modificação. Causam bom efeito as personagens quando, em volta do tigre abatido, a princípio se apresentam totalmente estranhas em seus vestuários e maneiras exóticos, e se anunciam como proprietários dos animais. Se já tivessem figurado antes, estaria o efeito empalidecido, aniquilado mesmo".

"Certamente", concordou, "devo deixá-lo como está. Quando do primeiro esboço, imaginei não apresentar aqueles personagens precisamente por não tê-los mencionado antes. Esse propósito de alteração era uma imposição do intelecto e por ele quase teria sido induzido a errar. É porém um caso notável de estética, este de termo-nos que afastar duma regra afim de não cair em erro".

Tentamos depois escolher o título para a novela. Vários foram sugeridos, uns ficariam bem para o começo, outros assentariam para o fim, e contudo nenhum nos pareceu adequado ao conjunto.

"Sabe o que mais? intitulemo-la simplesmente *Novela*", decidiu ele, "pois o que é afinal uma novela senão um acontecimento excepcional?[1] Essa é a definição própria, e muito do que circula pela Alemanha sob essa denominação, não é novela alguma, é apenas um conto ou o que quer que seja. É com aquela acepção primitiva de um fato extraordinário, que se apresenta também nas "Afinidades Eletivas"".

"E pensando bem", observei, "nenhuma poesia a princípio tem título ou não o tem adequado, pois não tem nome o que já por si existe, de modo que pode ser dispensado".

"É assim mesmo", anuiu Goethe, "na Antigüidade as produções não tinham título; é uso dos modernos, de quem os poemas dos antigos os receberam posteriormente. Essa prática, no entanto, originou-se da necessidade de, em uma vasta literatura, nomear e distinguir as produções entre si. Aqui tem V. uma novidade. Veja!" — E apresentou-me a tradução duma poesia selvia do Sr. Gerhard, que li com grande prazer. É muito bela e traduzida com tanta simplicidade e clareza, que inteirei-me do assunto com toda a facilidade. Intitula-se "A chave da prisão". Nada direi aqui do andamento da ação; o final pareceu-me incoerente e pouco satisfatório.

"Nisso consiste precisamente sua beleza", objetou Goethe, "pois destarte deixa o leitor ansioso e excitado, imaginando o que poderá sobrevir. O final dá assunto para uma inteira tragédia, é porém, do molde de tantas produções anteriores.

O tema da poesia, contudo, representa o que há de propriamente novo e belo, e o autor procedeu judiciosamente dando forma tão-somente a ele e deixando o resto ao leitor. Gostaria de incluir essa poesia na minha "Arte e Antigüidade", é porém demasiado extensa; e em compensação pedi estes três versos a Gerhard, os quais mandarei publicar no próximo fascículo. Que acha V. disto? Escute."

---

1. "Pode-se fazer o que se puder do assunto. Os cânones da novela não são estabelecidos pelos deuses. Tudo que é preciso é que seja interessante". — HUXLEY.

E leu em primeiro lugar o lied do velho que ama uma jovem donzela, logo em seguida, a canção alegre das mulheres à mesa e por último a enérgica "Dança para nós Theodoro", tendo para cada um, tom diverso e diversa ênfase. "Magnífico! Não creio que se possa facilmente ouvir algo tão perfeito."

"Isso prova", considerou Goethe, "o êxito do exercício técnico num grande talento como o de Gerhard. E ainda tem ele a seu favor o não exercer propriamente profissão erudita porém uma que o obriga a encarar a vida prática de todos os dias. Suas numerosas viagens pela Inglaterra e outros países, pelo seu sentido inclinado ao realismo, dão-lhe muita superioridade sobre nossos cultos poetas jovens. Se ele se mantiver na boa tradição e somente dela se ocupar , produzirá quase sempre boas coisas. Cada criação própria, ao contrário, requer muito e oferece grande dificuldade".

A isso seguiram-se várias observações sobre o movimento da nova literatura e salientamos não ter aparecido estréia alguma em boa prosa.

"É muito simples", considerou Goethe, "para escrever prosa é necessário ter algo a dizer, quem porém, nada tem a dizer, deve rimar e versejar, pois uma palavra substitui outra, e por fim sempre sai algo que em verdade nada é, mas que parece sê-lo".

Quarta-feira, 31 de janeiro de 1827.

Com Goethe, à mesa. — "Nestes dias em que não o tenho visto", disse-me, "li muito, e diferentes coisas; e principalmente um romance chinês o qual ainda me está interessando e que me parece sumamente notável".

"Romance chinês?", interroguei. — "Deve parecer assaz exótico!"

"Não tanto como V. imagina. Seus personagens pensam, agem e sentem quase como nós e logo sentimo-nos seus iguais, com a diferença de que, entre eles, tudo se passa com mais moralidade e decência. Os chineses são circunspectos, não têm grandes paixões nem arroubos poéticos, o livro tem por isso muita analogia com o meu "Hermann e Dorothea" e também com os romances ingleses de Richardson. Distinguem-se também por conviver sua natureza exterior com as figuras humanas. Os peixinhos dourados agitam-se constantemente nos pequenos lagos, cantam sem cessar os pássaros nos galhos, os dias passam serenos e ensolarados, as noites sempre límpidas. Fala-se muito na lua que porém, não altera a paisagem; seu resplendor passa por ser tão claro como o dia, e o interior das casas tão asseado e gracioso como geralmente é representado em pintura. -Por exemplo: "Ouvi rirem as belas raparigas, e delas me acercando, vi-as sentadas em finas cadeiras de junco". — E aí tem V. a mais adorável situação, pois a idéia das cadeiras de junco alia-se à máxima graciosidade e leveza. E depois, as inúmeras fábulas que acompanham a narrativa e são aplicadas à guisa de provérbios. Ainda um exemplo: de uma donzela que, de tão grácil e de pés tão mimosos, poderia equilibrar-se numa flor sem curvar-lhe o caule. E de um rapaz tão honrado e valoroso, que aos trinta anos mereceu a honra de falar com o imperador. E ainda, um casal amoroso tão austero de costumes, que, constrangido em viagem a pernoitar no mesmo quarto, passara acordado, palestrando sem se tocar. E como estas, incontáveis lendas, todas de sentido moral e honesto. Mas, é precisamente devido a essa absoluta moderação e severidade em tudo, que o Império Chinês perdura há milênios e continuará a subsistir.

"Em notável contraste com esse romance chinês", prosseguiu, "deparam-se-me os *lieder* de Béranger quase todos de fundo libertino e indecoroso e que eu repeliria não fossem da autoria de um poeta tão talentoso que possui o dom de torná-los assim mesmo suportáveis e ainda graciosos. Diga-me, porém, não lhe parece extraordinário ser o assunto do vate chinês tão moral, e o do primeiro poeta francês da atualidade, precisamente o oposto?"

"Uma capacidade tal como a de Béranger", observei, "não se contentaria com assuntos decentes".

"Com efeito", tornou Goethe, "é justamente nas perversões da época que se manifesta e desenvolve o que há de melhor na natureza de Béranger".

"Será pois", redargüi, "esse romance chinês considerado como um dos melhores?"

"De maneira alguma", replicou, "têm-nos os chineses aos milhares e sempre os tiveram, quando os nossos antepassados ainda viviam nas florestas."

"Cada vez mais me convenço", prosseguiu, "de que a poesia é uma propriedade comum à humanidade, que por toda a parte e em todas as épocas surge em centenas e centenas de criaturas. Uns cultivam-na um pouco melhor que outros e conservam-se por mais tempo à superfície, e é tudo. O Sr. von Matthison não deve por isso pensar, assim como tampouco o penso eu, que o dom da poesia é uma coisa tão rara e que ninguém tem motivos de se vangloriar por escrever uns bons versos. Certamente enquanto nós, alemães, não sairmos do nosso estreito ambiente, incorreremos em tola vaidade.

"Apraz-me por isso observar outras nações e sugiro a cada um que faça o mesmo. A literatura nacional não significa grande coisa, a época é da "literatura mundial" e todos nós devemos contribuir para apressar tal surto.

"Também na apreciação dos estrangeiros não nos devemos apegar a casos especiais, pretendendo tomá-los como modelo. Não convém que nos figuremos ser este o caso da literatura chinesa, ou da Sérvia, ou de Calderon ou dos Nibelungen; mas sim que procuremos os genuínos exemplos remontando aos antigos gregos cujas obras reproduziam sempre a beleza humana. Tudo mais deve ser observado unicamente, através do prisma histórico, aproveitando o que há de bom, na medida do possível".

178

Alegrei-me ouvindo-o falar em assuntos tão consideráveis. Guizos de trenós que se aproximavam atraíram-nos à janela pois esperávamos o regresso da grande comitiva que de manhã partira para o Belvedere. Goethe entretanto prosseguia em suas esclarecidas considerações. Referia-se agora a Manzoni com quem o conde Reinhardt se avistara recentemente em Paris e onde fora tão bem recebido como o jovem escritor, já famoso, o qual agora vivia feliz, reunido à família perto de Milão, em sua casa de campo.

"A Manzoni", continuou Goethe, "nada mais falta do que conhecer o seu valor como poeta e as prerrogativas a que como tal tem direito. Dedica demasiado respeito à História e por isso costuma acrescentar às obras algumas digressões que provam fidelidade às suas minúcias.

"Seus relatos podem ser históricos, seus personagens, porém, não o são, como meu rei Toas[1] e minha Ifigênia. Autor algum conheceu os vultos históricos que representou e se os tivesse conhecido, dificilmente tê-los-ia descrito como o fez. O poeta necessita saber quais os efeitos que tem em mira e por eles regular o caráter dos personagens. Tivesse eu pretendido representar "Egmont" como a História no-lo descreve, isto é, como pai de uma dúzia de filhos, seu leviano procedimento pareceria absurdo. Tive pois que criar um outro, mais em harmonia com suas ações e meus propósitos, e do qual, como "Clarinha",[2] posso dizer: é este o *meu* "Egmont".

"E para que existiriam os poetas, se se limitassem a repetir as narrações de um historiador? Eles têm que ir ainda além e dar-nos, sempre que possível for, algo de mais elevado.

"Nos personagens de Sófocles se reflete o alto espírito do grande trágico, como nos de Shakespeare o dele. E assim é e deve ser. Shakespeare adiantou-se ainda e foi mais longe fazendo dos seus romanos verdadeiros ingleses, e aliás com razão, pois do contrário não seria compreendido em sua terra.

"Nesse ponto", continuou Goethe, "eram os gregos tão inteligentes que visavam menos a fidelidade histórica de um fato do que a interpretação por parte do autor. Felizmente temos agora em "Filocteto" um exemplo grandioso, cujo tema foi tratado pelos três trágicos, e por Sófocles em último lugar, e de maneira superior aos outros. Essa obra magnífica chegou ilesa até nós, enquanto que do "Filocteto" de Esquilo e de Eurípedes foram encontrados apenas fragmentos, que mesmo assim revelam o modo como os dois trágicos desenvolveram seus argumentos. Se minhas ocupações o permitissem, empreenderia essa restauração como o fiz com o "Faetonte" de Eurípedes, o que para mim seria um trabalho agradável e até útil.

---

1. Da "Ifigênia".

2. Klärchen — personagem da tragédia, apaixonada do herói.

179

"Graças ao assunto, teria uma tarefa extremamente fácil: procurar Filocteto e seu arco na ilha de Lemnos. A respectiva descrição, porém, cabe inteiramente ao poeta; nisso pode cada um mostrar a força de sua imaginação e suplantar os outros. Ulisses ir só, ou acompanhado, e por quem? Na versão de Ésquilo o companheiro é um estranho, na de Eurípedes é Diomedes, na de Sófocles, o filho de Aquiles; e depois, em que estado encontrarão Filocteto? Será a ilha habitada? E nesse caso, ter-se-ia apiedado dele um ente caritativo? E assim centenas de outros casos ficam todos ao arbítrio dos escritores, os quais, pela sua seleção ou rejeição, poderiam demonstrar superioridade sobre os outros. Nisso consiste toda a solução, e deste modo devem igualmente proceder os poetas hodiernos, sem nunca indagar se um argumento já foi ou não tratado, e não, procurar sempre, pelo norte ou pelo sul, assuntos inéditos, muitas vezes bastante indelicados e que só por isso impressionam.

"Certamente porém, para de um simples argumento, fazer algo de magistral, é necessário ter espírito e grande inteligência, e isso é que falta".

Trenós que passavam atraíram-nos de novo à frente; não era ainda a esperada comitiva de regresso do Belvedere. Conversávamos gracejando sobre assuntos comuns, e perguntei-lhe pela novela.

"Deixei-a descansar este dias", redargüiu, "mas há ainda algo a acrescentar no princípio. É que o leão tem que rugir quando a princesa passa a cavalo por diante da tenda; aí poderei intercalar algumas boas reflexões a respeito da ferocidade desse animal".

"A idéia é muito feliz", opinei, "e assim se forma uma passagem que não somente em si é boa e necessária, mas que adquire também uma decisiva influência sobre o prosseguimento da ação. Até agora mostrava-se o leão excessivamente manso, sem o menor indício de ferocidade. Rugindo, porém, faz-nos ao menos pressentir sua selvageria e quando, logo em seguida obedece docilmente à flauta do menino, causará tanto maior impressão."

"Esse modo de transformar e corrigir", tornou Goethe, "é bem o verdadeiro, pois completa, pelo acréscimo das novas situações, o que ficara imperfeito, aumentando-lhe o valor. Renovar, porém, e ampliar sem cessar algo já feito, como Walter Scott fez com a minha "Mignon", que ele além das suas particularidades, representou como surda-muda: com essas transformações não posso concordar".

Quinta-feira à tarde, 1 de fevereiro de 1827.

Goethe referiu-me a visita que lhe fez o príncipe herdeiro da Prússia em companhia do Grão-duque.

"Também os príncipes Carlos e Guilherme da Prússia[1] estiveram esta manhã em minha casa. O príncipe herdeiro e o Grão-duque demoraram-se umas três horas, e durante esse tempo falamos sobre assuntos vários o que me permitiu formar um alto conceito do espírito, gosto, conhecimentos e mentalidade desse jovem príncipe".

Goethe tinha à sua frente um volume da "Teoria das Cores". "Devo-lhe ainda, uma solução a respeito dos fenômenos das sombras levemente coloridas. Como porém isso faz pressupor certas noções e depende de muitas outras, não quero hoje dar-lhe explicação alguma destacada do conjunto e pensei antes que seria preferível à noite, quando estivéssemos juntos, lermos inteiramente a "Teoria das Cores". Teríamos então sempre um sólido tema de conversação e V. mesmo se apropriará de todos os seus princípios sem nem o sentir. Os conhecimentos científicos que nos vieram por tradição, começam a viver no seu espírito, tornando-se novamente produtivos, pelo que de antemão vejo que essa ciência será, dentro de pouco, propriedade sua. Leia agora o primeiro capítulo".

E com essas palavras apresentou-me o livro aberto. Senti-me feliz pelas boas intenções que demonstrava para comigo, e comecei pela leitura dos primeiros parágrafos das cores fisiológicas.

"Veja V.", observou, "nada existe fora de nós que simultaneamente não esteja em nós, e como o mundo exterior tem suas cores, tem-nas igualmente os olhos. Já que nessa ciência o principal é a separação nítida entre o objetivo e o subjetivo, comecei naturalmente pelas cores perceptíveis à vista e isto para que em todas as percepções possamos distinguir sempre se a cor de fato existe no ambiente ou se é tão-somente uma coloração fictícia criada pela própria visão!

"Creio pois ter encerrado satisfatoriamente a explanação dessa ciência fazendo jus primeiro ao órgão através do quais ocorrem todas as percepções e observações".

Prossegui na leitura até os interessantes parágrafos das cores requeridas, nos quais ensina que os olhos necessitam de alterações cromáticas, pois que nunca fixam voluntariamente a mesma cor, mas procuram logo outra, e tão vivamente que de si mesmo a produzem quando não a encontram na realidade.

Isso trouxe à baila uma grande lei que rege toda a Natureza e na qual repousa tudo que vive e toda a alegria da existência.

"Isso ocorre outrossim", continuou Goethe, "não somente com todos os outros sentidos, como também com a nossa elevada essência espiritual. Contudo, por ser a vista um sentido muito apurado, essa lei, se manifesta tão claramente neste caso das cores e se torna para todos tão evidente.

---

1. Filhos da Rainha Luiza e de Frederico Guilherme III.

"Há melodias que nos agradam especialmente por serem ora em escala maior ora em menor, ao passo que as que são sempre em maior ou menor, se nos tornam fatigantes". "A mesma lei", observei, "deve ser fundamento de um bom estilo, em virtude do qual procuramos evitar a repetição de um som acabado de ouvir.

"No teatro essa regra daria igualmente bom resultado caso soubéssemos empregá-la.

"Dramas, sobretudo tragédias, nas quais prevalece uma única nota sem variação, tornam-se pesados e, cansativos, e então quando a orquestra, nos entreatos executa trechos igualmente melancólicos e deprimentes, sentimo-nos atormentados por insuportável sensação da qual de qualquer modo nos tentamos livrar".

"Talvez", redargüiu Goethe, "as cenas jocosas incluídas nos dramas de Shakespeare, se baseiem nessa lei de alternação compulsória, a qual, contudo, não parece aplicável às grandes tragédias helênicas já que nelas prevalece determinada nota única".

"A tragédia grega", retruquei, "não é também tão extensa que, embora nela predominando a nota única, possa cansar. Acresce que os coros e diálogos se alternam num espírito tão elevado que a ninguém podem ser enfadonhos, pois sempre se baseiam numa dose de realismo eternamente sereno".

"Talvez tenha razão", tornou ele, "e quem sabe se valeria a pena investigar até que ponto também a tragédia grega está sujeita a essa lei de revezamento. V. reconhece todavia a dependência dos fenômenos entre si, e como mesmo uma lei da teoria das cores pode conduzir à análise da tragédia antiga. Somente devemos evitar ir demasiado longe na observação de uma tal lei querendo fazer dela o princípio fundamental de muitos outros fenômenos; ao contrário, andaremos muito mais acertados caso sempre a empreguemos somente como um "analogon" do que como exemplo".

Tratamos a seguir, do método usado por Goethe na exposição de sua "Teoria das Cores", deduzindo sempre de leis fundamentais, às quais fazia remontar cada fenômeno em particular, de onde resultava a facilidade da compreensão e o enorme proveito, intelectual.

"Pode bem ser, e aceito seu elogio. Isso requer discípulos atentos e capazes de compreender a matéria pela sua base. "Tive alguns adeptos razoáveis; o mal porém está em não se conservarem no caminho certo, dele se desviando antes que a gente o perceba, para seguir uma idéia própria em vez de terem em mira o objetivo. Entretanto, um espírito claro que aspire a chegar à verdade, poderia ainda produzir muito.

Passamos aos professores que, mesmo após ter sido encontrada a explicação verdadeira, continuam expondo o ensino de Newton.

"Isso não é para admitir", redargüiu Goethe, "essas pessoas perseveram no erro porque este lhes fornece os meios de viver. Seriam obrigadas a estudar de novo o que lhes causaria muito incômodo."

"Como podem, porém, suas experiências provar a verdade, se a base da sua teoria é falsa?" inquiri.

"Não provam também a verdade", respondeu Goethe, "e tampouco têm essa intenção. Seu único propósito é manifestar sua opinião. Por isso mesmo ocultam todas as experiências que evidenciaram a verdade, ao mesmo tempo demonstrando o erro da sua doutrina".

"E então, por falar em disciplina, qual delas se esforça por descobrir a verdade? São no entanto pessoas como quaisquer outras e completamente à vontade para tagarelar empiricamente sobre o assunto. Eis tudo. Os homens têm sobretudo uma singular natureza; mal se congelam as águas de um lago, correm eles às centenas afim de divertir-se por sobre a lisa superfície, sem sequer pensar em averiguar a sua profundidade e quais as espécies de peixes que nadam sob a camada congelada. Há pouco descobriu Niebuhr um tratado de comércio entre Roma e Cartago, datando dos tempos mais recuados, pelo qual se evidencia que toda a História de Tito Lívio acerca da antiga civilização do povo romano não passa de fábula, porquanto aquele tratado prova que Roma já desde a mais remota antigüidade se encontrava num grau de cultura muito superior ao que de Tito Lívio se depreende.

"Se V., porém, julga que da descoberta desse tratado nos advirão grandes reformas nos atuais métodos de ensinar a História Romana, está muito enganado. Lembre-se do lago congelado: assim são os homens; aprendi a conhecê-los e assim serão sempre".

"No entanto", ponderei, "não é possível que se arrependa de ter escrito a "Teoria das Cores", não somente por ter V. E. fundado com isso uma sólida estrutura para essa bela ciência, como também estabelecido um exemplo de como se enfrenta um assunto científico que servirá sempre para tais investigações".

"Não me arrependo de modo algum", exclamou, "embora me tenha custado o trabalho de metade da minha vida. Teria talvez escrito mais uma meia dúzia de tragédias, e para isso ainda haverá muita gente depois de mim.

"Mas V. tem razão, penso também ser ótimo o modo de tratar o assunto, pois revela método. Também nesse gênero escrevi uma teoria do som; como a minha "Metamorfose das Plantas", baseia-se no mesmo critério e no mesmo modo de dedução. — É singular o que se deu comigo a propósito da "Metamorfose". Sucedeu-me caso análogo ao de Herschel com suas descobertas. Este era tão pobre que não podia adquirir um telescópio, vendo-se obrigado a confeccionar um, ele próprio. E foi a sua sorte; pois esse saiu superior a todos os outros, e com ele pôde realizar as suas grandes descobertas. Na Botânica entrei por empirismo. Reconheço hoje que o ensino da formação das espécies é demasiado prolixo porque não tive a coragem de condensá-lo. Isso impeliu-me à investigação com o fim deencontrar o que todas as plantas, sem exceção, possuíam em comum, e assim descobri a lei da metamorfose.

"Prosseguir no estudo da Botânica em suas particularidades não estava em minhas intenções; deixo-o a outros que também nesse particular em muito me superam.

"Assim também a Mineralogia somente me interessou sob o duplo ponto de vista de sua grande utilidade prática e da possibilidade de nela encontrar um documento sobre a formação do mundo primitivo, o que a doutrina de Werner me permitia esperar.

"Com a morte desse excelso cientista, porém, essa ciência desmoronou lastimavelmente e não mais acompanhei em público esse ramo, mantendo contudo minhas íntimas convicções. — Na "Teoria das Cores" tenho a resolver ainda a formação do arco-íris, à qual a seguir me consagrarei. É uma dificílima tarefa que no entanto espero concluir. Por essa razão é-me agradável agora rever com V. a "Teoria", a qual, principalmente devido ao seu interesse, receberá novo alento".

"Pesquisei", continuou Goethe, "sofrivelmente em quase todos os ramos das ciências naturais, contudo, minha orientação visava questões do próprio ambiente e de percepção imediata; pelo que também me ocupei com Astronomia, porquanto a essa ciência não bastam as idéias, necessitamos recorrer a instrumentos de cálculo e à mecânica, estudos que exigem uma vida inteira e que não me competiam.

"Se, porém, algo realizei naqueles assuntos que encontrei no meu caminho, tive a meu favor o ter vivido numa época mais rica em grandes descobertas na Natureza do que nenhuma outra até então. Quando ainda criança encontrei já a teoria da eletricidade, cujas leis B. Franklin acabava de descobrir. E assim, através da minha existência foram-se sucedendo até agora os grandes inventos, os quais não somente me impeliram para os assuntos da Natureza, como também mais tarde continuaram a manter bem vivo meu interesse por ela.

"Há também agora tanto progresso nos caminhos que iniciei, como nunca o previra. Para mim é, como se saindo das trevas para o amanhecer, me sentisse deslumbrado com o esplendor do sol nascente".

Entre os alemães, Goethe citou com admiração Carus, D´Alton e Meyer, de Königsberg.

"Se ao menos os homens", prosseguiu ele, "depois de encontrarem a verdade não retrocedessem e de novo a obscurecessem, sentir-me-ia contente. A humanidade necessita de algo positivo que se lhe transmita de geração em geração, e que seja ao mesmo tempo justo e verdadeiro. Sob esse ponto de vista alegrar-me-ia se deslindassem devidamente os aspectos da Natureza, perseverando então no que encontraram para não mais se ocuparem do abstrato, depois de tudo nitidamente exposto. Os homens aliás não querem ter sossego e, quando menos se espera, reina de novo a confusão.

"Voltam a atacar com violência os cinco livros de Moisés,[1] e, se a crítica mordaz for de qualquer modo prejudicial, de certo o é em assuntos de religião, pois que nisso tudo é questão de fé, para a qual, uma vez perdida, ninguém pode voltar.

"À poesia não causa tamanho dano a crítica destruidora. Wolf tentou arruinar a obra de Homero, não conseguindo contudo prejudicar-lhe a poesia pois essa tem o mesmo poder mágico dos heróis da Valhala, os quais de manhã esfacelados no campo de batalha, sentam-se à mesa ao meio-dia perfeitamente sãos..."

Goethe estava de muito bom humor, e era para mim um grande prazer ouvi-lo falar mais uma vez acerca de tão interessantes assuntos.

"Conservemo-nos simples e calmamente", concluiu, "no caminho certo, deixando andar os outros; é o melhor".

Quarta-feira, 7 de fevereiro de 1827.

Goethe censurou hoje certos críticos que não estão de acordo com Lessing e que lhe fazem exigências descabidas.

"Quando se compara as peças de Lessing com as dos antigos e se as encontra más e pobres, o que se poderá dizer nesse caso? — Que é digno de lástima o homem extraordinário que viveu em uma época tão deplorável que não lhe pôde oferecer melhor tema para as suas produções. Ai dele ainda, que em sua "Minna von Barnhelm" teve que tomar parte na contenda entre saxões e prussianos, porque nada encontrou de melhor.

"Também o fato de se ter imiscuído continuamente em polêmicas, é um resultado da iniqüidade do seu tempo. Em "Emília Galotti", avançou de lança em riste contra os príncipes; em "Nathan" contra os clérigos".

Sexta-feira, 16 de fevereiro de 1827.

Narrei-lhe minha leitura, nestes dias, do livro de Winckelmann "Sobre a imitação das obras de arte gregas" e confessei não me ter parecido o autor ainda bastante preparado para o assunto.

"Estou certamente de acordo", anuiu, "encontramo-lo de vez em quando numa certa indecisão; o grandioso, porém, é que suas hesitações indicam sempre

---

1. Pentateuco.

algo de concreto, assemelhando-se nisso a Colombo, quando, não tendo ainda descoberto o Novo Mundo, tinha-o contudo na mente, pressentindo-o. Nada se aprende quando se lê, mas a gente se desenvolve. Meyer agora venceu e levou o conhecimento da Arte a seu ápice. Sua História da Arte é uma obra eterna; ele, porém, não teria chegado a esse ponto se em sua juventude não se tivesse unido a Winckelmann, assimilando-lhe a cultura e assim progredindo no seu caminho. Vê-se mais uma vez o que pode um grande predecessor e o que significa saber dele prevalecer-se convenientemente".

Quarta-feira, 21 de fevereiro de 1827.

À mesa falou longamente e com a maior admiração, a respeito de Alexandre von Humboldt, cuja obra sobre Cuba e Colômbia começara a ler, e cujos pontos de vista acerca da abertura do canal de Panamá pareciam-lhe dum extraordinário interesse.

"Humboldt", disse Goethe, "com sua grande autoridade no assunto, indicou-me ainda outros itens segundo os quais, com o aproveitamento de algumas correntes fluviais que desembocam no Golfo do México, talvez se pudesse atingir o objetivo com maiores vantagens do que no Panamá.

"Isso tudo, porém, pertence ao futuro e está reservado a um grande espírito empreendedor. O que é certo, contudo, é que da abertura de um canal que permita a passagem de navios de qualquer tonelagem, do Golfo do México ao Oceano Pacífico, reverteriam resultados incalculáveis para toda a Humanidade, civilizada ou não. Muito me admiraria, porém, que os EE. UU. deixassem escapar de suas mãos uma tal empresa. É bem de prever que essa jovem nação em sua decisiva orientação para o oeste, em uns trinta ou quarenta anos, dominará, povoando-as também, grandes extensões territoriais para além das montanhas Rochosas. É igualmente admissível que em todo o litoral do Pacífico, onde a Natureza formou os mais vastos e seguros portos, surjam pouco a pouco cidades muito importantes que servirão de meios de comunicação entre a China, as Índias Ocidentais e os Estados Unidos.[1]

"Num caso como este, seria, porém, não somente de desejar mas quase necessário, que tanto os navios mercantes como os de guerra, mantivessem entre as costas ocidentais e orientais dos Estados Unidos, uma ligação mais rápida do que a atual, a monótona, desagradável e dispendiosa travessia em torno do Cabo Horn. Repito pois: é para os Estados Unidos indispensável realizar uma comunicação entre o Golfo do México e o Pacífico, e estou certo de que o conseguirão.

"Gostaria de viver para assistir a isso, mas não será possível. Depois, quereria ver o estabelecimento duma ligação entre o Danúbio e o Reno. Essa empresa é,

---

1. "L´oeil de Goethe braqué sur l´Univers"...

porém, igualmente gigantesca, pelo que duvido de sua realização, principalmente considerando nossa atual situação financeira. E, finalmente, em terceiro lugar, ser-me-ia grato ver os ingleses na posse de um canal em Suez. Quereria assistir a esses três grandes empreendimentos, e, só por isso, valeria a pena durar ainda uns cinqüenta anos".

Quinta-feira, 1 de março de 1827.

Com Goethe à mesa. Narrou-me ter recebido do Conde Sternberg e de Zauper um envio que lhe causou prazer. Debatemos em seguida a "Teoria das Cores", as experiências prismáticas subjetivas e as leis pelas quais se forma o arco-íris. Regozijou-se por constatar meus progressos nessa difícil matéria.

Quarta-feira, 21 de março de 1827.

Mostrou-me um livrinho de Hinrichs a respeito da essência da tragédia antiga, dizendo:

"Li-o, com grande interesse. Hinrichs baseou-se sobretudo em "Édipo e Antígona" de Sófocles, afim de desenvolver seus pontos de vista. "É um livro notável: dar-lho-ei a ler e assim poderemos comentá-lo juntos. Não penso absolutamente como o autor. É, porém, altamente instrutivo apreciar como, pouco a pouco, alguém de uma cultura filosófica tão sólida, julga, do singular ponto de vista de sua escola, uma obra de arte poética. Nada mais direi hoje afim de não me antecipar a V. Leia-o pois, e verá que daí nos advirão diversas reflexões".

Quarta-feira, 28 de março de 1827.

Devolvi-lhe o livro de Hinrichs que estudara com afinco, volvendo a meditar sobre as obras de Sófocles afim de capacitar-me inteiramente do assunto.

"Então, como o achou?" perguntou-me. "Não é verdade que ataca de rijo os problemas?"

"É singular o que se dá comigo a propósito desse livro. Nenhum outro estimulou em mim tantas idéias e no entanto em nenhum outro tanto discordei do autor".

"É isso justamente!", exclamou Goethe, "a identidade de opiniões deixanos indiferentes e a divergência incentiva em nós a produção".

"Suas intenções", comentei eu, "parecem-me sumamente respeitáveis, e ele também em absoluto não permanece tão-somente à superfície das coisas. Perdese, porém, tantas, vezes por penetrar demasiado em subtileza e no âmago da ma-

187

téria, e isso de um modo tão subjetivo, que despreza a verdadeira noção dos detalhes assim como a supervisão do conjunto. Destarte ver-nos-emos obrigados a forçar o próprio assunto e ainda a pensar exatamente como o autor. Assim também sucedeu-me muitas vezes julgar os meus sentidos demasiado rudes para interpretar a extraordinária finura de suas caracterizações".

"Tivesse V. o preparo filosófico de Hinrichs", redargüi, "e as coisas seriam mais fáceis. Falando francamente, porém, sinto que um homem tão forte, e são e oriundo do litoral do norte, tenha sido prejudicado pela filosofia de Hegel a ponto de perder o seu natural modo de ver e maneira de pensar peculiares, adquirindo pouco a pouco um estilo artificial e pesado, tanto assim que se nos deparam em seu livro trechos em que falha a nossa compreensão tornando sua leitura ainda mais difícil".

"A mim aconteceu o mesmo", considerei, "no entanto alegrei-me encontrando passagens que me pareceram absolutamente humanas e compreensíveis, como por exemplo a sua descrição da fábula de Édipo".

"Aí", observou Goethe, "ele não pôde de forma alguma afastar-se do organismo. Há contudo em seu livro não poucos trechos que retêm o pensamento e não o deixam prosseguir, perseverando no seu obscuro estilo em verdadeiros círculos viciosos, tal a simplória sabedoria da bruxa em meu "Fausto". Dê-me, porém, o livro. Da sua sexta preleção sobre o coro, quase nada entendi! Que diz V. por exemplo destes termos incoerentes quase ao final de sua conferência: -*Essa realidade (isto é: a da vida popular) só o é pois, por encerrar simultaneamente "verdade e certeza". Por isso ela representa a estabilidade geral e intelectual que ao mesmo tempo vem a ser a certeza conciliadora existente nas vozes do mesmo coro. Assim sói acontecer que somente nessa certeza, resultante, em última análise, de todo o desfecho da ação trágica, o coro procede rigorosamente da geral consciência do povo e como tal, não somente o representa como também segundo sua própria consciência!*

"Sentimo-nos exaustos! O que pensarão os ingleses e franceses, do estilo dos nossos filósofos, se nós os alemães, não o entendemos?"

"E apesar de tudo", observei, "concordamos em que o livro representa uma nobre intenção e que tem a propriedade de fazer refletir".

"Sua idéia a respeito da família e do Estado", tornou Goethe, "e dos possíveis conflitos que daí possam advir, é certamente boa e fecunda, não posso no entanto anuir seja a melhor ou a única acertada para a Arte Trágica.

"Na verdade vivemos todos dentro da família e do Estado e não será fácil que um destino adverso nos atinja como membros de um e da outra. Podemos no entanto ser vítimas de acontecimentos trágicos sejam embora membros da família ou coletividade, pois em última análise o que interessa é apenas o conflito, que não admite solução. Este pode originar-se do antagonismo entre quaisquer situações, bastando que tenha para reforçá-lo uma explicação lógica e desde que seja de feição genuinamente trágica. — Assim Ajax perece vítima do demo da honra injuriada e Hércules do de um ciúme doentio. Em nenhum dos dois casos existe o mínimo conflito entre a piedade familiar e a virtude cívica que, no entanto, segundo Hinrichs, deviam ser os elementos da tragédia grega".

"Vê-se claramente,", redargüi, "que ele com essa teoria só tinha em mente "Antígona". Também parece ter-se lembrado apenas do caráter e do procedimento dessa heroína quando afirma que o sentimento de piedade familiar se manifesta mais puro na mulher e ainda mais na irmã, pois só ela poderá amar o irmão com afeto absolutamente exato e assexual".

"Imaginava eu", contestou Goethe "que fosse o amor entre irmãs ainda mais puro e cândido! Seria então preciso ignorar os inúmeros casos de relações aberta ou ocultamente sexuais entre irmão e irmã. Ademais, terá V. de certo observado que Hinrichs, em sua apreciação da tragédia grega, parte decididamente da idéia, e que também se figura Sófocles como o homem que igualmente se deixou empolgar por uma idéia preconcebida, por ela moldando seus personagens, sexo e condições sociais. As tragédias de Sófocles, porém, não se originaram de uma idéia sua, antes foram aproveitadas de alguma antiga lenda popular, na qual já existisse um bom conceito, pensando ele apenas em apresentá-las no teatro com a possível eficácia. Os Atridas também não queriam permitir o sepultamento de Ajax, mas assim como "Antígona" se sacrifica pelo irmão, em "Ajax", Teucras luta com Agamenon e Menelau para conseguir a inumação de Ajax. O fato de Antígona se ter apiedado de Polinice que jazia insepulto, assim como do vencido Ajax, o irmão, não é criação de Sófocles, é a tradição que este seguiu porque devia".

"Também o que ele diz do procedimento de Creonte", retruquei, "tampouco parece sustentar-se. Ele pretende demonstrar que este, proibindo a inumação de Polinice, age por razões de Estado; e como Creonte que não somente é um homem mas também um soberano, assevera que quando um homem representa o trágico poder da Nação, não pode ser senão a própria personificação do Estado, isto é, o Soberano, e que é o único personagem que exerce as mais edificantes virtudes cívicas".

"São afirmações", contestou Goethe, sorrindo, "às quais, porém, ninguém dará crédito. Creonte não agiu também por virtude cívica e sim movido pelo ódio contra o morto. E embora este tentasse conquistar sua parte da herança paterna[1] da qual fora com violência despojado, não constituía isso um tão inaudito crime de lesa-pátria que sua morte não bastasse para absolver, e que merecesse ainda ser castigado em seu cadáver.

"Sobretudo nunca se deve denominar virtude cívica um procedimento em geral contrário à virtude. Quando Creonte proíbe o sepultamento dos restos de Po-

---

1. Polinice invadira Tebas à frente de um exército inimigo.

linice cuja decomposição não somente empesta o ar, como também arrastados pelos cães e abutres maculavam até os altares, esse procedimento afrontoso aos homens e aos deuses não é absolutamente uma virtude cívica, antes realmente um crime de lesa-pátria. Aliás em toda a tragédia, Creonte tem tudo contra si: os mais antigos da nação, componentes do coro, são-lhe contrários, como também o povo em geral, Tirésias, e mesmo sua família. Ele, no entanto, continua obstinadamente violando as leis até arrastar à desgraça todos os seus, tornando-se por fim ele próprio apenas uma sombra".

"E não obstante", objetei, "quando fala, faz-nos acreditar que tem alguma razão".

"É justamente nisso", revidou Goethe, "que Sófocles é mestre, e é principalmente no que consiste a vida do drama. Seus personagens possuem em geral uma tal eloqüência e apresentam os motivos de sua conduta de uma forma tão convincente que o espectador está quase sempre de acordo com aquele que falou por último.

"Torna-se evidente ter ele desfrutado em sua mocidade, de uma educação retórica muito sólida, devido à qual se exercitou a pesquisar as bases e sofismas das coisas. Essa sua grande capacidade levou-o, não obstante, a erros, de quando em quando excessivos.

"Assim ocorre em sua "Antígona" um trecho que a mim se me afigurou sempre um erro, e muito teria eu dado para que um bom filólogo provasse ser falso e ter ali sido intercalado. É quando a heroína ao exprimir as mais belas razões do seu proceder e manifestando a nobreza da sua alma tão pura, desenvolve ao fim, quando se encaminha para a morte, uma razão inconveniente, desairosa e quase tocando às raias do ridículo.

"Revela que não teria feito por seus *filhos*, se os tivesse, e nem por seu falecido *marido*, o que fez por seu *irmão*. "Porque", exclamou, "um marido poder-se-ia substituir, e gerar outros filhos desse segundo esposo. O caso de meu irmão é, porém, diferente, nunca mais teria outro, pois que meus pais já faleceram".

"É este, pelo menos, o evidente sentido dessas frases, as quais, segundo minha impressão, na boca duma heroína a caminho da morte, transtornam o lúgubre efeito, e parecem-me demasiado artificiais como um cálculo dialético. Como disse, muito estimaria que um filólogo provasse a falsidade daquele trecho".

Prosseguimos discorrendo a propósito de Sófocles, o qual em suas peças tinha em mente menos a tendência moral do que o magistral desenvolvimento de cada um de seus assuntos, sobretudo a respeito da ação teatral.

"Não me oponho", disse Goethe, "a que um dramaturgo tenha em vista um efeito moral, porém, quando se trata de apresentar seu tema clara e eficazmente aos olhos dos espectadores, seus propósitos moralizadores de pouco lhe servirão e ele necessita possuir muito mais que uma grande faculdade de representação e conhecimento do palco, para saber o que deve fazer e omitir. Se o assunto encerra uma ação moral, esta também se destacará, mesmo se o autor nada mais tivesse em vista do que o desenvolvimento do seu tema segundo as regras da arte. Um poeta que, como Sófocles, possui um alto valor espiritual, terá influência cada vez mais moral, coloque-se ele onde quiser. De resto ele conhecia bem o palco e entendia do ofício como poucos".

"O quanto lhe era familiar o teatro", repliquei, "e como tinha em mente o efeito teatral, constata-se em seu "Filocteto" e a grande semelhança dessa peça em sua estrutura e no desenvolvimento da ação, com o "Édipo em Colona". Em ambas aparece-nos o herói desamparado, em ambas estão velhos e alquebrados. Édipo arrima-se na filha que o guia, Filocteto no seu arco. E sucedem-se os pontos de analogia: um e outro foram abandonados a seus sofrimentos, mas quando os oráculos anunciam que somente com sua ajuda obteriam a vitória, procuram então, de novo deles se apoderar. Ulisses chegou-se a Filocteto e Creonte a Édipo. Ambos principiaram seus discursos com ardis e termos adocicados; como, porém, não dessem resultado, empregaram a violência. A Filocteto arrancaram as armas e a Édipo a filha".

"Tais arbitrariedades", observou Goethe, "ocasionavam eloqüentes diálogos, e aquelas circunstâncias agiam sobre os sentimentos visuais e auditivos do povo; sendo para isso propositalmente criados pelo poeta, interessado na sua impressão sobre o auditório. Com o intuito de fortalecer esse efeito de piedade para com Édipo, representa-o Sófocles como um débil ancião, quando entretanto, segundo as circunstâncias todas, devia estar em plena virilidade. Nessa idade, porém, não convinha ao autor representá-lo, pois não teria surtido o desejado efeito, e atribui-lhe então a fraqueza e o desamparo.

"A semelhança com "Filocteto" persiste ainda. Os protagonistas da peça não são atores mas sim pacientes. Em compensação, tem cada um destes passivos heróis, dois inimigos. De Édipo são Creonte e Polinice; de Filocteto, Neptolemos e Ulisses. E duas dessas figuras de ação oposta eram necessárias afim de debater o assunto sob todos os prismas e aproveitar também para a peça a conveniente plenitude e materialidade".

"Pode ainda acrescentar", advertiu Goethe, "que mesmo nesse ponto são parecidas, pois que em ambas presenciamos a situação altamente eficiente de uma feliz alteração pela qual a um herói em seu desconsolo é devolvida a querida filha e ao outro as não menos caras armas.

"É também idêntico e conciliador o desfecho das duas tragédias, nas quais aos protagonistas é dado alcançar, por seus sofrimentos, a salvação. Édipo é levado piedosamente à bem-aventurança, e, pelo oráculo, antevemos o restabelecimento de Filocteto diante de Tróia, graças a Esculápio.

"De resto", prosseguiu Goethe, "se, em vista dos nossos atuais desígnios quiséssemos aprender como proceder no teatro, é a Molière que nos deveríamos dirigir. —

Conhece seu "Malade Imaginaire"? — há ali uma cena, que a mim aparece-me sempre como o símbolo de um perfeito conhecimento do palco. Refiro-me àquela na qual o doente imaginário interroga sua filha Luisinha, se não havia estado um rapaz, no quarto de sua irmã mais velha. — Pois bem, outro que não entendesse tanto do "métier" teria simplesmente feito a pequena narrar logo o fato, e estaria tudo acabado.

"Quanto efeito, porém, consegue Molière nessa demorada inquisição de Luisinha, que a princípio finge não entender o que lhe pergunta o pai, negando-se em seguida a falar para depois, sob a ameaça do açoite, cair desfalecida e afinal ao ver o desespero do velho, levantar-se prontamente do seu simulado desmaio, e ir aos poucos confessando.

"Essa minha referência, dá-lhe da vivacidade dessa cena apenas uma mesquinha idéia; leia-a, porém, compenetrando-se do seu valor, e concordará que nela se contém mais ensino prático do que em toda teoria".

"Conheço e admiro Molière", continuou Goethe, "desde minha mocidade, e durante a vida inteira aprendi com ele. Não deixo de ler todos os anos algumas das suas obras, a fim de manter-me em relação com o que de melhor existe. Não é unicamente o perfeito modo de proceder do artista, que nele me encanta, mas principalmente a sua amável naturalidade, seu espírito altamente educado. Há nele uma graça decente, um trato social que seu belo caráter somente poderia ter alcançado no constante convívio com os mais eminentes personagens do século. De Menandro conheço apenas trechos que, porém, dão-me igualmente um tão elevado conceito desse grande poeta grego, que o julgo como o único autor comparável a Molière".

"Sinto-me feliz", redargüi, "de tão bem ouvi-lo discorrer sobre esse poeta francês. É sem dúvida opinião diversa da do Sr. von Schlegel. Ainda há dias, em suas Conferências sobre poesia dramática, engoli revoltado o que diz a propósito de Molière. Trata-o, como V. E. sabe, do alto de sua superioridade, como se fora um vulgar palhaço que só de longe houvesse conhecido a boa sociedade e cujo ofício fosse o de inventar toda espécie de farsas para recreação de seus patrões. Em tais comédias, mesmo nas mais felizes, o que há de melhor é plágio. Esforçou-se para alcançar a alta classe sem o conseguir, aliás!"

"Para alguém como Schlegel", observou Goethe, "uma capacidade como a de Molière constitui um verdadeiro tormento e sente nada poder contra ele. O "Misantropo", que sempre releio como uma das comédias que mais aprecio no mundo, ele o repele. "Tartufo," louva-o às vezes mas constrangido, e menoscaba-o logo depois. Não desculpa a Molière ridicularizar as afetações das mulheres letradas; sente provavelmente, como observou um amigo meu, que o teria também ridicularizado, a ele Schlegel, se o houvesse conhecido".

"É inegável", continuou Goethe, "que ele tem grandes conhecimentos e sua extraordinária erudição é um assombro. Isso, porém, não basta. Nem toda a sabedoria serve de julgamento. Sua crítica, aliás, é inteiramente parcial, pois que na maioria das peças ele vê apenas o esqueleto da fábula e a estrutura, indicando sempre somente leves semelhanças com grandes antecessores, sem nem ao menos se preocupar com o que o autor nos oferece de uma vida agradável e da cultura de um espírito elevado. De que serve, porém, toda a arte e o talento quando uma peça teatral nada nos transmite de uma amável ou grande personalidade do autor, única coisa que passa a fazer parte da cultura dos povos?

"Na maneira pela qual Schlegel trata o teatro francês, encontro a receita para uma má análise crítica à qual faltam quaisquer aptidões e respeito do opimo e que passa por sobre um belo e grande caráter como se tratasse de restos e resíduos".

"A Shakespeare e Calderon", retorqui, "refere-se no entanto com justiça e mesmo decidida inclinação".

"Ambos", contestou Goethe, "pertencem à classe dos que nunca são assaz louvados, conquanto não me admiraria se Schlegel os tivesse igualmente denegrido. Assim faz justiça a Sófocles e Ésquilo; isso, porém, é antes devido a se ter vivamente aprofundado naquelas extraordinárias obras do que a ter seguido a tradição de elevar tão alto aqueles filólogos. Porque no fundo, não é dado à acanhada personalidade de Schlegel compreender tão magnos espíritos e apreciá-los devidamente. Caso o fosse, deveria também fazer justiça a Eurípedes e julgá-lo diversamente do que o fez. A respeito deste, porém, sabe que os filólogos precisamente não o exaltam, e com isso sente não pequena satisfação por ser-lhe lícito, em sua grande autoridade, investir torpemente contra o grande clássico como se fora o seu mestre-escola.

"Não contesto que Eurípedes tenha tido suas lacunas; foi, não obstante, sempre um competidor muito acatado do Sófocles e Ésquilo. Embora não possuindo a austeridade e requintada arte de ambos os seus antecessores e, como poeta dramático, tratasse o assunto com certa desenvoltura humana, é porque decerto conhecia os atenienses bastante para saber que o tom que adotara, era o adequado aos seus contemporâneos.

"No entanto, um poeta a quem Sócrates dava o nome de amigo, que Aristóteles exaltava, que Menandro admirava, e por cuja morte Sófocles e a cidade de Atenas cobriram-se de luto, devia realmente ser alguém. E, quando um escritor moderno como Schlegel, pudesse censurar alguma lacuna em um antigo daquela envergadura, devia fazê-lo de joelhos".

Domingo, 1 de abril de 1827

À noite falei-lhe sobre a representação ontem, de sua "Ifigênia" na qual o Sr. Krüger, do Teatro Real de Berlim, desempenhou o papel de Orestes e na verdade com grandes aplausos.

"A peça", comentou Goethe, "tem suas dificuldades. É rica em vida interior, pobre, porém, na exterior. A dificuldade consiste em por sempre em destaque a interior, para o que há abundantes recursos e motivos derivados dos vários horrores em que a peça se funda.

"A palavra impressa é, por certo apenas um pálido reflexo da vida que me animava quando a escrevi. Cabe ao autor reproduzir esse primitivo fervor que o tema me inflamava na alma. Queremos os robustos gregos e heróis recém-trazidos pela brisa do mar, acossados e atordoados por múltiplos perigos e adversidades, manifestando com vigor a voz do coração em seu íntimo, não porém, atores de sensações débeis, que apenas recitam os papéis decorados, e muito menos ainda os que nem mesmo os sabem. Devo confessar que nunca me foi dado assistir a uma representação perfeita da minha "Ifigênia". Essa foi também a causa de não ter ido ontem, pois sofro terrivelmente, lidando com esses fantasmas que nunca surgem como devem".

"A interpretação do Sr. Krüger em Orestes", tornei, "talvez satisfizesse a V. E. Seu jogo de cena era tão claro que tornou seu papel perfeitamente compreensível e de fácil percepção, e de tal maneira aprofundei-me no desempenho que não mais esquecerei seus gestos e palavras. Pelo perfeito jogo de cena, como pela escala do seu diapasão fazia-nos ver o personagem que representava, como se propriamente ali estivesse. Presenciasse Schiller essa interpretação de "Orestes" e não teria certamente sentido a falta das Fúrias; elas ali estavam e o cercavam.

"A cena notável em que o herói, despertando do seu desfalecimento, imagina-se transportado ao reino dos mortos, provoca elevada admiração. Via-se a fileira dos antepassados que se movimentavam conversando; via-se Orestes que deles se aproxima, interroga-os e a eles se reúne. Sentimo-nos nós próprios, igualmente transportados ao meio desses bem-aventurados, tão naturais e profundos pareciam os sentimentos do artista e tão grande a faculdade de patentear-nos aos olhos o inconcebível".

"V. ainda é daqueles que se deixam influir!", tornou Goethe rindo. "Mas continue! Com que então ele saiu-se bem e possui recursos físicos notáveis?"

"Sua voz", retorqui, "é clara, vibrante e bem exercitada, por isso capaz da maior inflexão e variedade de sons. Também não lhe faltam robustez e agilidade para vencer as dificuldades do papel. É de crer que durante toda a vida tenha praticado cultura física e exercícios corporais".

"Um ator", disse Goethe, "propriamente deveria também tomar lições com um escultor e pintor, pois para representar um herói grego é indispensável estudar bem as obras de arte da Antigüidade e compenetrar-se da graça natural de todos os seus movimentos.

"E também não é suficiente saber reproduzir os gestos; necessita igualmente, por um estudo aplicado dos melhores autores antigos e modernos, dotar seu espírito duma grande cultura, a qual lhe facilitará a compreensão do seu papel, e ao mesmo tempo sua própria personalidade e atitude ganhariam uma aparência mais distinta. Prossiga entretanto em sua relação; que havia ainda nele de notável?"

"Pareceu-me que tinha grande amor ao seu papel. Por um assíduo estudo, tinham-se-lhe tornado familiares todas as suas particularidades, de modo que se movia com grande desembaraço dentro do seu herói, do qual nada lhe restava a conhecer.

"Disso resulta uma verdadeira expressão e a pronúncia exata de cada palavra, e com tal segurança, que para ele o auxílio do ponto era completamente desnecessário".

"Isso muito me alegra", tornou Goethe, "e assim está tudo certo. Nada causa pior impressão do que os atores não estarem seguros dos seus papéis, e a cada frase terem de recorrer ao ponto, com o que prejudicam seu jogo de cena assim como a vida e o movimento da peça. Quando numa tragédia como minha "Ifigênia", os artistas não se sentem perfeitamente firmes em seus papéis, é melhor desistir de levar a efeito a representação, que somente será bem sucedida quando tudo marchar certo, rápido e expressivo. — É pois um grande prazer para mim, que Krüger se tenha saído bem. Zelter havia-mo recomendado, e ter-me-ia sido muito desagradável que não lograsse sucesso. Por minha parte far-lhe-ei uma brincadeira, enviando-lhe como lembrança um exemplar da "Ifigênia" belamente encadernado, com alguns versos alusivos a seu desempenho".

Discorremos em seguida a propósito da "Antígona", de Sófocles, da sua elevada moralidade, e finalmente sobre a questão de saber como teria a moral vindo ao mundo.

"Através do próprio Deus", volveu Goethe, "como tudo o que é bom. Não é o resultado de reflexões humanas, porém, inato e aperfeiçoado num belo caráter. É mais ou menos ingênito nos homens geralmente, mas em alto grau em certos espíritos excepcionalmente bem dotados. Esses revelaram por grandes feitos ou exemplos sua alma sublime, a qual pela beleza da sua aparição cativou logo o amor das criaturas e o impeliu consideravelmente para o respeito e emulação.

"O valor da beleza moral e da bondade, poderia, pela experiência e sabedoria, atingir à consciência, enquanto que a maldade se manifesta como algo de perturbador tanto para a felicidade de cada um como para a geral, ao invés do que é nobre e direito, que atrai e consolida a ventura comum. Assim pode a beleza moral tornar-se um exemplo, espalhando-se por toda a nação".

"Li ultimamente algures", retorqui, "que a tragédia grega fez da beleza moral o seu assunto essencial".

"Não tanto a moral", tornou Goethe, "quanto a pura humanidade em toda a sua extensão, porém, no caso de entrar em conflito com um poder e legislação brutais, poderá assumir uma natureza trágica.

"Esse âmbito contém igualmente a moral como parte primordial da natureza humana. A moralidade de "Antígona", de resto, não foi invenção de Sófocles; estava no assunto que ele preferiu, por encerrar tanta beleza moral e efeito dramático".

Referiu-se em seguida ao caráter de Creonte e Ismênia e à necessidade da inclusão dessas duas figuras, para ainda melhor destacar a nobreza de alma da heroína.

"Tudo o que é nobre", continuou, "é de natureza tranqüila e parece dormir, até que uma contradita o desperte em desafio.

"Essa contradita é Creonte, o qual figura na peça, em parte com o fim de fazer sobressair o nobre caráter de Antígona e a razão que está inteiramente do seu lado; em parte, porém, por ele próprio, para que seu fatal delito nos apareça como odioso.

"Já que Sófocles quis apresentar-nos também, *antes* do acontecimento, o elevado valor moral de sua heroína, fazia-se ainda necessário um elemento oposto junto ao qual avultasse seu caráter, e esse é a irmã Ismênia. Nesta, deu-nos o poeta ao mesmo tempo um belo exemplo de mentalidade vulgar, que tanto mais surpreendente torna a elevação moral de Antígona".

A conversa desviou-se para escritores dramáticos em geral e a considerável influência que sobre a grande massa popular deles provém e pode provir.

"Um grande autor dramático", disse Goethe, "quando é ao mesmo tempo fecundo e assistido pelas eficazes e nobres intenções de que se repassam todas as suas obras, pode conseguir que o espírito de suas peças se integre na alma do povo, o que, penso, seria de tentar.

"De Corneille emanava um prestígio capaz de formar um espírito de heroísmo. Isso impressionou Napoleão, que exigia um povo de heróis e o levou a dizer que, se o poeta vivo fosse, fá-lo-ia príncipe. Um poeta dramático, que não ignora o seu destino, deve, em conseqüência, trabalhar incessantemente em prol do seu alto desenvolvimento, afim de que a influência que dele emana para o povo, seja nobre e benfazeja.

"Não estudemos os contemporâneos e nossos colaboradores, mas sim os grandes vultos da Antigüidade, cujos feitos conservam desde séculos o mesmo valor e o mesmo prestígio. Um homem verdadeiramente bem dotado, sentirá além disso em si próprio a necessidade das relações com os grandes antepassados, e precisamente esse anseio é um sinal de elevado talento. Deve-se estudar Molière, Shakespeare, porém, acima de tudo, os antigos gregos e ainda sempre os gregos".

"Para os que possuem elevados dotes naturais", observei, "certamente pode ser inapreciável o estudo da obra dos antigos; em geral, porém parecem pouco influir sobre o caráter particular. Se assim sucedesse, deveriam então todos os filólogos e teólogos ser os mais ilustres dos homens. Esse não é, porém de modo algum, o caso, e existem conhecedores da literatura antiga, grega e latina, precisamente pessoas de talento ou também pobres coitados, conforme as boas ou más qualidades que Deus lhes destinou ou que herdaram de pai e mãe".

"Contra isso nada tenho a dizer", retorquiu Goethe, "mas certamente não se afirma que o estudo das obras clássicas seja sem influência para a formação do caráter. Um biltre será sempre um biltre, e uma natureza mesquinha não se elevará de uma polegada em virtude do contato, mesmo diário, com a grandeza moral e elevação de espírito; pelos conhecimentos e o incessante convívio com a sublime natureza dos gregos e romanos, progredirá admiravelmente crescendo cada dia a olhos vistos para uma grandeza semelhante à deles.

Quarta-feira, 11 de abril de 1827.

Dirigi-me hoje, à uma hora, à casa de Goethe que me tinha mandado convidar para um passeio de carro antes do jantar.

Seguimos pela estrada de Erfurt. O tempo estava belíssimo, aos lados do caminho, os campos de trigo recreavam-nos a vista com o seu verde tão vivo. Em seus sentimentos Goethe parecia sereno e jovem como a primavera que surgia, em suas palavras, porém, cheio de sapiência.

"Digo sempre e repito-o", começou ele, "o mundo não poderia subsistir se não fosse tão simples. Há mil anos este pobre solo é cultivado, e suas forças são sempre as mesmas. Um pouco de chuva, um pouco de sol, e a cada primavera tudo reverdece, e assim por diante".

Nada encontrei a replicar a esses conceitos nem a acrescentar. Seu olhar vagava por sobre os campos verdejantes; mas, virando-se de novo para mim, continuou sobre outros assuntos.

"Li nestes dias uma obra singular: as "Cartas de Jacobi e de seus amigos". É um livro sumamente notável e V. deve lê-lo, não com o fim de aprender algo, mas para penetrar na literatura e cultura daquele tempo, da qual não se tem hoje idéia alguma. Vêem-se apenas homens de certo modo notáveis; nenhum vestígio, porém, duma direção ou interesse comuns, cada um decidido a seguir seu próprio caminho sem tomar a mínima parte nos esforços dos outros. Comparo-os a bolas de bilhar rolando cegas em todos os sentidos por sobre o pano verde sem nada saber uma das outras, e que ao se tocarem com tanto maior rapidez se afastam".

Ri da excelente comparação e pedi-lhe me informasse acerca dos outros correspondentes. Goethe nomeou-os acrescentando algo de interessante, sobre cada um.

"Jacobi era propriamente um diplomata nato, um belo homem esbelto, distinto e fino, que estaria bem em seu lugar como ministro. Para poeta e filósofo faltava-lhe alguma coisa. Suas relações comigo eram singulares. Pessoalmente queria-me bem, sem todavia tomar parte em minhas lutas ou ao menos aprová-las. Fora necessário que uma amizade nos unisse. Em compensação, o vínculo que me ligava a Schiller era de caráter especial, por termos encontrado a mais bela liga em nosso comum esforço, não necessitando mais de sentimento algum amistoso para continuá-lo".

Perguntei-lhe se Lessing também figurava na correspondência.

"Não, mas Herder e Wieland figuram. — Herder não se sentia bem nesse meio, pairava demasiado alto para que não lhe pesassem os cérebros vazios, assim como também a Hamann que os tratava com espírito refletido. — Wieland aparece nessas cartas absolutamente sereno como de costume, e em seu elemento. Não se inclinando particularmente a facção alguma, era bastante hábil para com todos colaborar, semelhante a um junco que o vento das opiniões impele para um e outro lado, mas cujas raízes o mantêm firme.

"Minhas relações pessoais com Wieland[1] foram sempre muito boas principalmente nos primeiros tempos, quando só a mim se ligava. Eu é que o animei a escrever seus pequenos contos. Quando, porém, Herder chegou a Weimar, Wieland foi-se-me tornando infiel. Herder desviou-o para si pois era imensa a atração pessoal desse homem".

A carruagem levava-nos de volta. Do lado do Oriente observávamos numerosas nuvens que se acumulavam.

"Essas nuvens", disse, eu, "são formadas a uma distância que ameaçam cair a cada instante desfeitas em chuva. Seria possível que elas se tornassem a desfazer caso o barômetro subisse?"

"Sim", respondeu, "essas nuvens seriam logo absorvidas e desfeitas. Tão forte é a minha confiança no barômetro, que digo sempre e sustento, que, se naquela noite da grande inundação de S. Petersburgo, o barômetro tivesse subido, não teriam as águas podido atingir a cidade. — Meu filho acredita na influência da lua sobre o tempo. — V. também, talvez, e eu não me oponho a que assim pensem, pois a lua parece um astro demasiado considerável para que não lhe atribuamos uma influência decisiva sobre o nosso planeta; a mudança do tempo, porém, a queda ou a elevação do barômetro, não dependem das fases da lua e são puramente telúricos.

"Figuro-me a terra e sua atmosfera, como um grande ser vivo, num eterno respirar e expirar. — Respirando, atrai a si a névoa, fazendo-a aproximar-se de sua

---

1 Wieland, Christoph Martin, 1733-1813. Em 1772 chamado a Weimar para educador de Carlos Augusto, ali continuou residindo como pensionista da Corte. Quando Goethe, já célebre pelas suas primeiras obras, ali apareceu, Wieland sentiu-se conquistado pelo luminoso astro que surgia, e a seu respeito assim se manifesta, em carta a um amigo: "Minh'alma está repleta de Goethe como a gota de orvalho reflete os raios do sol que se vai erguendo. Sinto uma alegria profunda em vê-lo tão belo, tão grande, em senti-lo tão superior a mim e pairando numa altura a que nunca me será dado alcançar!"

superfície até se condensar em nuvens e chuva. Essa situação denomino afirmação da chuva, e se se prolongasse excessivamente inundaria a terra. A isso, porém
não cede, torna então a respirar e despede para o alto os vapores, que se espalham
pelas camadas superiores da atmosfera e se diluem a ponto de não só serem atra-
vessados pelo sol, como até permitirem, através dele a visão dos espaços infinitos
sob a aparência de azul celeste. — Esta condição atmosférica designo por indício
negativo das chuvas. Em caso oposto, não só elas caem constantemente, mas a
umidade da terra não se pode evaporar e nem secar; neste, ao contrário, não virá
umidade alguma do alto, como também a própria umidade da terra se evapora e se
perde nas camadas superiores, de modo que, se a sua duração fosse excessiva, a
terra, mesmo sem a ação solar, correria risco de secar e murchar".

Assim falou Goethe acerca deste tão importante assunto enquanto eu o
escutava com a mais profunda atenção.

"O caso é muito simples", prosseguiu ele, "e eu me cinjo à sua simplicidade e
eficácia, sem me deixar desnortear por anomalias. Barômetro alto: seca, vento leste;
barômetro baixo: umidade, vento oeste. Essa é a lei fundamental pela qual me ori-
ento. — Se, não obstante, com a elevação do barômetro sopra o vento oeste, isso
não me inquieta e nem faz vacilar minha fé na soberana lei, pois que verifico daí que
também existem outras influências, conquanto para nós incompreensíveis.

"Quero dar-lhe uma regra para V. regular-se na vida. Há na Natureza o acessível e o inacessível. É preciso distingui-los, ponderar e conformar-se. Já é uma vantagem ter isso sempre em vista, embora seja sempre muito difícil saber onde termina
um e começa o oposto. Quem o ignora há de atormentar-se toda a vida com o
inacessível sem aproximar-se da verdade. Mas quem o sabe e é sensato, manter-se-á
no acessível, e enquanto percorre esse âmbito em todas as direções e se consolida,
poderá até ganhar um pouco nesse caminho ao inacessível, se bem que confessará
que muitas coisas somente são atingíveis até um certo grau, e que a Natureza sempre conserva algo de problemático que a capacidade humana não chega a sondar".

Enquanto pronunciava essas palavras, rolávamos de volta, pela cidade. Falamos sobre coisas insignificantes, pelo que continuavam vibrando em meu íntimo seus recentes elevados conceitos.

Era demasiado cedo para jantar e Goethe fez-me ver ainda uma paisagem
de Rubens, representando uma tarde de verão. À esquerda, no primeiro plano,
lavradores regressavam à casa; no centro, um rebanho de carneiros seguia seu
pastor a caminho da aldeia; à direita, ao fundo, lavradores se ocupavam em carregar um carro de feno; cavalos desatrelados pastavam nas redondezas, assim como
pelos prados e bosques, várias éguas com seus potros. Diversas aldeias e uma
cidade, limitavam o claro horizonte do quadro, o qual exprimia de modo encanta-

dor a idéia de atividade e de paz. — O conjunto pareceu-me em tal conexão com a realidade, e as particularidades tão fiéis e flagrantes, que externei a opinião de ter sido a paisagem copiada inteiramente do natural.

"De forma alguma", contestou Goethe. "Uma cena tão perfeita nunca é vista na Natureza; ao espírito poético do pintor é que agradecemos essa composição. O grande Rubens tinha uma memória tão extraordinária que trazia a Natureza na lembrança e tinha-a sempre à disposição em todas as suas minúcias. Daí vem essa realidade do conjunto e dos detalhes que nos faz crer numa autêntica cópia do natural. Atualmente ninguém mais pinta esse gênero de paisagens; essa maneira de sentir e de ver a Natureza desapareceu completamente. Nossos jovens pintores carecem de poesia. E depois, talentos novos estão abandonados a si próprios, faltando-lhes mestres contemporâneos para guiá-los nos segredos da arte. Com os mortos também se aprende, somente, como é evidente, é esse mais um modo de estudar observando, do que uma penetração na arte profunda de um mestre".

O Sr. e a Sra. von Goethe entraram e sentamo-nos à mesa. A conversa aflorava aqui e ali assuntos alegres do dia: teatro, bailes e Corte. Em pouco, porém, volvíamos às coisas sérias e debatíamos o tema do ensino religioso na Inglaterra.

"V. devia", observou Goethe, "ter como eu, estudado há cinqüenta anos a História da Igreja, para bem compreender tudo isso. É singular a doutrina pela qual iniciam os maometanos sua educação como fundamento da religião, robustecendo na mocidade a convicção de que nada poderá acontecer à criatura, que não tenha sido determinado por uma divindade suprema. Em conseqüência, estão por toda a vida armados, tranqüilos e não temendo coisa alguma.

"Não quero analisar o que poderá haver nessa doutrina de verdadeiro ou de falso, de proveitoso ou de nocivo. Existe, não obstante, algo dessa crença em nós todos também, que não nos foi ensinado. "A bala na qual não está inscrito o meu nome não me acertará" — diz o soldado durante a peleja; e, como poderia ele conservar-se corajoso e sereno em iminente perigo, sem essa firme confiança? O preceito da fé cristã: "não cairá do telhado um pardal se essa não for a vontade do nosso Pai", deriva da mesma fonte e refere-se a uma Providência que vela pelos mais pequenos e sem cujo querer e permissão nada sói acontecer.

"Depois disso, principiam os muçulmanos o ensino da filosofia, com a doutrina de que não há conclusão que possa ser contrariada, e assim exercitam a perspicácia da juventude com o problema de encontrar e formular o parecer oposto a qualquer afirmação proposta, o que tem como fruto uma grande agilidade em raciocinar e argumentar.

Assim, depois de ter afirmado o contrário de cada sentença proposta, surge a *dúvida* acerca do que é propriamente o exato. Na dúvida não se pode persistir, o espírito é induzido a pesquisar e *examinar*, o que conduz, se realizado com exatidão, à *certeza*, o alvo que lhe dá a perfeita tranqüilidade. V. vê que nessa doutrina nada falta e que nós com todos nossos sistemas não estamos mais adiantados".

"Isso faz-me pensar nos gregos", tornei eu, "cuja educação filosófica deve ter sido semelhante, como no-lo provam suas tragédias, cuja essência também se baseia inteiramente na contradição, porque não há afirmação alguma que não possa ser contradita".

"Tem V. inteira razão", concordou, "também não falta a dúvida que irá despertar no espectador ou no leitor, assim como nós ao fim da peça atingimos à certeza do destino que se une ao moral, e cujo partido dirige".

Levantamo-nos, e Goethe conduziu-me ao jardim afim de prosseguirmos na palestra.

"Parece-me notável", observei, "o fato de Lessing em suas produções teóricas, como por exemplo em "Laocoonte", não nos levar diretamente ao resultado, mas conduzir-nos desde o início por via filosófica, através de dúvidas, opiniões favoráveis e contrárias, até uma espécie de certeza.

"É-nos mais fácil seguir o processo de pensar e descobrir do que aceitar grandes opiniões e verdades que, excitando nossas próprias idéias, seriam mais adequadas a tornar-nos produtivos.

"É verdade", concordou ele, "Lessing teria mesmo uma vez externado que, se Deus lhe tivesse concedido o conhecimento da verdade, teria recusado esse privilégio, preferindo o labor de procurá-la.

"Aquele sistema filosófico dos muçulmanos é uma agradável medida aplicável a nós próprios e a outros para experimentar o grau de virtude espiritual em que propriamente nos achamos. Lessing mantém-se, de acordo com sua natureza polemista, de preferência no campo da oposição e da dúvida; o discernimento é o seu forte, apoiado em uma grande inteligência. Sou, porém, inteiramente diverso, nunca me deixei levar por contradições; procurei no meu íntimo aplainar as dúvidas e só declarei o resultado quando resolvido".

Perguntei-lhe qual dos filósofos modernos julgava o mais eminente.

"Kant",[1] respondeu ele, "é indubitavelmente o mais eminente. É também aquele cuja teoria continua predominando e que mais profundamente penetrou em nossa cultura. Também sobre V. teve ele influência, embora V. não tenha lido suas obras. Agora pode prescindir dele pois o que lhe poderia dar, já V. possui. Se mais tarde quiser ler alguma coisa desse grande filósofo, recomendo-lhe sua "Crítica do Discernimento" na qual discorre magnificamente sobre a retórica, com sensatez a propósito de poesia e com deficiência sobre as artes plásticas".

---

1. A Adele Schopenhauer, irmã do grande filósofo, Goethe disse um dia que, ao ler uma página de Kant, tinha a impressão de penetrar numa sala cheia de luzes.

"Teve V.Excelência, algum dia, relações pessoais com Kant?"

"Não. Kant nunca tomou conhecimento da minha existência, embora seguindo meu próprio impulso, eu trilhasse rumo semelhante ao seu. Escrevi minha "Metamorfose das Plantas" quando ainda o ignorava, e no entanto a obra está inteiramente no espírito do Kantismo. Aquilo que distingue o sujeito do objeto, e além disso, a crença de que toda criatura existe por si, e que o sobreiro por ventura não se desenvolve para que possamos arrolhar nossas garrafas, isso temos de comum, Kant e eu, e é com satisfação que constato termo-nos encontrado. Mais tarde escrevi a "Teoria da Experimentação" a qual deve ser considerada como uma crítica subjetiva, e objetiva, e como mediação entre ambas.

"Schiller desaconselhava-me sempre o estudo da filosofia de Kant, dizendo que o Kantismo nada me poderia dar. Ele, Schiller, no entanto estudava-o com afinco; eu também, e não sem ter lucrado com isso".

Enquanto conversávamos, íamos e vínhamos pelo jardim. As nuvens se tinham condensado e começou a chover, de modo que foi necessário abrigarmo-nos na casa onde por algum tempo ainda prosseguimos palestrando.

Quarta-feira, 18 de abril de 1827.

Antes do jantar, passeando de carro com Goethe, num trecho da estrada que leva a Erfurt, encontramos diversos carros de carga com mercadorias para a feira de Leipzig, assim como algumas parelhas de cavalos e entre esses uns belos exemplares.

"Acho graça nos estetas", disse ele, "que se afadigam para, por algumas palavras abstratas, dar uma idéia do inexprimível, para cuja definição usamos a expressão "belo". O belo é um fenômeno preexistente[1] que na verdade nunca aparece, porém, cujo reflexo em mil diversas manifestações do espírito criador tornar-se-á visível, e tão heterogêneo e diverso é, como a própria Natureza".

"Ouço freqüentemente", observei, "que a Natureza é sempre magnífica e causa o desespero do artista que raramente tem capacidade para representá-la com perfeição".

"Bem sei", replicou, "que ela oferece constantemente um encanto difícil de reproduzir; não penso, porém, absolutamente que seja bela em todas as suas manifestações. Seus desígnios são, na verdade, sempre bons; não o são, porém, as condições que dela dependem para representá-la com perfeição.

"Assim o carvalho é uma árvore que chega a ser belíssima. Todavia, quantas circunstâncias favoráveis necessitam coincidir antes que a Natureza consiga dar-

---

1. Urphänomen.

lhe uma forma verdadeiramente perfeita. Desenvolvido na espessura da floresta, cercado de troncos vigorosos, sua tendência impele-o para o alto, sempre para o espaço livre e a luz. Para os lados crescem-lhe apenas poucos galhos e fracos, e estes mesmos no correr dos anos fenecem e caem. Se finalmente alcançou a liberdade nas alturas, começará serenamente a alargar-se e a formar uma copa. Quando atinge a esse ponto, já ultrapassou entretanto o desenvolvimento médio. O esforço de tanto anos para subir, tomou-lhe as energias mais novas e falta-lhe o vigor para estender viçosas ramas. Alto, forte e esguio, ei-lo após o completo crescimento, sem contudo apresentar uma certa harmonia entre o tronco e a copa, para ser, de fato, belo.

"Se, ao invés medrou numa região úmida, pantanosa e num solo demasiado fértil, cedo apontarão, havendo espaço suficiente, numerosos galhos para todos os lados. Falho de resistência, nodoso, obstinado, crenulado, não se desenvolverá e, observado à distância, apresentará uma aparência frágil, semelhante à da tília, não agradando seu aspecto pelo menos como carvalho.

"E se finalmente medrou num declive de montanha, em terreno árido e pedregoso, aparecerá sem dúvida com demasiadas irregularidades e nós; faltar-lhe-á a liberdade de se desenvolver, crescendo precocemente, estacionando, e dele não se dirá que provoca admiração".

"Carvalhos magníficos", repliquei, "vi eu quando há alguns anos fazia pequenas excursões vez por outra, de Göttingen ao vale do Weser; soberbos exemplares, principalmente em Solling, nas cercanias de Höxter".

"Um solo arenoso ou com mistura de areia", continuou Goethe, "que lhe permita estender fortes raízes em todas as direções, é o que parece ser-lhe mais favorável. Depois, requer espaço suficiente para de todos os lados receber a ação da luz, do sol, da chuva e do vento. Protegido dos vendavais e tempestades não chegará a grande coisa; um século, porém, de lutas com os elementos fá-lo-á tão forte e rijo que, quando perfeitamente desenvolvido, seu aspecto infundirá admiração e assombro".

"Poder-se-ia pois, segundo os conceitos de V. E. chegar à conclusão de que uma criatura é sempre formosa quando alcança o máximo do seu natural desenvolvimento?"

"Perfeitamente", concordou, "e entanto seria preciso antes explicar o que se entende por máximo do desenvolvimento natural".

"Com isso", respondi, "quero assinalar aquele período de crescimento em que o caráter peculiar a esta ou àquela criatura aparece claramente pronunciado".

"Neste sentido", tornou Goethe, "nada haveria a objetar, sobretudo quando ainda se acrescenta que a esse crescimento tão nitidamente pronunciado, é também necessário ser a forma de cada um dos membros adequada ao seu destino natural.

"Assim, por exemplo, uma rapariga casadoira, cujo natural destino é procriar e amamentar filhos, não seria formosa sem uma largura normal da bacia e desenvolvimento do busto, não, porém, em demasia, o que também não seria bonito. Como pudemos nós, ainda há pouco, taxar de belos, alguns dos cavalos de montaria que encontramos, senão pela perfeição das formas? — Não era só a elegância, a leveza e a graça dos movimentos, porém, alguma coisa mais, sobre o que um bom cavaleiro e conhecedor poderia dar opinião, quando nós apenas experimentamos a impressão do conjunto".

"Não se poderia também considerar belos uns cavalos como aqueles que há pouco vimos tão robustos atrelados às carretas de frete de Brabante?"

"Certamente", concordou Goethe, "e porque não? Um pintor encontraria no tipo fortemente pronunciado, na poderosa expressão da estrutura, dos ossos, tendões e músculos desses animais, talvez mais ainda uma combinação multiforme de encantos, do que na suave figura de um elegante cavalo de montaria".

"O principal é sempre", prosseguiu, "que seja de raça pura e não tenha sofrido mutilação pela mão do homem. Um cavalo com as crinas e a cauda aparadas, um cão com as orelhas cortadas, uma árvore cujos galhos maiores foram retirados e o resto talhado para formar um globo, e, sobretudo, uma jovem cujo corpo tenha sido deformado pelo uso do espartilho, são coisas de que o bom gosto se afastou e que apenas têm seu lugar no catecismo de beleza dos filisteus".

Discorrendo sobre esse e outros assuntos, regressamos à casa. Ainda antes de ir para a mesa demos umas voltas pelo jardim. O tempo estava belíssimo, um sol de primavera começava a fazer-se sentir demasiado quente, as moitas e os arbustos já nos atraíam por suas folhagens e florescência. Goethe estava pensativo e cheio de esperança num agradável estio. Ao jantar, em seguida, achávamo-nos muito alegres. O jovem Goethe havia lido a "Helena" de seu pai, e discorreu acerca dessa obra com a penetração de uma natural sagacidade. Entusiasmou-o a parte escrita em versos antigos, enquanto que a metade, como ópera romântica, não o impressionou tanto.

"Tens razão, no fundo, é uma coisa singular", replicou Goethe, "na verdade não se pode dizer que o judicioso seja sempre belo, o belo todavia é sempre judicioso ou pelo menos devia sê-lo. A parte antiga agrada-te por ser compreensível e porque a percorreste aproximando meu discernimento do teu. Na segunda metade empreguei também a verdade e usei critério e razão; somente isso é difícil e exige estudo até atingir os fins e encontrar de novo com a própria sagacidade, o discernimento do autor".

Referiu-se a seguir, com grandes louvores e estima, às poesias de Madame Tastü, com cuja leitura se ocupara nestes dias. — Quando os outros se retiraram e eu me preparava a acompanhá-los, pediu-me ficasse um pouco mais. Mandou trazer uma pasta com gravuras e águas-fortes de mestres flamengos.

"Quero ainda, como sobremesa, regalá-lo com uma coisa boa" — e apresentou-me uma paisagem de Rubens. — "V. já viu esse quadro em minha casa, nunca, porém, se contempla bastante o que é magnífico e desta vez trata-se de algo inteiramente especial. Quer dizer-me o que vê aí?"

"A começar pelo último plano", respondi, "temos um céu muito claro, como logo após o crepúsculo. Depois também à distância, uma aldeia e uma cidade, na claridade da tarde. No centro da paisagem, uma estrada por onde vai passando um rebanho de carneiros a caminho da aldeia. À direita, numerosos montes de feno e um carro que vem de ser carregado. Cavalos desatrelados pastam em redor, mais longe, disseminadas por entre os maciços de verdura, várias éguas com seus potros. Quase no primeiro plano, um grupo de árvores frondosas e, finalmente, bem na dianteira, à esquerda, diversos trabalhadores que se dirigem à casa".

"Bem", disse Goethe, "na aparência aí está tudo, mas falta o principal. A cena que vemos representada, o rebanho, o carro de feno, os cavalos, os lavradores a caminho do lar, de que lado recebem a luz?"

"São iluminados", repliquei, "pelo lado que nos fica oposto e deitam a sombra para o interior do quadro. Principalmente os trabalhadores andando, no primeiro plano, o que produz um excelente efeito".

"Como pôde Rubens produzir tão bela impressão?"

"Fazendo destacar", respondi, "essas figuras sobre um fundo escuro".

"E esse fundo escuro", perguntou Goethe, "de onde provém ele?"

"Da espessa sombra, projetada pelo grupo de árvores sobre as figuras. — Como porém", prossegui espantado, "podem as figuras projetar sombra para o interior da cena, se as árvores, ao invés, a projetam contra o observador! Temos então a luz de dois lados opostos, o que é bem contra o natural!" "É precisamente essa a questão", replicou Goethe a sorrir, "na qual Rubens demonstra sua grandeza e revela a liberdade com que se alça acima da Natureza dominando-a segundo seus elevados desígnios". — "A dupla claridade é certamente forçada, e V. E. pode mesmo dizer, artificial. Quando digo que é contra o natural, digno ao mesmo tempo que se eleva além da Natureza e que representa o gesto ousado do mestre revelando, de modo genial, que a Arte tem suas próprias leis e que não está sujeita às necessidades naturais." — "O artista" afirmou ele, "deve certamente reproduzir a Natureza com fidelidade e devoção, e nada alterar arbitrariamente no esqueleto e na posição dos tendões e músculos de um animal, ferindo assim seu caráter peculiar e mutilando-o.

"Nas culminâncias de sua carreira artística, quando um quadro seu vem a ser verdadeiramente um quadro, tem ele toda a liberdade e pode então proceder por ficções, como o fez Rubens nessa paisagem com sua dupla iluminação.

"O artista está para a Natureza numa situação ambígua; é ao mesmo tempo seu senhor e seu escravo — É seu escravo, enquanto age por meios materiais afim de ser compreendido: — é seu senhor, quando domina esses meios e os põe a serviço de suas elevadas intenções.

"O artista quer falar ao mundo através dum conjunto que não se encontra na Natureza, mas que é o fruto do seu próprio espírito, ou, se quiser , o sopro de um fertilizante alento divino.

"Contemplando apenas superficialmente essa paisagem de Rubens, parece-nos em tudo exatamente copiada do natural e todavia assim não é. Um quadro tão belo nunca é visto na Natureza, da mesma maneira que as paisagens de Poussin ou de Claude Lorrain também nos parecem tão naturais, embora igualmente em vão as procuremos na realidade".

"Acaso não são também encontrados na literatura audazes traços de ficção artística, como esse da dupla claridade, de Rubens?"

"Não necessitaríamos ir muito longe", respondeu após alguma reflexão.

"Poderia indicar-lhe dúzias deles: em Shakespeare, basta reler "Macbeth". Quando a Lady quer incentivar a ação de seu marido, diz:

Eu amamentei filhos!

Se isso é, ou não, verdade, não importa. A Lady, porém, o diz e deve dizê-lo, afim de, com isso, dar ênfase às suas palavras.

Mais tarde porém, no decorrer da peça, quando Macduff recebe a notícia da ruína dos seus, exclama numa ira selvagem — Ele não tem filhos! Essas palavras de Macduff estão, aliás, em contradição com as da Lady, mas a Shakespeare isso não importa; importa-lhe a eloqüência da oração, assim como a Lady deve pronunciar suas palavras com acentuada ênfase:

Eu amamentei filhos!

"Em geral", continuou Goethe, — "não se deve analisar com tantas minúcias as pinceladas dum pintor ou as expressões dum poeta; antes devemos tornar a admirar uma obra de arte executada com espírito independente e ousado, e também, onde possível, encará-la e gozá-la com espírito semelhante.

"Assim, seria insensato se das palavras de Macbeth: — Não me faça dar à luz filhos" se quisesse concluir fosse a Lady uma criatura muitíssimo jovem que nunca tivesse procriado. E igualmente insensato seria se se quisesse apresentar no palco a Lady como uma pessoa em sua primeira mocidade. Macbeth não diz em absoluto essas palavras para provar a juventude da Lady; porém, como as antecedentes pronunciadas por Lady e Macduff, elas têm apenas um alvo retórico. — Nada mais provam senão que o poeta faz dizer a seus intérpretes de cada vez o que precisamente convém a esse trecho, sem a preocupação de que essas palavras, em outra passagem, possam cair em aparente contradição.

Shakespeare provavelmente não pensava que seus dramas seriam impressos, comparados uns aos outros e aquilatados. Preocupava-se muito mais, enquanto escrevia, com a montagem das peças, antevendo esses dramas com o movimento e a vida que da ribalta para os olhos e ouvidos dos assistentes fluíam rápidos, que não se poderia reter e censurar em detalhe, e o que somente importa, é ser sempre apenas, no momento presente, eficaz e considerável".

Terça-feira, 24 de abril de 1827.

Augusto Guilherme von Schlegel está aqui. Goethe deu com ele, antes do jantar, um passeio de carro pelo "Webicht", e em sua honra, esta tarde, um chá ao qual esteve, também presente seu companheiro de viagem, o Doutor Lassen. Todos os que em Weimar têm nome, e posição, foram convidados, de modo que o movimento nas salas era grande.

Von Schlegel estava rodeado de damas às quais fazia ver umas estreitas tiras desenroladas, com efígies de deuses hindus, assim como o texto completo de suas grandes poesias indianas as quais, com exceção dele próprio e do Dr. Lassen, provavelmente ninguém compreendia. Schlegel estava vestido com a maior elegância e tinha um aspecto jovem e florescente, tanto que alguns dos presentes acreditaram não ser ele inexperiente no uso de cosméticos. Atraindo-me para uma janela, Goethe perguntou-me -: "Então, que lhe parece ele?" — "Tal como sempre", contestei. — "Certamente não me parece, a muitos respeitos, um homem, no entanto, por seus grandes méritos e vastos conhecimentos científicos, podem-se lhe fazer algumas concessões".

Quarta-feira, 25 abril de 1827.

À mesa, com Goethe e o Dr. Lassen. Schlegel fora hoje de novo convidado para a Corte. O Dr. Lassen revelou grandes conhecimentos da poesia indiana, o que pareceu agradar extremamente a Goethe, que assim completava os seus próprios, nesse ponto um tanto incompletos.

À tarde tornei por alguns instantes à sua casa. Contou-me que Schlegel visitara-o ao crepúsculo e que entretiveram uma conversa importante sobre assuntos literários e históricos, para ele muito instrutiva. "É, não obstante, necessário", acrescentou, "não se exigir uvas dos espinheiros, nem figos, dos cardos; no mais, está tudo ótimo".

Quinta-feira, 3 de maio de 1827.

A tradução muito bem feita das obras dramáticas de Goethe, por Stapfer, teve no "Globe", aparecido em Paris no ano findo, de J. J. Ampère, uma apreciação que não lhe é inferior, e que tão agradavelmente impressionou a Goethe, que muitas vezes volvia a falar nele exprimindo seu grande reconhecimento.

"O ponto de vista do Sr. Ampère", disse, "é muito elevado. Os nossos críticos em semelhantes casos, partem de preferência, da Filosofia, e, pela observação e consultas de uma educação poética procedem dum modo, que aquilo para cujos esclarecimentos contribuem, só a filósofos de sua própria escola é acessível: para outra gente porém é mais obscuro do que a obra que quiseram esclarecer. Assim, procede ao contrário o Sr. Ampère, absolutamente prático e humano. Como alguém, que conhece a fundo o seu ofício, mostra a afinidade entre o que foi criado e o criador, e julga as diversas produções como diversas frutas das várias épocas da vida do poeta.

"Ele estudou muito profundamente minha carreira social e meus diferentes estados de espírito, e teve mesmo a capacidade de adivinhar o que não exprimi que, por assim dizer, só podia ler entre linhas. E quão exatamente observou que nos primeiros anos de serviço em Weimar e na vida da Corte, quase nada pude produzir, que o desespero me impeliu para a Itália, e que lá, com nova disposição criadora, tomei da história de Tasso, para no tratamento desse assunto, libertar-me do que ainda me oprimia das impressões de Weimar e suas lembranças dolorosas e desagradáveis. Muito acertadamente qualifica por isso o "Tasso" um "Werther" no superlativo". Exprime-se com não menos inteligência também sobre o "Fausto", no qual classifica como partes do meu próprio ser, não somente a sombria inquietação do protagonista, como também o desdém e a acrimônia de Mefistófeles". Desse e outros modos semelhantes referia-se Goethe seguidamente a Ampère; sentíamos por ele um decidido interesse, procurávamos compreender sua personalidade, e, embora não o conseguíssemos, concordávamos em que devia ser um homem já de meia idade, para penetrar tão a fundo a ação recíproca de viver e escrever poesia. Qual não foi, pois nossa surpresa quando há alguns dias Ampère, chegando a Weimar, apresentou-se-nos como um alegre jovem em seus vinte anos; e não menos nos surpreendemos quando no correr de relações mais seguidas, comunicou-nos que muitos colaboradores do "Globe", cujo saber, moderação e elevado grau de cultura tanto admirávamos, eram tão novos quanto ele.

"Compreendo bem", observei, "que alguém possa ser jovem e produzir coisas importantes e, como Mérimée, escrever aos vinte anos obras excelentes; que porém tenha em tão verdes anos à sua disposição, um tão arguto golpe de vista e tão profunda experiência, uma tal elevação de julgamento como os diretores do "Globe", é para mim certamente coisa nova.

"A V. em suas campinas nativas", replicou Goethe "não lhe foi sem dúvida tão fácil, e também nós na Alemanha Central tivemos que pagar bastante caro essa escassez de sabedoria, pois no fundo levamos todos uma vida isolada e pobre! Do povo, verdadeiramente, vem-nos uma cultura diminuta e todos os nossos talentos e belas capacidades acham-se semeados pela Alemanha inteira. Vive um deles em Viena, outro em Berlim, um outro em Königsberg, em Bonn ou Dusseldorf, todos separados uns dos outros por cinqüenta milhas ou cem, de modo que se tornam raros os contatos pessoais e a troca de idéias. O que seria isso para nós sinto-o, quando homens como Alexandre von Humboldt, por aqui passam e num único dia progrido mais no que eu procurava e necessitava saber, do que de outra forma em meu caminho isolado, durante anos não o teria conseguido.

"Imagine-se no entanto V. uma cidade como Paris, onde os mais proeminentes intelectuais de um grande país, estão reunidos num único lugar, e em convívio diário, torneios e concursos, se instruem uns aos outros e se elevam, onde o melhor de todos os reinos da Natureza e da Arte de todo o mundo, se oferece diariamente à contemplação; essa cidade mundial, pense V. bem, onde qualquer giro por uma ponte ou uma praça, recorda um grandioso passado e onde cada esquina foi teatro de um acontecimento histórico. E não pense na Paris de uma época obscura e insípida, mas na Paris do século dezenove, em que há três gerações, através de homens como Molière, Voltaire, Diderot e seus semelhantes; estabeleceu-se uma tal plenitude de espírito, como no mundo inteiro reunido num único ponto não se torna a encontrar, e V. compreenderá que uma capacidade como Ampère, criado nesse meio, possa bem ser alguém aos vinte e quatro anos.

"V. insinuou há pouco, ser plausível que alguém pudesse aos vinte anos escrever tão boas peças como Mérimée. Nada tenho contra isso e sou mesmo da opinião que na mocidade é mais fácil encontrar uma valiosa produção do que um julgamento sólido.

"Na Alemanha porém, há que desistir de achar um que, como Mérimée, produza obra tão ponderada como o fez em sua "Clara Gazul". Schiller estava, em verdade, na flor da sua mocidade quando escreveu os "Räuber", a "Kabale und Liebe" e o "Fiesco"; se porém quisermos ser sinceros, teremos que considerar essas peças mais como expressões do seu extraordinário talento do que da profunda erudição do autor.

"Disso não tem ele culpa, mas sim o grau de cultura do seu país e a grande dificuldade, que todos nós experimentamos de, em nosso isolado caminho ajudarmo-nos mutuamente. Em compensação, tomemos Béranger. Filho de pais pobres descendente de um pobre alfaiate, depois pobre aprendiz de tipografia, em seguida empregado com parco ordenado em um escritório qualquer nunca tendo freqüentado um liceu nem universidade, e no entanto, seus lieder são tão cheios de refletida cultura, de graça, e da mais fina ironia, de uma tal perfeição artística e magistral manejo da língua, que se tornou admirado não somente em França como em toda a Europa culta.

209

"Pense V. porém neste mesmo Béranger. Em vez de nascido em Paris ter chegado a essa cidade mundial, como filho de um obscuro alfaiate de Iena ou de Weimar, e imagine-o continuando miseravelmente sua carreira nas referidas pequenas cidades e pergunte-se a si próprio quais os frutos que esta mesma árvore crescida em semelhante solo e em uma tal atmosfera, teria produzido.

"Por conseguinte, meu caro, repito: para que um talento qualquer se possa desenvolver rápida, fácil e prazenteiramente em uma nação, é preciso que encontre nela muito espírito e uma sólida cultura. Nós admiramos as antigas tragédias gregas", porém observando-as atentamente, devíamos exalçar mais a época e a nação nas quais foi possível criá-las, do que os próprios autores. Pois, embora essas peças sejam um tanto diversas entre si e embora também um desses poetas apareça um pouco mais notável e completo do que outro, é isto o que distingue a grandiosidade, a capacidade do perfeito humano, da alta sabedoria da existência, da intuição pura e sadia e quantas outras qualidades que se poderiam enumerar.

"Encontrando porém todos esses atributos não somente nas obras dramáticas como também nas líricas e épicas; encontrando-os além disso, nos filósofos, reitores e historiadores, em tão elevado grau nas obras de artes plásticas a nós legadas, é necessário que nos convençamos de que tais atributos não distinguiam determinadas pessoas, como pertenceram à nação e à toda sua época, e nela tinham seu curso.

"Tome por exemplo, Burns. Sua grandeza consiste no fato de viverem os velhos *lieder* de seus antepassados na alma do povo; que por assim dizer lhe foram cantados desde o berço; ouvindo-os desde a infância, à excelência desse padrão tanto se habituou, que teve nele uma viva base, de onde prosseguiu.

"E ainda como se tornou grande, senão por terem encontrado seus próprios *lieder* um eco no sentimento popular, que logo nos campos, por ceifeiros e atadeiras ressoavam e com os quais os saudavam os alegres camaradas nas tabernas. E essa foi a causa do seu sucesso.

"Quão pobres somos porém, nós alemães. Quais dos nossos não menos notáveis antigos *lieder* vibravam em minha mocidade na alma popular? Herder e seus sucessores[1] tiveram de começar a reuni-los e arrancá-los ao esquecimento; em seguida lograram imprimi-los em bibliotecas. E mais tarde quantas canções ainda compuseram Bürger e Voss! Quem poderia dizer, fossem elas inferiores e menos populares do que as do excelente Burns? Quais delas porém continuaram a viver ressoando a nossos ouvidos? Foram escritas, exatamente com a sorte reservada aos poetas alemães: impressas para jazer em bibliotecas.

---

1. Herder reunira em Weimar os cantos populares alemães numa coleção a que dera o título de: "Vozes do povo nos lieder". Achim von Arnim e Brentano (Des Knaben Wunderhorn), coletânea de cantos populares alemães em 3 vol. (Heidelberg 1806-08 e em subseqüentes reedições). E entre outros Birlnigen e Grecelino (1873-77) — Ettinger, Meyer, (livros populares), Grisèbách, P. Ernst, contribuíram para despertar o espírito da poesia no novo povo alemão.

"Dos meus próprios *lieder*, quais deles vivem ? Um ou outro é às vezes cantado ao piano por uma linda jovem; são porém desconhecidos na massa popular. Com que sentimento recordo os tempos em que pescadores italianos cantavamme trechos do "Tasso".

"Nós alemães somos de ontem; é verdade que há um século nos vimos otimamente cultivando; decorrerão porém ainda mais alguns até que espírito e alta cultura penetrem em nossos patrícios e se generalizem; que eles, como os gregos, honrem a beleza; que se encantem numa bela canção, e que deles se possa dizer: há muito deixaram de ser bárbaros".

Sexta-feira, 4 de maio de 1827.

Em homenagem a Ampère e seu amigo Staffer, grande jantar em casa de Goethe. A conversa era vivaz, alegre e variada em todos os sentidos. Ampère falou muito a Goethe a respeito de Mérimée, Alfred de Vigny e outros notáveis talentos. Discorreuse também muito sobre Béranger cujas incomparáveis canções, Goethe conserva na memória. Debateu-se se os seus alegres *lieders* amorosos eram superiores aos políticos; ao que Goethe opinou, que em geral uma matéria puramente poética está tão acima da política como a eterna verdade, da opinião partidária.

"De resto", continuou, "em suas poesias políticas, revelou-se Béranger um benfeitor da sua pátria. Após a invasão dos aliados, encontraram nele os franceses o melhor órgão dos seus sentimentos oprimidos. Ele reavivou por numerosas recordações, a glória das armas imperiais, cujas lembranças eram ainda bem vivas em todas as cabanas, e cujos grandes feitos o poeta admirava, sem no entanto desejar o prosseguimento da sua soberania despótica. Agora, sob os Bourbons, também não parece sentir-se satisfeito. É, sem dúvida, esta uma geração enfraquecida. E o francês atual quer um governo monárquico de grandes valores, embora ele próprio colabore com prazer e mesmo lhe empreste sua palavra".

Após o jantar a sociedade espalhou-se pelo jardim, e Goethe acenou-me para um passeio de carro pelo bosque, no rumo de Tiefurt, durante o qual revelouse muito amável e bondoso.

Regozijou-se por ter encetado relações tão apreciáveis com Ampère, o que lhe prometia as melhores conseqüências para o conhecimento e a divulgação da literatura alemã na França

"Ampère", continuou, "paira sem dúvida tão alto em sua cultura, que deixa muito longe os preconceitos nacionais, apreensões e a parvoíce de numerosos compatriotas seus e por sua inteligência é muito mais cosmopolita do que parisiense. Vejo aliás aproximar-se a época em que existirão milhares na França que pensem como ele".

Domingo, 6 de maio de 1827.

De novo reunidos à mesa, os mesmos convivas de anteontem. Discorreu-se muito sobre "Helena" e o "Tasso", e Goethe referiu-nos ter projetado em 1797, tratar a lenda de Guilherme Tell como poesia épica, em hexâmetros.

"No referido ano", continuou, "tornei ao lago dos "Quatro Cantões", e essa encantadora, magnífica, grandiosa Natureza, motivou em mim uma impressão tal, que me induziu a descrever em um poema a variedade e opulência dessa incomparável paisagem.

"Com o fim de conseguir porém em minha descrição, mais encanto, interesse e vida, pareceu-me de vantagem animar a imponente região com figuras notáveis em que a lenda de Guilherme Tell viria muito a propósito.

"Representava-me Tell como um hercúleo herói, ingênuo, inconsciente, que percorria os cantões como carregador. Geralmente conhecido e estimado, prestativo a cada um, de resto exercendo em paz a sua faina, cuidadoso com a mulher e os filhos, não se preocupa em saber quem ali fosse o senhor ou o vassalo.

"Gessler, imaginava-o ao contrário, como um tirano, porém da espécie menos desagradável, que ocasionalmente pratica o bem quando lhe dá para isso, como também pratica o mal, e a quem, aliás, o povo, seu bem-estar e suas dores, são tão completamente indiferentes, como se nunca tivessem existido.O mais elevado e o melhor da natureza humana, ao invés, o amor ao torrão natal, o sentimento de liberdade e segurança sob a proteção das leis pátrias, depois a humilhação, vendo-se oprimidos sob o jugo de um estrangeiro corrupto, ocasionalmente maltratados, e por fim, a resolução amadurecida de acabar com tão odioso jugo, tudo enfim, que há aí de bom e elevado, distribuiu pelos conhecidos e nobres Walther Fürst, Stauffacher, Winkelried e outros. E foram esses propriamente os meus heróis, minhas elevadas forças conscientes; enquanto que Tell e Gessier, que aliás também oportunamente agiriam, eram, no fundo, figuras de natureza passiva.

"Sentia-me inteiramente penetrado desses belos assuntos e murmurava já fortuitamente meus hexâmetros. Contemplava o lago banhado serenamente pelo luar, o nevoeiro iluminado nos profundos vales. Admirava-o na pompa do sol nascente, no júbilo e, na vida da floresta e dos prados. Descrevia depois um temporal, uma procela com trovoadas, que se elevando das gargantas se despenhava sobre o lago. Não faltaram também a tranqüilidade noturna e as furtivas entrevistas sobre as pontes e nas veredas.

"A propósito de tudo isso discorria com Schiller em cuja imaginação, paisagens e figurantes iam formando um drama. E como eu tinha outras coisas a fazer e a execução do meu desígnio se ia sempre diferindo, cedi-o inteiramente a Schiller que dele extraiu seu drama maravilhoso!"

Ouvíamos com prazer essas comunicações tão interessantes. Observei que a mim parecia aquela descrição em tercetos, do nascer do sol, na primeira cena da segunda parte do "Fausto", originar-se das recordações do lago dos Quatro Cantões.

"Não posso negar", assentiu Goethe, "que emanavam daí essas impressões; não poderia absolutamente, sem a penetrante contemplação daquela maravilhosa Natureza, ter concebido os tercetos. Também, isso foi tudo quanto cunhei com o ouro da criação de Tell.

"O resto abandonei inteiramente a Schiller que, como é sabido, dele se utilizou magistralmente".

A conversa voltou-se para o "Tasso", e para a idéia que nesse drama, Goethe procurou pôr em evidência.

"Idéia alguma! Eu tinha a vida do Tasso, a minha própria, e enquanto confundia as duas figuras e suas particularidades, foi avultando em mim a imagem do Tasso, a que, como prosaico contraste contrapus a personagem de Antônio, para a qual também não me faltavam modelos. O mais, a corte, relações sociais e amorosas, tudo isso existia em Weimar tal como em Ferrara, e posso afirmar que essa produção saiu do meu próprio ser.

"Os alemães são em verdade muito singulares! Por seus pensamentos e profundas idéias que em toda parte procuram e a tudo aplicam, tornam a vida mais difícil do que é.

"Eia! — Tende finalmente coragem de entregar-vos às impressões de encantamento, de comoção, de elevação e mesmo, de procurar instruir-vos e inflamar-vos por uma idéia grandiosa, mas pensai sempre que tudo seria fútil não fosse algum pensamento e idéia abstrata.

"Agora vem V. e pergunta qual a idéia a que procurei dar vida no "Fausto". Como se eu o soubesse e pudesse exprimi-lo!

"Do céu, através do mundo, para o inferno, seria esta em caso necessário; mas isso não é uma idéia, é o andamento da ação.

"E além disso, que o demo perca a aposta e que se possa salvar um homem que sempre aspira a melhorar e a livrar-se dos erros, é na verdade um pensamento que muitas vezes nos esclarece. Não é porém uma idéia que sirva de base ao conjunto e a cada cena em particular.

"Ter-se-ia de fato, tornado muito engraçado se uma vida tão opulenta, agitada e vária como a que criei no "Fausto", eu quisesse reduzir ao delgado fio de uma única idéia!...

"Em suma, nunca foi minha maneira, como poeta, procurar atingir a materialização do abstrato.

"Concebi no meu interior, impressões, notadamente de natureza sensível, vivazes, amenas como a imaginação me proporcionava, e, como poeta, nada mais tinha a fazer do que arredondá-las e desenvolvê-las artisticamente, aperfeiçoá-las e apresentá-las expondo-as à luz, de modo que os espectadores ou leitores recebessem idêntica impressão quando as escutassem ou lessem.

"Quando no entanto eu queria, como poeta, representar alguma idéia determinada, fazia-o em pequenos poemas, em que pudesse reinar uma unidade fácil de perceber, tal a "Metamorfose dos Animais", a "das Plantas", a poesia "Legado" e muitas outras. A única produção de maiores proporções na qual estou consciente de ter trabalhado sob uma idéia persistente, seria a minha "Afinidades Eletivas". Esse romance tornou-se por isso acessível, mas não pretendo afirmar que se tenha tornado melhor. Uma produção poética é tanto melhor quanto mais incomensurável e menos compreensível à razão.

Terça-feira, 15 de maio de 1827.

O Sr. von Holtei, chegado de Paris, está há algum tempo aqui, e por sua pessoa e seus talentos tem sido em geral cordialmente recebido. Também entre ele e Goethe e sua família, formaram-se relações muito amistosas. Goethe mudou-se há alguns dias para o seu "Garten" onde se encontra feliz na mais tranqüila atividade intelectual. Visitei-o lá hoje com o Sr. von Holtei e o conde Schulenberg, tendo o primeiro feito suas despedidas, pois segue para Berlim com Ampère.[1]

Quarta-feira, 20 de junho de 1827

A mesa familiar de cinco talheres estava posta; as salas vazias e frescas causavam agradável sensação a quem vinha do forte calor da rua. Entrei na vasta sala, contígua à de jantar, forrada de tapete tecido a mão e onde está o busto colossal de Juno.

Não estive por muito tempo só; andava de um lado para outro, quando Goethe, vindo de seu gabinete de trabalho, entrou saudando-me, afetuosamente como é seu costume. Sentou-se numa cadeira junto à janela dizendo-me: "tome também uma cadeirinha e conversemos um pouco até virem os outros. Tive prazer em que V. conhecesse também o conde Sternberg em minha casa; ele tornou a partir, e eu encontro-me de novo na habitual atividade e em sossego".

---

1. A 16 de maio de 1827, escreve Ampère:

Deixei finalmente Weimar; Goethe deu-me a sua medalha, abraçou-me e parti muito emocionado. Estivéramos antes sentados no mesmo banco no jardim da sua casinha rústica junto ao Ilm, de onde se avista o parque de Weimar e onde, há quarenta anos, escreveu a "Ifigênia". As árvores em torno da casa foram plantadas todas por ele. Sob essas árvores repousávamos contemplando o parque iluminado pela luz crepuscular. Goethe sereno, alegre mesmo, falava-me com suavidade e aquela leve ironia que tão bem lhe quadra...

"A personalidade do conde", repliquei "pareceu-me muito notável e não menos os seus grandes conhecimentos, pois a conversa podia se dirigir para onde quer que fosse e ele estava sempre a vontade discorrendo a fundo sobre todos os assuntos com circunspeção e a maior facilidade".

"Sim", anuiu, "é um homem extraordinário e sua esfera de atividade e suas relações são grandes na Alemanha. Como botânico, e por sua "Flora Mediterrânea", é também conhecido na Europa inteira e como mineralogista é do mais alto valor. Conhece v. a sua história ?"

"Não, mas gostaria de saber um pouco de sua vida. Vi-a como um nobre e homem de sociedade, ao mesmo tempo como sábio profundamente versado em tantas ciências; para mim é um problema que estimaria ver resolvido". Narrou-me Goethe em seguida, que o conde, quando adolescente, destinava-se à carreira eclesiástica; começara seus estudos em Roma, porém, depois que a Áustria retirou-lhe certos favores, partiu para Nápoles. E assim Goethe prosseguiu em sua narração interessante e notável de uma vida que bem serviria para embelezar "Wilhelm Meister" a qual porém não me sinto capaz de repetir aqui. O assunto desviou-se para as escolas da Boêmia e sua grande superioridade, sobretudo em relação a uma sólida educação física. Os Srs. von Goethe e a senhorinha Ulrica tinham, entretanto, chegado e sentamo-nos todos à mesa. A conversa alternava entre alegre e variada, principalmente servindo repetidas vezes de tema, os devotos de algumas cidades do norte da Alemanha. Observou-se que essa abstração beata provocou a desunião de famílias inteiras. Pude narrar um fato semelhante que quase me fez perder um excelente amigo por não ter ele conseguido converter-me à sua crença. "Estava", continuei, "tão completamente penetrado de fé, que para ele todos os merecimentos e boas obras de nada valiam, e que a criatura, unicamente pela misericórdia de Cristo, poderia conseguir uma boa situação junto à divindade."

"Algo parecido", ponderou a senhora Goethe, "declarou-me uma amiga, não sei porém até hoje o que tem a ver uma situação com essas boas obras e a misericórdia".

"Assim como todas essas coisas", replicou Goethe, "que nos dias atuais estão no mundo em curso e discussão não são mais do que uma balbúrdia; e talvez nenhum de vocês saiba de onde provêm. Vou dizê-lo: A doutrina das boas obras, que é remir os pecados praticando o bem, legados a obras pias e por isso sobretudo fazendo elevar-se na misericórdia divina, é católica. Porém os reformadores, por oposição, repudiaram esse preceito e estabeleceram que o homem só devia ter em mira reconhecer o merecimento de Cristo e fazer-se partícipe de sua misericórdia, o que certamente também o guia para as boas obras. E assim é; nos dias de hoje, porém, tudo está confuso e trocado, e ninguém sabe de onde vêm as coisas."

Observei, mais no meu íntimo, que as diversas opiniões em matéria de religião, sem embargo, têm provocado em todos os tempos a desunião e inimizade entre os homens, pois até o primeiro assassínio foi causado por uma divergência na veneração de Deus. Acrescentei ter lido nestes dias o "Caim" de Byron, e ter admirado principalmente o terceiro ato, e o motivo do homicídio.

"É verdade", interveio Goethe, "é excelente e de uma tal beleza que não se encontra segundo no mundo".

"Caim", repliquei, "foi contudo a princípio proibido na Inglaterra; agora porém é lido por todos e os jovens ingleses levam em viagem a completa coleção de Byron".

"É aliás uma tolice", tornou Goethe, "pois no fundo não existe em todo "Caim" coisa alguma que os próprios bispos ingleses não ensinem". O chanceler anunciou-se, e sentou-se conosco à mesa. Os pequenos Walter e Wolfgang entraram sucessivamente aos saltos. Wolf aconchegou-se ao chanceler. "Vai buscar para o Sr. chanceler", ordenou-lhe o avô, "teu álbum; mostra-lhe a tua princesa[1] e o que para ti o conde Sternberg escreveu". Wolf partiu a correr e voltou logo trazendo o livro. O chanceler contemplou o retrato da princesa e os versos que ao lado escrevera Goethe. Continuando a folhear o álbum, deu com a frase de Zelter, que leu alto: Aprende a obedecer! "Sim senhor; é essa a única palavra judiciosa em todo o livro", exclamou Goethe a rir. "Sim; Zelter é sempre grande e hábil! Estou atualmente relendo suas cartas, que contêm coisas inapreciáveis. Tem sobretudo especial valor as que me escreveu em viagem; pois com sua capacidade de músico e construtor possui a vantagem de nunca lhe faltarem assuntos a julgar. Logo que entra numa cidade, tem a sua frente os edifícios que lhe exibem o que há neles de meritório ou de imperfeito. Em seguida atraem-no as sociedades musicais para o seu meio, desvendando ao mestre suas virtudes e fraquezas. Se um calígrafo de muita presteza tivesse anotado tudo o que ele diz aos discípulos, teríamos uma obra única no seu gênero. Porque Zelter é genial e acerta sempre no ponto exato".

Quinta-feira, 5 de julho de 1827

Hoje à tardinha, Goethe encontrando-me no parque à volta de seu passeio de carro, acenou-me para que o fosse visitar. Dirigi-me logo a sua casa onde encontrei o diretor das Obras Públicas, Coudray. Sentamo-nos na sala de Juno a uma mesa redonda.[2]

---

1. Maria Alexandrina de Saxe Weimar, havia pouco casada com o príncipe Carlos, da Prússia, irmão do rei, Frederico Guilherme III.

2. "Como de tantas outras vezes, os visitantes se reúnem na sala azul, ao lado oposto da *Juno Ludovisi*. Aqui estão Riemer, Meyer, Coudray, Müller, Ottilie, a jovem nora loquaz. Estirado no sofá, ao longo da parede do fundo, o pequeno Wolf", o consolo do avô, "volta as páginas de um álbum para criança. Como no famoso quadro que representa um serão em casa da Duquesa-Mãe, Anna Amália, — sobre a mesa uma grande lâmpada com abajur, espalha sua tranqüila luz. E em derredor, dispersos, livros, alguma gravura, alguma medalha antiga ou pequenos objetos de

Não tínhamos palestrado muito quando entrou o chanceler que se reuniu a nós. A conversa voltou-se para assuntos políticos: a nomeação de Wellington para Embaixador em São Petersburgo, e suas possíveis conseqüências; Capodistrias, a sempre retardada libertação da Grécia, a restrição dos Turcos em Constantinopla e coisas parecidas. Discorremos também sobre os tempos napoleônicos, sobretudo porém falou-se muito a respeito do Duque de Enghien e sua imprudente conduta revolucionária.

Referimo-nos em seguida a assuntos mais pacíficos, particularmente ao túmulo de Wieland, em Osmannstedt. O diretor Coudray informou-nos estar se ocupando com uma grade de ferro para o mausoléu do qual deu-nos uma clara idéia desenhando sobre um papel o seu projeto.

Quando ambos se retiraram, Goethe pediu-me permanecesse ainda um pouco a seu lado. "Como vivo em milênios, parece-me sempre singular ouvir falar em monumentos. Não posso pensar numa estátua erigida em memória de um benemérito, sem vê-la em pensamento derrubada e despedaçada. A grade de Coudray para o túmulo de Wieland, vejo-a desde já reluzir transformada em ferraduras, nas patas dos cavalos de um futuro regimento, e posso ainda acrescentar ter presenciado caso semelhante, em Frankfurt. E a tumba de Wieland está, além disso, situada demasiado próxima ao Ilm, daqui a um século apenas, o rio em sua acentuada curva, consumindo a margem, alcançará os mortos."

Gracejamos de bom humor sobre a terrível inconstância das coisas terrenas e, tomando de novo em mãos o desenho de Coudray, apreciamos os finos e fortes traços do lápis inglês que tão docilmente fixara no papel o pensamento do desenhista sem a mais insignificante falha.

Com isso desviou-se o assunto para desenhos, e Goethe deu-me a ver um magnífico, de um mestre italiano que representa o menino Jesus no templo, entre os doutores.

Mostrando-me após uma gravura, reprodução do referido desenho, fizemos diversas observações que evidenciam a superioridade do desenho a mão. "Tenho tido ultimamente tanta sorte", tornou ele, "adquirindo muitos e excelentes dese-

---

arte antiga ou raros. Comenta-se o último livro, surgem comparações. Schiller, Herder, Wieland, Jacobi, afloram por instantes a conversa e se desvanecem. Outros caros amigos, vivos, tomam-lhes o lugar. Humboldt, Boisserèe, o velho e fiel Zelter, Reinhardt sempre errante...

Fala-se em coisas recentes e distantes, na história de Roma e na lei da imprensa, na morte de Byron, nos acontecimentos do dia. E, em seguida, que aconteceu ? É como se de improviso as paredes da sala tivessem recuado e se afastassem cada vez mais, tornando-se invisíveis. O poeta desperta, e, ora um alto pensamento que parece desvendar mundos ignotos, ora uma imagem que, dir-se-ia, espalha por sobre a vida inteira uma luz de poesia, ora uma sentença lapidar enumera um problema para a eternidade.

Em seguida tudo volta a ser como dantes. A lâmpada continua espalhando por sobre a mesa, a sua quieta luz difusa e, em seu sofá, Wolf adormecera com a cabecinha apoiada ao álbum à guisa de almofada...

(Do diário de F. W. Müller).

nhos de famosos mestres, por um preço razoável. São de inestimável valor, não somente porque exprimem a pura intenção espiritual do autor, como também porque nos colocamos imediatamente na disposição de espírito em que o artista se achava no momento de criá-los. Nesse desenho de Jesus menino, no templo, transparece em todos os traços grande clareza e uma serena e alegre energia que se nos transmite e de cuja benfazeja disposição participamos ao contemplá-lo.

"Aliás têm as artes plásticas a grande vantagem, de serem pura Natureza objetiva e de nos atrair, sem estimular com demasiada violência nossa sensibilidade. Uma tal obra aí está, e, ou não fala, ou fala de um modo decisivo. Uma poesia, causa ao contrário, uma impressão *muito* mais determinada, excita o sentimento de qualquer um, segundo seu caráter e capacidade de ouvinte".

"Nestes dias", disse-lhe eu, "li o excelente romance inglês, "Roderik Random" de Smollet, que faz lembrar um belo desenho a mão. Uma representação objetiva, nenhum indício de uma tendência pelo sentimentalismo, antes a vida real se ergue ante nós, como o é, muitas vezes bastante desagradável e atroz, mas em conjunto sempre impressões elevadas, devido ao decidido realismo".

"Ouvi freqüentemente elogiar o "Roderik Random", tornou Goethe, "e creio no que me diz a seu respeito, contudo nunca o li. Conhece o "Rasselas" de Johnson? Leia-o pois, também, e diga-me o que lhe parece".

"Em lorde Byron", repliquei, "encontro igualmente descrições claras do assunto que não excitam nosso íntimo sentimento, mais do que o desenho dum bom pintor. Em "Don Juan" sobretudo, encontram-se trechos dessa espécie". "Sim, nisso é grande, Lorde Byron; suas descrições são tão facilmente compreensíveis como se fossem realidade. Pouco conheço de "D. Juan"; de suas outras obras porém, conservo na lembrança sobretudo poesias marítimas, nas quais aqui e ali alveja uma vela com tal realidade, que se pensa estar respirando o ar do mar."

"No "Don Juan" admirei principalmente a descrição da cidade de Londres, que através de simples versos se julga estar vendo com os olhos. E entretanto não se preocupa se o assunto é ou não poético, toma-o e aproveita-o como e onde o encontra, desde as frisadas perucas das vitrinas dos cabeleireiros até os homens que abastecem de azeite os candeeiros das ruas".

"Os estetas alemães", observou Goethe "debatem muito sobre temas poéticos e não poéticos, e é possível que sob certos pontos de vista não deixem de ter razão; no fundo, porém, não existe assunto algum real que não seja poético, desde que tratado convenientemente".

"É isso mesmo", tornei, "e estimaria bem que esse parecer se tornasse máxima geral".

218

Referimo-nos em seguida aos "Dois Foscari", e observei que Byron representa belíssimas mulheres.

"Ele as descreve bem", concordou. "Também é o único molde que ainda nos resta a nós modernos, para nele fundir nossa imagem ideal. Com os homens nada mais se pode fazer. Em Aquiles e Ulisses um o mais valoroso e o outro o mais sagaz dos heróis, já Homero estabeleceu símbolos eternos".

"De resto", prosseguiu, "os personagens dos "Foscari", são atormentados por cruéis penas e mal se pode conceber como Byron pôde por tanto tempo viver no íntimo desse penoso assunto até acabar a peça".

"Byron estava nesses casos em seu elemento", tornou Goethe, "atormentava-se eternamente a si próprio; tais matérias constituíam seu tema predileto, como se depreende de todas as suas produções, entre as quais quase não se encontra uma com argumento alegre. Diga, porém, não é também digno de louvor a narração, nos *Foscari?*"

"É magnífica", concordei, "cada palavra é vigorosa, significativa e guia-nos ao termo, de forma que até agora ainda não descobri em Byron linha alguma sem vida. Para mim é como se o visse sair das ondas, fresco e impregnado das primitivas energias criadoras". — "Tem toda a razão", anuiu Goethe, "é assim mesmo". "Quanto mais o leio", continuei, "tanto mais admiro a magnitude do seu gênio, e V.E. agiu muito bem erigindo-lhe em "Helena" o imortal monumento do amor!"

"Não podia eleger como representante dos novos tempos poéticos senão ele, que deve ser indubitavelmente considerado como o maior talento do século. Além disso, Byron não é antigo nem romântico porque é como a época de hoje. Precisava de um homem assim. E também convinha-me pela sua natureza insatisfeita e sua tendência guerreira que o levou ao desastre de Missolunghi. Escrever uma análise crítica sobre Byron não seria fácil nem aconselhável; não deixarei porém, ocasionalmente, de reverenciá-lo e citá-lo".

Como já nos tivéssemos referido à "Helena", Goethe continuou a discorrer sobre o drama. "Imaginara anteriormente uma conclusão muito diversa e aliás bem satisfatória, não lha quero porém desvendar. Depois, com os sucessos de Missolunghi e a morte de Byron, renunciei àquilo tudo. V. deve no entanto ter reparado que o coro sai inteiramente do seu papel no canto fúnebre; conservara o estilo clássico antigo e nunca denegou seu caráter virginal; em definitivo porém tornou-se grave e altamente refletido, exprimindo o que jamais pensara nem poderia ter pensado exprimir".

"Certamente, já o tinha percebido", disse eu, "não obstante, desde que observei na paisagem de Rubens a dupla sombra, é que pude compreender a idéia da ficção e coisa análoga não me fará errar. Essas pequenas discrepâncias não entram em consideração quando se trata de tão elevada beleza. O *lied* tinha que ser cantado e como não havia outro à mão, devia ser entoado pelas virgens".

"Estou curioso", tornou Goethe, "pelo que a propósito dirão os críticos alemães; se terão liberdade e coragem suficientes para transpor o assunto. Os franceses por seu excesso de entendimento serão prejudicados, e não pensarão que a fantasia tem suas leis inacessíveis à razão. Se pela imaginação não existissem coisas que ao entendimento se conservam eternamente problemáticas, não restaria muito da fantasia. Isso é o que distingue a poesia da prosa; nesta predomina e sempre deve predominar a razão".

Regozijei-me com tão notáveis conceitos e deles tomei nota.

Em seguida dispus-me a partir, pois pouco faltava para as dez horas. Conversáramos às escuras, e a clara noite estival iluminava o horizonte por sobre o Ettersberg.

Segunda-feira, 9 de julho de 1827.

O chanceler referiu-se à luta entre o partido da oposição e do ministério, em Paris, e repetiu quase literalmente o notável discurso que um democrata extremamente audacioso pronunciou perante o tribunal em defesa própria, contra os ministros. Tivemos então ocasião de mais uma vez admirar a privilegiada memória do chanceler. Sobre aquela circunstância e mormente sobre a lei contra a liberdade da imprensa, largamente discorreram ele e Goethe. Era um tema substancial, em cujo debate Goethe, como sempre, manifestou-se aristocrata moderado; seu amigo porém, como até agora, parecia estar do lado do povo.

"Nada temo pelos franceses", declarou Goethe, "eles pairam a uma tal altura na historia mundial, que seu espírito de nenhum modo pode mais ser subjugado. A restritiva lei terá somente benéfica conseqüência, tanto mais que a restrição não atinge a nada de essencial, mas unicamente a certas personalidades. Uma oposição ilimitada, torna-se vulgar. A restrição porém força-a a ser engenhosa, o que é uma imensa vantagem. Declarar sua opinião direta e rudemente só se pode relevar a quem está com a inteira razão. Um partido, contudo nunca tem completamente razão, precisamente por ser um partido, e assim adotam a maneira indireta da qual os franceses sempre foram um grande exemplo. A meu criado digo sem rodeios: "Hans, tira-me as botas!" E ele bem me compreende. No entanto se estou com um amigo e desejo que me preste esse serviço, procuro fazê-lo de maneira delicada e cortês para que o execute cordialmente. A *necessidade* excita o espírito, e é por essa razão como já disse, que a restrição da liberdade da imprensa parece-me uma boa coisa. Os franceses tiveram sempre a glória de ser a mais espirituosa das nações e merecem continuar a tê-la. Nós alemães gostamos de declarar abertamente nossa opinião e ainda não atingimos a grande habilidade nas insinuações indiretas."

"Os partidos em Paris", prosseguiu Goethe, "poderiam ainda ser mais fortes, se fossem mais liberais e independentes, e se mutuamente se permitissem mais concessões. Estão num plano mais elevado na apreciação da história universal do que os ingleses, cujo parlamento consiste em duas forças contrárias e nas quais o ponto de vista superior de uma só, encontra dificuldades para prevalecer, como se dá com Canning nos muitos ataques de que é alvo esse grande homem de Estado". Levantamo-nos para sair, Goethe estava contudo tão cheio de animação que prosseguimos conversando de pé. Em seguida despediu-se cordialmente e eu acompanhei o chanceler até sua residência.

A noite estava linda, e, de caminho, discorremos muito sobre Goethe, repetindo principalmente aquelas suas palavras: "que uma oposição ilimitada torna-se vulgar".

Domingo, 15 de julho de 1827.

Depois das oito horas dirigi-me à casa de Goethe que encontrei regressando do seu "Garten". "Veja só o que aí está!", exclamou; "um romance em três volumes, e imagine de quem? de Manzoni!" Observei os livros que, muito bem encadernados, continham uma dedicatória a Goethe. "Manzoni trabalha muito", disse eu. "Sim aplica-se", concordou Goethe. "De suas obras, só conheço a "Ode a Napoleão", que tornei a ler nestes dias em tradução e a qual muito admiro. Cada estrofe é uma imagem!" — "Tem razão, a ode é magnífica. Pensa porém que na Alemanha alguém se refere a ela ? É como se absolutamente não existisse e no entanto é a melhor poesia que se escreveu sobre esse assunto".

E continuou na leitura dos jornais ingleses, em que se ocupava quando entrei. Tomei um volume da tradução de Carlyle: "Romances alemães", logo a parte referente a Musäus e Fouqué. Esse inglês tão versado em nossa literatura, precedia suas traduções de um prefácio sobre a vida do poeta e uma crítica de suas obras. Li a introdução sobre a vida de Fouqué e para minha satisfação pude notar que estava escrita com espírito e muita base, e o ponto de vista crítico sob o qual se deve observar esse apreciado literato caracteriza grande entendimento e uma serena e suave compreensão do valor poético.

O inteligente inglês compara o nosso Fouqué à voz de um cantor, que, embora não muito extensa, possui sons limitados mas belos e muito melodiosos. E para melhor exprimir seu conceito, traz uma comparação com imagens eclesiásticas dizendo que Fouqué na igreja da poesia não se reveste da dignidade de um bispo ou de outro prelado de alta categoria antes está satisfeito com as modestas funções de um capelão as quais porém desempenha otimamente.

Enquanto eu lia, Goethe retirara-se para um aposento interior e mandou-me convidar pelo criado a ir para junto dele. "Sente-se ainda um pouco aqui", disse, "e conversemos. Chegou-me também uma tradução de "Sófocles"; é agradável de ler e parece ótima; quero, não obstante, compará-la à de Solger. Então, o que diz de Carlyle?" Referi-lhe o que li sobre Fouqué. "Bonito, não é verdade? Existem também sem dúvida do outro lado do mar, pessoas sensatas que nos conhecem e sabem honrar-nos".

"E na verdade, não nos faltam", continuou, "a nós alemães, belos talentos. Li no "Berliner Jahrbüchern" a crítica de um historiador sobre Schlosser,[1] muito notável. É assinada por Henrique Léo, de quem nunca eu ouvira falar e sobre o qual devemos informar-nos. Está num plano mais elevado do que os franceses, o que sob o ponto de vista histórico, quer dizer alguma coisa. Os franceses, porém, prendem-se demasiado ao que é real e não têm a compreensão do ideal que os alemães possuem em grau ilimitado.

"Sobre as castas indianas tem ele o mais acertado parecer. Fala-se sempre muito em aristocracia e democracia; o caso é, no entanto, muito simples: na juventude, quando nada possuímos ou então não sabemos apreciar a posse tranqüila, somos democratas; se porém em uma vida longa chegamos a desfrutar bens, não somente desejamos assegurá-los como também que nossos filhos e netos deles possam usufruir em tranqüilidade. Por essa razão somos todos, sem exceção, aristocratas na velhice, embora tenhamos tido na mocidade outros ideais. Leo trata esse ponto com grande compreensão.

"Em estética estamos sem dúvida fracos, e teremos muito que esperar até que nos surja um Carlyle. É porém muito de desejar que atualmente, com as relações mais estreitas entre franceses, ingleses e alemães, cheguemos a corrigir-nos mutuamente. É a grande vantagem que provém da literatura mundial e que cada vez mais se evidencia.

"Carlyle escreveu a vida de Schiller e dele formou um juízo tal que dificilmente um alemão fará melhor, apreciar seus méritos do que os próprios ingleses.

Quarta-feira, 18 de julho de 1827.

"Tenho a declarar-lhe", foram as primeiras palavras de Goethe, hoje à mesa, "que o livro de Manzoni sobrepuja tudo o que nesse gênero conhecemos. Não preciso dizer-lhe mais; o íntimo, que provém da alma do poeta é sem dúvida perfeito, e o exterior, assim como as descrições de localidades e imagens semelhantes, em nada lhe são inferiores, o que significa alguma coisa".

"A impressão que nos dá essa leitura", continuou, "faz-nos continuamente cair da emoção à admiração e da admiração de novo à emoção, de modo que se está sempre sob o império de uma dessas duas impressões. Pensei que nada de mais elevado se poderia criar. Por esse romance é que se chega a conhecer bem o valor de Manzoni.

---

1. Friedrich Cristoph Schlosser — 1776-1861 — Autor de uma História Universal notável.

"Esta obra traz inteiramente à luz o seu íntimo, o qual em suas peças dramáticas não tivera ocasião de se desenvolver. Logo em seguida lerei o melhor romance de Walter Scott, o "Wanderley" talvez, que ainda não conheço, e avaliarei a situação de Manzoni em contraposição ao grande escritor inglês. A cultura do espírito de Manzoni aparece no seu romance em tal elevação que dificilmente será igualada, e agrada-nos como um saboroso fruto sazonado. Sua clareza no tratar e descrever as particularidades, tem a limpidez do céu da Itália. — "Há nele indícios de sentimentalidade?" inquiri. — "Nenhum. absolutamente". "Tem sentimento, porém nenhuma sentimentalidade; as circunstâncias são másculas e puras. Não acrescentarei mais nada por hoje, pois estou ainda no primeiro volume; em breve porém ouvirá o resto".

Quarta-feira, 25 de julho de 1827.

Há poucos dias Goethe recebeu uma carta de Walter Scott que lhe causou grande prazer. Mostrou-ma hoje, e por lhe ser o manuscrito inglês um tanto difícil de ler, pediu-me que lho traduzisse. Parece ter ele escrito primeiro ao famoso autor inglês,[1] e que essa carta é uma resposta. "Sinto-me muito honrado", escreve Walter Scott, "por terem tido minhas produções a ventura de atrair a atenção de V. E., de cujos admiradores, desde 1798, faço parte, quando, apesar dos meus escassos conhecimentos da língua alemã, tive a ousadia de traduzir para o inglês o "Götz von Berlichingen". Havia esquecido inteiramente neste meu empreendimento juvenil, que não é suficiente sentir a beleza de uma obra genial, mas que também é necessário possuir a fundo o idioma no qual foi escrita, antes de conseguir fazer sentir a outrem tais belezas. Apesar disso empresto ainda hoje a essa minha tentativa algum valor, porquanto pelo menos, prova ter eu sabido escolher um assunto digno de admiração.

"Tenho continuamente notícias de. V. E. aliás por meu genro Lockhart, um jovem literato de valor, o qual há alguns anos, antes de se ligar a nossa família, teve a honra de ser apresentado ao pai da literatura alemã. É impossível que V. E., por entre o grande número dos que diligenciam manifestar-lhe sua veneração, se possa recordar de cada um; penso porém, que ninguém é mais profundamente devotado a V.E. do que aquele jovem membro de nossa família.

"Meu amigo o Sr. John Hope von Pinkie, teve ultimamente a honra de estar com V. E. Eu tinha esperado escrever a V. E., e tomei mesmo essa liberdade por intermédio de dois de seus parentes que formaram o projeto de viajar pela Alemanha, tendo porém sido impedidos de levá-lo a efeito por motivo de doença; de modo que minha carta me foi devolvida após dois ou três meses. Atrevi-me pois a tentar fazer conhecimento com V. E. ainda antes daquele lisonjeiro interesse que tão bondosamente tomou por mim.

---

1. A 16 de janeiro de 1827, Goethe escrevera a Walter Scott uma carta em alemão, a propósito do editor Henderson.

"Todos os admiradores do gênio, sentirão íntima satisfação ao saber que um dos grandes modelos da Europa, goza em sua idade avançada, de um tranqüilo recolhimento onde é alvo de tamanha veneração.

"Ao pobre Lorde Byron não lhe concedeu o Destino sorte tão favorável, quando na flor da idade o ceifou, aniquilando para sempre as esperanças que o mundo nele depositava. Considerava-se feliz pelas atenções que mereceu de V. E. e reconheceu o quanto devia a um poeta ao qual todos os escritores da geração atual tanto têm que agradecer, sentindo-se no dever de elevar o olhar até ele, com reverência quase infantil. Tomei a liberdade de pedir aos Srs. Treuttel e Würz, enviarem a V. E. meu ensaio sobre a história da vida de Napoleão, aquele homem singular que exerceu durante tantos anos uma tão temível influência no mundo que dominou. Não sei, na verdade, se não lhe devo ser grato por ter-me obrigado a servir durante doze anos em armas num corpo de milicianos, tornando-me, a despeito de um antigo defeito físico, um bom cavalariano e atirador. Estas vantagens, entretanto, perdi-as em parte ultimamente por influência do reumatismo, esse flagelo do nosso clima nórdico.

"Não me queixo porém, pois vejo meus filhos dedicando-se aos prazeres da caça, depois que fui obrigado a renunciar a isso.

"Meu filho mais velho comanda um esquadrão de hussardos, o que é dizer muito, para um rapaz de vinte e cinco anos. O meu último nato, recebeu há pouco tempo, em Oxford, o grau de bacharel em ciências e passará agora alguns meses em casa, antes de percorrer o mundo. E como aprouve a Deus levar-me a mãe deles, minha filha mais nova dirige a casa. A mais velha é casada e tem família.

"Essas são as condições domésticas do homem sobre o qual tão bondosamente procurou informar-se. Aliás tenho posses suficientes para viver segundo me apraz, apesar de algumas perdas muito grandes.

"Habito um velho e magnífico castelo, no qual em qualquer época serão bem-vindos todos os amigos de Goethe. O átrio está repleto de armaduras que assentariam até em Jaxthausen! E um grande cão de S. Bernardo guarda a entrada.

"De resto, já esqueci aquele que soube impedir que o olvido o sepultasse em vida. Espero que V. E. relevará as lacunas da obra, levando em conta a sincera intenção do autor de conservar toda a isenção compatível com os seus preconceitos insulares, contra aquele vulto extraordinário.

"Visto que esta ocasião de escrever a V. E. se me ofereceu casualmente, por um viajante que não pode ser retardado, tenho apenas tempo para desejar-lhe permanente saúde e sossego, subscrevendo-me com a mais sincera e elevada consideração.

Edimburgo, 9 de julho de 1827.

Walter Scott".

Como disse, Goethe teve com essa carta uma grande alegria, embora julgasse seus termos demasiado honrosos para ele.

Em seguida aludiu à afetuosa bondade com que Walter Scott se referiu à família, à qual ele, Goethe, apreciou no mais alto grau, como prova de fraternal confiança.

"Sinto-me verdadeiramente ansioso, pela "Vida de Napoleão" que me anuncia. Tenho ouvido tantas opiniões contraditórias e apaixonadas sobre o livro, que estou de antemão seguro ser ele, em todo caso, notável." Perguntei-lhe sobre Lockhart; se ainda dele se recordava.

"Ainda, e muito bem. Sua personalidade causa uma sólida impressão, de modo que não é possível esquecê-lo tão depressa. Deve ser, segundo ouvi de viajantes ingleses e de minha nora, um jovem de quem muito se espera em literatura."

"De resto quase me admiro de que Walter Scott não tenha escrito uma palavra sobre Carlyle, cuja decidida orientação para a Alemanha deve certamente conhecer. É digno de admiração em Carlyle, que ele, ao julgar os escritores alemães, tenha principalmente em vista a substância moral e espiritual como propriamente eficaz. Carlyle é um poder moral de grande importância. Há nele muito para o futuro, e não se pode conceber o que ainda virá a produzir".

Segunda-feira, 24 de setembro de 1827.

Com Goethe, em direção a Berka. Partimos logo depois das oito horas, por uma bela manhã. A estrada no começo vai subindo sempre, e como aí nada tínhamos a observar na Natureza, Goethe falou sobre assuntos literários. Um conhecido escritor alemão, de passagem por Weimar, apresentou-lhe seu álbum. "Não imagina V. quanta coisa insignificante contém. Todos os poetas escreveram nele, como se estivessem enfermos e o mundo inteiro fosse um lazareto. Todos se referem aos sofrimentos e misérias desta terra e às alegrias de outras, e descontentes como já se sentem, irritam-se mutuamente os ânimos. Isso é um verdadeiro desmando da poesia,[1] a qual, no entanto, nos foi propriamente dada para aplainar as pequenas dissensões e fazer com que os homens se sintam contentes com a sociedade e sua situação. A geração atual, porém, teme toda a genuína força e somente se compraz na fraqueza.

Encontrei uma boa definição, continuou, "para escandalizar esses senhores: denominarei as suas produções de Poesia de Lazareto, ao contrário das verdadeiras elegias de Tirteu, que não canta somente batalhas, mas que também arma de coragem as criaturas para que vençam a batalha da vida".

---

1. Goethe detestava os poetas "chorões". Em 1817 ouvindo em viagem um canto queixoso de amor perdido: "Amei e não mais amo, ri e não mais rirei..." indignou-se e escreveu em sua mesa no Hotel: Amei e hoje começo a saber amar... Hoje como ontem cintila a estrela. Afasta-te das cabeças que se inclinam quebrantadas! Vive sempre como se apenas começasses a viver!...

No carro, colocada a nossos pés, estava uma cesta trançada, de Binsen, com duas alças, que despertou minha curiosidade. "Trouxe-a de Marienbad", disse Goethe, "onde as há em todos os tamanhos, e acostumei-me tanto a ela que não posso viajar sem tê-la comigo. V. vê, que quando vazia, dobra-se tomando muito pouco espaço, e cheia, dilata-se, cabendo nela mais do que se pensa. É flexível e maleável, e ao mesmo tempo tão resistente e forte que nela se podem transportar as coisas mais pesadas".

"É muito original, e até parece antiga", observei. "Tem razão, aproxima-se dos antigos pois não somente é racional e conveniente como também apresenta forma mais simples e prática, sendo de um acabado perfeito.

"Em minhas excursões mineralógicas às montanhas da Boêmia, foi-me principalmente de grande utilidade. Encerra agora nossa primeira refeição. Tivesse eu trazido o martelo e não me faltaria também hoje ocasião de bater aqui e ali alguns fragmentos de rochas e trazê-la de volta cheia de pedras".

Chegáramos ao cimo e descortinamos daí o panorama da colina que nos escondia Berka. Um pouco à esquerda, contemplávamos o vale que leva a Hetschburg e onde na outra margem do Ilm está situado um monte que víamos pelo lado da sombra e que devido ao nevoeiro suspenso sobre o vale, aparecia azul aos meus olhos. Através dos óculos, no mesmo trecho, o azul diminuía bizarramente. Chamei a atenção de Goethe para o fenômeno. "Vê-se pois", tornei, "que tal como nas puras cores objetivas, o sujeito representa um grande papel. Uma vista fraca favorece a névoa, enquanto que o olhar agudo afasta-a ou pelo menos torna-a insignificante".

"Seu reparo é inteiramente certo", disse Goethe; "através dum bom óculo pode-se mesmo ver desaparecer o azul das mais longínquas montanhas.

"O assunto tem na verdade, mais importância do que se pensa. Já Wieland sabia muito bem disso, pois costumava dizer: "Poderíamos divertir as criaturas, caso a isso se prestassem". Fez-nos rir o elevado espírito dessas palavras.

Tínhamos, entretanto, descido ao estreito vale, onde a estrada passa em uma ponte de madeira com telhado, sob a qual a água da chuva que desce para Hetschburg, formou um leito, agora seco. Trabalhadores se ocupavam em amontoar aos lados da ponte, pedrinhas vermelhas de cantaria, o que chamou a atenção de Goethe. À distância de um tiro, na estrada que separa os viajantes de Berka, mandou parar a carruagem. "Desçamos um pouco aqui", disse, "e experimentemos se nos sabe bem um pequeno almoço ao ar livre". O criado desdobrou um guardanapo sobre um quadrado de pedras como se costuma encontrar nas calçadas, tirou do carro a cesta de Binsen que continha, com pãezinhos frescos, perdiz assada e pepinos em vinagre, que dispôs sobre a improvisada mesa. Goethe dividiu uma perdiz e deu-me a metade, da qual eu me ia servindo enquanto caminhava e ele sentara-se sobre um monte de pedras "A frialdade que conservam ainda

226

do orvalho da noite não lhe pode fazer bem", pensei, e fiz-lhe ver minha preocupação; ele assegurou porém que não lhe causaria mal algum o que me tranqüilizou como novo sinal de sua robustez.

O criado enquanto isso, tirara também do carro uma garrafa de vinho do qual nos serviu. "Nosso amigo Schultz", lembrou Goethe, "não deixa de ter razão quando faz todas as semanas uma excursão ao campo; tomemo-lo como exemplo e embora o tempo se conserve apenas regular, não terá sido este, o nosso último passeio". E com essa segurança muito me alegrei.

Em sua companhia transcorreu esse dia maravilhosamente para mim; parte em Berka, parte em Tonndorf. Foi inexaurível em geniais conceitos. Também a propósito da segunda parte do "Fausto", na qual começara então seriamente a trabalhar, externou muitas idéias, pelo que lamentei nada mais encontrar em meu diário.

Quinta-feira, 27 de setembro de 1827.

À tarde, um momento em casa de Goethe, onde conheci o Sr. Conselheiro Streckfuss, de Berlim, que com ele fizera pela manhã um passeio de carro e deixara-se ficar para o jantar. Quando partiu, acompanhei-o e demos ainda um giro pelo parque. De volta, pelo mercado, encontrei o chanceler e Raupach, com quem estive no "Elefante".[1] A noite ainda com Goethe que discorreu sobre um novo fascículo da "Arte e Antigüidade" e igualmente sobre doze páginas de esboços a lápis, com os quais os irmãos Riepenhausen procuravam reconstituir o quadro "Polygnoto no Leschê[2] em Delfos", segundo a descrição de Pausânias; empreendimento que mereceu extraordinários louvores da parte de Goethe.

Domingo, 7 de outubro de 1827.

Por um tempo belíssimo, estávamos esta manhã, já antes das oito horas, a caminho de Iena onde Goethe projetou passar até amanhã à tarde.

Lá chegando cedo, dirigimo-nos primeiramente ao Jardim Botânico, onde ele inspecionou todos os arbustos e plantas, tendo encontrado tudo em pleno desenvolvimento e na mais bela ordem. Visitamos depois a coleção de minerais e algumas outras de ciências naturais, e em seguida, o Sr. von Knebel, que nos esperava para o almoço.

---

1. Hotel do Elefante, famoso em toda a Alemanha, por ser quase antecâmara da "Valhala" Weimariana.

2. Leschê — O local nas cidades gregas destinado a reuniões públicas e sociais, geralmente ornado de colunatas e obras de arte. O Leschê de Delfos era decorado pelo pintor Polygnoto, com episódios da guerra de Tróia.

Knebel, já muito idoso, apressou-se meio trôpego, ao encontro de Goethe. A refeição decorreu cordial e alegremente sem que se debatesse assunto digno de registro. Aos velhos amigos bastava o encontro pessoal. Depois fizemos um passeio em direção sul, ao longo do rio Saale.[1] Na volta, Goethe mandou seguir ao longo de um afluente, parando o carro à frente de uma casa sem aparência destacada.

"Aqui viveu Voss e eu vou introduzi-lo neste solar clássico". Atravessando à casa saímos para o jardim, onde havia flores, mas sobretudo árvores frutíferas, entre gramados. "Faziam o encanto de Ernestina,[2] a qual, mesmo assim, não olvidava as maçãs de Eutin, as maçãs de sua mocidade!

"Passei aliás, nesta casa, ao lado de Voss e sua boa Ernestina, dias tão belos que me apraz sempre recordar.

"Tão cedo não teremos um homem como Voss.[3] Poucos exerceram uma tal influência sobre a alta cultura alemã. Nele tudo era são, pelo que também se ligava aos gregos, não artificialmente, mas por relações puramente naturais, do que resultavam para nós outros, os melhores frutos. Quem como eu, se aprofundou em suas obras, não sabe como homenagear condignamente sua memória".

Pelas seis horas Goethe julgou que era tempo de recolhermo-nos aos aposentos que havia encomendado na Estalagem do Urso.

Tinham-nos reservado um quarto espaçoso junto a uma alcova com dois leitos. O sol desaparecera não havia muito, o crepúsculo clareava ainda nossas janelas e foi-nos agradável deixarmo-nos ali ficar sem luzes.

Goethe continuou, referindo-se a Voss. "Era-me precioso, e muito teria estimado conservá-lo para a Academia e para mim. As vantagens porém que lhe ofereciam de Heidelberg, eram demasiado importantes para que, com nossos escassos meios, pudéssemos com elas competir, e com dolorosa resignação tive que deixá-lo partir. E foi para mim uma felicidade ter Schiller a meu lado, pois embora tão diversas fossem nossas respectivas naturezas, seguíamos unidos na mesma direção e tão ligados que, no fundo, um não podia viver sem o outro.

Goethe narrou-me em seguida algumas anedotas do seu amigo que me pareceram muito características. Schiller, como de seu nobre caráter se depreende, era um inimigo firme de todas as fúteis honrarias e das insípidas apoteoses de que era objeto.

"Quando Kotzebue pensou realizar uma homenagem oficial à sua glória, foi-lhe a idéia tão avessa, que por repugnância, quase adoeceu. Também era contrário a que um estranho se fizesse anunciar em sua casa. Quando momentaneamen-

---

1. Tributário do Elba.

2. Ernestina, esposa de Voss.

3. Voss, John Heinrich — Poeta; tradutor de Homero: "Odisséia", "Ilíada". Deixou memórias sobre Goethe.

te estava impedido de vê-lo e tinha-lhe fixado, digamos, as quatro horas para recebê-lo, por via de regra, a essa hora sentia-se mal. Nesses casos tornava-se impaciente e mesmo rude. Fui testemunha, uma vez que um cirurgião estrangeiro quis visitá-lo, entrando sem se fazer anunciar; ele o tratou com tanta severidade que o pobre homem, todo perplexo, não sabia como retirar-se mais depressa. Éramos, como disse e como por todos é sabido", continuou Goethe, "malgrado a identidade de nossas intenções, de natureza muito diferente e mesmo não somente nos assuntos intelectuais, como também nos físicos. Uma atmosfera que lhe era benéfica agia sobre mim como um veneno. Fui visitá-lo um dia, e como não o encontrasse, e sua mulher dissesse que não demoraria a chegar, sentei-me à sua mesa de trabalho para tomar umas notas. Pouco depois, porém, senti-me preso de um misterioso mal-estar que foi aos poucos aumentando, a ponto de quase me sentir desfalecer. Não sabia a princípio a que atribuir essa insólita indisposição, até que finalmente notei que de uma gaveta junto a mim se desprendia um desagradável odor. Ao abri-la, verifiquei admirado, que estava cheia de maçãs deterioradas. Dirigi-me logo à janela e respirando profundamente o ar puro, senti-me logo bem. A Sra. Schiller, que vinha entrando, explicou-me que a gaveta devia estar sempre repleta de maçãs ultra maduras porque esse cheiro fazia bem a Schiller e que, sem isso, não poderia trabalhar".

"Amanhã cedo", prosseguiu Goethe, "mostrar-lhe-ei também a casa onde Schiller viveu, aqui em Iena".

Enquanto isso, tinham trazido luzes; servimo-nos de uma pequena refeição e continuamos por algum tempo evocando lembranças. Narrei a Goethe um sonho extraordinário que tive nos meus tempos de rapaz e que na manhã seguinte se realizou exatamente.

"Esse acontecimento de sua meninice", disse Goethe, "é certamente muito notável. Mas encontram-se casos semelhantes de ordem natural, embora não os possamos explicar. Vivemos todos em meio de mistérios. Rodeados de uma atmosfera da qual ainda nada sabemos, nem tudo o que nela se move e quais as suas ligações com a nossa razão. É certo porém, que em determinadas situações, os tentáculos da nossa alma atingem além dos limites físicos e permitem-lhe um antegosto e mesmo uma verdadeira visão do futuro próximo".

"Algo de parecido", tornei, "experimentei há pouco, quando regressava de um passeio a Erfurt e tive a impressão a uns dez minutos de Weimar, de me ter encontrado na esquina do teatro com alguém que não via há muitos anos e em quem tampouco pensava desde longo tempo. Sentia-me inquieto, imaginando que poderia tê-lo encontrado e minha admiração não foi menor, quando ao dobrar aquela mesma esquina, veio ele a meu encontro, como o vira em espírito dez minutos antes".

"É igualmente digno de nota e mais do que um acaso", retorquiu Goethe. "Como disse, andamos todos às escuras em mistérios e milagres. Pode também um espírito agir sobre outro decisivamente, e disso poderia citar muitos exemplos. A mim muitas vezes aconteceu estando com um conhecido, pensar vivamente numa coisa qualquer e este logo falar naquilo que me estava ocupando a imaginação. Assim também conheci um homem, o qual sem dizer palavra, unicamente pela força do pensamento, tinha a capacidade de fazer, de repente, calar uma numerosa sociedade entretida em alegres conversas. E podia também causar um mau-humor geral, que a todos aterrorizava.

"Todos temos em nós algo das forças elétricas e magnéticas que exercem, como o próprio imã, um poder de atração ou de repulsa, segundo as circunstâncias. É possível, e até mesmo provável que uma jovem quando se encontra, sem o saber, em um compartimento obscuro, com um homem que tenha contra ela más intenções, conquanto, ignorando sua presença, possuída de uma sensação de terror, seja impelida para fora, para junto dos seus".

"Conheço uma cena de ópera", repliquei, "na qual dois amantes, que por muito tempo haviam estado separados, encontravam-se, sem o saber, em uma câmara escura. Pouco depois começou a força magnética a agir! Sem pressentir a presença do outro, atraíram-se mutuamente e em pouco estavam abraçados".

"Entre namorados", redargüiu Goethe, "manifesta-se esse poder magnético as mais das vezes fortemente, e age mesmo à distância.

"E assim recordo um caso dos primeiros anos da minha permanência aqui, quando vivia em constantes paixões.

"Chegara de viagem dias antes e os deveres da Corte que me prendiam até alta noite, tinham-me impedido de visitar a bem-amada. Já nossa inclinação estava sendo notada e por isso evitava procurá-la durante o dia. Na quarta ou quinta noite, porém, não me pude mais dominar e, sem mesmo refletir, achei-me à frente de sua casa. Subi cautelosamente e ia bater à porta, quando percebi não estar ela só. Sem ter sido visto, desci e agastado cruzei as ruas, que então não eram iluminadas, durante bem uma hora, e de novo achei-me defronte à sua casa. Oprimido por saudosas recordações, ia retirar-me para meu quarto solitário, quando observei estar sua morada às escuras. "Deve ter saído," considerei; para onde porém, naquela escuridão? E como encontrá-la? Recomecei minha vagueação, passando por muitas pessoas entre as quais várias vezes pareceu-me divisar o seu vulto. Eu já acreditava firmemente então, numa influência mútua e sentia que poderia atraí-la por meu forte desejo de vê-la. Também julgava-me invisível, rodeado de elevados seres, a que implorava guiassem seus passos para mim ou os meus para ela. Que tolo és! disse-me a mim mesmo; tentar voltar não querias, e agora reclamas prodígio e milagre!

Entretanto, descera a esplanada chegando à pequena casa anos depois habitada por Schiller, quando tive a inspiração de voltar em direção ao palácio e de lá penetrar em uma ruazinha à direita. Mal dera uns cem passos nesse sentido quan-

230

do um vulto feminino aproximou-se de mim, perfeitamente semelhante àquela por quem ansiava. As ruas estavam vagamente iluminadas cá e lá, por algumas janelas, e como já me tinha equivocado várias vezes, não me animei a falar-lhe. Passamos roçando um pelo outro; detive-me olhando em derredor e ela também. "É V. ?" perguntou, "e reconheci a cara voz. *Finalmente!*" e as lágrimas correram-me de felicidade. Nossas mãos enlaçaram-se; "minha esperança não me enganou. O instinto dizia-me que havia de encontrá-la e eis-me agora feliz, agradecendo ao céu". "Mas, porque não veio a mim, mauzinho? Hoje por acaso é que soube ter chegado há três dias e chorei a tarde toda, julgando-me esquecida. Depois, há uma hora senti um anseio veemente e uma inquietação por V. que nem sei explicar. Estavam comigo umas amigas e essa visita parecia-me durar uma eternidade. Enfim, quando se retiraram, sem querer, apanhei logo o chapéu e a capinha, atraída para o ar livre, para a escuridão.

"E com tudo isso, não me saía da idéia encontrá-lo".

"Enquanto falava, conservávamos as mãos unidas e estreitávamo-nos, assim certificando-nos que a ausência não enfraquecera nossa afeição. Acompanhei-a até à sua porta; ela subindo a escada às escuras retinha minha mão, atraindo-me, por assim dizer. Minha felicidade era indescritível, tanto pelo encontro final como por não me ter o instinto enganado".

Goethe estava na mais amável disposição, e gostaria de continuar a ouvi-lo horas a fio. Aos poucos porém, dava-me a impressão de se ir fatigando, e retiramonos para a cama em nossas alcovas.

Iena, segunda-feira, 8 de outubro de 1827.

Levantamo-nos muito cedo. Enquanto nos vestíamos, contou-me Goethe um sonho da noite anterior, durante o qual se vira transportado para Goettingen e ali com professores seus conhecidos, entretivera boas palestras.

Depois de algumas xícaras de café, dirigimo-nos de carro para o edifício que contém as coleções de História Natural. Examinamos o museu anatômico e toda espécie de esqueletos de animais pré-históricos, também esqueletos humanos de séculos passados, a cujo propósito Goethe observou que os dentes indicam uma raça muito resistente. Prosseguimos depois para o observatório astronômico onde o Dr. Schrön nos exibiu os instrumentos mais notáveis com demonstrações. Com especial interesse foi visitado o gabinete meteorológico que lhe fica contíguo e Goethe louvou o Dr. Schrön pela ordem impecável que reinava em todas essas seções.

A seguir descemos ao jardim onde Goethe havia mandado arranjar uma pequena refeição sobre a mesa de pedra, no interior do caramanchão.

"Nem imagina V. em que notável sítio nos achamos. Aqui habitou Schiller. Sob esta latada, nestes bancos agora quase desmantelados, junto a esta velha mesa, quantas boas e grandes palavras trocamos... Ele estava então nos seus trinta anos, eu ainda nos quarenta, ambos com grandes aspirações. Tudo isso porém passou; eu também já não sou o que fui; porém esta velha terra se mantém, e o ar, a água e o solo são ainda sempre os mesmos.

"Suba V. daqui a pouco com Schrön e peça que lhe mostre, nas mansardas, os quartos onde Schiller viveu".

Nesse belo local e em tão grata atmosfera soube-nos otimamente o pequeno almoço. Schiller estava ali conosco em espírito, e Goethe dedicou-lhe ainda muitas palavras de saudosa recordação.

Em companhia de Schrön subi às mansardas e ali, das janelas de Schiller, pude admirar o grandioso panorama, que, para o sul permitia apreciar a bela torrente, fluindo por entre bosquezinhos e sinuosidades para o vasto horizonte. Seria magnífico observar daí o nascer do sol e o ocaso, e deve-se reconhecer ter sido esta situação favorável à redação dos trechos referentes à astronomia e astrologia, do *Wallenstein*.

Tornei para junto de Goethe e prosseguimos para a casa do Sr. Conselheiro Doebereiner, a quem ele muito considera e o qual lhe submeteu algumas novas experiências de química.

Era já meio-dia e subimos para a carruagem. "Está-me parecendo", disse "que não devíamos ir ao "Urso" e antes gozarmos este dia esplêndido, ao ar livre, em Burgau. Vinho temos conosco, e lá encontraremos pelo menos, bom peixe cozido ou assado".

Assim resolvido correu tudo magnificamente. Subimos marginando o Saale, por aquela belíssima estrada que eu já admirara da mansarda de Schiller, e em pouco chegávamos a Burgau. Descemos na pequena hospedaria fronteira ao rio e à ponte, que leva a Lôbeda, pequena cidade cercada de prados, que dali avistávamos.

Na estalagem tudo se passou conforme fora previsto. A hospedeira desculpou-se por não ter nada preparado, mas contudo não nos faltariam sopa e um bom peixe.

Passeamos ao sol enquanto isso, na ponte, abaixo e acima apreciando o movimento do rio animado pelos balseiros que sobre montes de pranchas de pinho, deslizavam, robustos e alegres, em sua ocupação fatigante, em permanente umidade. Serviram-nos o peixe ali mesmo, ao ar livre e enquanto nos entretínhamos em assuntos leves e profundos, descambara o sol e Goethe julgou já ser tempo de regressar. Passamos rapidamente por Iena e depois de pagar a despesa no "Urso"[1] e de uma curta visita aos Frommanns, partimos em trote acelerado para Weimar.

---

1. "Hotel do Urso-Negro", ponto de reunião, em Iena, de Goethe e seus amigos. Nele pernoitou Luthero ao fugir da Wartburg.

Quinta-feira, 18 de outubro de 1827.

Está aqui Hegel, a quem Goethe tanto considera e preza pessoalmente, embora não lhe saibam muito bem, algumas conclusões da sua filosofia. Em sua honra deu esta tarde um chá, ao qual esteve também presente Zelter, resolvido a regressar para Berlim ainda esta noite.

Falou-se muito, sobre Hamann,[1] sobretudo Hegel, que desenvolveu a propósito daquele extraordinário espírito uma tão sólida opinião que só poderia provir do estudo mais sério e consciencioso de sua personalidade. A palestra desviou-se em seguida para a dialética. "No fundo não é mais", interveio Hegel, "do que um regulado espírito de contradita inato a todos os homens, metodicamente desenvolvido e cujo dom se manifesta em distinguir o verdadeiro do falso".

"Se ao menos", acudiu Goethe, "essas tais artes e habilidades espirituais não fossem constantemente desvirtuadas e mal aplicadas, com o fim de tornar falso o verdadeiro e o verdadeiro falso".

"Tais coisas acontecem", replicou Hegel, "mas tão-somente a pessoas moralmente enfermas".

"Por isso", retorquiu Goethe, "louvo o estudo da Natureza que não permite essa enfermidade. Porque nele temos tanto que nos ocupar com a infinita e eterna verdade, que é logo repudiado todo aquele que não procede com sinceridade e pureza nas observações e deduções concernentes ao assunto em apreço. Também estou convencido de que muitos enfermos dialéticos conseguiriam uma benéfica recuperação com o estudo da Natureza".

Estávamos no melhor da conversa alegremente entretidos, quando Zelter, erguendo-se, saiu sem dar uma palavra. Sabíamos que lhe é doloroso despedir-se de Goethe e que adota esse meio suave para transpor um momento de angústia.

1828

Terça-feira, 11 de março de 1828.

Há algumas semanas não me sinto bem. Durmo inquieto, em meio aos mais agitados sonhos até amanhecer, fantasiando diferentes situações, toda a sorte de colóquios com personagens conhecidas e desconhecidas, altercando e irritando-me sem razão, e representando-me tudo tão ao vivo, que na manhã seguinte lembro claramente todas as minúcias. Esse estado, porém, de tal forma esgota a força

---

1. Hamann Johann Georg, (1730-88). — Escritor, filósofo e filólogo; o "Mago do Norte".

do meu cérebro que passo o dia inteiro sonolento e abatido, incapaz de qualquer atividade intelectual, sem memória nem prazer algum.

Tenho-me queixado repetidamente a Goethe desse meu estado e ele aconselha-me sempre a confiá-lo ao médico. "O que o aflige", tornou, "não é nada de importante; provavelmente, uma leve perturbação da circulação, sanável com alguns copos de água mineral ou um pouco de sal. Mas não adie a consulta, trate disso já". Ele deve ter toda a razão, refleti; indecisão porém e falta de vontade agiam no caso e continuei vivendo noites inquietas e dias maus, sem a nada recorrer.

Quando hoje, após o jantar, ainda indisposto e melancólico, apresentei-me novamente ante Goethe, faltou-lhe a paciência e não se pôde conter, gracejando com zombeteira ironia:

"V. é um outro Shandy, pai daquele famoso Tristam[1] que durante a metade da vida exasperou-se contra uma porta que rangia, sem se resolver a afastar o motivo do seu agastamento diário com algumas gotas de óleo.

"Assim somos todos nós! A obcecação e o esclarecimento do homem, decidindo seu destino! Não suportaríamos ser sempre levados pelo demo, dizendo-nos, instigando-nos e impelindo para o que convém fazer. O espírito bom, porém, nos abandona, e frouxos e indolentes tateamos na escuridão.

"Nisso era Napoleão um homem! Sempre categórico e decidido, tendo a cada momento a suficiente energia para pôr em ação o que lhe parecia conveniente e necessário. Sua vida foi a marcha de um semideus, de uma batalha a outra e de vitória em vitória. Pode-se bem dele dizer que se encontrava sempre numa extraordinária e contínua lucidez, pelo que também foi tão glorioso o seu destino como antes dele o mundo não vira outro e talvez não veja mais.

"Sim, meu caro, ele foi verdadeiramente inimitável!"

Goethe andava pela sala de um lado para o outro; eu sentara-me à mesa, já desarrumada, mas sobre a qual havia ainda vinho, biscoitos e frutas.

Ofereceu-me vinho, insistindo para que me servisse também do resto.

"V. desprezou o nosso almoço, e no entanto ter-lhe-ia sabido otimamente um copo deste vinho, presente de um caro amigo!" Enquanto eu saboreava tão boas coisas, continuava passeando abaixo e acima, murmurando com espírito agitado, de vez em quando, palavras incompreensíveis. Aquilo que acabara de exprimir a propósito de Napoleão ficou-me na idéia e procurei fazê-lo volver ao assunto.

"Parece-me no entanto", comecei, "que Napoleão achou-se naquele estado de contínua inspiração, quando ainda novo e em seu poder ascendente, no qual ve-

---

1. Do livro do humorista inglês Sterne, "The life and opinions of Tristam Shandy".

234

mos uma prova da proteção divina e a constante felicidade que o acompanhava. Mais tarde porém, parece tê-lo abandonado aquela força inspiradora, como também a sorte e sua boa estrela".

"Que quer V.!", retorquiu. "Também não tornei a escrever meus *lieder* amorosos e nem o "Werther". Aquele divino poder criador do qual se origina o extraordinário, encontraremos sempre ligado à mocidade e à capacidade de produção, como Napoleão foi um dos homens mais produtivos que já viveram.

"Pois bem meu caro, não é necessário compor poesia e dramas para ser produtivo; existe igualmente uma produtividade de ação que está em muitos casos num plano muito mais elevado. O médico mesmo deve ser produtivo quando na verdade quer curar; se não o for, só uma vez ou outra, por acaso, será bem sucedido; do contrário, errará sempre em suas prescrições".

"V. E. parece qualificar de produtividade o que geralmente chamamos gênio".

"São ambas as coisas muito próximas", tornou Goethe, "pois o que é afinal o gênio senão aquele poder criador de onde emanam e de onde se originam ações que se podem apresentar ante Deus e a Natureza e que precisamente por isso têm duradouro resultado? Toda a obra de Mozart é dessa condição; existe nela uma força geradora, que de geração em geração continua agindo e que tão depressa não será consumida nem esgotada. O mesmo direi dos outros grandes compositores. Quão grande não foi a influência que Fídias e Rafael exerceram nos séculos seguintes, assim como Dürer e Holbein! Aquele que primeiro encontrou as formas e proporções da velha arquitetura alemã que tornaram possível no correr dos tempos a construção das catedrais de Estrasburgo ou de Colônia, era também um gênio, pois suas idéias conservaram a faculdade criadora e continuam agindo até o momento atual. Lutero foi um gênio muito notável; ele influiu já sobre bons e numerosos períodos, e não é de prever em que época, nos séculos ulteriores, deixará de ser produtivo. — Lessing queria recusar o elevado título de gênio, mas sua dilatada influência testemunha contra ele próprio. Em troca temos outros na literatura, e mesmo homens eminentes, que quando viviam, eram tidos como grandes gênios mas cuja influência terminou com sua vida e que por conseguinte, valiam menos do que eles mesmos e os outros pensavam. Assim pois, não existe gênio sem capacidade produtiva, e além disso não depende da ocupação, da arte ou do ofício de cada um: tudo é o mesmo. Se se revela genial em ciências como Oken[1] e Humboldt, em assuntos de guerra e na administração do país como Frederico II, Pedro o Grande ou Napoleão, ou se compôs um *lied* como Béranger, é a mesma coisa, e o essencial é que a idéia, o *aperçu*, o feito, vivam e consigam perdurar.

---

1. Oken, Lorenz (1779-1851). Naturalista e filósofo. Vivia em Iena.

"E quero ainda dizer: não é a massa da produção e dos feitos que indicam o homem produtivo. Temos na literatura, poetas considerados muito produtivos por terem publicado um volume de poesias após o outro. Segundo penso porém, são eles completamente improdutivos, porquanto essas composições não têm vida nem duração. Goldsmith, em compensação, escreveu tão poucas poesias, que seu número é insignificante; ainda assim porém, eu o defino como poeta inteiramente produtivo e aliás precisamente porque o pouco que compôs, tem uma vida intrínseca que se consegue manter".

Sucedeu uma pausa durante a qual Goethe continuou andando abaixo e acima. Enquanto isso, aumentava minha curiosidade de ouvir mais alguma coisa sobre esse ponto tão considerável e procurei de novo estimulá-lo.

"Existe apenas no espírito de um homem notável ou também no seu físico, essa genial força produtora?" "O físico", replicou Goethe, "tem nela, pelo menos a maior influência. Tempos houve até, em que na Alemanha, a gente se imaginava um gênio como uma criatura baixa, fraca e mesmo contrafeita; prefiro porém um gênio com físico apropriado.

"Quando se diz de Napoleão, que era um homem de granito, isso se refere principalmente à sua constituição. Que esforço não se impunha ele e podia impor! Das areias escaldantes do deserto da Síria aos campos nevados de Moscou, que quantidade desmedida de marchas, batalhas e acampamentos noturnos não ficam de permeio! E quanta fadiga, quantas privações não teve ele que suportar! Falto de repouso e de alimento, sempre na mais intensa atividade espiritual! Nos terríveis esforços e na excitação do 18 Brumário, era já meia-noite, durante todo o dia não se alimentara; e, sem pensar em sua resistência física, achou-se ainda com força suficiente para redigir a desoras a celebrada proclamação ao povo francês. — Quando se considera tudo o que suportou e experimentou, é de crer que não tivesse em seus quarenta anos órgão algum são; nessa idade ele começava a ser um perfeito herói".

"V. porém, está com a inteira razão; o período glorioso de seus feitos é o de sua juventude. E significa alguma coisa, provindo de obscura origem e numa época em que se movimentam todas as capacidades, chegar a ponto de com seus vinte e sete anos, ser o ídolo de uma nação de trinta milhões. E é assim, meu caro; na mocidade é que se realizam grandes feitos, e Napoleão não é o único".

"Seu irmão Luciano", observei, "já desde muito cedo mostrava elevadas aptidões. Assumiu a presidência dos Quinhentos, e depois o Ministério do Interior, quando apenas completara vinte e cinco anos".

"Porque citar Luciano?" acudiu Goethe. "A História nos apresenta centenas de exemplos, vultos dos mais inteligentes que resolveram com glória em plena mocidade, tanto em gabinetes como em campos de batalha, as mais importantes questões".

"Fosse eu um soberano," continuou com vivacidade, "nunca nomearia para os primeiros postos aqueles que somente pelo nascimento e antigüidade foram aos poucos se elevando e que prosseguem em sua idade comodamente no costumeiro ramerrão, e dos quais não se pode esperar muito. Homens jovens quereria eu ter, com capacidade porém, armados de percepção e energia e, com isso, boa vontade e o mais nobre caráter. Seria dessa forma um prazer governar e guiar para a frente o povo!

"Onde encontrar porém esse soberano que tão bem se sentisse e tão bem servido fosse!

"Grandes esperanças deposito no atual príncipe herdeiro da Prússia.[1] Segundo tudo o que dele sei e tenho ouvido, é já um homem notável e possui o indispensável tino para saber distinguir e eleger seus auxiliares, homens de valor e de talento. Porque, digam o que quiserem, somente um príncipe de grandes capacidades poderá reconhecer e apreciar as mesmas em seus súbditos e servidores.

"Passagem livre ao talento! era a conhecida sentença de Napoleão, que escolhia seus colaboradores com especial tato, que sabia colocar cada valor no lugar que lhe competia e que, em conseqüência, era servido como ninguém, em seus grandes empreendimentos".

Admirei particularmente Goethe, esta tarde. O mais nobre de sua natureza despertou nele, e o timbre forte de sua voz, o brilho dos seus olhos revelavam tal energia como se os inflamasse um renascimento de juventude. Parecia-me singular que em tão avançada idade e no desempenho de tão importante cargo, ainda entoasse louvores à juventude, querendo ver nas principais posições da administração, senão adolescentes, mas homens ainda novos. Não pude deixar de mencionar alguns alemães altamente colocados e já idosos, a quem em absoluto não parecia faltar a energia indispensável para o desempenho de importantes e variadas questões. "Tais homens e seus semelhantes", retorquiu, "são caráteres geniais, que têm uma única mocidade. Cada enteléquia é aliás uma parte da eternidade, e os anos que passa unida ao nosso corpo terreno não a fazem envelhecer. Se essa enteléquia é de espécie inferior, pouco domínio exercerá durante o prazo do seu obscurecimento físico, predominando o corpo material, e o envelhecimento deste não poderá ser detido ou obstado por ela. Sendo porém uma enteléquia vigorosa, como é o caso dos gênios, exercerá sobre o seu temperamento, não só ação tonificante e enobrecedora, característica da sua superioridade, como fará prevalecer sempre o seu privilégio de mocidade eterna. Sucede assim observarmos em homens magnificamente dotados, também quando já velhos, sempre novos períodos de particular produtividade.

"Parece neles sobreviver ainda um rejuvenescimento temporário, e é isso que denomino uma repetida puberdade. Mocidade porem é mocidade, e, por mais poderosa que uma enteléquia se manifeste, nunca dominará inteiramente o físico e existe uma grande diferença se neste encontrar um aliado ou um adversário.

---

1. Mais tarde Frederico Guilherme IV da Prússia — (1795-1861).

"Houve uma época de minha vida em que diariamente podia produzir uma página impressa, e o conseguia com facilidade. Escrevi minha "Geschwister" em três dias, meu "Clavigo", como V. sabe, em oito. Hoje tenho que deixar de lado essas coisas, e não obstante, mesmo em minha vetustez, não me posso absolutamente queixar da minha capacidade de produção. O que porém eu conseguia cotidianamente, nos dias da mocidade e em quaisquer circunstâncias, hoje só o alcanço periodicamente e sob certas condições favoráveis. Quando, há dez ou doze anos, nos tempos felizes, após a luta pela Libertação da Alemanha, escrevi os versos do "Divan" fortemente inspirado, e freqüentemente duas a três páginas por dia, quer me encontrasse ao ar livre, na carruagem ou na hospedaria. Agora posso apenas trabalhar na segunda parte do "Fausto", pela manhã, quando restaurado e fortalecido pelo repouso, e as contrariedades da vida de todos os dias ainda me não perturbaram. E afinal o que produzo? na mais feliz eventualidade uma página; em regra, apenas o que enche o espaço da mão, e, em disposição improdutiva, ainda menos". "Não há então em geral", inquiri, "meio algum para provocar uma fértil disposição ou estimulá-la?" "Isto é," redargüiu, "uma coisa singular que muito daria a refletir. Cada produtividade da mais alta classe, cada importante *aperçu*, cada descoberta, cada idéia grandiosa que produz frutos e resultados, não está sob o poder de ninguém e paira acima de qualquer domínio terreno. Estas coisas devemos considerar como dádiva imprevista do Alto, e recebê-las como legítimos filhos de Deus, com jubiloso reconhecimento e deferência. É parecido ao demoníaco que dispõe do homem a seu alvitre e ao qual se submete pensando agir por impulso próprio. Em casos como esses, deve ser considerado como um instrumento de poder universal ou um recipiente, merecedor de uma divina influência. Digo isso pensando quantas vezes num século inteiro, indivíduos isolados puderam pela sua ação imprimir à sua época um cunho que persistiu beneficamente durante gerações sucessivas.

"Meu conselho é, por isso nada forçar e antes gastar em frioleiras ou passar dormindo os dias e horas improdutivos, do que querer fazer algo que mais tarde não nos dará prazer algum".

"V. E. exprime", retorqui, "o que eu próprio muitas vezes experimentei e senti, e o que seguramente teremos que reconhecer como verdadeiro e exato. No entanto quer-me parecer que, por meios naturais, pode alguém estimular sua aptidão produtiva sem todavia forçá-la. Freqüentemente achei-me na vida em circunstâncias complicadas, sem poder chegar a uma justa solução. Em casos tais, após uns copos de vinho, senti-me logo resoluto e explícito. Poder tomar uma resolução é também uma forma de produtividade e, se no vinho se encontra essa virtude, esse recurso não deve ser reprovado".

"Não contradirei", replicou Goethe, "esta sua observação, o que porém antes proferi, tem também sua razão de ser, pelo que constataremos que a verdade é comparável a um diamante cujo brilho irradia não para um mas para muitos lados. De resto, V. que tão bem conhece meu "Divan", sabe que eu próprio nele disse:

Wenn man getrunken hat,
Weiss man das Rechte...
(no vinho está a sabedoria)...

no que concordamos perfeitamente. Existem decerto, no vinho, forças produtivas muito consideráveis; tudo porém depende das circunstâncias, do tempo e da ocasião, e o que aproveita a um, prejudica a outro.

"Existem também no repouso e no sono, assim como no movimento. Encontram-se igualmente tais forças na água e sobretudo na atmosfera. No campo, respirando a pureza do ar, é que verdadeiramente deveríamos viver; é como se o espírito de Deus ali bafejasse a criatura diretamente e sobre ela exercesse sua influência como uma força divina. Lorde Byron, que passava quotidianamente muitas horas ao ar livre, ora a cavalo pelas praias, ora de bote a vela, remando ou banhando-se no mar, foi um dos homens mais produtivos que jamais viveram".

Goethe sentara-se defronte a mim e conversávamos ainda sobre coisas diversas. Volvemos depois a Lorde Byron, mencionando os vários sinistros que lhe transtornaram a vida, até que por fim, sem dúvida levado por uma nobre ambição, um destino infeliz impeliu-o para a Grécia, para sua completa perdição.

"Sobretudo", prosseguiu, "V. há de verificar que na madureza de um homem sobrevém freqüentemente uma alteração, e ao inverso de sua juventude, em que tudo o favorecia e lhe sorria, vira-se-lhe a sorte, e acontecem-lhe desgraças sobre desgraças.

"Sabe porém V. o que se conclui daí? O homem tem de se perder de novo! Cada criatura extraordinária tem uma determinada missão a cumprir. Quando a consumou, não é mais necessária nessa feição, e a Providência emprega-a então em coisa diversa. Como no entanto tudo neste mundo se procede por via natural, atacam-na os espíritos maus até que a destroem. Assim aconteceu a Napoleão e a tantos outros. Mozart desapareceu aos trinta e seis anos; Rafael quase na mesma idade; Byron um pouco mais velho. Todos porém haviam cumprido perfeitamente sua missão e já era tempo de se irem, afim de que restasse um tanto ainda a ser realizado neste mundo calculado para uma longa duração.

Fazia-se tarde, Goethe estendeu-me sua mão bondosa, e retirei-me.

Quarta-feira, 12 de março de 1828.

"É um belo sonho[1] o seu", disse Goethe quando lhe narrei os traços principais.

---

1. É aqui suprimida a longa descrição de um sonho de Eckermann. "Não se pode deixar de reconhecer", diz um de seus biógrafos (Deibel), "que Eckermann ocasionalmente se alonga em coisas desnecessárias que não se relacionam com as "Conversações", a fim de pôr em, relevo sua personalidade".

"Vê-se", continuou, "que as musas também o visitam enquanto dorme, e mesmo com certa benevolência; pois V. há de confessar que quando acordado ser-lhe-ia difícil imaginar algo tão particular e belo".

"Não posso compreender como isso me aconteceu", repliquei, "pois sentime todos estes dias tão abatido de espírito, que estava longe de pensar em uma vida tão agradável e amena".

"Encontram-se na natureza humana forças maravilhosas", tornou Goethe, "e, precisamente quando menos esperamos, põe ela algo de bom à nossa disposição. Em minha vida tive épocas em que adormecia chorando; em meus sonhos porém, acudiam a consolar-me as mais belas visões, e na manhã seguinte sentiame de novo alegre e cheio de vida.

"Nós, os velhos europeus, de resto, todos mais ou menos vamos muito mal; nossas condições de vida são muito artificiais e complicadas, nossa alimentação e modo de viver estão fora da verdadeira Natureza e nossas relações sociais propriamente sem sentimento nem boa vontade. Todos somos delicados e corteses; ninguém no entanto tem a coragem de ser bom e sincero; de modo que um homem honrado que se deixa levar por suas naturais inclinações e pensamentos, fica em má situação. Chega-se a desejar ter nascido em uma das ilhas dos mares do sul, como os chamados selvagens, afim de gozar em perfeita simplicidade, da existência humana, sem amargo ressaibo.

"Se, quando nos sentimos deprimidos, refletirmos nas misérias do nosso tempo, o mundo se nos apresentará como amadurecendo pouco a pouco para o dia do juízo final. E o mal vai se acumulando de geração a geração, pois não basta termos de sofrer pelos pecados dos nossos pais, mas ainda transmitir à posteridade as faltas herdadas, aumentadas pelas nossas próprias".

"A mim, passam-me seguidamente pela cabeça, idéias semelhantes", repliquei; "porém, depois, quando vejo passar um regimento de dragões alemães e admiro a beleza e a robustez daquela mocidade, sinto-me de novo consolado e certifico-me de que para a humanidade não vão tão mal as coisas".

"A nossa população rural", assentiu Goethe, "tem-se na verdade conservado em boas condições, e é de esperar que ainda por muito tempo se mantenha apta não só a fornecer-nos garbosos cavalarianos, como a nos garantir contra a destruição e a decadência. Considero-a como um reservatório, no qual as forças da humanidade periclitante sempre de novo serão restauradas. Percorra, porém um dia, as nossas grandes cidades e pensará diversamente. Dê um passeio ao lado de um novo diabo coxo[1] ou de um médico com vasta clientela; ele lhe segredará histórias sobre misérias que lhe farão medo e sobre males que o surpreenderão e pelos quais a natureza é castigada e a sociedade sofre.

---

1. Do famoso romance de Lesage, "Le Diable Boiteux".

"Deixemos, porém, as idéias melancólicas. Como se sente? Em que se ocupa agora? Que lhe aconteceu hoje? Conte-me isso e comunique-me idéias agradáveis".

"Li no livro de Sterne",[1] contestei, "que Yorik vagando pelas ruas de Paris, observou que a décima criatura encontrada, era anã. Pensei logo nisso quando V. E. aludiu às deformidades físicas nas grandes cidades. Lembrei-me também ter visto no tempo de Napoleão, na infantaria francesa, um batalhão composto inteiramente de parisienses os quais eram todos tão definhados e pequenos, que não se compreendia o que se poderia fazer deles na guerra".

"Os escoceses do Duque de Wellington", redargüiu Goethe, "certo devem ter sido heróis bem diferentes!"

"Vi-os um ano antes da batalha de Waterloo, em Bruxelas", retorqui. "Eram, de fato, garbosos. Todos fortes, guapos e jovens, como apenas saídos da mão de Deus.

"De cabeça erguida, livres e alegres, marchavam com suas fortes coxas nuas, tão ligeiros como se não tivessem herdado pecados e faltas dos pais".

"É uma coisa singular", contestou Goethe, "será conseqüência da origem, do solo, da livre constituição e da educação sadia em suma, os ingleses estão à frente do comum dos mortais. Aqui, em Weimar, temos apenas um mínimo deles e talvez não sejam absolutamente os melhores; no entanto, que boas, que belas pessoas são!

"E embora cheguem tão jovens, alguns mesmo com dezessete anos, não se sentem estranhos nem deslocados nesta Alemanha para eles desconhecida; antes se apresentam e procedem na sociedade tão confiantes como se fossem senhores em toda a parte e o mundo lhes pertencesse. É isso também que agrada às mulheres e causa devastações no coração das nossas damas. Como pai de família alemão que tanto preza o sossego dos seus, sinto-me um pouco inquieto quando minha nora me anuncia a próxima chegada de algum novo ilhéu. E vejo em imaginação sempre as lágrimas que correrão um dia à sua partida.

"São moços perigosos, e em serem perigosos consiste justamente sua virtude".

"Não quero entretanto acreditar", objetei, "que os nossos jovens ingleses de Weimar, sejam mais sensatos, inteligentes e instruídos do que outros".

"Não depende de tais predicados, meu caro", replicou Goethe. "Tampouco de nascimento e riqueza, e sim de terem precisamente a coragem de ser aquilo para que a Natureza os fez. Nada existe neles de desfigurado e dissimulado, não há leviandade nem falsidade, e como são assim, são, igualmente homens absolutamente completos. Que sejam inteiramente insensatos de tempos a tempos, concedo-lho cordialmente; é isso, porém, alguma coisa e tem algum peso na balança da Natureza.

---

1. Lawrence Sterne, 1713-68 — Escritor inglês já citado aqui.

"O gozo da liberdade pessoal, a consciência do nome inglês e a importância que lhes dão as outras nações, já o experimentam em crianças, de modo que tanto na convivência da família como nos estabelecimentos de ensino, são tratados com muito mais consideração e têm por isso, um desenvolvimento muito mais livre e feliz do que nós alemães.

"Basta observar pelas janelas, aqui no nosso querido Weimar, para constatar como se passam as coisas entre nós. Quando há pouco a neve cobria as ruas e os meninos da vizinhança quiseram experimentar seus pequenos trenós, logo se lhes aproximava um guarda, e eu via fugirem os coitadinhos o mais depressa que podiam. Agora que o sol da primavera os atrai para fora de casa e eles com seus companheiros, gostariam de brincar à porta, vejo-os sempre embaraçados como se não se sentissem seguros e temessem a aproximação de algum déspota policial. Nenhum menino pode estalar um chicote, cantar ou gritar, logo aparece a polícia para proibi-lo. Tudo com o fim de tornar precocemente dócil a querida juventude e eliminar todo o natural, toda originalidade e valentia, de modo que ao fim, nada mais resta senão o filisteu.

"V. sabe que não se passa quase um dia em que não me visitem forasteiros de passagem. Se porém, afirmar que me causa grande alegria a presença, principalmente de jovens sábios alemães de uma certa região do norte, faltaria à verdade. Míopes, pálidos, o peito sumido, moços sem juventude: é essa a imagem da maior parte deles, assim m'os represento. E quando travamos conversas, percebo em seguida que a eles, o que nos diverte, parece nulo e trivial; que se fixam numa idéia e que apenas lhes interessam os altos problemas da especulação. De sadias idéias e positiva alegria não há neles vestígio algum nem qualquer sensação de mocidade, e todas as suas alegrias são eliminadas e para sempre; pois quem aos vinte anos não é moço, não o será aos quarenta". Goethe suspirou e calou-se.

Pensei nos tempos felizes do século passado, quando de sua mocidade; apresentou-se-me à alma a alegria do verão em Sesenheim, e lembrei-lhe aqueles versos:

Nach Mittage sassen wir[1]
Junges Volk im Kühlen...

"Ai!" — suspirou Goethe, "foram na verdade uns belos tempos! Não obstante devemos bani-los da lembrança para que os dias nevoentos da época presente não se tornem insuportáveis".

"Seria necessária a vinda de um segundo redentor, para livrar-nos da austeridade, do peso e da terrível pressão das atuais circunstâncias".

---

1. Da poesia "Morta a raposa, vale a pele" escrita provavelmente em Sesenheim — 1771.

"Se vier", contestou Goethe, "será crucificado pela segunda vez. Não carecemos, porém, de tanto. Pudéssemos somente insinuar aos alemães, seguindo o exemplo dos ingleses, menos filosofia e mais força de vontade, menos teoria e mais prática, então já nos terá cabido em sorte uma parte da salvação, sem que necessitemos esperar a aparição de um segundo Messias. Muita coisa poderia acontecer cá desta terra partindo do povo, pela educação escolar e doméstica, e muito do alto pelo Senhor e seus próximos.

"Assim, por exemplo, não posso concordar, que sejam exigidos do futuro funcionário exagerados conhecimentos, pelos quais a mocidade precocemente se arruinará intelectual e fisicamente. Ao entrarem no serviço prático, possuem, é verdade, uma colossal provisão de conhecimentos de filosofia e erudição, os quais aliás não poderão absolutamente aproveitar no círculo limitado da sua carreira e, inutilizados, serão esquecidos. Em compensação porém, privou-se daquilo de que principalmente tinha precisão; das necessárias energias de corpo e espírito, completamente indispensáveis numa apresentação.

"E, fora disso, não se exige também do funcionário, cortesia e boa vontade para com os seus semelhantes?

"Como pode sentir e exercer boa vontade, quando ele próprio não se sente bem disposto? Todos porém sentem-se agora mal! A terça parte dos sábios, presos às mesas de trabalho, e dos funcionários, está adoentada e caiu vítima da melancolia. Aqui seria premente a ajuda do alto, para ao menos proteger as futuras gerações.

"Entretanto", acrescentou Goethe a rir, "aguardemos e esperemos, a ver como se apresentarão as coisas a nós alemães em um século mais ou menos, e se em seguida não seremos mais abstratos eruditos e filósofos, mas sim homens".

Domingo, 15 de junho de 1828.

Sentáramos havia pouco à mesa, quando o Sr. Seidel com seus tiroleses fez-se anunciar. Os cantores foram instalados no pavilhão do jardim, de modo que podíamos vê-los pela porta aberta e ouvi-los.

O Sr. Seidel tomou lugar a nosso lado. As canções e os *jodler* dos alegres tiroleses agradaram-nos a nós, gente moça. A senhorinha Ulrica e a mim, encantaram-nos principalmente o "Ramalhete" e "Tuitu, estás em meu coração", dos quais lhes solicitamos a letra. Goethe não parecia tão enlevado como nós. "Se agradam cerejas e amoras perguntem isso às crianças e aos pardais". No intervalo dos *lieder*, os tiroleses tocaram variadas danças nacionais em uma espécie de cítara de mesa acompanhada de flautins.

O jovem Goethe foi chamado de fora e tornou em seguida. Dirigindo-se aos músicos despediu-os. Sentou-se depois conosco à mesa. Falamos sobre o "Oberon" e a multidão que de toda a parte acorreu para ver essa ópera, de sorte que já ao meio-dia estava esgotada a venda dos bilhetes.

Augusto von Goethe erguera-se da mesa. "Caro pai", disse ele, "se nos levantássemos já? Os senhores e as senhoras desejam talvez ir mais cedo ao teatro". A Goethe pareceu estranha essa pressa pois que eram apenas quatro horas; conformou-se, no entanto, deixou seu lugar e dispersamo-nos pelas salas. O Sr. Seidel aproximou-se de mim e de alguns outros, dizendo baixo com triste semblante: "Vossa alegria em ir ao teatro é baldada; não há representação, o *Grão-duque morreu*! Faleceu em viagem, de Berlim para Weimar". Uma consternação geral espalhou-se entre nós. Goethe aproximou-se e fizemos como se nada houvesse acontecido, falando sobre coisas indiferentes. Levou-me depois para uma janela e referiu-se aos tiroleses e ao teatro. "Ocupe hoje meu camarote", recomendou. "Até às seis horas tem V. muito tempo; deixe andar os outros e fique comigo; palestraremos ainda um pouco". Augusto procurava afastar os presentes, a fim de preparar o pai a receber a triste notícia antes da volta do chanceler que já lha havia transmitido. Goethe não podia compreender a pressa e a azáfama do filho, e agastou-se. "Querem então retirar-se sem ao menos tomar café?" perguntou surpreso, "se são apenas quatro horas!" Entretanto iam saindo todos e eu tomei o chapéu. "Então, vai embora também?" inquiriu admirado. "Sim", acudiu o jovem Goethe, "Eckermann tem algo a fazer antes do espetáculo." — "É verdade; tenho coisas a tratar antes".

"Vão então", anuiu Goethe sacudindo pensativo a cabeça, "não os compreendo porém".

Subimos com a Srta. Ulrica para o andar superior. Augusto deixou-se ficar afim de transmitir ao pai a triste comunicação.

À noite, tarde, procurei Goethe. Já antes de entrar no quarto, ouvia-o suspirar e falar alto consigo mesmo. Parecia sentir que em sua existência se abria um vácuo que nunca mais seria preenchido.

Recusava qualquer consolo e de nada queria saber. "Sempre desejei ir-me antes dele", lamentou-se; "mas Deus dispôs de outra maneira e a nós pobres mortais não nos resta senão resignarmo-nos à sua divina vontade o melhor que pudermos". A fúnebre nova encontrou a Grã-duquesa Mãe[1] em seu veraneio de Wilhelmstal; Os novos soberanos estavam[2] na Rússia. Goethe em pouco retirou-se para Dornburgo com o fim de livrar-se das tristes impressões diárias e refazer-se em novas atividades, em ambiente diverso. Fora estimulado por autores franceses a novamente se ocupar da "Teoria das Plantas", para cujos estudos ser-lhe-ia favorável a permanência no campo, nessa região onde a cada passo se lhe apresentavam a mais opulenta vegetação, e vinhas e flores que desabrochavam.

---

1. Luiza, n. Princesa de Hesse-Darmstadt, Grã-duquesa de Saxe Weimar. Esposa de Carlos Augusto — 30 jan. 1757 — 14 fev. 1830. Imortalizada por Goethe em "Lila", Prosérpina.

2. Maria Paulowna (1786-1859) filha do czar Paulo I da Rússia; desde 1804 esposa do príncipe herdeiro Carlos Frederico, e desde 1826 Grã-duquesa soberana. Saudada por Schiller à sua chegada à Weimar e sempre profundamente venerada por Goethe.

Visitei-o lá algumas vezes em companhia da nora e dos netos. Parecia sentir-se otimamente e repetidas vezes louvava a bela situação do castelo e os jardins. E, de fato, gozava-se das janelas, nessa altitude, de uma vista encantadora. — Em baixo, no vale, serpenteava o rio Saale por entre prados. Para o oriente, apareciam colinas verdejantes, por sobre as quais o olhar se espraiava para o horizonte. O local era privilegiado para se observar, como de um miradouro, os aguaceiros que caíam e se perdiam no horizonte; à noite, a infinidade de estrelas rebrilhando, e, ao amanhecer, o sol nascente.

"Tenho vivido aqui dias e noites agradáveis. Acordo seguidamente ao alvorecer e, deitado junto à janela, sacio a alma no esplendor dos três planetas agora conjugados, e restauro-me na pompa crescente da alvorada. O dia quase inteiro passo-o ao ar livre, e mantenho diálogos espirituosos com as cepas das parreiras, que me inspiram belas idéias e das quais poderia comunicar-vos coisas maravilhosas. Tenho também escrito poesias que não são más, e gostaria fosse-me dado continuar vivendo assim".

Quinta-feira, 11 de setembro de 1828.

Hoje às duas horas, por um belíssimo tempo, Goethe chegou de Dornburgo. Está mais robusto e muito queimado pelo sol. Pouco depois sentamo-nos à mesa, no aposento que dá para o jardim e cujas portas ficaram abertas. Narrando-nos os presentes e visitas que recebera em seu aniversário, parecia satisfeito e entremeava a conversa de leves gracejos. Observando-o, porém com mais atenção, não se podia deixar de notar aquela preocupação que domina os que regressam à antiga situação, condicionada a toda espécie de relações, atenções e exigências.

Estávamos ainda nos primeiros pratos, quando chegou um envio da Grã-duquesa Mãe, congratulando-se com o regresso, e comunicando que teria o prazer de visitá-lo terça-feira próxima.

Desde a morte do Grão-duque, Goethe não procurara pessoa alguma da Família Ducal. Mantivera entretanto contínua correspondência com aquela Princesa, dando assim ambos expansão a seu mútuo pesar pela grande perda sofrida. Agora porém iam-se ver face a face, e esse encontro não se daria sem dolorosa emoção de ambos os lados, o que não deixava de inspirar-nos apreensões. Também Goethe ainda não apresentara suas homenagens aos jovens soberanos.

De tudo isso tinha que se desobrigar, e embora a ele, personalidade e figura mundial, de nenhuma forma o constrangesse, constrangia-o, no entanto, como talento que gostaria de viver sempre para as suas atividades.

Além disso ameaçavam-no visitas de toda a parte. O Congresso de famosos naturalistas, em Berlim, pôs em movimento muitos homens notáveis, os quais, em seu caminho através de Weimar, tinham-se feito anunciar e cuja chegada parecia iminente.

Semanas de incômodas perturbações que o forçariam a mudar seus hábitos de vida e provocariam outros inconvenientes relacionados com essas visitas, de resto tão valiosas para ele, isso sentira de antemão logo ao pisar a soleira da casa.

De tudo, porém, que lhe estava para suceder e que mais lhe pesava era ter de entregar para a impressão até o Natal, a quinta série das suas obras que compreendia o "Wilhelm Meister". Esse romance que antes aparecera num só volume, Goethe começara a refazê-lo inteiramente; a antiga parte amalgamada com tantos elementos novos, faz prever uma obra em três volumes na moderna edição. Está, aliás muito adiantada, mas há ainda muito que fazer nela. O manuscrito tem ainda várias páginas em branco que devem ser preenchidas. Aqui falta alguma coisa na exposição, torna-se necessário ali uma hábil transição afim de que ao leitor passe despercebido ser obra coletiva; acolá fragmentos de grande importância os quais ainda não têm começo, outros a que falta o fim, de forma a resultar aprazível e ameno esse notável livro.

Goethe tinha-me dado o manuscrito na passada primavera, para que eu o revisasse; debatemos então muito esse importante assunto oralmente e por escrito; aconselhei-o a dedicar o verão inteiro à conclusão dessa obra e deixar de lado, entretanto, todos os outros trabalhos. Ele estava igualmente convencido dessa imprescindível necessidade e resolvido a executar o combinado. Sobreveio então a morte do Grão-duque, e na vida de Goethe abriu-se um vácuo imenso. Nessa composição que exige tanta serenidade e um espírito tranqüilo, nem se podia mais pensar e a ele restava apenas manter-se firme e aos poucos ir-se refazendo.

Agora porém, regressando de Dornburgo no começo do outono, convenceu-se da necessidade de completar o seu "Wilhelm Meister", para o que dispunha apenas de poucos meses e esses mesmos entremeados de múltiplas perturbações em oposição a uma atividade clara e tranqüila do seu talento.

Resumindo o que expus, ficará pois bem compreensível que em Goethe, apesar dos seus leves chistes à mesa, transparecia uma profunda preocupação.

O Prof. Abeken, de Osnabrück, havia-me mandado antes de 28 de agosto uma encomenda, pedindo-me entregá-la a Goethe em seu aniversário em hora conveniente. Tratava-se de uma recordação de Schiller que certamente lhe agradaria.

Quando hoje à mesa, descrevia os variados presentes que pelo seu aniversário tinham sido enviados a Dornburgo, perguntei-lhe o que continha o pacote de Abeken.

"Era uma extraordinária lembrança", respondeu, "que me causou grande emoção. Uma amável dama, em cuja casa Schiller tomou chá, teve a gentileza de anotar suas observações e interpretá-las com a maior autenticidade. Após tão longo espaço de tempo são lidas com gosto, por nos transportarem imediatamente a uma quadra que, como milhares de outras também importantes, é já passada, mas Schiller surge nesses apontamentos, como sempre, na posse absoluta da sua elevada personalidade; é tão grande à mesa do chá quanto teria sido no Conselho de Estado. Nada o constrange, nada o restringe, nada poderia limitar o alcandorado vôo das suas idéias; o que nelas vivia de grande, suas opiniões, manifestava-se sempre livremente, sem muito considerar nem refletir.

"Era um verdadeiro homem, e assim devíamos ser nós outros; ao invés, sentimo-nos sempre coagidos. As pessoas, os objetos que nos rodeiam têm sobre nós sua influência; a colher de chá nos incomoda quando é de ouro porque devia ser de prata, e, assim por mil considerações tolhidos, não conseguimos libertar o que temos de elevado em nossa natureza. Somos escravos das circunstâncias e parecemos medíocres ou importantes, segundo elas nos restringem ou nos dão espaço para livre expansão".

Goethe silenciou, a conversa tomou outro rumo, eu porém continuei a meditar nessas palavras, que me comoveram profundamente.

Quarta-feira, 1 de outubro de 1828

O Sr. Hoiminghausen, de Krefeld, chefe de uma grande firma comercial e ao mesmo tempo amante das ciências naturais, principalmente da Mineralogia, um homem por seus grandes estudos e viagens versado em muitas matérias, assentava-se hoje à mesa de Goethe.

Regressava do Congresso dos Naturalistas de Berlim e falou em coisas que ali foram debatidas, mormente em assuntos mineralógicos.

Referimo-nos também aos vulcanistas e à maneira como os homens chegam a opiniões e hipóteses sobre a Natureza. Nessa ocasião foram recordados grandes naturalistas, como Aristóteles, sobre o qual Goethe assim se exprimiu: "Aristóteles viu melhor a Natureza do que qualquer dos modernos, era porém demasiado apressado em seus pontos de vista. É preciso ser tolerante e proceder lentamente com a Natureza quando se quer retirar dela algum proveito.

"Quando na pesquisa de assuntos de ciências naturais eu formava uma opinião, não exigia que a Natureza me desse razão logo em seguida. Antes prosseguia em observações e experiências, e sentia-me satisfeito quando se confirmava ocasionalmente o meu parecer. Se isso não acontecia, guiava-me por um outro *aperçu* o qual seguia, e que talvez fosse confirmado de melhor vontade".[1]

---

1. Goethe consagrou uma parte notável de sua existência a pesquisas de Botânica, Anatomia, Ótica, Geologia e Meteorologia. Essas pesquisas cuja amplidão somente a leitura dos textos originais — treze grossos volumes na edição de Weimar — permitem medir, ele as prosseguiu com paciência e consciências admiráveis.

Sexta-feira, 3 de outubro de 1828.

Hoje à mesa discorri com Goethe sobre os "Cantores Guerreiros da Wartburg", de Fouqué, que a seu conselho lera. Concordamos em que o poeta durante sua vida se ocupou com estudos da antigüidade alemã e que disso não lhe resultou cultura alguma.

"Da era obscura da antigüidade alemã", disse Goethe, "podemos aproveitar apenas tanto, quanto das canções sérvias e semelhantes poesias bárbaras do povo. A gente as lê e por elas se interessa durante algum tempo, mas somente até conclui-las, e em seguida, deixamo-las de lado. A humanidade está saciada de melancolias por suas paixões e pelo Destino, e não necessita ainda aumentá-las com as trevas de um rude passado.

"Carece de clareza e serenidade, e faz-lhe mal voltar-se para aquela era de arte e literatura na qual homens distintos alcançaram a mais completa cultura, de modo que a eles próprios lhes fazia bem e sua ditosa erudição era capaz de aproveitar a outros.

"Se quer porém ter uma boa opinião de Fouqué, leia a sua "Undine" que é, na realidade, encantadora. O assunto era sem dúvida bom, e não se pode dizer que o autor fizesse tudo o que ali está; mas a "Undine" é, não obstante, bem escrita e agradar-lhe-á".

"Não me estou dando bem com a moderna literatura alemã", retorqui. "Das poesias de Egon Ebert passei para Voltaire, cujo primeiro conhecimento fiz, e aliás pelas pequenas poesias que certamente figuram entre as melhores que jamais escreveu. Com Fouqué não me fui melhor. Mergulhado no "Fair Maid of Perth", de Walter Scott, igualmente o primeiro que leio desse grande escritor, fui obrigado a deixá-lo de lado e passar-me para os "Cantores Guerreiros da Wartburg".

"Contra esses grandes autores estrangeiros", tornou Goethe, "os modernos literatos alemães não podem competir; estimo porém que V. aos poucos vá conhecendo todos os nacionais e estrangeiros para que veja onde propriamente conseguir uma alta cultura mundial, indispensável a todo poeta". A Sra. Goethe entrou e sentou-se à mesa conosco. "A "Fair Maid of Perth" não é mesmo um bom livro?" perguntou alegremente Goethe.

"No conjunto uma segura disposição e nos pormenores não há traço algum que não conduza ao termo. E os detalhes, tanto nos diálogos como nas descrições, são igualmente excelentes. Suas cenas e situações lembram os quadros de Téniers no conjunto das disposições apresentam o fastígio da Arte; as figuras isoladas parecem, na verdade, falar, e o desempenho estende-se com amor de artista até ao menor detalhe, de modo a não faltar traço algum".

"Até onde leu V.?" "Cheguei ao trecho", respondi, "em que Henry Smith acompanha a bela donzela da cítara através de ruas e atalhos, à casa; e onde ele irritado, encontra o fabricante de bonés Proudfute e o farmacêutico Dwinig". "A passagem é boa", observou Goethe. "Que o resistente e honrado armeiro tenha sido levado para junto da donzela suspeita, e que por fim chegue a carregar às costas o cãozinho, é um dos traços mais grandiosos que se pode encontrar num romance. Isso testemunha um conhecimento da natureza humana ao qual se revelam os mais profundos segredos".

"Um lance que considero sumamente feliz e admiro" observei, "é ter Walter Scott feito o pai da heroína luveiro, com o qual, no comércio de peles dos países montanhosos estava e ainda está, há longo tempo em relações".

"Sim", anuiu Goethe, "é uma passagem da mais elevada arte. Daí provêm para a obra inteira, as relações e circunstâncias mais favoráveis, por isso todos ao mesmo tempo recebem uma base real, de maneira que conduzem consigo à verdade mais convincente. Em toda a obra de Walter Scott encontrará V. grande segurança e profundeza na descrição, que emanam do vasto conhecimento do mundo real a que atingiu através dos estudos, das observações de toda a sua vida e um constante debate das mais importantes contingências.

"Que grande talento e, que perfeita criatura! Lembra-me o crítico inglês que o compara à voz humana, que para alguns dispõe apenas de poucos tons agradáveis, enquanto que para outros tem uma completa escala de notas profundas e altas. Desses últimos faz parte Walter Scott. Na "Fair Maid of Perth" não encontra V. uma única passagem fraca onde se faça sentir carência de conhecimentos e talento.

"O rei, o irmão do rei, o príncipe herdeiro, o chefe do clero, a nobreza, os magistrados, os burgueses e operários, os montanheses, a todos pinta-os com a mesma firmeza de mão e com a mesma sutileza".

"Os ingleses", observou a Sra. von Goethe, "apreciam sobremodo o caráter de Henry Smith, e Walter Scott parece também ter feito dele o herói do livro. Mas não é o meu favorito; agrada-me mais o príncipe."

"O príncipe", retorqui, "apesar de toda a sua rudeza, mostra-se ainda bastante amável e é tão bem apresentado como qualquer outro".

"A cena em que montado a cavalo", observou Goethe, "atrai a si a linda menina da cítara para beijá-la, é um traço do mais temerário gênero. As senhoras porém não têm razão quando tomam sempre partido por um ou por outro; lêem habitualmente um livro, afim de nele encontrar sustento para o coração, um herói que pudessem amar! Não se deveria ler desse modo; depois, o importante para elas não é que lhes agrade este ou aquele caráter, mas que o livro agrade".

"Nós mulheres somos assim, caro pai", replicou a Sra. von Goethe, enquanto inclinando-se por sobre a mesa tomava-lhe a mão. "A gente deve deixá-las fazer o que querem, tão amáveis são", observou Goethe.

O novo número do "Globe" estava a seu lado e ele tomou-o. Eu conversava com a Sra. von Goethe a propósito de uns jovens ingleses cujo conhecimento fizera no teatro.

"Que homens são, porém, esses senhores do "Globe!", recomeçou com vivacidade, "como se tornaram cada dia mais ilustres e notáveis, compenetram-se de uma idéia da qual os demais têm noção diferente. Na Alemanha não seria exeqüível uma folha dessas.

"Somos apenas uns particulares, e nem se pode pensar em harmonia; cada um conserva a opinião da sua província, da sua cidade natal, sua própria individualidade enfim, e temos muito que esperar até que cheguemos a uma cultura completa".

Terça-feira,7 de outubro de 1828.

Hoje, à mesa a mais alegre sociedade. Além dos amigos de Weimar, estavam também alguns naturalistas que regressavam do congresso de Berlim, e, entre eles, colocado ao lado de Goethe, o Sr. von Martius, de München, que eu já conhecia. Palestrou-se e gracejou-se sobre os mais variados assuntos. Goethe estava de um bom humor excepcional e extremamente comunicativo. Falou-se de teatro, e a última ópera de Rossini, o "Moisés" foi muito debatida. O argumento foi reprovado, a música criticada e elogiada; Goethe pronunciou-se da seguinte maneira: "Não compreendo, caríssimos amigos, como podem separar o assunto da música, e apreciar cada um separadamente. Os senhores dizem que o entrecho não presta; poderiam, no entanto, ignorá-lo e gozar da excelente música. Admiro realmente a disposição do vosso temperamento, pela qual vosso sentido auditivo é capaz de escutar suaves melodias enquanto o sentido mais possante que é o da vista, é castigado pelos assuntos mais absurdos.

"E que o vosso "Moisés" é com efeito muitíssimo absurdo não poderão negá-lo. Ao levantar o pano, ali está o povo a rezar! Isso é muito inoportuno.

"Quando quiseres rezar", diz a Escritura, "vai para teu quarto e fecha a porta atrás de ti." No teatro, porém, é descabido.

"Eu gostaria de compor um "Moisés" inteiramente diverso e começar a ópera de modo também diferente. Faria ver em primeiro lugar o quanto penavam os filhos de Israel em pesados trabalhos de lavoura sob a tirania dos administradores egípcios, para que com isso mais evidente se tornassem as vantagens que Moisés alcançou para seu povo que soube libertar de tão vergonhosa opressão". — Goethe continuou a comentar a ópera de excelente humor, cheio de espírito e vivacidade no sentido histórico do assunto, sob o divertido interesse dos convivas, encantados pela fluência de suas idéias e a serena opulência de sua imaginação, Tudo passou demasiado rápido para ser retido; no entanto ficou-me na lembrança o bailado egípcio, que Goethe fez suceder às trevas, como a alegria pela luz restituída. A palestra passou de Moisés para o Dilúvio, logo tomando, estimulada pelos sábios naturalistas, um rumo científico.

"Pretende-se", revelou o Sr. von Martius, "ter sido encontrado sobre o Ararat, um fragmento petrificado da arca de Noé, e surpreende-me não terem também achado os crânios petrificados dos primeiros homens".

Essa declaração deu lugar a outros temas semelhantes, passando então o assunto às diversas raças humanas, como a branca, a negra, a vermelha e a amarela que habitam a terra, de modo que, em conclusão, seria admissível que toda a humanidade descendesse de um só casal.

O Sr. von Martius era pela doutrina das Santas Escrituras que, como naturalista, procurou confirmar pelo axioma: "que a Natureza procede, em suas obras com grande parcimônia".

"Devo contradizer essa opinião", retorquiu Goethe. "Afirmo que a Natureza se revela sempre opulenta e mesmo pródiga, e está mais de acordo com o seu critério, admitir que em vez de um único casal, tenha-os produzido às centenas desde o princípio. — Quando a terra atingiu a um certo grau de maturidade, as águas se tinham concentrado, e o terreno seco já estava suficientemente verdejante; começou a época da Encarnação e originaram-se então os homens, pela Onipotência Divina, por toda parte onde o solo os admitia, provavelmente a princípio nas altitudes. Supor que assim tenha acontecido, considero sensato; meditar porém sobre a maneira como aconteceu, parece-nos ocioso e deixamos isso àqueles que se ocupam de problemas insolúveis e que nada de melhor têm a fazer".

"E embora", replicou o Sr. von Martius com certa malícia, "deixo-me convencer como naturalista, pelas opiniões de V. Ex. sinto-me não obstante, como bom cristão, um tanto perplexo por ter de concordar com um ponto de vista que não está muito de acordo com a Bíblia".

"As Santas Escrituras", contestou Goethe "certamente se referem apenas a um casal que Deus criou no sexto dia. Os homens de valor, porém, que registraram a palavra de Deus, tiveram em vista unicamente o povo eleito, ao qual não pensamos disputar a honra de se originar de Adão. Nós outros, porém, como também os negros e lapões, e homens esbeltos, mais belos que qualquer de nós, temos certamente a nossa ascendência; todavia, os prezados amigos concordarão que diferençamo-nos bastante dos autênticos descendentes de Adão e que estes, sobretudo no que diz respeito a dinheiro, nos levam decidida vantagem".

Rimo-nos e a conversa generalizou-se; Goethe, incitado à controvérsia pelo Sr. von Martius, pronunciou ainda palavras memoráveis, que, embora sob a aparência de gracejos, constituíam não obstante, uma cilada.

Ao levantarmo-nos da mesa, fez-se anunciar o Ministro da Prússia Sr. von Jordan e nós retiramo-nos para a sala contígua.

Quarta-feira, 8 de outubro de 1828.

Tieck com a esposa, as filhas e a condessa Finkenstein, de regresso de sua viagem ao Reno, eram esperados hoje para o jantar. Encontrei-os no hall, ao entrar. Tieck tinha ótima aparência; os banhos no Reno parecem ter-lhe sido favoráveis. Disse-lhe ter lido nesse intervalo o primeiro romance de Walter Scott, e o quanto admirara seu extraordinário talento. "Duvido", replicou Tieck, "seja esse novo romance, que ainda não conheço, o melhor que escreveu; o autor é porém tão notável que o primeiro que dele se lê, deixa-nos uma impressão de assombro por qualquer lado que se o encare".

O professor Götlingen, recentemente chegado de sua viagem à Itália, entrava nesse instante. Foi com grande alegria que tornei a vê-lo e atraí-o logo para uma janela, afim de ouvir suas impressões. "Para Roma", exclamou, "para Roma deve V. ir, afim de ser alguém! Que cidade! que vida! é um mundo! O que em nosso caráter é acanhado não se pode desenvolver na Alemanha; logo porém ao chegar a Roma ocorre em nós uma transformação e sentimo-nos elevar com a grandeza que nos cerca".

"Porque não se demorou mais tempo por lá?" "Dinheiro e licença estavam no fim", retorquiu. "Parecia-me ter sonhado, quando de volta da bela Itália tornei a transpor os Alpes".

Goethe apareceu e saudou os presentes. Falou sobre coisas diversas com Tieck e os seus, e em seguida ofereceu o braço à condessa para conduzi-la à mesa. Nós outros seguimo-los e tomamos lugar, cada um ao lado de uma senhora.

A palestra desenvolveu-se com animação e familiaridade; do que porém se tratou, pouco posso lembrar-me. Findo o jantar, fizeram-se anunciar os Príncipes de Oldenburgo e subimos todos para os aposentos da senhora von Goethe. A senhorinha Ignez Tieck sentou-se ao piano e, com sua excelente voz de contralto, cantou o belo *lied* "Im Feld schleich ich stil und wild" e outros, causando-nos uma inesquecível impressão de arte.

Quinta-feira, 9 de outubro de 1828.

Hoje, ao almoço, éramos apenas: Goethe, a Sra. von Goethe e eu. E como às vezes acontece, volvemos ao assunto dos dias anteriores, novamente debatendo o "Moisés", de Rossini, lembrando o espirituoso achado de Goethe anteontem.

"Não sei mais o que tenha podido dizer então, quando caçoava bem humorado a propósito do "Moisés", pois essas coisas vêm sem que nelas se pense, mas o certo é que não me é possível gozar de uma ópera sem que o entrecho corresponda à beleza da música. Se me perguntarem qual a que prefiro, dir-lhes-ei que é "Wasserträger", pois nela o enredo é tão completo que se poderá vê-la com prazer mesmo sem música. Os compositores não compreendem a importância de uma boa base ou faltam-lhes os poetas conhecedores que com eles colaborem. Não tivesse o "Freischütz" um tema tão favorável, e a música não teria bastado para atrair a grande concorrência que em parte se deve ao Sr. Kind".

"Não posso censurar o Prof. Götlingen por sua admiração pela Itália, pois comigo deu-se o mesmo. Na verdade posso dizer que só em Roma senti o que é ser um homem. Essa elevação, essa sensação de felicidade, nunca mais me voltaram, e propriamente, nunca mais me senti alegre.

"Contudo, não nos entreguemos a melancólicas recordações", continuou após uma pausa. "E como vai sua leitura da "Fair Maid of Perth"? Até que ponto chegou ? Dê-me contas disso..."

"Leio vagarosamente", respondi; "mas ainda assim cheguei à cena em que Proudfute foi morto dentro da armadura de Henry Smith, cujo modo de fumar e de andar ele imitava e encontrado numa rua de Perth, no dia seguinte, pelos burgueses que nele julgaram reconhecer Henry Smith, fato pelo qual a cidade foi tomada de alarme."

"Certo, essa cena é notável", observou Goethe, "uma das melhores".

"O que sobretudo nela admiro", prossegui, "é o talento que em alto grau possui Walter Scott de representar com a maior clareza, circunstâncias confusas isolando-as em tranqüilas imagens que nos deixam uma impressão tal, como se aquilo acontecesse ao mesmo tempo em diversos lugares e que tais oniscientes seres, do alto pudéssemos abranger".

"Principalmente", tornou Goethe, "é muito grande a compreensão de arte no autor, pelo que também nós e nossos semelhantes que observamos com que especial atenção foi criado o enredo, sentimos um duplo interesse e temos com isso a maior vantagem. Não quero antecipar, mas na terceira parte V. encontrará mais uma sutileza de primeira ordem. V. já leu que o príncipe fez no Conselho de Estado a astuta proposta de consentir que os rebeldes montanheses se exterminassem e também que o Domingo de Ramos fora fixado para que ambas as facções inimigas viessem à Perth para se encontrar, trinta contra trinta, em uma luta de vida ou de morte. Causa admiração o modo pelo qual o autor conduz a ação, fazendo faltar no dia do combate um homem de um dos partidos, e com que arte sabe dispor as circunstâncias para que de longe conduzam o herói, Henry Smith, para preencher o lugar do lutador ausente.

"Esse traço é sobremodo grandioso e V. terá prazer quando ali chegar.

"Quando porém terminar essa leitura, deve V. encetar a do "Waverley", que sem dúvida pertence a outro gênero e que merece ser considerado como uma das suas melhores produções. Reconhece-se ter sido escrito pelo mesmo autor da "Fair Maid of Perth"; porém foi o primeiro que soube conquistar os favores do público, e por isso ele concentrou suas forças de modo a nunca escrever uma linha que não fosse excelente. A "Fair Maid of Perth" é, ao contrário, escrita com mais liberdade, sentindo-se o autor já seguro do seu público.

"Quando se leu "Waverley" compreende-se sem dúvida o motivo porque ainda até hoje Walter Scott se declara o autor daquele livro, pois nele demonstrou sua capacidade e nada mais escreveu que fosse superior ou mesmo comparável a esse romance".

Segunda-feira, 9 de outubro de 1828.

Em homenagem a Tieck, teve lugar esta tarde, nos aposentos da senhora von Goethe, um chá muito concorrido. Fiz ali conhecimento com os condes Medem; disse-me a condessa ter durante o dia avistado Goethe e que por isso se considerava feliz.

O conde interessou-se principalmente pelo "Fausto" e por sua continuação, entretendo comigo animada palestra sobre esse assunto.

Tinham-nos feito esperar que Tieck lesse alguma coisa e assim aconteceu. Todos acomodaram-se num vasto círculo de cadeiras e sofás, e Tieck começou a leitura do "Clavigo".

Eu lera a peça várias vezes e pude senti-la; entretanto pareceu-me outra completamente; agiu em mim tão profundamente como nunca até então. Foi como se a ouvisse no teatro, porém ainda melhor se faziam sentir as particularidades isoladas, as situações, e dava a impressão de estar sendo cada papel representado com perfeição.

Não se poderia dizer qual o trecho que Tieck leu melhor; se aqueles em que se desenrolam a força e a paixão dos homens, as calmas e tranqüilas cenas de entendimentos ou os momentos de amor angustiado. Para representar esse último gênero tinha à sua disposição meios todos especiais. A cena entre Maria e Clavigo ficou-me soando aos ouvidos. Todos estávamos suspensos às suas palavras; a luz das velas tornou-se mortiça e ninguém notou nem se arriscou a espevitá-las, temendo interromper o leitor; as lágrimas nos olhos femininos testemunhavam da sua emoção e significavam bem um tributo pago tanto ao poeta como ao seu intérprete.

Tieck finalizara e erguera-se enxugando o suor da fronte. Os ouvintes porém continuavam como que presos às suas cadeiras; e cada qual parecia no fundo ainda abalado e sem encontrar palavras de agradecimento para aquele a quem eram devedores da magnífica sensação.

Pouco a pouco voltaram à realidade; levantando-nos trocamos agradáveis impressões e dirigimo-nos para a ceia que em pequenas mesas nos esperava, na sala contígua. Goethe não esteve presente à reunião, seu espírito porém e sua lembrança viviam em todos nós. Enviou a Tieck suas desculpas, e às suas duas filhas, Ignez e Dorothea,[1] dois alfinetes com seu retrato e laços de fita vermelha que lhes entregou a Sra. von Goethe, colocando-os ao peito como pequenas condecorações.

Sexta-feira, 10 de outubro de 1828.

Do Sr. William Fraser, de Londres, editor da "Foreign Review" chegaram-me esta manhã dois exemplares do terceiro número daquela revista, dos quais levei um a Goethe hoje ao meio dia.

Tornei a encontrar lá para o almoço, oferecido a uma alegre sociedade, Tieck e a condessa, que a pedido de Goethe e outros amigos, acederam em permanecer aqui mais um dia, tendo os restantes membros da família seguido de manhã para Dresden.

A literatura inglesa, sobretudo Walter Scott, constituiu o assunto à mesa. Por essa ocasião, Tieck narrou entre outras coisas, ter sido trazido por ele à Alemanha, há dez anos, o primeiro exemplar do "Waverley".

Sábado, 11 de outubro de 1828.

A citada "Foreign Review" do Sr. Fraser continha entre outras muitas importantes matérias, um precioso artigo de Carlyle sobre Goethe, que analisei esta manhã. Compareci à sua casa um tanto cedo, afim de conversarmos sobre o referido artigo.

Encontrei-o como eu desejava; ainda só, à espera dos convidados. Trajava o fraque negro com a condecoração, como tanto gosto de vê-lo. Parecia hoje particularmente remoçado e alegre, e principiamos logo a tratar dos nossos comuns interesses. Disse-me já ter lido esta manhã o escrito de Carlyle, e trocamos palavras de louvor a propósito do zelo daquele escritor estrangeiro. "É com prazer que observo", prosseguiu, "como a antiga afetação dos escoceses se transformou em seriedade e penetração. Quando penso na maneira como receberam as minhas produções, e como agora considero os serviços de Carlyle em prol da literatura alemã, surpreende-me o progresso realizado para melhor".

---

1. Dorothea, a jovem filha de Tieck, traduziu, em colaboração com o Conde Wolf Baudessin, nos anos de 1831 a 1833, dezenove dramas de Shakespeare, assim completando a grandiosa e célebre tradução daquela inteira obra, por August Wilhelm von Schlegel.

"Em Carlyle", observei, "reverencio antes de tudo, o espírito e o caráter que presidem às suas finalidades. Procura servir seu país, e na intenção de tornar conhecidas de seus compatriotas as obras literárias estrangeiras, menos pelo talento que as criou do que pela elevação moral de tais produções".

"Sua intenção," corroborou Goethe, "é digna de apreço. E com que seriedade nos estuda, a nós alemães! Está a par da nossa literatura melhor do que nós mesmos, e ainda menos podemos competir com ele em nosso esforço para bem conhecer as letras inglesas".

"O artigo", tornei, "está escrito com tal entusiasmo e eloqüência que prova haver ainda na Inglaterra muitos preconceitos e discrepâncias a combater. Mormente ao "Wilhelm Meister" parece terem lançado a crítica malévola e os maus tradutores, uma luz desfavorável. Carlyle, ao invés, procede otimamente. Em contradita à idéia absurda, de que nenhuma mulher verdadeiramente nobre poderia ler o "Meister" apresenta o exemplo da última Rainha da Prússia,[1] que tanto apreciava esse livro e que com razão era considerada como uma das mais ilustres damas do seu tempo". Vários convidados vinham chegando, aos quais Goethe foi saudar. Tornando a mim continuei: "Com certeza, Carlyle estudou o "Meister" e, compenetrado do seu valor, procurou difundi-lo por toda a parte, afim que pudessem as pessoas cultas tirar dele proveito e satisfação".

Goethe levou-me a uma janela e assim falou-me: "Meu caro, vou confiar-lhe alguma coisa que desde hoje o ajudará e durante toda a vida lhe há de aproveitar. *Minhas produções nunca serão populares*; quem se imaginar o contrário, se engana. Não foram escritas para as massas, mas somente para os que querem e procuram algo semelhante e seguem idêntica orientação".

Ia prosseguir, quando chegou-se a ele uma senhora, interrompendo-o e encetando uma palestra. Virei-me então para outros e em pouco nos dirigíamos para a mesa.

Do que então se tratou, não guardei lembrança; as palavras de Goethe, essas, não me saíam da memória e absorviam-me completamente o íntimo.

Na verdade, pensei, um escritor como Goethe, um espírito de tal magnitude, uma natureza de âmbito infinito, como poderia tornar-se popular! Quando muito uma pequena parte de sua obra, algum *lied* apenas, que a mocidade alegre e amorosa cantará e que para outros não têm importância!

E, bem observado, não se dá o mesmo com tudo o que é extraordinário? Mozart é popular? E Rafael? E não procede o mundo a respeito dessas fontes ine-

---

1. A bela e tão amada Rainha Luiza, mulher de Frederico Guilherme III.

xauríveis de vida espiritual, como os gulosos que se contentam com debicar cá e lá, migalhas que lhes proporcionem esporadicamente um superior alimento? E prosseguindo em meus pensamentos: Goethe tem razão, suas obras são exclusivamente para certos homens com aspirações afins, em direções semelhantes. São particularmente para os alegres apaixonados que procuram na poesia as dores e os prazeres do coração. São para jovens poetas que querem instruir-se no modo de se exprimir e tratar convenientemente um tema. São para os críticos que nelas encontram um modelo segundo o qual se pode julgar, assim como fazer crítica interessante e serena que é lida com prazer. Suas obras são para o artista, porque em geral ilustram o espírito, e principalmente porque nelas aprende qual a significação artística de um objeto e o que dele deve ou não apresentar. São para o naturalista, não só por lhe transmitirem leis básicas, mas principalmente porque delas recebe o método pelo qual um espírito inteligente pode pesquisar a Natureza afim de descobrir seus mistérios

E assim todos os que aspiram a aperfeiçoamentos científicos e artísticos são convivas das opíparas mesas das suas obras e testemunham pelos resultados, pela Ciência e pela Arte e também, por sua eficácia, do inesgotável manancial comum no qual se desalteraram.

Estas e outras idéias semelhantes, passavam-me pela cabeça durante o ágape. Pensava em tantas personalidades, em tantos artistas alemães de valor, naturalistas, poetas e críticos, que devem a Goethe uma grande parte de sua formação. Pensava em italianos, franceses e ingleses de talento, que têm os olhos postos nele e que agem de conformidade com o seu espírito.

Enquanto isso, à roda de mim gracejava-se e falava-se alegremente, apreciando as finas iguarias. Eu dissera aqui e ali uma palavra sem propriamente estar ciente do que se tratava. Uma senhora dirigiu-me uma pergunta à qual talvez não tenha respondido como devia, e caçoaram comigo:

"Deixem o Eckermann" disse Goethe, "está sempre ausente, a não ser quando vai ao teatro".

Riram-se à minha custa, o que não me foi desagradável. Sentia-me hoje no íntimo, particularmente feliz. Dei graças ao destino que, após um singular encadeamento de circunstâncias, me concedera a honra de ser um dos poucos que gozam da intimidade e confiança de um homem cuja magnitude ainda há poucos minutos se apresentara tão vivamente a meu espírito e que agora tinha ante meus olhos em sua perfeita amabilidade.

Biscoitos e lindas uvas foram trazidos como sobremesa. Estas vieram de longe e Goethe guardou segredo sobre sua procedência. Ao reparti-las ofereceu-me um belo cacho sazonado.

"Eis aqui, meu caro, regale-se com essa doçura". Saboreei as uvas oferecidas por suas mãos, e em corpo e alma senti-me a seu lado.

257

Falou-se em teatro, nos merecimentos de Wolff e no que tem produzido de bom esse ilustre artista.

"Reconheço bem", disse Goethe, "terem nossos antigos atores aprendido alguma coisa comigo, mas propriamente só a Wolff posso chamar meu aluno. Para que veja o quanto se compenetrara e como agia segundo minhas normas, vou contar-lhes um caso que tenho prazer em repetir.

"Um dia, por determinados motivos, zangara-me com ele. Ia representar e eu estava no meu camarote. Agora, pensei, presta atenção, não estás em estado de benevolência e nenhum deslize seu encontrará desculpa em ti. Wolff começou a representar e não lhe tirei mais os olhos de cima. E como desempenhou seu papel! Que firmeza no jogo de cena! Não me foi possível perceber uma única falta contra as regras que eu lhe implantara, e não pude eximir-me de querer-lhe bem".

Segunda-feira, 20 de outubro de 1828

O Diretor em chefe das minas de Bonn, regressando do Congresso de cientistas, de Berlim, foi hoje hóspede bem-vindo, à mesa de Goethe. Tratou-se de mineralogia, e o ilustre viajante deu informes fundamentados a propósito de condições mineralógicas das cercanias de Bonn.

Após a refeição dirigimo-nos à sala do busto de Juno. Goethe mostrou aos convidados uma longa faixa de papel com o contorno do friso do templo, em Figália. Observando a folha, nota-se que os gregos, quando representavam animais, pouco caso faziam do natural, como se tivessem que obedecer a certas conveniências. Notou-se também que nas representações desse gênero deixaram-se ficar aquém da Natureza, e que bodes, animais para os sacrifícios e cavalos, aparecem nos baixo-relevos, freqüentemente rígidos, desproporcionados e imperfeitos.

"Não quero debater essa questão", replicou Goethe, "é porém necessário distinguir, antes de tudo, de que época e de que artistas são tais esculturas, pois assim encontrar-se-ia quantidade de exemplares nos quais os gregos não só igualaram a Natureza como até a superaram.

"Os ingleses, os melhores conhecedores de cavalos no mundo, confessam ter reconhecido em duas antigas cabeças de eqüinos uma raça tão perfeita como hoje não mais existe. Essas cabeças pertencem à melhor época grega, e se tais obras hoje nos arrebatam, não devemos admitir terem aqueles escultores copiado uma Natureza mais perfeita do que a vemos atualmente, mas que antes se tenham elevado, graças aos progressos da época e, da Arte, o ponto de valorizar a própria Natureza com seu próprio merecimento".

Enquanto isso, examinava eu com uma senhora uma gravura, e percebia mal suas palavras, pelo ouvido; porém tanto mais profundamente as interpretei com a alma.

A sociedade tinha-se retirado aos poucos e achei-me a sós com Goethe que se aproximara da lareira.

"V. Ex.", observei, "externou a justa opinião que os gregos encaravam a Natureza com sua própria grandeza pessoal e penso que nunca nos compenetraremos assaz desse conceito",

"Sim, meu caro, disso depende tudo. É indispensável ser-se alguém para produzir algo de valor. Dante aparece-nos grande, mas tinha atrás de si uma cultura de séculos; a casa Rotschild é rica, custou-lhe porém mais de uma geração para obter tal opulência. Essas coisas são mais profundas do que se pensa, e nossos bons velhos artistas alemães ignoram-nas. Dedicam-se, com sua fraqueza pessoal e incapacidade artística, a imitar o natural e pensam ser alguma coisa. Estão abaixo da Natureza. Quem porém quiser produzir algo de grande, deve elevar tão alto sua cultura, que possa como os gregos, guindar uma imitação insignificante da Natureza à altura do seu espírito e executar na realidade aquilo de que nos fenômenos naturais por fraqueza ou impedimentos exteriores, restaram apenas as intenções".

Quarta-feira, 22 de outubro de 1828.

Hoje à mesa, falando-se em mulheres, Goethe expressou-se com encanto.

"As mulheres são salvas de prata nas quais colocamos maçãs de ouro. Minha idéia sobre as mulheres não abstrai da realidade, é congênita ou formada em mim sabe Deus como. Os caráteres femininos que representei em meus livros são por isso todos bem sucedidos, e melhores do que os encontrados na vida real".

Quinta-feira, 23 de outubro de 1828.

Goethe referiu-se hoje com grande apreço, a uma pequena memória do chanceler a respeito do grão-duque Carlos Augusto, que trata da vida ativa desse extraordinário príncipe.

"O pequeno estudo é realmente bem sucedido", disse Goethe, "a matéria coligida com grande perspicácia e aplicação, de modo que o todo é animado do mais profundo sentimento, e ao mesmo tempo a apresentação tão concisa que os feitos nela se comprimem, e uma tal opulência de vida e ação nos comove como uma vertigem espiritual. O Chanceler enviou também o seu artigo para Berlim e, a propósito, recebeu uma admirável carta de Alexandre von Humboldt que não pude ler sem profunda emoção. Humboldt ligara-se ao grão-duque por uma estreita amizade durante sua longa vida, o que não era nada de admirar, porquanto à rica e profunda natureza do soberano sempre ansioso por maior saber, era Humboldt precisamente o homem que mais convinha, pois que por sua grande universalidade tinha sempre pronta a melhor e mais substancial resposta.

"Por singulares circunstâncias aconteceu o grão-duque nos seus últimos dias, passou em Berlim quase sempre na companhia de Humboldt.

"Dos muitos problemas importantes que o preocupavam ainda, recebeu ele a solução, e por outro lado foi uma circunstância grandemente favorável que um dos maiores soberanos que a Alemanha já possuiu, tivesse um homem como Humboldt por testemunha de seus últimos dias. Mandei tirar uma cópia da carta e dela quero comunicar-lhe alguns trechos". E leu-ma com serenidade; em seus olhos porém vi lágrimas. "Leia-a para V.mesmo", disse, e erguendo-se começou a andar pelo quarto, abaixo e acima.

"Quem, mais do que eu, poderia sentir-se emocionado pelo súbito desaparecimento", escreve Humboldt, "a quem há trinta anos ele dispensava a mais benévola distinção, devo mesmo dizer, a mais sincera predileção. Aqui também queria-me junto a si a quase todas as horas; e, como se uma tal lucidez fosse como nos elevados píncaros nevados dos Alpes, precursora de uma luz que se vai extinguindo, nunca até então vira o grande e humano príncipe mais vivaz, mais espirituoso, delicado e interessado por todo o futuro desenvolvimento da vida do povo, como nesses últimos dias em que o tivemos conosco.

"A meus amigos, pressago e ansioso freqüentemente eu dizia que essa vivacidade, essa misteriosa claridade de espírito numa tão grande fraqueza física, parecia-me um temível fenômeno. Ele próprio oscilava visivelmente entre a esperança de convalescer e a expectativa da grande catástrofe.

"Vinte e quatro horas antes, à sua primeira refeição matinal, enfermo e enfastiado, perguntou ainda com interesse pelas rochas erráticas dos Países Bálticos vindas da Suécia, pela possibilidade da cauda do cometa perturbar nossa atmosfera, pela origem da grande onda de frio que assolava toda a costa ocidental.

"Quando pela última vez o vi, apertou-me a mão por despedida, perguntando sereno: "V. acredita, Humboldt, que Teplitz e todas as fontes termais são águas artificialmente aquecidas? Não se trata no entanto de fogo de cozinha! Sobre isso discutimos em Teplitz, quando V. lá estava com o rei. — Verá! o vosso velho lume vai auxiliar-me ainda desta vez".

É de admirar como tudo adquiria importância para um homem desses.

"Em Potsdam, estávamos sentados num canapé; bebia e adormecia sucessivamente, tomou de novo um gole, ergueu-se a fim de escrever à grã-duquesa e tornou a adormecer. Estava calmo mas muito esgotado. Nos intervalos cumulava-me com as mais intricadas perguntas sobre Física, Astronomia, Meteorologia e Cosmologia, sobre a transparência de um núcleo dos cometas, sobre a atmosfera da lua, sobre a dupla estrela colorida, a influência das manchas solares sobre a temperatura, o aparecimento das formas orgânicas no mundo primitivo, o calor interno da terra... Adormecia enquanto ele próprio ou eu falávamos, e continuamente agitado, pedia-me suavemente desculpas por sua aparente distração: "Veja, Humboldt, estou-me acabando!"

"Passou depois a assunto de religião, queixando-se do pietismo exagerado e da ligação desse fanatismo com as tendências políticas de todas as livres manifestações espirituais. "Há além disso rapazes hipócritas que pensam assim agradar ao príncipe afim de receberem condecorações. Em sua poética predileção pela Idade Média é que se insinuaram".

"Logo porém, acalmando-se, disse o quanto de consolador encontrou na religião cristã. É uma doutrina humanitária, mas desfiguraram-na desde o princípio. Os primeiros cristãos foram os tolerantes entre os ultras".

Exprimi a Goethe minha íntima satisfação por essa admirável carta. "Veja que homem notável era! E como Humboldt soube registrar esses poucos traços derradeiros que devem realmente valer como o símbolo no qual se reflete o inteiro caráter do excelso príncipe. Posso dizê-lo bem, pois que ninguém o conheceu a fundo como eu. Não é porém uma lástima, essa lei fatal que faz com que um tal homem deva desaparecer tão cedo!

"Um século mais tarde apenas, e como em tão alta posição teria impelido para diante a sua época! — Sabe porém uma coisa? O mundo não deve correr tão rápido para a meta, como o pensamos e desejamos. Estão sempre aí os demônios retardativos que por toda parte vêm ao nosso encontro, de modo que na verdade avançamos, mas muito lentamente. Continue a viver e mais tarde verá que tenho razão".

"O desenvolvimento da Humanidade", observei, "parece ter sido previsto para milênios".

"Quem sabe", contestou Goethe, "talvez para milhões. Deixemos porém a Humanidade durar tanto quanto quiser; nunca lhe faltarão obstáculos que lhe darão que fazer, e toda espécie de faltas para que as suas forças se desenvolvam. Tornar-se-á mais inteligente e perspicaz, mas não melhor, nem mais feliz, nem mais enérgica, ou então o será por épocas. Vejo vir o tempo em que Deus estará descontente com ela e ver-se-á de novo obrigado a castigar para de novo criar. Penso estar tudo disposto para esse fim, e no futuro distante, está determinada a época e a hora para o advento dessa era de rejuvenescimento. Até lá, porém, temos muito tempo e podemos divertir-nos à vontade, ainda por vários milênios, nesta cara e velha crosta".

Goethe achava-se numa disposição particularmente boa e elevada. Mandou vir uma garrafa de vinho, do qual me serviu e a si próprio. Tornamos a discorrer sobre o grão-duque.

"V. viu como o seu extraordinário espírito abrangia todo o reino da Natureza: Física, Astronomia, Cosmologia, Meteorologia, Botânica, a forma dos animais primitivos e por tudo mais que com isso se relaciona sentia gosto e interesse. Estava nos seus dezoito anos quando vim para Weimar, mas já então demonstravam os brotos e botões o que viria a ser a árvore. Ele apegou-se logo intimamente a mim, interessando-se a fundo por tudo que eu empreendia. O fato de ser eu quase dez anos mais velho, favoreceu ainda nossa intimidade. Permanecia em minha casa tardes inteiras conversando, profundamente absorvido, sobre Arte, Natureza e outros assuntos. Repetidas vezes continuávamos pela noite adentro e não era raro que adormecêssemos deitados ao lado um do outro, em meu sofá. Durante cinqüenta anos assim impulsionados, continuando juntos em nossos dedicados esforços, não seria um milagre tivéssemos por fim produzido alguma coisa".

"Uma cultura tão profunda como a do grão-duque, deve ser rara em pessoas reais".

"Muito rara", replicou Goethe. "Existem sem dúvida muitos que são capazes de se exprimir com inteligência sobre todas as matérias; não as têm porém no seu íntimo e apenas roçam a superfície. E isso não é de estranhar quando se reflete nas temíveis dissipações e desagregamento que a vida da Corte traz consigo e a que um jovem soberano está exposto. De tudo tem ele que tomar conhecimento, um tanto disto, um tanto daquilo. Não se pode firmar nem criar raízes, e é parte básica de um sólido caráter não se deixar absorver por tais exigências."

"O grão-duque era verdadeiramente um grande homem nato, e com isso está tudo dito. Com todas suas elevadas tendências científicas e intelectuais", observei, "parece que entendia também de governar".

"Era um homem completo", replicou Goethe, "e nele tudo emanava de um único grande manancial. E como no todo era bom, era-o igualmente nas particularidades, gostando de fazer e levar adiante o que queria. De resto importavam-lhe, no comando dos regimentos principalmente três coisas. Havia que distinguir entre os dotes, o espírito e caráteres, e colocar cada um em seu lugar. Era muito! Depois, ainda algo de tanta ou maior importância: animavam-no a mais nobre benevolência, a mais pura filantropia, e de todo o coração lutava pelo melhor. Pensava em primeiro lugar, na felicidade da nação e, bem no fim, um pouco em si próprio. Tinha as mãos sempre prontas e abertas para favorecer bons desígnios e ajudar nobres criaturas. Nele havia muito de divino. Se estivesse em seu poder, teria feito feliz toda a humanidade. O amor provoca amor, e a quem é amado, torna-se fácil governar.

"Era maior que aqueles que o cercavam, e além de dez vozes que o informavam sobre um certo caso, escutava a décima primeira, a mais acertada, no seu interior. Os murmúrios resvalavam por ele, e era dificílimo fazê-lo proceder sem nobreza, preterindo o merecimento posto em dúvida em proveito de indignos por meio de empenhos. E observava tudo por si, julgava com imparcialidade, tendo em si mesmo a mais segura das bases. Era reservado por natureza e a ação seguia suas palavras".

"Quanto sinto não tê-lo conhecido senão de vista, mas seu vulto ficou-me gravado. Vejo-o ainda em sua velha carruagem, com gasta manta cor de cinza, e quepe militar, fumando charuto e rodeado dos seus cães prediletos. Nunca o vi passar de outra maneira, sempre nesse mais que modesto carro puxado a dois cavalos. Um aparatoso trem de seis cavalos, librés e condecorações, nunca me pareceram do seu gosto".

"Isso já quase passou da moda", replicou Goethe, "sobretudo entre soberanos. O que vale é o peso de cada um na balança da humanidade; o resto é apenas vaidade. Um peito cheio de condecorações e um trem de seis cavalos, apenas impressionam as massas ignaras e mesmo a essas, não muito. De resto a velha traquitana do grão-duque não oferecia conforto. Quem ia a seu lado tinha que suportar choques tremendos. Ele porém não ligava a isso. Gostava do que era rude e incômodo, e era inimigo da moleza e morbidez".

"Aparências disso", tornei, "percebem-se na poesia "Ilmenau", na qual V. Ex. parece tê-lo retratado do natural".

"Era ele, então ainda bem jovem", redargüiu, "e ambos nós um tanto estouvados. Como um vinho de qualidade, porém, ainda em plena fermentação. Não sabia como empregar as suas forças e muitas vezes corremos grave perigo. Em corridas de obstáculos, saltos sobre cercas e fossos e através de rios, galgando e descendo montanhas, esfalfando-se o dia inteiro e à noite acampando ao ar livre ao lado do fogo, no mato, isso é que lhe agradava. Ter herdado um ducado, para ele não tinha valor. Devê-lo aos seus esforços, luta ou conquista, agradar-lhe-ia mais.

"Os versos de "Ilmenau", prosseguiu, "relatam um episódio que se passara anos antes da época em que o escrevi, 1783, de modo que eu podia representar-me como uma figura do passado e entreter um diálogo com o meu próprio eu anterior. Há nessa poesia, como sabe, uma cena noturna, passada talvez após uma dessas perigosas escaladas. Tínhamos armado pequenas cabanas, cobertas com galhos de pinheiros, para ali pernoitar em solo seco. À frente das choupanas ardiam fogueiras em que assávamos e cozíamos os produtos da caça. Knebel, cujo cachimbo nunca esfriava, estava sentado ao pé do lume e divertia a sociedade com toda espécie de brincadeiras enquanto o vinho passava de mão em mão. Seckendorf tinha estirado comodamente seus membros esbeltos ao pé duma árvore, e murmurava versos. À parte, numa choça semelhante, jazia o duque mergulhado em profundo sono. Eu mesmo, sentado à sua frente junto às brasas cintilantes, pensava em coisas graves, presa de uma crise sentimental e num acesso de remorso por males diversos causados por minhas obras. Knebel e Seckendorf parecem-me ainda hoje sofrivelmente descritos, assim como o jovem soberano, no arrebatamento dos seus vinte anos:

A curiosidade o atrai para a distância
Rocha alguma lhe parece íngreme, nenhuma ponte demasiado
[estreita.

....

"Assim era ele exatamente, e em nada exagerei. No entanto, após o Sturm und Drangperiode[1] o duque inclinou-se para uma serenidade benfazeja, tanto que, para seu aniversário em 1783, desejei recordar essa figura de seus anos passados.

"Não nego ter-me causado a princípio, dificuldades e preocupações. Sua capacidade inata, contudo, logo evoluiu no melhor sentido, de modo que passou a ser um prazer viver e com ele colaborar".

"V. Ex. acompanhou-o naqueles primeiros tempos em uma viagem que fez incógnito pela Suíça?", inquiri.

"Ele apreciava as viagens em geral, não somente com o fim de se recrear e distrair, como para adquirir conhecimentos acerca de tudo que de bom e útil pudesse aplicar em sua terra. E desse modo conseguiu desenvolver aqui a agricultura, a criação de gado e as indústrias. Suas tendências não eram pessoais e egoístas, e sim inteiramente produtivas, mas produtivas para o bem geral. Por isso a sua nomeada ultrapassou as fronteiras deste pequeno país".

"Sua aparência simples e despreocupada", disse eu, "parece indicar que não procurava renome e que pouco se importava consigo. Penso teria adquirido fama sem procurá-la, unicamente por sua tranqüila capacidade".

"É um fato singular", constatou Goethe, "a madeira arde por conter matéria combustível, e um homem torna-se célebre por existir nele o imprescindível para isso. A fama não se deixa conquistar e seria vão pretendê-lo. Pode alguém, por seu procedimento sensato, adquirir um certo renome, se porém lhe faltar o brilho interior, é tudo baldado e passageiro.

"O mesmo se deu com a estima pública. Não procurou conquistá-la e contudo era amado pelo povo, que sabia pulsar por ele o grande coração do príncipe.

---

1. "Sturm und Drangperiode" nos primeiros anos de Weimar, quando todos os escritores da Alemanha pareciam possuídos de uma febre de renovar a poesia, a moral e a filosofia. Famoso movimento que, revolucionário em arte, em política e em religião, preludiou o romantismo.

Goethe referiu-se em seguida aos outros membros da Família Ducal, todos possuidores de um nobre caráter comum. Mencionou a bondade de alma do atual regente, as grandes esperanças que justificava esse jovem príncipe, e estendeu-se com visível afeição sobre a atual Princesa Regente,[1] a qual aplica nobremente seus grandes haveres em aliviar sofrimentos por toda parte e fazer germinar a boa semente.

"Ela tem sido um anjo para esta nação", acrescentou, "e continuará sendo-o, quanto mais longamente aqui viver. Conheço a grã-duquesa desde o ano de 1805, e tive inúmeras ocasiões de admirar seu espírito e caráter. É uma das melhores e mais notáveis mulheres do nosso tempo e tê-lo-ia sido mesmo não sendo princesa. E o importante é precisamente que muito de nobre restar-lhe-ia ainda caso despisse a púrpura".

Discorremos depois sobre a unificação da Alemanha e as condições em que seria isso possível e para desejar.

"Tenho certeza", tornou ele, "que a Alemanha será sempre una; nossas boas estradas e futuras vias férreas, irão já contribuindo para isso. Antes de tudo, porém, sejamos unidos pela afeição e sempre contra o inimigo exterior. Que o "taler"[2] alemão e o "groschen"[3] tenham o mesmo valor em todo o país, que a minha mala de viagem possa passar intacta através de todos os trinta e seis Estados. Que o passaporte de um burguês de Weimar não seja julgado inválido pelo funcionário da alfândega de um grande Estado limítrofe, como o passaporte de um estrangeiro. Que não se fale mais em nacional e estrangeiro entre os Estados alemães. Seja a Alemanha também una em pesos e medidas, em comércio e leis e em cem coisas semelhantes que não posso nem quero nomear.

"Quem pensa porém que a unidade da Alemanha consiste em ter o grande Império um único Palácio Governamental e que isto baste para bem do desenvolvimento de talentos notáveis, como também seja suficiente para a felicidade da grande massa popular, está muito enganado.

"Já se comparou um Estado a um organismo vivo com muitos membros, e assim também a sede do reino, ao coração, do qual flui a vida e prosperidade para os membros próximos e distantes. Se porém esses membros estiverem muito afastados do coração, a vida os atingirá cada vez mais debilmente. Um francês inteligente, Dupin, creio, organizou um mapa do estado da cultura em França, representando o maior ou o menor cultivo intelectual por coloridos mais claros ou escuros.

---

1. Maria Paulowna; Goethe definiu-a como "um milagre de graça e gentileza". Entre tantos benefícios, dotou a cidade com uma grande biblioteca para o povo, em edifício especialmente construído e com aquecimento, o qual existia ainda até a última guerra.

2. Principal moeda de prata daquela época.

3. Moeda divisionária de cobre.

"Nele se encontram, principalmente no sul, muito afastadas da capital, remotas províncias, departamentos isolados, inteiramente negros, como sinal de que reina ali uma grande obscuridade. Poderia isso dar-se, se a bela França tivesse em lugar de um centro, dez, que irradiassem luz e vida?

"O que faz a grandeza da Alemanha é a admirável cultura do seu povo que penetrou uniforme em todas as regiões do país! E não procede ela dos soberanos que são seu esteio e assistência? Suposto que tivéssemos na Alemanha, há séculos, apenas as duas cidades residenciais Viena e Berlim ou apenas uma delas, gostaria bem de ver o estado da cultura alemã, assim como também a prosperidade, a qual marcha de mãos dadas com a cultura.

"A Alemanha tem espalhadas por seu território, mais de vinte universidades e mais de cem bibliotecas públicas; em coleções de arte e museus de todo o reino da Natureza, igualmente um grande número, pois cada soberano se esforça por oferecer a seu Estado o que há de belo e de bom. Ginásios e escolas para técnica e indústria, temos em profusão, e não há mesmo uma única aldeia alemã que não possua sua escola. E nesse assunto como se passam as coisas na França!

"Por outro lado, a abundância de teatros alemães, cujo número ultrapassa de setenta, o que também como um meio promotor de cultura popular não é absolutamente de desprezar. O gosto para a música e o canto e seu exercício, em país algum estão tão adiantados como na Alemanha, e isso significa alguma coisa!

"Agora, pense em cidades como Dresden, München, Stutgart, Kassel, Braunschweig, Hannover e outras; pense no grande elemento vital que essas cidades trazem em si próprias; pense na influência que delas emana para as províncias vizinhas, e interrogue-se a si mesmo se isso teria acontecido caso não tivessem sido por tanto tempo a sede do governo soberano.

"Frankfurt, Bremen, Hamburgo, Lubeck, são cidades grandes e ricas, e sua ação sobre a prosperidade da Alemanha é incalculável. Conservar-se-ão assim, se perderem a sua própria soberania e se forem incorporadas a uma parte qualquer do Império, como cidades de província? Tenho motivos para duvidar".

Terça-feira, 18 de novembro de 1828.

Goethe referiu-se a um novo número da "Revista de Edimburgo". "Causa prazer constatar a altura e capacidade a que se elevaram os críticos ingleses da atualidade. Não resta neles mais vestígio algum do antigo pedantismo, hoje substituído por grandes atributos. O último número traz, num artigo a propósito da literatura alemã, a seguinte asserção: "existem alguns poetas cuja inclinação é de se envolverem em coisas de que outros se querem desfazer".

"Então, que me diz V. disso? — Assim sabemos duma vez o que há, e como classificar um grande número dos nossos literatos mais novos".

Terça-feira, 16 de dezembro de 1828.

Só com Goethe hoje à mesa em seu gabinete de trabalho, falando em diversos assuntos literários.

"Os alemães", observou ele, "não se podem livrar do filisteismo. Discutem agora e questionam a propósito de vários dísticos encontrados impressos entre as obras de Schiller e as minhas, e julgam de grande importância esclarecer a qual de nós dois pertencem. Como se daí resultasse algo de útil, como se não bastasse estarem as coisas onde estão.

"Amigos como Schiller e eu, ligados por longos anos e com interesses idênticos, em contato diário e permuta de idéias, vivíamos tão intimamente, que não é possível saber hoje se aquelas imagens provinham de um ou de outro. Numerosos dísticos escrevemos em colaboração; freqüentemente partia de mim a idéia e Schiller escrevia os versos, em outras vezes dava-se o contrário e como pode ser questão do meu ou do teu?

"É preciso estar-se em verdade, impregnado de filisteísmo, para atribuir tanta importância a essas coisas". "Seguidamente", observei, "dão-se no mundo literário casos semelhantes, quando se põe dúvidas acerca da originalidade deste ou daquele escritor famoso, querendo descobrir a fonte da qual proveio sua cultura".

"É ridículo!", declarou Goethe, "dever-se-ia então indagar de um homem bem nutrido, quais os alimentos que o sustentam. Temos conosco as faculdades inatas, mas devemos nosso desenvolvimento a milhares de influências de um grande mundo do qual nos apropriamos, aquilo que podemos e que nos é adequado. Por minha parte devo muito aos gregos e franceses e a Shakespeare, Sterne e Goldsmith sou infinitamente devedor.

"As fontes da minha cultura não estão somente aí determinadas, teria que localizá-las com imenso e desnecessário trabalho. O principal é ter-se n´alma o amor à verdade e aceitá-la onde quer que se encontre. O Mundo", prosseguiu, "é hoje já tão velho e desde séculos tantos vultos notáveis nele viveram e pesquisaram, que pouco resta ainda para descobrir e exprimir. Minha "Teoria das Cores" tampouco é nova. Platão, Leonardo da Vinci e muitos outros grandes homens encontraram-na cada um por sua vez e proclamaram-na; ter eu igualmente encontrado a mesma verdade, declarado e acolhido neste mundo confuso, esse é o meu mérito.

"E depois, é preciso repetir sempre a verdade pois que o erro nos é reiteradamente pregado e não somente por um ou outro, mas também pelas massas.

267

"Nos jornais e enciclopédias, nas escolas e universidades, em toda a parte domina o erro, e bem à vontade por ter a maioria a seu lado. Repetidamente ensinam a um tempo o que é verdadeiro e o falso, tendo este a preferência. Assim, li há dias numa enciclopédia inglesa, a teoria da formação da cor azul. Começava pela de Leonardo da Vinci que é a verdadeira; com a maior calma, porém, desviava-se logo depois para o erro de Newton e ainda com a observação da necessidade de se conservar nessa, pois que assim procedia a generalidade!"

Não pude deixar de rir ao ouvir isso. "Uma vela de cera acesa", interferi, "o fumo iluminado da cozinha com seu fundo escuro, a cerração matinal que mal encobre sombrios trechos, patenteiam-me diariamente a formação do azul e ensinam-me a compreender os tons azuis do céu. Não posso admitir porém, a opinião dos adeptos de Newton, de ter o ar a particularidade de absorver todas as cores, com exceção do azul, que é rejeitado, e não vejo que utilidade e satisfação possam ter nessa doutrina que imobiliza o pensamento e todo o sadio raciocínio". — "Boa criatura!", interveio Goethe. "De pensamentos e contemplações também não querem saber os homens. Satisfazem-se em palestrar uns com os outros, o que já meu Mefisto sabia e pode exprimir quando disse:

> *Cingi-vos sempre às palavras*
> *E entrareis seguramente*
> *No templo da sabedoria!*
> *Porque onde faltam as idéias*
> *Se apresenta, muito a tempo*
> *E utilmente, uma palavra.*

Goethe recitou esse trecho sorrindo, e parecia de excelente humor. "Estimo que acerca desse assunto esteja já quase tudo impresso, e prosseguirei publicando o que tenho no peito contra falsas teorias e seus propugnadores".

"Homens ilustres", prosseguiu após uma pausa, "dedicam-se agora às ciências naturais o que com satisfação venho observando. Outros principiam bem, não se mantendo porém; o seu exagerado subjetivismo, leva-os ao erro.

"Alguns, ao contrário, prendem-se demasiado aos fatos e colecionam-nos em grande número, dos quais nada porém ficará provado. Em geral falha o espírito de teorização com a capacidade de penetrar nos fenômenos primitivos assenhoreando-se das manifestações particulares".

Interrompidos em nossa conversa por uma curta visita, continuamos depois tratando da poesia. Contei-lhe ter relido há dias seus pequenos poemas e que sobretudo admirara entre as baladas, "As crianças e os velhos", e "Os esposos

268

felizes". "Aprecio-as também", disse Goethe, "conquanto não lhes tenha dado o público até agora muito valor".

"Na balada", tornei, "reúne-se opulento assunto em várias formas poéticas e recursos de Arte, entre os quais muito me agradou a narração do passado, pelo velho às crianças, até chegar ao presente, desenvolvendo-se o resto a nossos olhos".

"Tive comigo por muito tempo essa balada, até conseguir dar-lhe a forma atual", tornou Goethe. "A poesia, "Esposos Felizes", continuei, "é igualmente rica em motivos; nela aparecem paisagens inteiras e a vida humana, aquecidas pelo sol de um alegre céu de primavera que se espalha sobre o todo". "Sempre gostei dessa poesia", frisou Goethe, "e agrada-me que inspire a V. particular interesse; e seria belo acabá-la graciosamente por um duplo batismo".

Disse-lhe depois que lendo há dias o "General Burguês" com um inglês, despertou-nos a alegre peça o vivo desejo de vê-la no palco.

"O espírito com que foi escrita não envelheceu," observou Goethe, "e em seu desenvolvimento não há um traço que não seja aplicável à cena. Foi em seu tempo uma peça muito boa, que nos proporcionou alegres noitadas. Malhomi fazia o papel de Märten e não se poderia imaginar coisa mais perfeita".

"O papel de Schnaps", acrescentei, "não me parece menos feliz; quero crer que o repertório nada tinha de melhor nem mais compensador".

"Existem nessa figura, como na peça inteira, uma clareza, um ambiente, como é de desejar no teatro.

"A cena em que traz a maleta e dela vai retirando as coisas, e quando coloca em Märten o bigode e em si próprio o barrete frígio, vestindo uniforme com a espada, é das melhores".

"Esse episódio", observou, "tinha outrora muito sucesso e ainda mais pela circunstância de se tratar dum fato histórico. Eu encontrara a maleta durante a Revolução em minha viagem à fronteira francesa, por onde tinha passado a onda dos emigrantes e, onde algum deles a perdera ou deitara fora. Os objetos representados na cena ali estiveram todos; e descrevi-os do natural apresentando a mala com seu conteúdo exato, o, que causava sempre prazer aos nossos atores."

Goethe indagou depois, dos meus progressos na literatura francesa, e informei-o que de vez em quando me dedicava a ler Voltaire e que o seu grande talento me causava a mais pura satisfação.

"Pouco conheço ainda de sua obra", acrescentei, e restrinjo-me por enquanto, ao círculo das pequenas poesias que não canso de reler e das quais não me quero separar".

"Propriamente", declarou Goethe, "é tudo belo o que produz um tão grande talento como Voltaire, conquanto não aprove seus atrevimentos. V. porém não deixa de ter razão quando se detém tão longamente em suas pequenas poesias; fazem parte indiscutivelmente das coisas mais belas que escreveu e não contêm uma só linha que não seja cheia de espírito, clareza, alegria e graça".

"E nelas transparecem", acrescentei, "suas relações com os grandes e os poderosos do mundo e com prazer se observa a distinção com que se apresentava parecendo considerar-se no mesmo plano que as pessoas da mais elevada condição, e nunca se pode notar que qualquer majestade tenha podido embaraçar por um momento o seu livre espírito". "Sim", concordou Goethe, "era mesmo distinto. E a despeito de todas as suas liberdades e ousadias, soube sempre conservar-se nos limites do decoro, o que é ainda mais notável. Posso citar a Imperatriz da Áustria, notória autoridade nesses assuntos, a qual freqüentes vezes repetiu-me que nas poesias de Voltaire dedicadas a pessoais reais não havia o menor vestígio de ter sido ultrapassado o limite das conveniências". — "Recorda-se V. Ex. da pequena poesia que dedicou à princesa da Prússia, mais tarde rainha da Suécia, e na qual fazia-lhe galante declaração de amor, dizendo ter-se visto em sonhos elevado a rei?" "É uma das mais belas", replicou Goethe, e declamou-a:

> *Je vous aimais, princesse et j´osais vous le dire.*
> *Les Dieux à mon reveil ne m´ont pas tout ôté,*
> *Je n´ai perdu que mon empire.*

"É magnífica", prosseguiu, "e nunca houve um poeta com tão pronta inspiração como Voltaire. Lembro-me dum episódio ocorrido após uma visita à sua amiga Du Chatelet, quando no momento de partir, a carruagem esperando à porta, recebeu uma carta assinada por numerosas alunas do convento vizinho, as quais desejando representar no aniversário da abadessa a "Morte de Júlio César" pediam-lhe escrevesse o prólogo. O acaso era demasiado agradável para ser rejeitado; tendo sido servido de papel e pena, Voltaire, de pé, sobre o rebordo da lareira, escreveu a ambicionada introdução. É uma poesia de uns vinte versos, perfeita na percepção e na forma, inteiramente apropriada para o caso e da melhor categoria". "Estou muito curioso de lê-la", disse eu. "Duvido", tornou, "que a encontre na edição que possui, pois só há pouco foi publicada. Como escreveu centenas nesse gênero, muitas devem existir inéditas em poder de particulares".

"Encontrei esses dias uma passagem de Lorde Byron", disse eu, "pela qual com prazer constatei a sua extraordinária admiração por Voltaire cuja obra deve ter lido muito, estudado e dela usufruído".

"Byron", continuou, "sabia bem onde encontrar aquilo de que necessitava e era demasiado hábil para deixar de haurir nessa universal fonte de luz".

O assunto desviou-se em seguida inteiramente para Byron e suas obras, tendo assim Goethe ocasião de exteriorizar admiração por seu grande talento.

"Estou de acordo sobretudo que V. Ex. exprimiu à propósito do grande poeta," retorqui; "porém por maior que seja o seu talento, não chego a acreditar que sua obra tenha verdadeiramente contribuído para o progresso da educação da humanidade. — "Devo contradizê-lo nisso", declarou Goethe. "A ousadia e a grandeza de Byron não são educativas? Evitemos exigir somente o que é puro e moral. Tudo que é grande educa, desde que nos apercebamos da sua grandeza".

1829

Terça-feira, 10 de fevereiro de 1829.

Encontrei Goethe rodeado de mapas e planos referentes à construção do porto de Bremen, por cujo grandioso empreendimento demonstra especial interesse.

Falou após sobre Merck, de quem leu uma poética epistola a Wieland do ano de 1776, altamente espirituosa mas um tanto rude e burlesca. O teor, muito alegre, é principalmente dirigido contra Jacobi, sobre o qual Wieland no "Merkur" fez crítica demasiado favorável, o que Merck lhe não pode perdoar. E prosseguiu, estendendo-se sobre o estado da cultura da época, e o quanto lhe foi difícil salvar-se do período chamado "Sturm und Drang" para uma cultura mais elevada. Sobre os seus primeiros anos de Weimar; o talento poético em conflito com a realidade que ele, por sua posição na Corte e nos diversos ramos do Serviço de Estado, para maior vantagem, teve que aceitar, e por cujo motivo nada de importante produziu então em poesia. Leitura de fragmentos. Amores que o tornavam melancólico. O pai em permanente impaciência contra a vida de Corte.

Vantagens de não mudar de local, e não fazer pela segunda vez a mesma experiência.

Fuga para a Itália, afim de ali desenvolver sua produtividade poética. Superstição de lá não chegar se alguém soubesse de sua partida. Daí o profundo segredo. De Roma escreveu ao Duque.

Regresso da Itália com grandes pretensões.

Duquesa Ana Amália — Princesa perfeita, de alma inclinada aos gozos da vida. Tinha grande afeto pela sua mãe. Ele era contra isso.

Sobre a origem do "Fausto": "O "Fausto" nasceu com o meu "Werther"; eu já o trazia em 1775 quando cheguei a Weimar. Escrevi-o em papel de carta e nada suprimi desse original, porquanto evitei sempre escrever uma linha que não pudesse perdurar".

Quarta-feira, 11 de fevereiro de 1829.

Com o Diretor das Obras Públicas, Coudray, à mesa, em casa de Goethe. Aquele referiu-se à Escola Industrial Feminina e ao Orfanato, como as melhores organizações do gênero no país; a primeira, fundada pela grã-duquesa,[1] a última pelo duque Carlos Augusto. Falou-se também em decorações de teatro e construção e reparações de estradas. Coudray apresentou a Goethe o projeto para uma capela ducal e o lugar onde deviam ficar os bancos dos soberanos. Depois veio Soret, e Goethe mostrou-nos mais uma vez os quadros do Sr. von Reutern.

Quinta-feira, 12 de fevereiro de 1829.

Goethe leu-me a poesia extremamente bela que recém concluiu: "Kein Wesen kann zu nichts zerfallen". "Compus essas estrofes como protesto à intitulada "Denn alles muss zu nichts zerfallen, wenn im Sein beharren will" que é idiota e que, por ocasião do Congresso dos Naturalistas, os meus amigos de Berlim, muito contra minha vontade imprimiram em letras douradas".

A propósito do grande matemático Lagrange, cujo belo caráter Goethe tanto exalta, disse ele: "Foi um homem bom e, precisamente por isso, grande, pois quando um homem bom e talentoso é assim dotado, agirá sempre moralmente em prol da felicidade geral, como artista, naturalista, poeta ou como quer que seja".

"Muito me agradou", prosseguiu, "que tenha conhecido Coudray ontem mais de perto. Ele pouco se manifesta em sociedade; entre nós porém, teve V. ocasião de notar seu excelente caráter e belo espírito. A princípio foi muito combatido, mas defendeu-se vitoriosamente e hoje goza do inteiro favor e da confiança da Corte. Coudray é um dos mais hábeis arquitetos do nosso tempo. Afeiçoamo-nos mutuamente e para ambos essa afeição tem sido útil. Tivesse-o eu tido comigo há cinqüenta anos!"

Sobre os conhecimentos arquitetônicos de Goethe, observei que decerto muito lucrara na Itália. "Sim, uma idéia do que é sério e grandioso, mas nenhuma habilidade. A construção do Palácio Ducal de Weimar, exigiu muito de mim. Tive de colaborar nela e mesmo de desenhar cornijas. Adiantei-me nisso de certa maneira à gente do métier, por ter meditado nessa intenção".

---

1. Ana Amália — Era sobrinha, pelo lado materno, de Frederico, o Grande — Criadora da "Corte das Musas".

Passamos à falar a respeito de Zelter. "Recebi uma carta dele", disse Goethe; "escreve entre outras coisas, que a representação do "Messias" foi prejudicada por uma de suas alunas que cantou uma ária com demasiada fraqueza e sentimentalidade. O desalento é um traço do caráter do nosso século. Formulo a hipótese que isso é na Alemanha uma conseqüência dos esforços despendidos para libertarem-se dos franceses. Pintores, naturalistas, escultores, músicos, poetas, com poucas exceções estão enfraquecidos e na massa do povo não vai melhorar".

"Apesar de tudo, não perco a esperança de que apareça para o "Fausto" a música adequada".

"Isso seria completamente impossível", redargüiu Goethe. "O dissabor, a fatalidade, o terror, tudo o que ali se contém de espaço a espaço, é contrário aos tempos atuais. A música deveria ser de Mozart, e, no estilo da de "D. Juan". Meyerbeer talvez tivesse capacidade para isso, mas não penso que se abalançasse a uma coisa dessas; está muito comprometido com o teatro italiano".

Em seguida, não sei mais a propósito de que, Goethe proferiu o seguinte importante conceito:

"Tudo que é grande e sensato, existe nas minorias. Houve ministros que, tendo contra si o povo e o rei, realizaram sozinhos seus grandes planos. Nunca se pense que o bom senso se torne popular. Paixões e sentimentos poderão sê-lo; a razão porém, será sempre o apanágio de alguns entes superiores".

Quinta-feira, 2 de abril de 1829.

"Quero revelar-lhe um segredo político que mais tarde ou mais cedo será divulgado", declarou-me Goethe hoje à mesa. "Capo d´Istrias[1] não se poderá manter por muito tempo ainda à testa dos negócios da Grécia, por lhe faltar uma qualidade imprescindível para esse cargo: ser soldado. Entretanto não se conhece exemplo de um homem de gabinete ter podido organizar um Estado revolucionário com a submissão dos militares e generais.

"De espada em punho, à testa de um exército, pode alguém dar ordens e leis com a certeza de ser obedecido, sem o que, é coisa arriscada.

"Não fosse ele soldado, jamais teria Napoleão alcançado o sumo poder; e assim não poderá Capo d´Istrias conservar-se como primeiro ministro, passando muito breve a representar papel secundário. Isso que lhe predigo, V. verá acontecer; está na natureza das coisas e não pode ser de outra maneira".

---

1. Capo d´Istrias — Eleito em 1828 presidente da República Grega e assassinado em 1831.

Referiu-se em seguida aos franceses, mormente a Cousin, Villemain e Guizot e concluiu: "a sagacidade, prudência e penetração (Einsicht, Umsicht, Durchsicht), desses homens é notável. Reúnem o perfeito conhecimento do passado ao espírito do século dezenove, o que na realidade opera milagres".

Daí passamos aos poetas mais novos da França e ao significado dos termos *clássico* e *romântico*. Goethe lembrou-se de uma nova expressão que não define mal essa distinção: "Chamarei clássico ao saudável, e romântico ao que é doentio. E os Nibelungen passarão a ser tão clássicos como Homero, pois que são saudáveis e resistentes. A maioria das novas criações não é romântica por ser recente, mas por ser fraca, doentia e combalida; e a antiga não é clássica por ser velha, mas sim por ser forte, animosa e benéfica. Diferençando, por estes atributos, o clássico do romântico, chegaremos a uma compreensão". Referimo-nos depois à prisão de Béranger. "Ele o mereceu", opinou Goethe, "suas últimas poesias não têm freio nem medida, são ofensivas ao Rei, ao Estado e à ordem civil, fazem por conseguinte, jus ao castigo.

"Suas canções anteriores eram ao contrário, alegres, inofensivas e próprias a provocar alegria, o que é o melhor que se pode dizer desse gênero de poesia".

"Estou certo", observei, "terem influído nele para isso, o ambiente pernicioso e seus amigos revolucionários, e que grande parte do que disse foi unicamente para lhes ser agradável. Convinha V. E. executasse o seu esquema e escrevesse o capítulo sobre as influências; o assunto se revela tanto mais importante e rico quanto mais sobre ele se medita"". Ao que retorquiu. — "É opulento em excesso, porque afinal tudo é sujeito à influência, desde que não o sejamos nós mesmos". Insisti: "devemos porém verificar se a influência é adversa ou favorável, se é conforme e conveniente à nossa natureza ou se lhe é oposta".

"É disso, decerto, que depende", assentiu Goethe, "mas a dificuldade está também em fazer prevalecer a nossa natureza, e em não ceder aos demônios mais domínio do que devem ter".

À sobremesa, mandou colocar sobre a mesa, um loureiro em flor e uma planta japonesa. A propósito constatei que delas emanavam disposições opostas; do loureiro uma impressão alegre, suave, meiga e calma, ao passo que a planta japonesa agia brusca e melancolicamente.

Goethe concordou, acrescentando ser admissível que a flora de certos países exerça influência sobre a disposição dos habitantes. "E, decerto, quem vive cercado de altos e sisudos carvalhos tem que ser diferente dos que diariamente se comprazem sob os ramos arejados das bétulas. Convém entretanto ponderar, que nem todos têm uma natureza tão sensível corno a nossa, vivendo em suma uma vida intensa sem conceder tanta consideração às sensações exteriores. É certo porém, que além do que é inato à raça, concorrem, tanto o solo, quanto o clima e a alimentação e ocupações, para completar o caráter de um povo".

274

Porque estão aí parados?
Não há porta nem portão?
Entrem todos sem receio
Que bem recebidos serão.

Goethe — 1828.

O Panteão Ducal em Weimar.

O Castelo Ducal em Weimar.

"Deve-se também considerar que as tribos primitivas geralmente tomavam posse do solo que mais lhes agradava, onde portanto a região estava mais em harmonia com o caráter dos homens".

"Volte-se e queira examinar um papel que está sobre a escrivaninha. Esse envelope azul. Não lhe parece ser a letra de alguém que é grande e bondoso? De quem julga V. ser?"

Analisei-a com simpatia. Era uma caligrafia clara e firme. "Merck poderia tê-la escrito", opinei. — "Não, não é assaz nobre e positivo. É de Zelter! O papel e a pena contribuíram para que a escrita pudesse revelar o seu grande caráter. Guardarei este manuscrito em minha coleção".

Quarta-feira, 8 de abril de 1829.

Goethe estava já sentado à mesa, quando entrei encontrando-o em muito alegre disposição. "Recebi há pouco uma carta, e de onde? — De Roma! E de quem? — Do rei da Baviera".

"Compartilho de vossa satisfação", disse-lhe eu. "Não é porém singular? há uma hora, que durante meu passeio venho constantemente pensando no rei e agora recebo essa agradável notícia".

"Muitas vezes somos avisados em nosso íntimo. Ali está a carta, leia-a junto a mim".

E tomou o jornal enquanto eu percorria tranqüilamente a real missiva, datada de 26 de março de 1829 e escrita em caracteres magníficos e claros. O rei comunicava ter adquirido em Roma a Villa Malta[1] e os seus jardins, situados sobre uma colina nas proximidades da Vila Ludovisi a noroeste da cidade, o que lhe permite abranger a vista de Roma inteira, e para nordeste a perspectiva livre para S. Pedro. "É um panorama", escreve Luís I, "que compensaria longas viagens para admirá-lo e o qual posso desfrutar comodamente das minhas janelas a qualquer hora do dia".

E prossegue considerando-se feliz por residir atualmente em Roma e tão magnificamente instalado. "Há doze anos não vinha a esta capital", escreve, ele, "e dela me sentia saudoso como de uma mulher amada; de agora em diante porém, volverei aqui em tranqüila sensibilidade como ao encontro de uma amiga querida". Aos valiosos tesouros de arte e construções, refere-se com o entusiasmo de um conhecedor apaixonado pelo que é verdadeiramente belo e que sente vivamen-

---

1. Nela morou durante sua estada em Roma, a duquesa-mãe, Anna Amália; mais tarde ali viveram o duque de Sussex e o conde Münster. E, no começo do século, Wilhelm von Humboldt, quando plenipotenciário junto ao Vaticano.

Em 1900 propriedade do Príncipe von Büllow, notável diplomata e homem de Estado alemão, que ali morreu em 1927.

te qualquer desvelo do bom gosto. Em todos os seus detalhes a carta é tão bem escrita e humanamente sentida e expressiva, que não era de esperar numa pessoa em tão alta posição.

"Nela vê V. um monarca", comentou Goethe, "que conservou, com a majestade, seu belo caráter inato. É uma personalidade rara e por isso mesmo tão agradável".

"Aqui em Roma", diz em sua carta, "sinto-me convalescer das preocupações do trono; a Arte e a Natureza são meus encantos de todos os dias e artistas os meus comensais". Escreve também que seguidamente passa pela casa onde Goethe morou, que lhe desperta saudades. "Das "Elegias Romanas", cita algumas passagens, de onde se conclui que as conserva na memória e que as lê em Roma de vez em quando, no lugar onde as escrevi".

"Sim", continuou, "ele aprecia especialmente as "Elegias"; molestava-me até para que lhe dissesse o que havia no Faktum que dava uma aparência tão alegre aos versos como se na realidade descrevessem um sentimento verdadeiro. Raramente se pensa que o poeta sabe produzir coisas boas de um motivo insignificante".

"Eu gostaria", continuou Goethe, "de ter agora aqui as "poesias" do rei para que em minha resposta pudesse referir-me a elas. Do pouco que li, parecem-me boas. Lembram-me muito as de Schiller na forma e no tratamento, e se ele em tão magnífico molde tem a dar-nos a riqueza de um espírito tão elevado, faz realmente esperar muito de bom.

"Eu, no entanto regozijava-me pela bela aquisição do rei. Conheço a vila; a situação é belíssima e os artistas alemães vivem todos na vizinhança".

O criado trocou os pratos e Goethe mandou que desdobrasse no chão, na sala Decken, o panorama de Roma. "Quero mostrar a V. a magnífica propriedade adquirida pelo rei, para que dela possa fazer uma justa idéia".

Senti-me em plena união de sentimento com Goethe.

"Ontem à noite", disse eu, "estive lendo a "Claudine von Villa Bella"[1] que me proporcionou muito prazer. É tão profunda em seu esboço e tão ousada, livre, arrogante e alegre na feitura, que senti um vivo desejo de vê-la no palco".

"Se for bem representada", observou, "não deixará de agradar".

"Já estive distribuindo em imaginação, os papeis", prossegui. "O Sr. Genast faria o Rugantino, pois parece criado para representá-lo, o Sr. Frank seria Don Pedro, é da mesma estatura, e como irmãos, devem mesmo ser parecidos; o Sr. La Roche fará o Basko, sua excelente aparência e sua arte, dar-lhe-iam o cunho selvagem que seu papel requer."

---

1. "Claudina von Villa Bella" — Opereta de Goethe, escrita em 1775, sobre motivos espanhóis.

"Madame Eberwein", disse Goethe, "penso seria uma excelente Lucinda, e demoiselle Schmidt a Claudina".

"Para desempenhar Alonso", observei, "necessitaríamos de uma vistosa figura, que fosse antes um bom ator do que cantor, e parece-me que estariam bem nesse papel os senhores Olson ou Graff. Quem é o autor da música?"

"Reichardt",[1] respondeu Goethe, — "e aliás excelente. Apenas a instrumentação é, segundo o gosto de outrora, um tanto fraca, e a esse respeito foi preciso animá-la tornando-a um pouco mais forte e cheia. Nosso lied: "Cupido, travesso e teimoso menino", teve particular sucesso".

"Esse lied tem a singularidade", observei, "de transportar-nos a uma especial disposição sonhadora, quando se o interpreta".

"Foi inspirado por uma disposição semelhante. E daí deriva também sua influência".

"Quando leio nas notícias de Paris, os discursos e debates na Câmara", prosseguiu Goethe, "lembro-me sempre do Chanceler, que lá estaria em seu elemento. Pois para ocupar tal posição, não basta ter capacidade; é igualmente necessário ser eloqüente e ter gosto pela oratória, qualidades que se conjugam em nosso chanceler".

"Napoleão tinha também essa tendência, e quando não falava, havia de escrever ou ditar. De Blücher sabemos que era mesmo um bom e eloqüente orador, e que aperfeiçoou esse talento discursando na loja maçônica. Nosso grão-duque, malgrado seu temperamento lacônico, gostava igualmente de falar e quando não discursava, escrevia. Numerosas leis e dissertações, redigiu ele e em sua maioria boas, todavia a um soberano, faltam o tempo e a tranqüilidade para conseguir em todas as coisas o necessário conhecimento das minúcias. Assim, nos seus últimos tempos, decretou ainda a forma de pagamento para pinturas restauradas.

"O caso é muito interessante, pois como em geral fazem os príncipes, foi fixado o preço para as restaurações, matematicamente, por medida. Caso medisse doze pés quadrados, seriam doze táleres a pagar, e para quatro pés, quatro táleres. Essa lei emanava de um soberano mas não de um artista, porquanto uma pintura de doze pés quadrados pode estar numa condição tal, que permita ser renovada com insignificante trabalho, em um dia. Uma outra, porém, de quatro, pode exigir uma semana inteira de aplicação e esforços.

---

1. Reichardt, Johann Frieder. (1752-1814). Compositor e escritor, diretor da orquestra real. Fundou, com Joh. Abr. Schulz, a admirável escola do lied, de Berlim, que durante trinta anos cobriu a Alemanha com sua floração, cujo perfume após um século e meio ainda não se evaporou. Apaixonado desde 1780, pela poesia de Goethe, não cessava de pô-la em música". (Romain Rolland).

"Os soberanos, aliás, como bons militares apreciam as decisões matemáticas e gostam de ir ao fim pomposamente por cálculos e medidas."

Divertiu-me a anedota, e a seguir falamos sobre Arte e assuntos afins.

"Possuo desenhos", tornou Goethe, "cópias de Rafael e Domenichino, acerca dos quais Meyer fez uma observação que lhe quero comunicar.

"Os desenhos", diz ele, "têm algo de inexperiente, vê-se no entanto, que seus autores têm um claro e exato sentimento dos quadros que copiaram e que lhes transmitiram, destarte lembrando-nos fielmente o original. Se um artista moderno reproduzir o mesmo quadro, fá-lo-á muito melhor e talvez mais exatamente; é porém de prever que lhe faltará aquele verídico e real sentimento do original e que, por conseguinte seu melhor desenho estaria longe de dar uma tão completa idéia de Rafael e Domenichino".

"Não é bonito? Pode-se apresentar um outro caso passado com traduções. Voss, fez, por exemplo, uma excelente tradução de Homero; mas seria o caso de refletir que alguém pudesse ter um sentimento mais ingênuo e exato do original como também de interpretá-lo, sem ser um impecável tradutor como Voss".

Como o tempo estivesse belo e o sol ainda alto, descemos ao jardim onde Goethe mandou levantar e ligar alguns galhos de árvore que se inclinavam demasiado por sobre o caminho.

As flores amarelas do açafrão estavam desabrochadas. Contemplando-as, observamos que formavam com a cor da estrada um perfeito violeta. "Há dias opinou V. que o verde e o vermelho se destacavam melhor que o azul do amarelo, porquanto aquelas cores eram de um tom mais vivo e por isso mais intensas e de mais efeito que estas. Eu, porém, não concordo. Cada cor que se apresenta inequivocamente ao nosso olhar, age com igual vigor na produção do seu efeito dependendo somente da predisposição dos olhos, de não ser obstada pelo excesso de luz, e de que o fundo não seja desfavorável à formação da imagem requerida. Deve-se evitar sempre fazer distinções e determinações demasiado rigorosas entre as cores, afim de evitar o risco de ser desviado do que é importante para o insignificante, do certo para o erro, do simples para o complicado.

Tomei nota disso como uma boa lição em meu estudo das cores. Chegara, entretanto, a hora do teatro e dispus-me a sair. "Veja bem", gracejou Goethe enquanto me despedia, "se pode suportar os horrores da peça ("Trinta anos da vida de um jogador").

Sábado, 11 de abril de 1829.

A mesa estava hoje posta para muitas pessoas, na sala grande. Goethe e a nora receberam-me muito afetuosamente. Aos poucos foram entrando: Madame

Schopenhauer,[1] o jovem conde Reinhardt, da Embaixada francesa, e seu cunhado, o Sr. von D. aqui de passagem para ir combater os turcos, a serviço da Rússia; Fraülein Ulrica e, por fim o conselheiro Vogel.

Goethe estava particularmente alegre e bem disposto; entretendo os presentes antes de irmos para a mesa, com algumas histórias chistosas de Frankfurt, sobretudo à propósito de Rothschild e Bethman, de como mutuamente inutilizavam as próprias especulações.

O conde Reinhardt, retirou-se para a Corte e nós outros sentamo-nos à mesa. A palestra estava agradavelmente animada, falou-se em viagens, em estâncias termais, e Madame Schopenhauer descreveu, encantada, sua nova propriedade no Reno, próxima à ilha Nonnenwerth.

À sobremesa tornou a aparecer o conde Reinhardt, que foi elogiado pela presteza com que em tão exíguo tempo, não só jantara em palácio, como ainda trocara duas vezes de roupa.

Trouxe-nos a nova da eleição do Papa, um Castiglione,[2] e Goethe descreveu à sociedade as formalidades observadas por ocasião da tradicional praxe.

O conde Reinhardt tendo passado o inverno em Paris, deu-nos interessantes informes sobre conhecidos homens de Estado, literatos e poetas. Discorreu-se a propósito de Chateaubriand, Guizot, Salvandy, Béranger, Mérimée e outros.

Após o jantar quando todos se haviam retirado, Goethe levou-me ao seu gabinete de trabalho e mostrou-me dois escritos extremamente notáveis, que me causaram grande prazer. Eram duas cartas do seu tempo da juventude, dirigidas em 1770, de Estrasburgo a seu amigo Dr. Horn em Frankfurt, uma em julho, a outra em dezembro.

Em ambas começa a se manifestar um jovem que pressente o seu grandioso destino. Na última, já aparecem indícios do "Werther"; o romance vivido em Sesenheim estava já principiado; o feliz rapaz parece embalar-se na vertigem das mais doces emoções e passa seus dias meio a sonhar. A letra das cartas é firme, clara e bem talhada, e, já com o característico decidido que a mão de Goethe sempre conservou. Li repetidas vezes as belas missivas e despedi-me satisfeito e reconhecido.

Quarta-feira, 26 de setembro de 1829.

Esta manhã mandou-me convidar para um passeio ao Hottelsedter Ecke, o cume ocidental do Ettersberg e de lá ao castelo de caça desse nome. Fazia um tem-

---

1. Madame Schopenhauer — Johanna (1766-1838). Romancista. Mãe do grande filósofo. Viveu em Weimar de 1806 a 1832 sempre amistosamente ligada a Goethe e sua família. Em 1824 escrevia-lhe: "Vossas palavras ressoam através da minha vida e esse eco jamais se extinguirá"...

2. Pio VIII.

po belíssimo, e partimos cedo pela Jakobotore. Atrás de Lutzendorf onde começa a forte subida e só a passo andam os cavalos, tivemos ocasião de fazer diversas observações. Goethe notou à direita, na cerca, atrás do Kammergut um bando de pássaros e perguntou-me se eram cotovias. Tu! tão grande e amado, pensei; tu, que pesquisaste a Natureza inteira como poucos, em ornitologia pareces diletante.

"São emberizas[1] e pardais," respondi, "talvez algumas toutinegras retardatárias que descem das matas do monte Eller, para os campos e jardins já com as penas novas, reunindo-se para a partida, mas cotovias não são. Não está na natureza das cotovias pousarem nas moitas. A cotovia da campina ou do céu, voa para o alto e volta à terra. Reúnem-se também em bandos, no outono, percorrendo o espaço e pousando depois nas lavouras ceifadas, nunca porém nas cercas e maciços. A cotovia das árvores, dá-se bem no cimo das mais altas de onde se eleva aos ares cantando, e de lá se deixa cair sobre seu elevado refúgio.

"Existe ainda uma outra variedade de cotovia, encontrada nas clareiras solitárias da encosta voltada para o sul, cujo canto muito meigo, é aflautado, um tanto melancólico. Essa não se dá bem no Ettersberg por ser tão próximo do movimento e habitações, mas também não se encontra nas moitas".

"Hum! "tornou Goethe, "V. não me parece novo nesse assunto".

"Dedico-me desde a infância, com amor, à ornitologia e em todo o bosque de Ettersberg são poucos os sítios ainda não percorridos por mim repetidas vezes. Sempre que escuto uma isolada modulação, ouso discernir de que pássaro procede. E mesmo, se me trazem algum que perdeu as penas devido a um errado tratamento proponho-me a curá-lo em pouco tempo." "Isso prova sem dúvida, o quanto já praticou nesse assunto. Deve por isso prosseguir, porque dará de certo bom resultado, em virtude da sua orientação. Mas diga-me alguma coisa sobre a mudança das penas. V. acaba de afirmar que as toutinegras saíam do bosque depois disto acabado. Está este fenômeno ligado a uma estação determinada e passam por ele, todas as aves ao mesmo tempo? Vejo, que, penetrando a Natureza por qualquer lado que seja, sempre se alcança algum novo conhecimento."[2] Enquanto isso, tínhamos atingido à custo o alto da colina e passamos junto a um monte de pedras, arrancadas recentemente.

Mandando estacionar, pediu-me descesse a ver se não descobria alguns petrefatos. Encontrei algumas conchas, também alguns fragmentos de amonites,[3] que lhe alcancei, e prosseguimos. "Sempre a mesma velha história!", comentou Goethe, "sempre o eterno fundo do mar! Lançando destas alturas o olhar sobre Wei-

---

1. Designação científica do verdelhão.

2. Seguem-se minuciosas observações de Eckermann sobre pássaros regionais.

3. Conchas fósseis da era secundária, de forma discada, enroladas num plano.

282

mar e aldeias circundantes, parece-nos como um prodígio que tempos houvesse em que baleias folgavam no fundo daquele largo vale. É entretanto muito provável, pelo menos. A gaivota que então sobrevoava aquelas águas não podia imaginar que nós um dia aqui passaríamos de carro. E quem sabe se daqui a muitos milênios tornarão a adejar sobre esta colina?"

Prosseguimos rapidamente, ao longo de carvalhos, faias e outras árvores, até a crista ocidental. Weimar ficara para trás, o amplo vale de Unstrut com numerosas aldeias e pequenas cidades rebrilhando ao sol estendia-se a nossos pés na luminosa manhã.

"Como se está bem aqui!" exclamou Goethe detendo a carruagem. "Acho conveniente experimentar como nos saberia uma pequena colação nesta agradável atmosfera".

Andamos um pouco por uma vereda enxuta, entre carvalhos novos, de galhos torcidos por freqüentes vendavais, enquanto Frederico desembrulhava o farnel e dispunha-o sobre uma elevação relvada.

A paisagem, iluminada pelo claro sol outonal, era, nessa límpida manhã, de fato maravilhosa. Para o sul e sudoeste, a vista abrangia toda a floresta montanhosa da Turíngia; para leste, ultrapassava Erfurt, com o castelo de Gotha ao alto e o "Inselsberg"; mais para o norte, as montanhas além de Langensalza e Mulhäusen, limitadas pela cadeia azulada do Harz. Pensei então nos versos seguintes:

> *Weit, hoch, herrlich der Blick*
> *Rings ins Leben hinein!*
> *Von Gebirg zu Gebirg*
> *Schwebet der ewige Geist*
> *Ewigen Leben ahndevoll.*

> *Para o alto, longe, estende-se a vista*
> *por sobre a existência em derredor!*
> *De serrania em serrania*
> *paira o espírito eterno,*
> *pressentindo a imortalidade...*

Sentados sob o carvalho de modo a poder apreciar durante a refeição o vasto panorama da Turíngia a nossos pés, servimo-nos de algumas perdizes assadas, e bebemos excelente vinho branco, na taça de ouro que Goethe levava ordinariamente consigo em um estojo.

"Estive já muitas vezes neste sítio, imaginando sempre, fosse a última em que me seria dado contemplar aqui os reinos da natureza em seu esplendor.

A carcaça porém vai resistindo, e assim espero também não ser esta a derradeira a fazermos juntos essa agradável jornada. Havemos de voltar com mais freqüência; a gente se encarquilha na estreiteza do ramerrão doméstico.

"Aqui sentimo-nos grandes e livres como essa grandiosa Natureza que nos rodeia e como propriamente sempre deveríamos viver. Neste momento distingo", prosseguiu, "numerosos pontos aos quais se ligam as mais caras recordações de uma dilatada existência. O que não passei eu, quantas peripécias e imprevistos não me sucederam naquelas montanhas de Ilmenau, na mocidade! E então, lá no fundo, na querida Erfurt, que belas aventuras vivi! A Gotha também, nos primeiros tempos, ia com freqüência e prazer, no entanto há muitos anos quase lá não vou".

"Desde que estou em Weimar", observei, "não me lembro de ter V. E. lá estado".

"E isso tem sua explicação", ponderou ele a rir. "Não sou ali muito bem cotado. A propósito vou contar-lhe uma história. Quando a mãe do atual soberano estava em sua bela juventude, encontrava-me eu lá com freqüência. Uma tarde em que estávamos à mesa do chá, chegaram-se a nós aos saltos, os dois lindos príncipes, meninos de cachos loiros, de uns dez a doze anos. Brincalhão como era às vezes, tomei-os pelos cabelos dizendo: Então, que estão fazendo seus lourinhos brejeiros? Os garotos fitaram-me com grandes olhos, pasmos pela minha ousadia que jamais esqueceram."

"Não pretendo vangloriar-me, era porém assim e está no meu natural; nunca tive grande veneração pela simples fidalguia, quando não se reveste de um belo caráter e de valor pessoal. Achei-me sempre tão bem na minha personalidade e sentia-me eu próprio tão nobre, que se acaso me tivessem elevado a príncipe, não teria julgado isso extraordinário. Quando me foi concedido o diploma de nobreza, muitos acreditaram que iria sentir-me elevado. Aqui entre nós, porém, não me causou impressão alguma. Nós, membros do patriciado de Frankfurt, sempre nos consideramos equivalentes à nobreza, e, quando tive em mãos o título, foi como se há muito o possuísse".

Tragamos ainda uns bons goles da taça de ouro e rodamos pelo lado norte, para o castelo de caça de Ettersberg. Goethe fez abrir todas as peças, que eram guarnecidas de alegres tapeçarias e quadros. "No quarto de esquina do primeiro andar", disse, "viveu Schiller algum tempo. Desfrutamos aqui, sobretudo outrora, muitos e belos dias. Éramos todos jovens e petulantes; não nos faltavam no verão as improvisadas representações de comédias, nem no inverno toda espécie de danças e passeios em trenó, à luz de archotes."

Deixamos o castelo, e Goethe conduziu-me na direção ocidental, a um atalho no bosque.

"Quero mostrar-lhe também a faia na qual há cinqüenta anos gravamos nossos nomes. Mas como está tudo mudado e desenvolvido!...

"Ei-la, é esta a árvore! Veja, está ainda em plena magnificência. E das letras restam ainda vestígios, embora deformados e quase indecifráveis. Erguia-se então esta faia num espaço livre e seco; era agradável e banhado de sol, e nos belos dias estivais aqui representávamos improvisadas farsas. Agora está isto úmido e melancólico! onde dantes havia moitas, cresceram árvores frondosas que tornam difícil encontrar a magnífica faia da nossa mocidade".

Volvemos ao castelo, e depois de examinar a coleção de armas, bastante rica, regressamos a Weimar.

Domingo, 6 de dezembro de 1829.

Hoje à tarde leu-me Goethe a primeira cena do segundo ato do "Fausto". Produziu em mim uma grande impressão e espalhou no meu íntimo um elevado sentimento de felicidade. Volvemos à câmara de estudo de Fausto, onde Mefistófeles encontra tudo nos lugares em que havia deixado. Retira do cabide a velha manta de pele; milhares de traças e outros insetos dela se escapam, e, enquanto Mefistófeles explica como de novo ali se introduzem, aparece-nos o local distintamente aos olhos.

Veste o abrigo para representar o senhor da casa, enquanto Fausto por detrás duma cortina, jaz em estado de paralisia. Puxa a campainha; o sino retumba no isolado claustro um som terrível que fez as portas saltarem e as paredes estremecerem. O fâmulo precipita-se e encontra na cadeira de Fausto, Mefistófeles sentado, o qual ele não conhece, mas que o intimida. Perguntado, dá notícias de Wagner que, entretanto, tornara-se famoso e espera sempre pelo regresso do seu mestre. No momento, conforme nos informa, está em seu laboratório muito atarefado em criar um homúnculo. Despedido o fâmulo aparece o *bakkalaureus*, aquele que vimos há alguns anos como um tímido jovem estudante, quando Mefisto, nas vestes de Fausto, divertiu-se à custa dele. É agora um homem e tão cheio de presunção que nem o próprio Mefisto o vence; sempre recuando sua cadeira vira-se por fim para o andar térreo.

Goethe leu a cena até o final. Foi-me um prazer constatar sua juvenil força produtiva e concisão. "Por ser tão antiga a concepção", observou Goethe, "e eu há cinqüenta anos estar meditando sobre o assunto, acumulou-se a tal ponto o material acessório, que agora é muito difícil separar e selecionar. A ficção de toda a segunda parte é realmente vetusta, como o disse. Tê-la escrito somente agora, depois de chegado à maior clareza acerca dos acontecimentos mundiais, pode ser de vantagem para o caso. Por mim, é como se em minha juventude tivesse possuído muito dinheiro em moedas de cobre e prata cujo valor no correr da vida fosse sempre aumentando, tanto, que por fim aquelas moedas se tivessem transformado em ouro".

285

Discorremos acerca da figura do bacharel "V. E. não representou nele uma certa classe de filósofos imaginários?"

"Não", contestou, "personifica a arrogância tão comum na adolescência, da qual nos primeiros anos após a nossa Guerra da Libertação tivemos tão chocantes exemplos. Também cada um pensa, quando jovem, que o mundo propriamente só começou com ele e que tudo só para ele foi criado. Pois no Oriente existiu realmente um homem que todas as manhãs reunia a sua gente em torno de si e não permitia que se dirigissem para o trabalho antes de ter ordenado ao sol que aparecesse. Era no entanto bastante esperto para só dar essa ordem quando o sol estava realmente quase surgindo".

Continuamos discorrendo sobre o "Fausto" e assuntos semelhantes.

Goethe esteve durante algum tempo entregue a seus pensamentos, depois prosseguiu do seguinte modo:

"Na velhice tem-se uma idéia das coisas do mundo muito diversa da que fazíamos na mocidade. Por isso não posso deixar de pensar que os demônios, afim de irritar a humanidade e dela zombar, apresentam vultos extraordinários, tão atraentes que cada um se esforça por deles se aproximar, e tão grandes que ninguém os pode atingir. Assim, por exemplo Rafael, em quem pensamento e ação eram perfeitos; alguns exemplos isolados nas gerações ulteriores se lhe aproximaram, mas sem lograr alcançá-lo. Também apresentam Mozart como o inatingível na Música, e Shakespeare na Poesia. Sei o que V. dirá contra isso, refiro-me porém ao Natural, ao que é inato. Napoleão é igualmente inatingível. O fato de se terem os russos contido, sem invadir Constantinopla é na verdade grandioso, mas traço idêntico nos oferece Napoleão, que também soube conter-se e não marchou sobre Roma".

A esse tema tão fecundo ligaram-se outros análogos; comigo porém, pensei que também com Goethe dera-se o mesmo, porquanto é ele igualmente um vulto demasiado atraente para que não se aspire a imitá-lo, e demasiado grande para ser alcançado.

Domingo, 27 de dezembro de 1829.

Depois da refeição, leu-me a cena do papel-moeda.[1]

"V. lembra-se que na reunião dos Estados do Império, chegou-se à conclusão de que faltava dinheiro, e Mefisto promete arranjá-lo. Esse assunto vai se prolongando através do baile de máscaras quando Mefistófeles dispõe as coisas para que o Imperador sob o disfarce do grande Pã, assine um papel, o qual assim transformado em dinheiro, é reproduzido milhares de vezes e disseminado. Nessa cena alude-se ao caso em presença do Imperador que ignorava ainda o que fizera.

---

1. Da II parte do "Fausto" — Primeiro ato.

O tesoureiro entrega-lhe as notas de banco e revela o que se passara. O Soberano, a princípio encolerizado, depois muitíssimo satisfeito com a perspectiva do lucro, distribui entre a comitiva inúmeras notas, deixando ao retirar-se, ainda alguns milhares de coroas, que o gordo bobo da Corte precipitando-se recolhe, e vai logo converter em bens de raiz."

Enquanto Goethe lia a magnífica cena, comprazia-me a idéia magistral de atribuir a Mefistófeles a origem do papel-moeda perpetuando o assunto capital do momento. Apenas terminada a leitura, o filho de Goethe entrou e sentou-se a nosso lado. Falou-nos no último romance de Coopers que lera, relatando muito claramente o assunto à sua maneira.

Da cena que acabáramos de ler nada lhe dissemos, ele próprio, porém, começou logo a falar sobre as notas do tesouro prussiano que estavam sendo pagas acima do seu valor. Enquanto o jovem assim discorria, entreolhamo-nos sorrindo significativamente.

Quarta-feira, 30 de dezembro de 1829.

Após o almoço, leu-me a cena imediata. "Depois que na Corte viram-se com dinheiro", continuou, "trataram de divertir-se".

O Imperador desejou ver Páris e Helena, os quais por artes de magia deviam aparecer-lhe em pessoa. Como porém Mefisto nada tinha com a Antiguidade grega e nenhum poder sobre tais figuras, ficou esse serviço a cargo de Fausto, que o realizou com sucesso.

"O que, porém, Fausto teve que empreender para tornar possível a aparição, ainda não terminei de escrever, e lerei em outra ocasião. A aparição de Páris e Helena, porém, V. vai ouvir agora mesmo".

Senti-me feliz antecipando o que passei a escutar: Na velha sala dos cavaleiros, vi entrarem o Imperador e seu séqüito, para assistir ao espetáculo. Ao erguer-se o pano, aparece um templo grego no palco. Mefisto está na caixa do ponto, o astrólogo de um lado do proscênio, Fausto sobe para o outro com a tripeça, pronuncia a fórmula ritual e Páris surge das nuvens de incenso que se desprendem da ânfora. O belo mancebo, move-se ao som da música etérea, senta-se, apóia-se com o braço curvado sobre a cabeça como o vemos representado em antigas esculturas. É o encanto das mulheres sensíveis que se manifestam seduzidas por sua graça juvenil, é o alvo do ódio dos homens, instigados pela inveja e pelo ciúme e que procuram deprimi-lo quanto podem. Páris adormece e surge Helena. Aproxima-se-lhe e imprime-lhe um beijo nos lábios; depois afasta-se, voltando-se para vê-lo ainda. Nesse movimento ainda é mais encantadora. Produz nos homens a

287

mesma impressão que Páris nas mulheres. Os homens, acesos pelo amor e a exaltação, e as mulheres pela inveja, ódio e crítica.

Fausto mesmo, está arrebatado, esquecendo-se, à vista da beleza que invocou, do tempo, da situação e das circunstâncias, de modo que Mefistófeles sente-se obrigado a lembrar-lhe, a cada momento, o seu papel. A inclinação e entendimento entre Páris e Helena parecem ir aumentando; o jovem a cinge afim de arrebatá-la; Fausto quer arrancá-la dos seus braços, porém, ao virar a chave[1] contra ele, ocorre uma forte explosão, os espíritos desfazem-se em névoa e Fausto jaz no chão sem sentidos.

1830

Domingo, 3 de janeiro de 1830.

Goethe deu-me a ler o almanaque inglês "Keepsake" para este ano, que traz muito belas gravuras sobre cobre, e algumas cartas de Lorde Byron extremamente interessantes, que li após a sobremesa. Enquanto isso, fora buscar a nova tradução francesa do seu "Fausto" por Gérard, que folheava e lia de quando em quando.

"Idéias singulares me acodem", disse ele, "quando considero que este livro ainda hoje tem valor, numa língua em que o espírito de Voltaire há cinqüenta anos prevalecia. V. não pode imaginar o que penso, e não tem idéia da influência que aquele e seus grandes contemporâneos exerceram sobre a minha mocidade, e o quanto predominaram no mundo moral daquele tempo.

"Da minha autobiografia não se evidencia claramente o grande prestígio que tiveram sobre minha juventude e o quanto me custou precaver-me contra eles, e por meus próprios meios lograr atingir uma verdadeira união com a Natureza".

Continuamos sobre Voltaire, e Goethe recitou-me a poesia "Les Systèmes", do que concluí que deve ter estudado muito e penetrado essas coisas em sua adolescência.

A mencionada tradução de Gérard,[2] embora na maior parte em prosa, foi elogiada por Goethe como um grande êxito. "Em alemão", disse "não lerei mais o "Fausto", nessa versão porém, tudo me parece recente, inédito e cheio de espírito.

---

1. A chave que lhe dera Mefisto, graças à qual conseguiu realizar a mágica para satisfazer o anseio do imperador por conhecer o par que motivara a guerra de Tróia.

2. O "Fausto" foi traduzido para o francês por H. Blaze, Polignac, Gerard de Nerval, Marc Monnier, Stapfer, H. Gross, C. Benôrt, G. Pradez, Fr. Sabatier (1893) e, em verso, por P. Bregeault de Chastenay. Para o português, pelo escritor e diplomata luso, Agostinho Ornellas de Vasconcelos que foi ministro no Rio: a 1ª. parte em 1867, e a 2ª. em 73, e pelo Visconde de Castilho. — E aqui no Brasil, pelo Prof. riograndense Bernardo Taveira (trechos), por Gustavo Barroso, Sra. J. Segal e O. Bastian Pinto, entre outros. Na Inglaterra, entre os tradutores do "Fausto", contam-se Bayard Taylor, J. W. Grant, Theodor Martin, F. Oswald e Shelley (trechos).

"O "Fausto" é, não obstante, algo desmedido, e são vãs todas as tentativas para torná-lo mais acessível. Deve-se também refletir que a primeira parte exprime o estado de espírito um tanto sombrio do protagonista. Precisamente porém, essa indefinida obscuridade torna-o atraente como todos os problemas insolúveis".

Quarta-feira, 27 de janeiro de 1830.

Ao almoço Goethe estava muito alegre e referiu-se com grande admiração ao Sr. von Martius. "Seu *aperçu* da "Tendência espiral" é da mais alta importância. Se ainda houvesse o que desejar, seria que tirasse ousadamente a conclusão do fenômeno primordial por ele descoberto e tivesse a coragem de exprimir esse fato em forma de lei, sem procurar a sua confirmação demasiado longe".

Deu-me a ler em seguida os debates do Congresso dos naturalistas, em Heidelberg, com anexos de fac-símiles dos competentes autógrafos, os quais estivemos examinando.

"Sei muitíssimo bem", disse Goethe, "que essas reuniões científicas não produzem tanto quanto se pensa; são porém excelentes pelas relações mútuas e amizades que se formam nessas ocasiões, em conseqüência do que se virá a reconhecer alguma nova teoria de um homem notável, que se sentirá inclinado a reconhecer e propagar qualquer teoria nossa em outro ramo. Em todo caso vemos que algo acontece, e ninguém pode saber o que daí resultará".

Mostrou-me após a carta de um escritor inglês que trazia o endereço seguinte: A Sua Alteza o Príncipe Goethe. "Este título", disse a rir, "tenho que agradecê-lo aos nossos jornalistas que, em sua excessiva afeição por mim, denominavam-me príncipe dos poetas alemães. Dai originou-se o inocente engano destes, assim como dos ingleses".

E tornou a referir-se ao Sr. von Martius exaltando também sua imaginação. "No fundo" continuou, "sem esse sublime dom, não se pode conceber um naturalista verdadeiramente grande. E não me refiro a uma imaginação que divaga, supondo coisas irreais, mas refiro-me àquela que não abandona a realidade e que anda com a escala, do verdadeiro e averiguado, para fatos previstos e medidos.

"Pode então provar se essas suposições são também possíveis e se não estão em contradição com outras leis, já sacrificadas. Uma tal imaginação exige um cérebro tranqüilo, que disponha de uma visão de conjunto sobre o mundo animado e suas leis."

Enquanto falávamos, chegou um pacote contendo a tradução da "Geschwister" (Irmãos) em boêmio, o que pareceu causar-lhe grande prazer.

Quarta-feira, 3 de fevereiro de 1830.

À mesa, Goethe falou acerca de Mozart. "Vi-o quando contava apenas sete anos, num concerto realizado de passagem. Eu tinha já quatorze anos e lembro-me perfeitamente do homenzinho com sua peruca e a espada".

289

Admirei-me em extremo que Goethe fosse tão idoso para ter visto Mozart em criança.

Sábado, 6 de fevereiro de 1830.

À mesa em casa da Sra. von Goethe. O jovem Goethe contou coisas interessantes de sua avó, a senhora Conselheiro, que ele visitara em Frankfurt há vinte anos, quando estudante, e com a qual fora convidado para jantar, pelo príncipe arcebispo Primaz.[1]

O príncipe fora, por especial deferência, ao encontro de Frau Rat na escadaria; como porém trazia suas costumeiras vestes clericais, ela o tomou por um simples abade, não fazendo dele grande, caso. Também a princípio, à mesa, sentada a seu lado, não lhe prestou atenção alguma. No decorrer das conversas, porém e pelas maneiras dos outros comensais, foi aos poucos percebendo ser ele o Primaz. O príncipe brindou-a e a seu filho, ao que Frau Rat, levantando-se, bebeu à saúde de Sua Alteza.

Quarta-feira, 10 de fevereiro de 1830.

Goethe referiu-se com louvores à poesia de Riemer em homenagem à comemoração do dia 2 de fevereiro.[2] "Em geral" acrescentou, "o que Riemer escreve sempre agrada, tanto ao mestre como ao aprendiz".

Falamos em seguida sobre a "Noite Clássica de Walpurgis" na qual há trechos que a ele mesmo surpreendem, e em que o assunto dilatou-se mais do que tivera em mente. "Terminei agora mais da metade", disse ele, "mantendo-me pois firme no trabalho, espero conclui-lo até a Páscoa. Não lhe quero mostrar o que estou escrevendo, porém logo que terminar dar-lho-ei para ler tranqüilamente em casa. Se pudesse aprontar os fascículos trinta e oito e trinta e nove afim de entregar os últimos cadernos pela Páscoa, seria magnífico e teríamos o verão livre para empreender algo de grande.

"Continuaria a trabalhar no "Fausto" procurando terminar o quarto ato". Alegrei-me com esse projeto e prometi-lhe de minha parte todo o auxílio.

Mandou em seguida o criado informar-se sobre a grã-duquesa Mãe, ora muito doente, e cujo estado lhe parece muito delicado.

"Ela não deveria ter ido ver o cortejo de carnaval; os príncipes porém estão habituados a sempre realizar seus desejos e foram vãos os protestos da Corte e dos

---

1. Dalberg, Karl Theodor von (1744-1817) Arcebispo Primaz, último eleitor do Império Germânico.

2. Aniversário do Grão-duque.

Goethe em seu leito de morte. Em 13 de março de 1832, no dia seguinte ao do falecimento. Desenho de Frederico Preller.

O túmulo de Goethe.

médicos. A mesma energia com que soube resistir a Napoleão,[1] opõe agora à sua debilidade física, e estou prevendo que desaparecerá como o grão-duque, em pleno vigor de espírito, quando as forças físicas deixarem de obedecer-lhe".

Goethe calou-se visivelmente consternado. Pouco depois, no entanto, tornamos a falar em assuntos mais alegres e ele referiu-se a um livro escrito para justificação de Hudson Lowe.

"Contém os mais preciosos informes", observou, "os quais, somente uma testemunha ocular poderia prestar.

"Napoleão, usava habitualmente, como é sabido, um uniforme verde escuro. O uso contínuo e o sol desbotaram-lhe a cor, de forma que houve necessidade de substituí-lo. Ele queria outro igualmente verde escuro; na ilha contudo não se encontrava pano desse tom e espécie, havia apenas um tecido de um verde indeciso, quase amarelo. Usar uma tal cor era naturalmente impossível ao senhor do mundo, e não houve outro remédio senão mandar virar do avesso o uniforme velho e vesti-lo assim.

"Que diz a isso? Não é um incidente trágico? Não lhe parece comovente, que o ditador dos reis, fosse reduzido por fim a usar uma farda virada do avesso?

"E, no entanto, quando se pensa na sina de um homem que pisou aos pés a felicidade e a vida de milhões de seus semelhantes, devemos concordar que seu destino foi ainda muito benigno, é uma Nêmesis que, em consideração à sua passada grandeza, não se pôde abster de alguma amabilidade para com ele. Napoleão fornece-nos o exemplo do quanto é perigoso elevarmo-nos em absoluto e tudo sacrificar à realização duma idéia".

Ocupamo-nos ainda de várias coisas relacionadas a esse assunto e em seguida dirigi-me ao teatro para assistir à "Estrela de Sevilha".

Domingo, 14 de fevereiro de 1830.

Esta tarde, quando me encaminhava para a residência de Goethe, que me havia convidado a jantar, tive a notícia do falecimento recém-ocorrido, da grã-du-

---

1. "Soube resistir a Napoleão". Em 1806, a 15 de outubro, era grande a miséria. Não havia pão nem víveres no país. A Grã-duquesa achava-se no castelo onde se tinham refugiado todas as mulheres. À tarde chegou Napoleão. A Soberana foi-lhe ao encontro e protestou contra o saque e os incêndios sofridos pela cidade, a que ele contestou friamente: "ce sont les consequences de la guerre", e retirou-se para seus aposentos.

No dia seguinte fez-se-lhe de novo anunciar a Grã-duquesa. Napoleão recebeu-a de pé durante uma hora e não a convidou a sentar. Verberou o procedimento do Grão-duque o qual, como general do exército prussiano, comandava soldados que contra ele combatiam. Ela porém não se deixou intimidar e perguntou ao Imperador como julgaria um dos seus parentes próximos, como o era seu marido do rei da Prússia, se ao irromper a guerra desse sua demissão do exército ao qual há tantos anos pertencia. Essas palavras da Grã-duquesa impressionaram Napoleão o qual respondeu que, em atenção a ela, pouparia o país, mas que o Grão-duque teria que abandonar imediatamente o serviço da Prússia.

quesa mãe. "Em sua avançada idade, como suportará ele esse golpe!" Foi esse o meu pensamento imediato, e um tanto apreensivo entrei em sua casa. Os criados disseram-me que sua nora fora há pouco participar-lhe o triste acontecimento.

Há mais de cinqüenta anos — pensei comigo — Goethe era ligado a essa princesa que lhe concedera todos os favores e honras; sua morte deve chocá-lo profundamente. Assim pensando, dele me acerquei, encontrando-o em perfeita serenidade sentado à mesa, ao lado da nora e dos netos, e servindo-se de sopa como se nada houvesse acontecido. Continuamos conversando tranqüilamente sobre assuntos indiferentes. De súbito começaram todos os sinos da cidade a dobrar; a Sra. von Goethe fitou-me e prosseguimos falando, mas em tom alto, afim que o dobre de finados não o impressionasse e comovesse, pois julgávamos que em Goethe tivesse o mesmo efeito. Não era assim porém. Era completamente diverso o que se passava em seu íntimo. Estava ante nós, tal como um ser superior, inacessível às dores do mundo. O Conselheiro Vogel anunciou-se e relatou-nos as circunstâncias pormenorizadas do falecimento da ilustre princesa, o que Goethe recebeu em completa calma e presença de espírito. Vogel retirou-se e continuamos almoçando. Falou-se muito no "Chaos"[1] e Goethe louvou as "Considerações sobre o jogo", do último número. Quando a Sra. von Goethe e os filhos saíram, ficamos sós. Falou-me da sua "Noite clássica de Walpurgis", que ia aos poucos adiantando e a que conseguira acrescentar coisas admiráveis que não tinha esperado. Mostrou-me depois uma carta do rei da Baviera, que hoje recebera e que li com grande interesse. O nobre e leal espírito do rei manifesta-se, em cada linha, e a Goethe pareceu sobretudo agradável que continue o mesmo para com ele. O Conselheiro Soret fez-se anunciar, e transmitiu-lhe palavras de conforto da parte de Sua Alteza Imperial que contribuíram para mantê-lo em sua resignada disposição. Continuando a conversar, mencionou a famosa Ninon de Lenclos, a qual, no esplendor de sua beleza estivera às portas da morte aos dezesseis anos e consolara os presentes em perfeita calma com as palavras: "E afinal isso que importa? Atrás de mim deixo apenas outros simples mortais!" De resto continuou vivendo até aos noventa anos, depois de ter levado ao desespero e à felicidade até aos oitenta, centenas de amantes.

Em seguida discorreu sobre Gozzi e seu teatro, em Veneza, no qual os atores improvisadores recebiam unicamente o entrecho da peça. Gozzi era da opinião de que somente havia trinta e seis situações trágicas; Schiller julgava haver mais, porém nem chegara a encontrar essas tantas. — Depois, coisas muito interessantes sobre Grimm, seu espírito e caráter, e a diminuta confiança que lhe inspirava a moeda papel.

---

1. "Chaos" — Jornal particular redigido por Ottilie von Goethe -Aparecido em 1829 até 1831. Nele colaborou também Goethe. Na biblioteca da Universidade de Harvard em Boston, existem vários números desse periódico.

Quarta-feira, 24 de fevereiro de 1830.

Com Goethe à mesa. Falamos de Homero. — Observo que a intervenção dos deuses liga-se diretamente às coisas reais. "É infinitamente suave, e humano", disse, "e agradeço ao céu não estarmos já no tempo em que os franceses denominavam "maquinária" essa influência dos deuses."

Certamente porém, era necessário que decorresse algum tempo para que se transformasse inteiramente o espírito da cultura francesa. Goethe referiu-me em seguida, ter acrescentado um traço à visão de Helena para ainda lhe realçar a beleza, o qual fora motivado por uma observação minha que fazia honra à minha elevada compreensão.

Após o jantar, fez-me ver o esboço dum quadro de Cornelius representando Orfeu ante o trono de Plutão, suplicando-lhe libertasse Eurídice. O quadro pareceu-nos bem imaginado e os detalhes otimamente executados, no entanto não nos satisfez completamente, nem a sua contemplação dá ao espírito verdadeiro prazer. Talvez, pensamos, com as cores apresentasse maior harmonia; talvez também fosse-lhe mais favorável o momento seguinte, quando Orfeu já vencera o coração de Plutão tendo conseguido a volta de Eurídice. A situação já não seria de ansiedade e tensão, e antes de perfeita tranqüilidade.

Segunda-feira, 1 de março de 1830.

Com Goethe o conselheiro Voigt, de Lena, à mesa. A conversa gira em torno de assuntos científicos, e o conselheiro desenvolve seus múltiplos conhecimentos. Goethe conta ter recebido uma carta na qual se nega que os cotilédones sejam folhas, pois que não têm gomos por dentro. Analisando no entanto diversas plantas, verificamos que os cotilédones, sem dúvida, têm gomos, tal como todas as folhas. Disse Voigt que o *aperçu* da Metamorfose das Plantas é uma das mais fecundas descobertas dos últimos tempos no ramo das Ciências Naturais.

Falou-se acerca de coleções de pássaros empalhados, e Goethe narrou o caso de um inglês que possuía em grandes viveiros várias centenas de pássaros vivos. Destes morreram alguns que mandou empalhar e nessa forma tanto lhe agradaram que veio-lhe a idéia de tirar a vida aos restantes e fazê-los igualmente empalhar, o que logo pôs em execução. O conselheiro Voigt manifestou sua intenção de traduzir a História Natural, de Cuvier, em cinco volumes e de publicá-la com notas e aditamentos seus.

Depois do jantar, quando o conselheiro se retirou, Goethe mostrou-me o manuscrito de sua "Noite de Walpurgis", e surpreendeu-me com o progresso feito em tão poucas semanas.

Quarta-feira, 3 de março de 1830.

Passeando de carro com Goethe, ouvi-o referir-se favoravelmente à minha poesia dedicada ao rei da Baviera, e observa ter Lorde Byron influído beneficamente em mim. Falta-me no entanto aquilo a que chamamos o espírito das conveniências que Voltaire possuía em tão alto grau, e nesse sentido propunha-me tomasse-o por modelo.

Depois, à mesa, discorremos muito a propósito de Wieland, principalmente sobre o "Oberon", e Goethe é da opinião que a base é fraca e que o plano antes da representação não foi convenientemente estabelecido. Pensa também que a intervenção de um espírito para fazer crescer os pêlos da barba e os dentes molares não foi bem achada, sobretudo por manter-se o herói em completa inatividade. A arte amável, porém sensual e espirituosa do grande poeta, torna o livro tão agradável que o leitor esquece o argumento e o lê de um fôlego.

Continuamos sobre assuntos vários, assim voltando à enteléquia. "A tenacidade do individuo e o fato do homem arrojar de si aquilo que não está em conformidade consigo", disse, "é para mim uma prova de que a enteléquia existe". Desde alguns instantes estivera eu pensando nessa mesma coisa e querendo dizê-lo, pelo que me fora duplamente agradável ouvir Goethe manifestar-se a esse respeito. "Leibniz", prosseguiu "pensava da mesma forma sobre tais criaturas independentes e aliás o que distinguimos pela expressão "enteléquia", denominava ele mônada".

Projetei logo ler os trechos de Leibniz que se prendem a esse assunto.

Domingo, 7 de março de 1830.

Ao meio dia com Goethe, que encontrei hoje cheio de vivacidade e robustez. Declarou-me ter deixado de lado sua "Noite clássica de Walpurgis" afim de concluir para o prelo os últimos fascículos da sua obra. "Nisso porém, agi com prudência terminando a tarefa quando ainda me sentia inspirado e ainda tinha muito a acrescentar.

"Desta maneira tornar-se-á muito mais fácil prosseguir mais tarde no trabalho, do que se tivesse continuado a escrever até esgotar a inspiração". Tomei nota disso como uma boa lição. Projetáramos um passeio de carro antes do jantar, sentimo-nos porém tão agradavelmente em casa que por fim mandou-se desatrelar os cavalos. Enquanto isso, o criado, Frederico tinha desembalado uma grande caixa vinda de Paris. Era um envio do escultor David; retratos, em baixo-relevo de gesso, de cinqüenta e sete personagens notáveis. Frederico dispôs os gessos em várias gavetas e assim tivemos ocasião para comentários e considerações enquanto íamos contemplando os traços de todas as interessantes personalidades. Grande curiosidade despertou-me o retrato de Mérimée; a cabeça, vigorosa e ousada como seu talento, pareceu a Goethe ter algo de humorístico. Victor Hugo, Alfred de Vigny, Émile Deschamps apresentam feições regulares e serenas. Apreciamos igualmente os retratos de Demoiselle Gay, Madame Tastu e outras jovens escritoras. A figura enérgica de Fabrier lembra vultos de passados séculos e repetidas vezes observamo-la com satisfação. Passávamos de uma personagem a outra e Goethe não se cansava de afirmar que essa oferta de David representa para ele um tesouro pelo qual nunca lhe poderia suficientemente agradecer. Não deixaria de mostrar a coleção a seus visitantes e ouvir de viva voz minúcias e informes sobre aqueles que ainda lhe eram desconhecidos.

A caixa continha também livros, os quais mandou arrumar na sala contígua para onde nos dirigimos, sentando-nos logo à mesa. Sentíamo-nos alegres e falávamos sobre nossos trabalhos e planos.

"Não é bom que o homem esteja só", disse "e sobretudo que trabalhe só; necessita, ao contrário, de alguém que o auxilie e o anime, para conseguir êxito.

"Agradeço a Schiller a "Aquileida" e muitas das minhas baladas para o que me estimulou, e V. pode atribuir-se a si próprio a segunda parte do "Fausto". Já várias vezes lho disse e quero repetir-lho". Alegrei-me com essas palavras convencido de que continham algo de verdadeiro.

À sobremesa abriu um dos pacotes. Eram poesias de Émile Deschamps, acompanhadas de uma carta que deu-me a ler. Por ela reconheci com prazer, o quanto é grande a influência de Goethe na nova literatura francesa e quanto era admirado e apreciado pelos poetas jovens, que o tomavam como seu guia espiritual. Assim agira Shakespeare sobre Goethe, em sua juventude.

De Voltaire não se pode dizer que tenha tido uma tal influência sobre os jovens autores estrangeiros que, se congregando sob o influxo de suas idéias, o reconhecessem como senhor e mestre. A carta de Émile Deschamps era toda escrita em tom de amável cordialidade. "Contemplamos nela a primavera dum belo espírito", observou Goethe.

Entre os objetos enviados por David, achavam-se vários desenhos do chapéu de Napoleão. "Meu filho ficará encantado com isso", disse, e mandou logo levar-lhe o desenho. Sua influência não falhou, porquanto o jovem Goethe desceu imediatamente e cheio de contentamento, classificou a reprodução do chapéu de seu herói como o *non plus ultra* de sua coleção. Cinco minutos não eram decorridos e já o esboço figurava emoldurado em seu lugar, entre os numerosos atributos e recordações do ídolo.

Domingo, 14 de março de 1830.

À tarde com Goethe. Fez-me ver todos os tesouros, agora já convenientemente dispostos, do caixote que David lhe enviara e em cuja desembalagem encontrei-o há dias ocupado. Os medalhões de gesso com os perfis dos mais notáveis poetas novos da França, colocara-os ele na maior ordem sobre mesas. Externou-se mais uma vez sobre o talento extraordinário de David, grande na concepção como na execução. Mostrou-me também uma quantidade de obras modernas com que o obsequiaram, por intermédio de David, os mais notáveis talentos da escola romântica.

Entre outras, as de Sainte-Beuve, Ballanche, Victor Hugo, Balzac, Alfred de Vigny, Jules Janin. "David, com essa remessa, proporcionou-me belos dias".

"Esses jovens autores absorvem-me já a semana inteira e fazem desabrochar em mim, graças às impressões novas que deles recebo, uma nova vida. Farei, de todos esses caros retratos e livros, um catálogo especial e dar-lhes-ei um lugar à parte em minhas coleções de Arte e na Biblioteca." Era manifesta a satisfação íntima que lhe causara essa homenagem dos jovens poetas franceses.

Começou a ler em seguida, páginas dos "Estudos" de Émile Deschamps e elogiou a tradução da "Braut von Korinth", que lhe pareceu fiel e bem redigida. "Possuo", disse ele, "o manuscrito duma tradução italiana dessa poesia na qual o original é respeitado até mesmo no ritmo".

A "Braut von Korinth" deu ocasião a que Goethe se referisse às outras suas baladas. "Agradeço-as em sua maioria a Schiller, que me animou a escrevê-las por necessitar sempre matéria nova para sua "HOREN". Tinha-as eu já na idéia desde muitos anos, povoavam-me o espírito como suaves quimeras, como belos sonhos que nele perpassavam e com os quais a fantasia, brincando, fazia-me feliz. A contragosto resolvi despedir-me dessas brilhantes visões amigas de tanto tempo, materializando-as através de palavras insuficientes e mesquinhas. Transferidas para o papel, observei-as com um misto de melancolia; para mim foi como se me separasse para sempre de um amigo querido".

"Em outros tempos", continuou, "tudo se passou diversamente com minhas poesias. Eu não tinha delas impressões antecipadas nem pressentimentos; sentia-me subitamente inspirado e pelo instinto tinha de compô-las e escrevê-las como em sonho. Nesse estado de sonambulismo acontecia freqüentemente ter ante mim uma folha de papel atravessada e só tê-lo notado quando não encontrava mais espaço para continuar. Tive muitas dessas páginas escritas em diagonal; aos poucos porém foram-se extraviando, e faz-me pena não mais poder apresentar a prova de uma tal concentração poética".

A conversa volveu à literatura francesa, e mesmo à novíssima escola ultra-romântica de alguns autores de inegável talento. Goethe era de parecer que essa pendente revolução literária seria muito benéfica às letras, porém fatal aos escritores que a promovessem.

"Em nenhuma revolução", disse, "é possível evitar os extremos. Nas políticas pretende-se nada mais que acabar com diversos abusos, mas antes de se dar conta, já se está em meio de torturas e carnificina.

"Assim também na presente reforma das letras, não aspiravam os franceses a princípio, mais que a maior liberdade das formas, porém não ficarão por aí e já rejeitam, além da forma atual, igualmente o conteúdo. Em lugar dos lindos assuntos da mitologia grega, aparecem demônios, bruxas e vampiros, e os belos heróis da Antigüidade têm que dar lugar a alarifes e galés. Isso é excitante! Produz efeito. Mas depois que o público provou e se habituou a esses acepipes tão condimentados, exige-os cada vez mais e mais fortes. Um jovem talentoso que almeja trabalhar e aparecer, sem proporções para abrir seu próprio caminho, tem que acomodar-se ao gosto do dia, e até mesmo exceder seus antecessores no tétrico e no pavoroso".

"E entretanto até Mérimée, um dos seus preferidos, também penetrou com os repelentes assuntos de sua "Guzla", nessa via ultra-romântica", observei.

"Mérimée tratou dessas coisas de modo radicalmente diverso. Não faltam decerto nos seus versos desses horrores que, porém, não atingem ao âmago do poeta. Procede como um artista que experimentasse esses motivos simplesmente por diversão, renunciando transitoriamente ao seu íntimo sentir, e até mesmo à sua nacionalidade, a ponto de parecerem os tais versos da "Guzla" autênticos cantos populares da Ilíria, pouco faltando para que a pretendida mistificação fosse completa.

"Ele tem incontestavelmente muito valor; o que, para tratar com objetividade qualquer assunto, é mais necessário do que geralmente se pensa. Assim também, Byron conseguiu por vezes obliterar a sua personalidade avassaladora completamente, como na sua peça "Marino Faliero", que faz esquecer ter sido escrita por um inglês. Nela vivemos como em Veneza ao tempo em que se passa a ação. Assim falam os personagens sem influência alguma dos sentimentos, idéias e opiniões do autor. É isto que convém, e falta aos nossos jovens franceses mais exagerados. Em todas as suas obras que li, poemas, romances ou dramas, mesmo os que se passam em país estranho, nada me fazia olvidar ser um parisiense ou francês o seu autor pelas manifestações dos anelos, necessidades, conflitos e lutas dos dias presentes".

"Béranger também", aventurei-me, "ocupou-se unicamente de circunstâncias da grande capital e do seu próprio íntimo".

"Mas ele é também uma individualidade desse gênero, com forma e fundo de valor. Possui personalidade marcante e felizes dons. Nunca indagou dos acontecimentos do dia, nem do que era do agrado geral, nem do que faziam os outros, produzindo sempre espontaneamente e em harmonia consigo mesmo. Escutou em épocas decisivas a voz do povo, seus desejos e necessidades, unicamente para averiguar se estavam em consonância com a do seu interior, sem deixar-se induzir a expressar o que já não existisse em seu próprio coração.

"V. sabe. que não sou amigo das chamadas poesias políticas; porém as de Béranger enchem-me as medidas. Dele nada é aéreo, nem imaginário; não atira a esmo, tem sempre um alvo determinado e importante. O sincero preito que rende a Napoleão e a recordação dos seus feitos guerreiros, tão consoladora para os franceses numa fase de depressão; a sua oposição ao domínio do clero e ao obscurantismo que ameaça volver com os jesuítas, não podem ser contestadas. Com que arte e maestria trata esses ideais! Com verve, espírito, ironia e causticidade tem proporcionado alegria a milhões de pessoas. Seus cantos são acessíveis aos trabalhadores, mantendo-se, entretanto, em um nível tão acima do vulgar que o povo, em seu contato e elevado pelos atrativos desse espírito, também se habitua a pensar melhor e mais nobremente".

"Há anos que aprendi igualmente a admirá-lo", ponderei, "e alegro-me ouvindo-o. Entretanto, se me perguntassem quais das suas poesias prefiro, manifestar-me-ia pelas de amor; mesmo porque não compreendo bem as referências e alusões das políticas".

"Isso é com V.," contestou, "e as políticas também não foram escritas para V. Se perguntar, porém, aos franceses, dir-lhe-ão o que nelas há de bom.

"Qualquer poesia política deve ser encarada no melhor dos casos como o órgão de uma só nação, e quase sempre de um só partido; porém, se for boa será aclamada por essa nação ou por esse partido com entusiasmo. E uma poesia política é sempre o produto de um espírito temporal da época, que passa evidentemente eliminando da poesia o valor que deve às circunstâncias. De resto era fácil essa missão para Béranger. Paris é a França. Todos os interesses da grande pátria concentram-se na capital, onde encontram o seu próprio interesse e repercussão. Tampouco deve ele ser analisado em face das suas poesias políticas como o órgão de um partido. As coisas que combate, são em geral de interesse comum e pátrio, de modo que o poeta é ouvido como uma forte *vox populi*. Entre nós na Alemanha, não é possível tal coisa. Não temos uma cidade, nem mesmo uma região, da qual se possa dizer: Esta é a Alemanha. Pergunte-o em Viena e ouvirá: aqui é a Áustria! e em Berlim: aqui é a Prússia! Há apenas dezesseis anos, quando nos queríamos libertar enfim, dos franceses, era Alemanha por toda a parte; seria então a ocasião para um poeta político insuflar entusiasmo. Nem foi porém necessário. A miséria geral e sentimento comum da ignomínia empolgaram a nação como algo demoníaco; a chama de entusiasmo que o poeta iria acender, ardia já espontânea de norte a sul.[1] Não quero entretanto negar a influência de Arndt, Körner e Rüchert".

"V. Ex. foi censurada", observei inconsideradamente, "por não ter também naquele tempo, empunhado armas ou atuado, pelo menos como poeta".

---

1. "Os professores das Universidades de Iena e Göttingen haviam marchado, à frente dos seus discípulos, tendo encontrado uma gloriosa morte na defesa da pátria".

(Chateaubriand, nas Memórias de Além-Túmulo).

"Deixemos isso, meu caro!", retrucou. "É esse mundo absurdo, que não sabe o que quer, e que devemos deixar falar e opinar. Como poderia eu empunhar armas sem ser movido pelo rancor e como poderia odiar na minha idade? Se aqueles acontecimentos me tivessem atingido aos vinte anos, decerto não me teria deixado ficar por último; ocorreram porém quando eu já ultrapassara os sessenta!

"Além disso não podemos todos servir a pátria do mesmo modo, mas cada qual concorre pelo melhor, segundo os meios que Deus lhe outorgou. Sofri amarguras durante meio século. Posso dizer que naquilo que a Natureza me destinou como tarefa diária, não me poupei de dia nem de noite, nem me concedi repouso, ao contrário sempre me esforcei e pesquisei e fiz tanto e o melhor que pude. Que cada, um possa dizer o mesmo de si!"

"No fundo", repliquei, procurando aplacá-lo, "não deve V. Ex. desgostar-se por aquela censura e antes ufanar-se. Porquanto, que significa senão que a opinião universal acerca de V. Ex. é tal que exigem daquele que fez pela cultura do seu país mais do que qualquer outro, por fim faça tudo".

"Não vou dizer exatamente o que penso", replicou. "Sob aquele palavreado, porém oculta-se maior malevolência contra mim do que V. sabe. Reconheço nele uma nova forma daquele velho rancor com que durante anos me perseguiram e com o qual agora querem atingir-me ocultamente. Sei muito bem que deles, muitos não me suportam e que com prazer ver-se-iam livres de mim, e já que não podem tocar em minha inteligência, atacam-me o caráter. Para uns sou orgulhoso, anticristão e, chegam a julgar que não amo a minha pátria nem os meus queridos alemães! V. que já me conhece há bastantes anos, sabe o que valem esses rumores. Se porém quer se inteirar do que tenho sofrido, leia meus "Xênios", e conhecerá, minhas reações aos que procuraram amargar-me a existência.

"Um escritor alemão um mártir! Sim, meu caro, não achará diferença. E eu mesmo nem me devia queixar pois os outros não foram mais felizes; em sua maioria mesmo, mais infelizes, e, na Inglaterra como em França, é tal como aqui. Quanto não sofreram Molière e Rousseau, e Voltaire! Devido às más línguas, Byron foi expulso da sua pátria e teria tido que fugir para o fim do mundo caso a morte prematura não o tivesse livrado dos filisteus e de seu ódio.

"E se fosse só a massa ignara a perseguir os que se destacam! Mas não, cada valor e talento incomoda aos outros. Platen molesta Heine, e Heine a Platen,[1] cada um faz por desacreditar e inimizar o outro, quando o mundo é suficientemente vasto para nele viver-se e trabalhar em paz. Cada qual tem no seu próprio talento um inimigo que lhe dá bastante que fazer.

---

1. Heine, Heinrich (1799-1856) pelo conde Platen atacado em seu "Édipo Romântico", e esse por Heine ferozmente combatido em seus "Quadros de Viagem".

"Escrever canções guerreiras no interior da sua casa essa seria a minha feição! E do bivaque, onde durante a noite se ouve relinchar os cavalos das sentinelas inimigas, isso me agradaria! Mas não era essa a minha vida, nem meu ofício, e sim de Theodoro Köner. A ele assentam otimamente os cantos guerreiros. A mim porém que não sou de natureza belicosa e não tenho idéias beligerantes, seriam as canções de guerra uma máscara que me ajustaria muito mal ao rosto.

"Nunca fiz poesia de imaginação. O que não senti nem observei, também não escrevi nem exprimi. Poesia amorosa só compus quando amei. Como poderia então escrever cantos de ódio quando não odiava! Pois, aqui entre nós, eu não odiava os franceses, conquanto desse graças a Deus quando deles nos vimos livres.[1]

"Como poderia também eu, para quem somente cultura e barbaria são coisas de importância, odiar uma das nações mais cultas do Mundo e à qual sou devedor de uma grande parte de minha própria formação!

"Em resumo", prosseguiu, "o ódio entre as nações, é uma coisa singular. No mais baixo grau da cultura sempre o encontrará mais forte e vivo. Há porém um degrau onde esse sentimento desaparece completamente e onde, por assim dizer, pairamos acima das nações e sentimos a felicidade e a dor do povo nosso vizinho, como se fora o nosso próprio. Esse grau de cultura estava de conformidade com a minha natureza, e nele me teria fixado antes de atingir meu sexagésimo aniversário".

Segunda-feira, 15 de março de 1830.

À noite quase uma hora com Goethe. Falou muito sobre Iena e os melhoramentos e instalações que realizou nos diversos departamentos da Universidade. Para química, botânica e mineralogia que antes eram ministradas apenas na parte

---

1. Falk, a 9 de maio de 1808, em suas memórias: "Goethe na intimidade", revela a revolta deste ao ter conhecimento dos ataques de que era vítima o Duque Carlos Augusto por parte dos franceses: "Nessa ocasião", escreve ele, "Goethe manifestou uma tão insigne dedicação a seu Soberano, que eu teria escrúpulos de calar ao público alemão essa nobre página de sua vida. Transmiti-lhe as acusações da polícia secreta de Napoleão contra o Duque, entre outras, por ter visitado o duque de Brunswick "o mortal inimigo da França", por ter emprestado quatro mil táleres em cambiais ao General Blücher, que, vencido na batalha de Lübeck, achava-se com seus oficiais, curtindo as mais duras privações em Hamburgo"... "Basta!" interrompeu-me Goethe, fremente de indignação. — "Que querem esses franceses? São homens? E então porque procedem com tal desumanidade?

"Que fez nosso Duque que não fosse louvável e digno de encômios! E desde quando, constitui um crime conservar-se fiel aos amigos na desgraça? Porque exigir que renegue as mais belas recordações de sua vida, a Guerra dos Sete Anos, a memória de Frederico o Grande, seu tio; as glórias militares germânicas das quais participou e pelas quais arriscou seu trono e a coroa! E para agradar aos novos patrões, deveria apagá-las da memória, como se apaga do quadro negro um cálculo errado?! Sou um homem levado pela natureza a considerar as coisas com calma, mas saio fora de mim quando vejo exigir o impossível da natureza humana. O Duque agiu como era do seu dever, e não podia tê-lo feito de outra forma, mesmo que tivesse de perder homens, coroa e cetro! Há quantos anos não sinto uma comoção destas! Dê-me esse memorandum, ou melhor, atire-o ao fogo! Queime-o e arremesse as cinzas ao rio. Que nem uma parcela reste em solo alemão"...

Quando o abracei, tinha eu também, os olhos cheios de lágrimas.

compreendida na farmacologia, instituíra cátedras especiais. E, sobretudo, muito fez pelo Museu de Ciências Naturais e pela Biblioteca.

Por essa ocasião narrou-me com bom humor a história da apropriação, pela força, de uma sala contígua à Biblioteca, da qual a Faculdade de Medicina estava de posse, e que não queria ceder.

"Na Biblioteca, instalada num local úmido, exíguo e inteiramente impróprio à conveniente conservação dos seus tesouros, sobretudo após a aquisição pelo grão-duque, da livraria de Büttner cujos 13 mil volumes jaziam em grandes pilhas pelo chão, não havia espaço para acondicioná-los condignamente. Achava-me assim em dificuldades. Seria preciso, levantar às pressas um novo edifício, para o que faltavam porém os meios. Isto podia ser evitado, pois que contíguo à Biblioteca havia um salão vazio que preenchia perfeitamente as prementes finalidades e que era utilizado pela Faculdade de Medicina apenas para conferências de seus membros. Dirigi-me pois a esses senhores rogando-lhes cortesmente, cederem-me a sala, ao que não aquiesceram. Somente concordariam caso eu lhes construísse outra imediatamente. Respondi-lhes que estava pronto a arranjarlhes um outro local, mas que não poderia prometer para logo um novo edifício. Essa minha proposta parece não ter sido satisfatória, porquanto tendo na manhã seguinte mandado pedir a chave, disseram não a terem encontrado.

"Não me restava mais nada senão a conquista pela força. Mandei pois vir um pedreiro e levei-o à parede comunicante com a sala em questão. "Este muro, meu amigo", disse-lhe eu, "deve ser muito espesso, pois que separa duas diferentes partes do edifício. Experimente no entanto e vejamos sua grossura." O pedreiro pôs logo mãos à obra; e apenas dera com intrepidez cinco a seis golpes, começaram a cair cal e tijolos, e já eram visíveis, através da abertura proveniente, alguns retratos de veneráveis personagens com perucas, que decoravam a sala. "Continue, meu amigo, ainda não vejo muito claro. Continue à vontade e faça como em sua casa". Assim cordialmente estimulado, agiu com tal atividade que em pouco a abertura era grande bastante para servir de porta, pela qual penetraram logo os meus funcionários carregando livros que depositaram no chão em sinal de posse. Bancos, cadeiras e escrivaninhas desapareceram em alguns minutos e os meus fiéis auxiliares com tamanha atividade agiram, que em breve tempo estavam todos os livros na mais bela ordem em suas estantes.

"Os senhores médicos, que pouco depois, *in corpore*, penetravam na sala pelo caminho habitual, ficaram atônitos ao dar com tão grande e inesperada transformação. Não sabiam o que dizer e retiraram-se em silêncio; mas guardaram-me todos um secreto rancor. Não obstante, se os encontrava separadamente, ou sobretudo, quando tinha um ou outro à minha mesa, mostravam-se amabilíssimos amigos. Quando narrei ao grão-duque o desenrolar dessa aventura com que naturalmente estava de acordo e a qual tivera sua inteira aprovação, divertiu-se a valer e ainda mais tarde várias vezes causava-nos hilaridade".

Em seguida, Goethe fez-me ver a gravura de Neurether para a lenda da Ferradura. "O artista ", observei, "concedeu ao Salvador apenas oito discípulos". "Mesmo esses oito", redargüiu, "já lhe pareceram demasiado numerosos, e agiu muito bem separando-os em dois grupos, evitando assim a monotonia de uma insípida procissão".

Domingo, 21 de março de 1830.

À mesa de Goethe. Começa falando a propósito da viagem do filho, e diz que não devemos alimentar grandes ilusões a esse respeito. "Em geral volta-se tal como se foi e mesmo é preciso evitar trazer idéias que depois não se harmonizem com nosso ambiente. Assim trouxe eu da Itália o gosto pelas belas escadarias, e com isso estraguei notoriamente minha casa, pois que todas as peças saíram menores do que deveriam ser. O principal é que cada um aprenda a se controlar. Se me tivesse deixado levar por meus impulsos, ter-me-ia arruinado e aos meus".

Referimo-nos depois, aos estados doentios e à influência recíproca entre corpo e espírito.

"É inacreditável" prosseguiu, "o poder do espírito sobre o físico. Padeço seguidamente de dores no abdômen, a força de vontade porém, e a energia dos membros superiores conservam-me a atividade.

"O espírito nunca deve ceder ao corpo! Assim, quando o barômetro sobe, trabalho melhor do que quando desce; e como sei disso, procuro à custa de grande energia moral, subtrair-me a essa influência desfavorável, o que finalmente alcanço.

"Na poesia porém, certas coisas não se deixam dominar e é preciso esperar as horas favoráveis, o que não se consegue só pelo domínio da vontade. Por isso pus agora de parte a minha "Noite de Walpurgis" para que com o tempo adquira a força e a graça que lhe são necessárias. Está no entanto bem adiantada e espero terminá-la antes da sua partida.

"O que nela procede de picardias, separei dos temas definidos dando-lhe caráter geral, para que não faltem ao interesse do leitor sem que ninguém perceba o que propriamente se pensou. Esforcei-me por tratar o todo no sentido clássico, em contornos precisos, sem o vago e a incerteza da maneira romântica.

"A idéia da poesia clássica e romântica que corre o mundo hoje e que tantas contendas e divergências tem suscitado", continuou ele, "partiu de mim e de Schiller. Eu seguia em poesia a máxima do procedimento do objetivo e só essa aceitava. Schiller, porém, que agia subjetivamente, considerava-se na justa atitude, e para se defender contra mim escreveu o ensaio sobre a poesia ingênua e a sentimental. Provou-me que mesmo sem o querer, eu era romântico, e que a minha "Ifigênia"[1] pelo predomínio do

---

1. Uma. obra como a "Ifigênia", longe de ter envelhecido, só é plenamente compreensível à luz das tendências mais características da nossa filosofia contemporânea. O bergsonismo, o existencialismo e o personalismo testam assim a vitalidade e a verdade do humanismo goetheano, do qual recebem em compensação uma brilhante confirmação".

(*Louis Leibrich*)

sentimento, não é clássica nem de gosto antigo como talvez se poderia supor. Os schlegel apoderaram-se da idéia e divulgaram-na a tal ponto, que todos falam hoje em classicismo e romantismo, quando há cinqüenta anos ninguém pensava nisso".

Dirigi a conversa para o ciclo das doze figuras bíblicas, e para terminar, Goethe observou ainda: "Adão deveria ser representado como lhe disse, mas não inteiramente despido, porquanto eu o imagino após o pecado original, devendo estar envolto numa delgada pele de corça. E ao mesmo tempo, provando ser o pai da humanidade, teria a seu lado o filho mais velho, um rapaz forte, audaz, um pequeno Hércules, que estrangula nas mãos uma serpente.

"Também à propósito de Noé vieram-me novas idéias que me agradam mais; não o assemelharia ao Baco indiano mas sim a um viticultor. Seria como que um libertador, o qual como cultivador da vinha, redime a humanidade do tormento de seus cuidados e penas". Regozijei-me por ouvir tão bons conceitos dos quais não deixaria de tomar notas.

Quarta-feira, 24 de março de 1830.

Com Goethe à sua mesa em alegres conversas. Conta-me duma poesia francesa manuscrita, vinda com as coleções de David e intitulada: "Le rire de Mirabeau".

"Cheia de espírito e audácia, V. deve lê-la. É como se Mefisto tivesse preparado a tinta com que o poeta a escreveu, e de admirar se a compôs sem conhecer o "Fausto", como também caso já o tenha lido".

Quarta-feira, 21 de abril de 1830.

Despedi-me hoje de Goethe, porquanto a minha partida para a Itália com seu filho, está decidida para amanhã cedo. Debatemos muita coisa relativa a viagem; principalmente recomendou-me tudo observar e escrever-lhe de vez em quando. — Senti-me emocionado ao deixá-lo; consolou-me no entanto o seu aspecto cheio de vigor, e a confiança de tornar a encontrá-lo com felicidade.

Ao partir deu-me um álbum no qual se inscreveu com as seguintes palavras:

Tudo se vai antes que eu perceba
E se transforma antes que o observe...

Job

Aos viajantes — Weimar, 21 de abril de 1830.

Goethe

Deixei Genebra a 21 de setembro e após alguns dias de estada em Berna cheguei a Estrasburgo a 27, onde também demorei-me alguns dias.

Ontem, ao passar por uma vitrina de cabeleireiro, vi um pequeno busto transparente, de Napoleão[1] o qual, observado da rua contra a escuridão interna, apresentava todas as tonalidades do azul; do azul claro leitoso ao violeta forte. Veio-me a idéia de que, visto da loja para o exterior, o busto ofereceria todas as tonalidades do amarelo, e não pude resistir ao súbito e vivo anseio de, por esse motivo, penetrar em casa de pessoas que me eram desconhecidas.

Meu primeiro olhar foi para o busto no qual com grande prazer meu, se intensificavam as mais belas cores do lado positivo, do amarelo mais pálido ao vermelho rubi. Perguntado o negociante se concordava em ceder-me aquela efígie do herói, respondeu que movido também por admiração pelo Imperador, trouxera-a há pouco de Paris. Entretanto, já que meu sentimento ultrapassava o seu como depreendia da minha entusiástica alegria, reconhecera ter eu maiores direitos a possuí-la.

Essa efígie tinha para mim um valor inestimável e cheio de espanto fitei seu proprietário que ma punha nas mãos por alguns francos.

Enviei-a a Goethe juntamente com uma admirável medalha que adquirira em Milão, como lembrança da viagem, as quais ele soube bem apreciar.

CARTA DE GOETHE

"A viva impressão que sentiu V. ao dar com o busto, notável por suas cores, o desejo de possuí-lo, a curiosa aventura que isso lhe ocasionou e a boa idéia de obsequiar-me com essa recordação de viagem, tudo isso significa o quanto o penetrariam os fenômenos primitivos que nesse caso se apresentam em sua total expressão. Essa concepção e esse sentimento, o acompanharão pela vida inteira, justificando-se por muitos modos produtivos. O erro é peculiar às bibliotecas, e a verdade ao espírito humano. Livros podem multiplicar-se, enquanto que o contato com as leis básicas da Natureza só se consegue pelo espírito, pois só ele pode alcançar o que é simples, simplificando o que é complicado e esclarecendo o que é confuso.

---

1. Até a última guerra figurava no gabinete de trabalho de Goethe, esse pequeno busto.

Quando o seu demônio o trouxer de novo a Weimar, verá aquela imagem transparecendo à forte e clara luz do sol, o semblante calmo transparente, a vigorosa forma do peito e as dragonas do mais intenso vermelho-rubi em suas graduações que de todos os lados se iluminam. Tal a estátua granítica de Mennon que se manifesta por sons musicais, manifesta-se aqui o translúcido busto na pompa de suas cores. — Vê-se também em realidade, Napoleão vitorioso até na teoria das cores. Aceite meus agradecimentos por este inesperado reforço à minha tão cara teoria.

Também com a medalha, V. enriqueceu o meu gabinete dupla e triplamente. Chamou-me a atenção o nome de Dupré. Escultor exímio, fundidor, medalheiro, foi ele quem modelou e fundiu a estátua de Henrique IV, na Ponte Nova, em Paris. Interessado por sua medalha, examinei as que já possuía, encontrando várias outras belíssimas assinadas por ele, e ainda algumas que lhe podem ser atribuídas. Como vê, seu presente provocou em mim uma benéfica reação.

Sobre minha "Metamorfose", e a tradução de Soret, estamos ainda na quinta folha; durante muito tempo não soube se devia amaldiçoar ou abandonar esse tentame. Agora porém, que estou de novo estimulado na contemplação da Natureza orgânica, regozijo-me com isso e de boa vontade prossigo no trabalho. A velha máxima de mais de quarenta anos, continua a vigorar; por ela felizmente somos acompanhados através dos círculos labirínticos do compreensível, até os limites do ininteligível, onde após o grande proveito obtido podemo-nos dar por satisfeitos. Nenhum dos filósofos do velho e do novo mundo foi capaz de passar além. Mais não se deve ousar exprimi-lo por escrito.

J. W. von Goethe."

6 de novembro, de 1830.

A 20 de novembro à tarde, parti de Nordheim pelo caminho de Göttingen onde cheguei já à noite. Ao jantar, na *table d'hote*, quando o estalajadeiro ouviu que era de Weimar e que para lá me dirigia, declarou com a mais completa calma que o grande poeta Goethe em sua avançada idade, acabara de sofrer um pesado desgosto, pois segundo os jornais do dia, seu único filho[1] morrera de um colapso, na Itália.

Calcule-se o que senti ao ouvir essas palavras. Tomando uma vela retirei-me para o quarto a fim de que os forasteiros presentes não testemunhassem minha emoção.

---

1. Em carta a Kestner de 9 de junho, de 1831, Goethe pedia-lhe, "caso fosse possível assinalar modestamente, de qualquer modo, o local onde depuseram meu filho. Tenha a bondade de dizer-me qualquer coisa a respeito".

Augusto von Goethe repousa em Roma, no cemitério dos estrangeiros, não longe da pirâmide de Cestius. Uma estrela de mármore com seu medalhão em bronze por Thorwaldsen, foi ali erigida por seus amigos.

Passeia noite sem dormir. O acontecimento que de tão perto me atingia, não me saía da mente. Os dias e noites que se seguiram, em viagem e em Mühlhausen e Gotha, não foram melhores. Só, na carruagem, naqueles sombrios dias de novembro, através de ermas campinas, sem nada que me distraísse o olhar e me animasse o espírito, esforçava-me debalde por fixar novos pensamentos, e nas estalagens entre os outros hóspedes ouvia sempre como novidade do dia, referências ao triste caso que tanto me magoava. — Minha maior preocupação, era que Goethe em sua idade não pudesse resistir ao violento golpe que o feria em seu sentimento paterno. E, que impressão — dizia-me a mim mesmo — causará tua chegada, pois que partiste com seu filho e retornas sozinho!

— E ele ao ver-te é que na realidade sentirá que o perdeu!

Sob o poder desses sentimentos e sensações, alcancei terça-feira, 23 de novembro, às seis horas da tarde, a última casa do recebedor de portagem, às portas de Weimar. Mais uma vez senti em minha vida que a existência humana tem momentos penosos pelos quais é forçoso passar.

Meus pensamentos se ocupavam com seres que me eram superiores, quando a luz da lua bateu-me em cheio, surgindo de espessas nuvens e nelas desaparecendo em seguida. Seria apenas um acaso ou coisa diferente? Tomei-o como um sinal favorável do céu e senti que me retemperava.

Logo que cumprimentei meus senhorios, dirigi-me à casa de Goethe. Primeiro visitei sua nora, encontrando-a já em seu pesado luto, calma, porém, e resignada; tínhamos muito que contar um ao outro.

Desci depois para os aposentos de Goethe. Mantinha-se ereto e firme, e estreitou-me nos braços. Pareceu-me sereno e corajoso. Sentamo-nos e falamos de assuntos circunspectos e eu senti-me feliz de novo a seu lado. Mostrou duas cartas começadas, que me ia endereçar para Nordheim. Falamos sobre a grã-duquesa, sobre o Príncipe e várias outras pessoas; a propósito do seu filho, porém, não se pronunciou uma sílaba.

Quinta-feira, 25 de novembro de 1830.

Esta manhã, enviou-me Goethe alguns livros que me foram oferecidos por autores ingleses e franceses. Ao meio-dia fui almoçar à sua casa. Encontrei-o examinando uma pasta de gravuras em cobre e desenhos, que lhe ofereciam para comprar. Narrou-me a visita com que a Grã-duquesa o honrara esta manhã e também que lhe noticiara minha chegada.

Frau von Goethe reuniu-se a nós e sentamo-nos à mesa. Tive que relatar minha viagem. Referi-me a Veneza, Milão, Gênova, e pareceram sobremodo interessá-lo notícias mais minuciosas da família do cônsul inglês naquela cidade. Falei em seguida de Genebra e ele interessou-se com simpatia pela família Soret e pelo Sr. von Bonstetten. Sobre este desejou ouvir maiores detalhes, no que procurei satisfazê-lo. Finda a refeição, tive o gosto de ouvi-lo referir-se às minhas "Conversações". "Deve ser esse o seu primeiro trabalho", disse, "e não havemos de abandoná-las antes de estarem concluídas e passadas a limpo".

De resto pareceu-me hoje singularmente distraído e calado, o que para mim constitui um mau sinal.

Terça-feira, 30 de novembro, de 1830.

Goethe causou-nos sexta-feira passada não poucas aflições, por ter sido acometido durante a noite, de violenta hemorragia que o pôs às portas da morte. Perdeu, incluindo uma sangria, seis libras de sangue, o que significa muito para os seus oitenta anos. A grande habilidade de seu médico, o Conselheiro Vogel, de par com sua incomparável natureza, não obstante venceram ainda desta vez de modo que já se encaminha a passos rápidos para a convalescença, tem grande apetite e dorme as noites inteiras. Ninguém o pode visitar, é-lhe proibido falar, mas no entanto, seu espírito eternamente ativo não descansa e torna a pensar em seus trabalhos. Esta manhã recebi dele o seguinte bilhete escrito a lápis, ainda da cama: "Tenha a bondade, meu caro doutor, de reler as inclusas poesias ainda uma vez e de agregar-lhes, em seguimento, as que já tem em seu poder para que formem um conjunto. "Fausto" seguirá em breve!

Até nosso alegre próximo encontro!

Goethe".

Weimar, 30 de novembro, de 1830.

Após seu rápido e completo restabelecimento, Goethe dedicou seu inteiro interesse ao quarto ato do "Fausto" e ao acabamento do quarto volume da "Verdade e ficção".

A mim incumbiu-me de redigir seus pequenos escritos inéditos, como também de revisar seu Diário e as cartas já expedidas, afim que se torne claro como dispô-las em edições futuras.

Na redação das minhas "Conversações" nem podia mais pensar; e também pareceu-me mais judicioso, em vez de ocupar-me com o que já está escrito, continuar colhendo novos elementos enquanto um destino favorável mos concedesse.

1831

Sexta-feira, 11 de fevereiro de 1831.

Goethe, hoje à mesa, revelou-me que iniciara o quarto ato do "Fausto" e que pretende prosseguir nesse trabalho, com o que me regozijei.

A seguir exprimiu-se com grandes louvores sobre Karl Schöne, um jovem filósofo de Leipzig, autor de uma obra sobre o vestuário nas peças de Eurípedes, o qual no entanto, com sua grande erudição, nada mais desenvolveu além do indispensável ao seu desígnio.

"Dá-me prazer", disse Goethe, "ver como trata essa questão com espírito produtivo, enquanto que outros filósofos dos últimos tempos, tanto trabalho se deram com a técnica e com silabas longas e curtas.

É sempre um sinal dos tempos improdutivos o demorar-se tanto em minudências técnicas, e de indivíduo improdutivo quando assim procede.

E ainda há outros percalços. Assim acontece com o conde Platen, o qual possui quase todos os requisitos para um bom poeta: imaginação, invenção, verve e produtividade em alto grau, perfeito preparo técnico, estudo e seriedade como poucos. O que o prejudica é sua malfadada inclinação para a polêmica. É imperdoável a um talento como é o dele, que num ambiente como o de Nápoles e Roma, não tenha podido olvidar a estéril literatura alemã. "O Édipo romântico", revela, sobretudo em sua parte técnica, que Platen era precisamente o autor indicado para a maior tragédia alemã. Como, porém, poderia ele pretender escrever seriamente uma tragédia nesse assunto, depois de tê-lo utilizado em uma paródia!

E depois, uma coisa a que nunca se dá a devida atenção, é que essas adversidades ocupam a mente, a imagem dos nossos adversos tornam-se espectros que fazem as suas aparições em prejuízo da nossa livre criação, e ainda causam outras perturbações às naturezas delicadas. Lorde Byron soçobrou em conseqüência da direção polêmica, e Platen tem motivos de se afastar para sempre de uma senda tão desagradável, para honra das letras alemãs".

Sábado, 12 de fevereiro de 1831.

Lendo o Novo Testamento recordo-me, de uma cena que Goethe mostrou-me um destes dias, na qual Cristo caminha sobre as águas e Pedro, indo-lhe ao encontro, cede à falta de coragem, começando logo a submergir.

"É essa uma das mais belas lendas", observou, "e a que entre todas prefiro. Contém a elevada doutrina de que a criatura vencerá nos mais difíceis empreendimentos, pela coragem e pela fé renovada, e ao invés, à mais simples dúvida, logo soçobrará".

309

Sexta-feira, 18 de fevereiro de 1831.

À mesa falamos sobre diversas formas de governo, salientando as dificuldades que ocasiona um desmedido liberalismo, porquanto provoca de cada um, cada vez maiores exigências não se sabendo mais por fim, a quem se há de contentar. É forçoso verificar-se que, bondade, brandura e delicadeza moral em excesso, são contraproducentes com o tempo, porquanto há que tratar com um mundo heterogêneo e, de vez em quando, desalmado, que é preciso manter em respeito. Mencionou-se igualmente que governar é um ofício muito árduo que exige tudo de um homem, não produzindo favorável resultado o soberano ocupar-se de coisas secundárias, como se, por exemplo, sente uma inclinação predominante pela Arte, pois com isso não somente o prejudica em seus interesses, como também às forças do Estado. Uma tendência avassaladora pela Arte deve antes ser atributo de opulentos particulares.

Referiu-me em seguida que a tradução com Soret, da "Metamorfose", ia progredindo bem e que na revisão ulterior da obra, mormente a respeito da espiral, fatos inteiramente favoráveis vieram corroborar suas asserções. "Aplicamonos, como sabe há mais de um ano, a esta tradução e mil obstáculos surgiram durante esse tempo; esse cometimento várias vezes esteve interrompido por contratempos e cheguei a amaldiçoá-lo em segredo.

"Agora porém bendigo todos esses embaraços pois, enquanto isso, outros excelentes e talentosos homens desenvolveram assuntos que são como belas águas para o meu moinho impeliram-me para muito além do que imaginara e tornam possível ao meu trabalho lograr uma conclusão na qual há um ano não ousaria pensar. Têm-se dado em minha vida seguidamente desses casos, que me fazem pensar numa força superior, em algo demoníaco, que somos obrigados a acatar sem procurar elucidar ou definir".

Sábado, 19 de fevereiro de 1831.

Com o conselheiro Vogel[1] à mesa. Goethe recebera uma brochura sobre a ilha de Heligoland que leu com grande interesse e da qual nos comunicou as partes principais.

Depois de discorrermos acerca dessa tão singular localidade, passamos a assuntos médicos, e Vogel informou-nos como última novidade, ter reaparecido repentinamente a varíola em Eisenach apesar das vacinas, e que em pouco tempo já vitimara muita gente.

---

1. Vogel, Dr. Karl, Conselheiro Áulico. Substituiu o falecido Dr. Rehbein como médico de Goethe.

"A natureza", acrescentou Vogel, "muitas vezes faz-nos das suas, e é necessário muita precaução quando se lhe opõe apenas uma teoria.

"Supunha-se a vacina meio tão seguro e infalível que sua inoculação foi erigida em lei. Esse caso de Eisenach porém, em que os vacinados contraíram a moléstia, torna suspeita a infalibilidade da vacina prejudicando seu prestígio". "E contudo", ponderou Goethe, "sou de opinião que não se deve desistir da vacinação obrigatória, pois que essas pequenas exceções não têm importância alguma, em confronto com os imensos benefícios dessa lei".

"Assim também penso eu", aquiesceu Vogel, "e creio mesmo que nesses casos em que a inoculação não deu resultado é por não ter sido convenientemente aplicada, pois para agir devidamente, deve ser tão forte que provoque febre; uma simples irritação da pele não basta para preservação da doença. Por essa razão propus hoje em sessão, que se recomendasse aos encarregados da vacinação em todo o país, inocular uma dose mais forte".

"Espero tenha tido sua proposta inteira aprovação", exclamou Goethe, "como sou sempre da opinião de seguir-se à risca uma lei, mormente numa época como a atual, em que, por condescendência e exagerada generosidade, por toda parte se é mais tolerante do que seria conveniente".

Discorremos em seguida a propósito da moderação e relaxamento agora usado na responsabilidade criminal, e o fato de servirem até os atestados médicos e pareceres para ajudar os criminosos a livrarem-se do castigo. Por essa ocasião, Vogel elogiou um jovem médico que mostrara sempre caráter firme em casos semelhantes e que, ainda há pouco, ante a indecisão do tribunal, se uma infanticida devia ser julgada culpada ou não, opinou pela afirmativa.

Segunda-feira, 24 de fevereiro de 1831.

Leio o artigo de Goethe acerca de Zahn nos "Anais Vienenses" o qual admiro, meditando sobre as premissas de que ele partiu.

"O difícil na observação da Natureza, é encontrar a lei onde ela se nos esconde, sem se deixar iludir por fenômenos contrários a nosso sentido, porquanto muita coisa na Natureza contradiz os sentidos e, não obstante, é verdade. Estar o sol imóvel, e não nascer nem se pôr, mas que a terra gira com inconcebível celeridade, contradiz fortemente nossos sentidos e entretanto nenhuma pessoa culta duvida que assim seja. E assim também existem fenômenos contraditórios no reino vegetal; e é necessário cautela para não nos deixarmos levar para sendas erradas".

Segunda-feira, 21 de março de 1831.

Falamos em política, nos contínuos motins de Paris e na ilusão dos moços em quererem influir nos assuntos essenciais do país.

"Também na Inglaterra", observei, "os estudantes há alguns anos tentaram exercer influência na solução da questão católica, apresentando petições por escrito; foram porém ridicularizados e ninguém lhes deu importância".

"O exemplo de Napoleão", advertiu Goethe, "excitou o egoísmo principalmente na mocidade francesa crescida naquele tempo, e não terão sossego até que de novo surja outro grande déspota para ocupar o alto posto que eles desejam para si próprios. O mau é porém que tão cedo não tornará a nascer um homem como Napoleão, e chego mesmo a temer sejam sacrificados às centenas de milhares de soldados, antes que o mundo tenha de novo a paz.

"Numa influência literária nestes próximos anos nem se pode pensar, e agora nada mais se pode fazer além de preparar em silêncio algo de bom para um futuro mais pacífico".

Em seguida à política discorremos sobre "Daphnis e Chloé". Louvou a tradução de Courier achando-a perfeita. "Courier[1] procedeu bem, respeitando a antiga versão de Amyon e apenas aperfeiçoando-a, tornando-a mais compreensível e semelhante ao original. Esse francês antigo é tão ingênuo e se harmoniza tão bem com o assunto, que não será facilmente encontrada uma tradução mais perfeita desse livro em outro idioma qualquer". Falamos, a seguir, das obras originais de Courier, de suas pequenas "Folhas Volantes" e da sua defesa a propósito da falada mancha de tinta no manuscrito de Florença. "Courier tem um grande talento natural", observou Goethe, "assemelhando-se levemente ao de Byron, e também aos de Beaumarchais e Diderot. De Byron tem a faculdade de aproveitar todas as coisas, que lhe servem de argumento; de Beaumarchais sua grande habilidade de casuísta, de Diderot a dialética; e é além disso, de uma argúcia difícil de encontrar.

"Da inculpação da mancha de tinta não parece poder livrar-se inteiramente e também em suas tendências não é bastante positivo que mereça ser tão elogiado.

"Vive em contendas com todo o mundo e é de esperar que não esteja livre de culpa e com a inteira razão do seu lado".

Aludimos depois à diferença entre o sentido do *Geist* em alemão e do francês *esprit*. "O *espírito* em francês", observou Goethe, "aproxima-se do que nós alemães qualificamos de *Witz*. Nosso *Geist* exprimiriam talvez os franceses por *esprit* e *âme*, há nele ao mesmo tempo a idéia de produtividade, que não tem o *espírito* francês". "Voltaire", disse eu, "possui no entanto aquilo a que chamamos espírito. E, já que a palavra *esprit* não basta, como a classificam os franceses?"

---

1. Courier, Paul Louis (1772-1825), escritor francês; descobriu em Florença um exemplar completo do romance de Longus, "Daphnis e Chloé", do qual publicou em 1810 uma perfeita tradução francesa. Famoso além disso por suas "Folhas volantes" políticas, sobretudo *Le pamphlet des pamphlets* (1824).

"Nesse caso especial", informou Goethe, "qualificam-na por *génie*".

"Leio presentemente um volume de Diderot", disse eu, "e pasmo ante o extraordinário talento desse autor. E que soma de conhecimentos, que força de expressão! Contempla-se um grande e movimentado mundo no qual se desafiavam uns aos outros e espírito e caráter se mantinham em constantes exercícios, tornando-se assim ágeis e robustos. Que grandes vultos tiveram, porém, os franceses na literatura do século passado. Parece na verdade extraordinário. Causam-me assombro quando os contemplo".

"Era a metamorfose de uma literatura secular", tornou Goethe, "a qual desenvolvendo-se desde Luís XIV, abriu-se por fim em plena florescência. Voltaire propriamente instigou intelectuais como Diderot, d´Alembert, Beaumarchais e outros, pois para ao lado dele ser apenas alguém, é mister valer muito e ser incansável".

Goethe referiu-se depois a um jovem professor de línguas orientais que viveu por algum tempo em Paris e tinha uma muito bela cultura, pelo que desejava que eu o conhecesse. Quando me ia retirando, deu-me um artigo de Schrön a propósito do cometa que está por aparecer em breve, para que eu não me conserve completamente estranho a esses assuntos.

Sexta-feira, 25 de março de 1831.

Goethe mostrou-me uma elegante cadeira verde, de encosto, que nestes dias mandara adquirir num leilão.

"Todavia pouco ou nada dela me utilizarei, pois toda a classe de comodidade é propriamente contra minha natureza. No meu quarto V. não vê um sofá; uso sempre minha velha cadeira de madeira[1] e só há algumas semanas, mandei adaptar-lhe uma espécie de encosto para a cabeça. Rodeado de móveis de bom gosto e confortáveis, sinto extinguirem-se em mim os pensamentos, e sou transportado a um estado de passivo bem-estar. Excetuando os que a eles estão acostumados desde a infância, quartos luxuosos e elegante mobiliário são para gente que não pensa, nem pode pensar".

Domingo, 27 de março de 1831.

Após longa tardança surgiu-nos finalmente o mais belo tempo primaveril; no céu, inteiramente azul, flutuam aqui e ali pequenas nuvens brancas, e já faz calor bastante para se usar trajes de verão.

---

1. Na qual faleceu.

Goethe mandou pôr a mesa num dos pavilhões do jardim, de modo que já hoje comemos ao ar livre. Falamos sobre a Grã-duquesa, do bem que em silêncio dissemina por todo o país, e de como soube conquistar o coração de todos os seus súditos.

"A Grã-duquesa", continuou, "é tão inteligente e bondosa, quanto bem intencionada; é uma verdadeira bênção para o país. E assim como o homem sente logo de onde lhe vêm os bens e como admira o sol, e os outros elementos benfazejos, não é também de surpreender que todos os corações se voltem para ela com amor, e que em breve seja conhecida como o merece".

Referi-me à "Minna von Barnheim" que comecei a ler com o Príncipe,[1] e à admiração que me causou essa peça.

"Lessing tinha a fama, de ser um homem frio e positivo; encontro porém nesta sua produção sentimento, amável naturalidade, alma e cultura universal de um alegre folgazão". V. pode imaginar o quanto o livro nos animou, a nós jovens, quando de sua aparição naqueles sombrios tempos! Era na realidade um resplandecente meteoro. Por ele, verificamos a existência de algo mais elevado do que a fraca época literária de então fazia imaginar. Os dois primeiros atos são realmente uma obra-prima de apresentação, com a qual muito aprendemos e ainda e sempre poderemos aprender.

"Hoje em dia ninguém quer mais saber de exposição; a ação que então se esperava no terceiro ato, já se exige na primeira cena, e não se reflete que com a poesia dá-se como com as viagens marítimas, em que é preciso afastar-se da costa e pôr-se ao largo antes de içar as velas".

Goethe mandou trazer um excelente vinho do Reno, com que o presentearam no último aniversário seus amigos de Frankfurt. Narrou-me então várias anedotas de Merck, que nunca pudera perdoar ao falecido Grão-duque ter fortemente elogiado um dia, em Ruhl, perto de Eisenach, um vinho medíocre.

"Merck e eu", continuou Goethe, "éramos um com o outro, como Fausto e Mefistófeles. Caçoava de uma carta de meu pai escrita da Itália, na qual este se queixava da vida incômoda, do vinho forte, da comida a que não se habituara, e dos mosquitos, e não podia desculpá-lo por tanto se amofinar com pequenas coisas naquela belíssima terra de tão magníficos panoramas.

"Todas essas zombarias provinham no fundo certamente da sua elevada cultura; como porém não era produtivo, tendo ao invés decidida orientação negativa, era menos inclinado a elogiar do que a criticar, e involuntariamente procurava as ocasiões de ceder a essa tentação".

---

1. Filho do Grão-duque Carl Friedrich e da Grã-duquesa Maria Paulowna, do qual era Eckermann nessa época professor.

Discorremos sobre Vogel e seu talento administrativo, assim como sobre Fritsch e sua personalidade. "Este" observou Goethe, "é um homem que não se pode comparar a nenhum outro. Foi o único que comigo concordou contra os excessos da liberdade de imprensa; mantém-se firme em suas opiniões, é digno de toda confiança e será sempre pelo que é legal".

Andamos um pouco pelo jardim, depois do jantar, admirando a florescência das campânulas brancas e dos crocus amarelos. Começavam a despontar as tulipas, e falamos da pompa e do esplendor dessas plantas holandesas. "Um grande pintor de flores não é mais concebível hoje em dia, em que se requer demasiadas verdades científicas, e o botânico exigirá do artista a contagem exata dos estames, conquanto não saiba apreciar seu agrupamento pitoresco nem sua iluminação".

Segunda-feira, 31 de março de 1831.

À mesa na Residência, com Soret e Meyer. Falamos sobre literatura, e Meyer narrou-nos seus primeiros conhecimentos com Schiller.

"Passeávamos, Goethe e eu, no chamado Paraíso, em Iena, quando encontramos Schiller, e pela primeira vez com ele conversei. Não terminara ainda o "Don Carlos"; chegado havia pouco da Suábia, parecia gravemente enfermo e muito nervoso.

"Sua fisionomia semelhava a do Crucificado; Goethe tinha a impressão que ele não viveria quatorze dias. Quando, porém, conseguiu ter maior conforto, restabeleceu-se e escreveu então suas obras mais notáveis".

Meyer, prosseguindo, narrou alguns fatos passados com Jean-Paul e Schlegel, com quem se encontrou numa estalagem em Heidelberg, como também vários pormenores acerca de sua permanência na Itália, coisas alegres que muito nos divertiram.

Em companhia de Meyer sinto-me sempre bem, o que provavelmente acontece por ser ele um homem alegre e satisfeito no seu íntimo, que pouco se interessa pelos que o rodeiam, exteriorizando ao invés, o seu plácido interior. Além disso, fala sempre com fundamento; possui o mais precioso tesouro de conhecimentos e uma memória à que estão sempre presentes os acontecimentos mais afastados como se tivessem sucedido na véspera.

Domingo, 15 de maio de 1831.

Estamos sós à mesa, Goethe e eu, em seu gabinete de trabalho. Após alegre palestra levou o assunto para seus negócios pessoais e erguendo-se, trouxe da escrivaninha um papel manuscrito.

"Quando se ultrapassou os oitenta anos, mal se tem direito a viver; é preciso estar-se preparado todos os dias a ser chamado e pensar em organizar suas disposições. Como há pouco lhe declarei, nomeio a V., em meu testamento, editor de minhas Obras Póstumas; e esta manhã redigi um pequeno documento, como uma espécie de contrato, que deve assinar juntamente comigo".

Com essas palavras apresentou-me o documento do qual constavam as obras, em parte ainda por concluir, a serem publicadas depois de seu falecimento, com todas as indicações e condições. Eu concordei com o essencial e subscrevemos ambos.

O material mencionado, em cuja redação já me tinha ocupado incidentemente, avaliava eu em quinze volumes, e ainda nos absorvemos em alguns pontos até então indecisos.

"Pode dar-se o caso", prosseguiu, "de ter o editor receio de ultrapassar um certo número de páginas. Poder-se-ia então suprimir a parte polêmica da "Teoria das Cores". A minha doutrina está contida toda na parte teórica, e como a parte histórica também já é polêmica, pois que nela estão debatidos os erros mais notáveis da teoria newtoniana, já é quase suficiente como elucidação. De modo algum renego a minha formal contestação aos princípios de Newton a esse respeito. Foi indispensável a seu tempo e há de conservar para o futuro o seu valor. No fundo, porém, repugna-me qualquer gênero de polêmica, coisa em que nunca encontrei prazer".

Outro ponto de que mais nos ocupamos, foram as Máximas e Reflexões contidas no fim das "Peregrinações".[1]

No início da refundição e conclusão desse romance que aparecera anteriormente em um tomo, tinha Goethe planejado a ampliação para dois, como está no anúncio de suas obras completas. Na sua elaboração porém avolumou-se o manuscrito além do previsto, e como o copiador usou de letra um tanto espaçada, pareceu-lhe ter matéria para três volumes, e foi assim enviado ao editor. Durante a impressão constatou-se o engano e que os dois últimos seriam excessivamente reduzidos. Pediram mais um manuscrito. Mas como não convinha fazer mais alteração alguma no drama, nem podia ser composto e inserido mais algum episódio, achou-se Goethe em alguma dificuldade.

Mandou chamar-me, expôs a situação e como pretendia resolvê-la. Mostrando-me dois alentados manuscritos, disse: "Nestes amarrados encontrará diversos escritos ainda não publicados, minudências, trabalhos terminados ou por terminar, opiniões sobre estudos da Natureza, sobre arte, literatura e a existência, tudo misturado. Quem sabe se poderia reunir daí o necessário para seis ou oito fo-

---

1. Wilhelm Meister´s Wanderjahre.

lhas impressas afim de preencher provisoriamente as lacunas da "Wanderjahre". Agora não cabem ali, porém sua inclusão poderia ser justificada com a alusão de Macário a um arquivo no qual se encontram tais produções. Assim vencemos oportunamente uma dificuldade premente, com à vantagem de expor em boa hora ao conhecimento universal uma quantidade de coisas grandemente valiosas".

Concordando, entreguei-me logo ao labor, concluindo a redação das várias unidades em curto espaço de tempo. Goethe pareceu-me muito satisfeito. Eu tinha reunido o conjunto em duas partes principais, às quais demos os títulos de: "Do arquivo de Macário" e "No sentido dos peregrinos". E como Goethe houvesse concluído precisamente nesse tempo, as poesias denominadas: "Ao crânio de Schiller" e "Nenhum ente pode desfazer-se em nada", teve o desejo de publicá-las logo, pelo que as inserimos no fim de ambas as partes.

Quando porém apareceu o "Wilhelm Meister" ninguém soube defini-lo.

A ação do romance pareceu interrompida por uma quantidade de misteriosas sentenças cuja solução apenas de pessoas do ofício, como artistas, pesquisadores e literatos, se podia esperar, e que aos restantes leitores, sobretudo às leitoras, era muito desagradável. Também das duas poesias tampouco se compreendeu como teriam chegado àquela passagem.

Goethe achou graça nisso. "Agora já está feito", declarou, "e somente resta colocá-las, quando V. publicar minhas obras, no trecho do qual fazem parte, para que em uma ulterior impressão, estejam já repartidas pelos lugares competentes, e então o "Wilhelm Meister", sem as particularidades e as duas poesias, possa ser reduzido a dois volumes, como era de começo a minha intenção".

Concordamos em que eu repartisse todos os aforismos relacionados com a Arte, em um tomo sobre assuntos artísticos, todos os concernentes à Natureza num outro sobre ciências naturais em geral, assim como tudo que se refere à ética e a literatura em um volume igualmente adequado.

Domingo, 29 de maio de 1831.

Goethe falou-me hoje de um rapaz que nunca mais teve sossego depois de ter cometido uma pequena falta.

"Isso não me agradou, pois é prova de uma consciência demasiado sensível que forma de seu próprio eu, um tão alto conceito que nada lhe poderia relevar. Uma tal consciência causa hipocondria às criaturas, quando não é equilibrada por uma grande atividade".

Trouxeram-me há dias um ninho de filhotes de toutinegras com um dos pais que fora apanhado com visgo. Causou-me pasmo observar como o pássaro não só

317

continuava a alimentar seus filhotes no interior do quarto, como após terem-no deixado sair pela janela, voltava logo para junto do ninho.

Esse amor materno que se arrisca aos perigos e à prisão, emocionou-me profundamente, e hoje manifestei em presença de Goethe a minha admiração pelo fato. "Oh, simplória criatura!", contestou-me com significativo sorriso. "Se crê em Deus, não tem do que se admirar!"

> *A ele cabe mover o mundo no seu âmago*
> *Manter em Si a Natureza e a Si na Natureza*
> *De modo que, ao que nele vive, e age, e existe,*
> *Jamais lhe falte a sua força e gênio.*

"Não tivesse Deus criado nas aves esse sentimento tão forte por seus filhotes e igualmente nos outros seres em toda a Natureza, o mundo não se perpetuaria! Destarte porém se propaga infinitamente o poder divino e em tudo se manifesta o eterno Amor". De modo semelhante externou-se ele há pouco tempo, quando recebeu, de um jovem escultor o modelo da vaca de Myron aleitando o seu bezerro.

"Eis aqui", disse, "um assunto dos mais elevados; o princípio conservador que nutre o mundo e penetra em toda a Natureza, está ante nós representado nessa bela alegoria. Esta e outras idênticas imagens são para mim os verdadeiros símbolos da onipresença divina".

ALGUNS DIAS DEPOIS

Discorremos sobre o destino trágico dos gregos. "Isso se adapta mais ao nosso modo de pensar", disse Goethe, "é antiquado, e, está sobretudo em contradição com as nossas crenças religiosas. Caso um poeta moderno quisesse aproveitar essas idéias para uma peça de teatro, pareceria sempre uma espécie de afetação. É como um antigo vestuário já há muito fora de moda o qual, como a toga romana, não mais nos assenta.

"Nós, os modernos, diríamos antes, de acordo com Napoleão: a política é o destino. Evitemos imitar os nossos mais novos homens de letras, quando dizem ser a política a poesia, ou que ela é para o poeta, o tema apropriado. O inglês Thompson escreveu um belo poema sobre as quatro estações e um muito mau sobre a liberdade, este, por conseguinte, não por falta de sentimento poético do autor, mas por carência de poesia no motivo.

"Logo que um poeta quer atuar como político, tem de se filiar a um partido e então está perdido como poeta; há que renunciar à liberdade de espírito, à independência de visão, e terá de meter na cabeça até às orelhas o barrete da intolerância e do ódio cego.

"O poeta, como homem e cidadão, amará a sua pátria, porém a pátria da sua ação poética, é o Bom, o Nobre e o Belo, que não se restringem a determinada nação ou província, mas que ele colhe e forma onde quer que as descubra.

"Nisso é semelhante à águia, que com sua visão ilimitada paira nos ares, e à qual é indiferente que esteja na Prússia ou na Saxônia, a lebre sobre a qual se arremessa. E afinal, o que em verdade significa amar a sua Pátria e agir com patriotismo? Quem passou a vida a combater preconceitos prejudiciais, idéias estreitas, a ilustrar o espírito do povo, que mais poderia ter feito, do que purificar o que de melhor gosto e enobrecer-lhe os sentimentos?

"E como proceder com mais profundo patriotismo?

"Fazer a um poeta exigências tão impróprias e ingratas, seria exigir do comandante de um regimento, que interfira na política ardilosa, assim descurando sua autêntica carreira. A pátria do chefe do regimento é o seu próprio regimento e será um grande patriota não se imiscuindo na política e dirigindo seu inteiro espírito e atentos cuidados para os batalhões que comanda procurando institui-los e exercitá-los em tão boa ordem e forma, que se um dia a pátria estiver em perigo, saberão cumprir com seu dever.

"Odeio a todos os embustes como aos pecados mortais, mas sobretudo aos embustes em negócios de Estado, porque deles vem somente o mal para milhares de pessoas.

"Bem sabe que pouco me preocupo com o que possam escrever a meu respeito, chega-me porém aos ouvidos e tenho a certeza de que a minha atividade nada vale aos olhos de certa gente precisamente por me ter negado a intrometer-me em facções políticas. Aos olhos desses homens teria procedido bem, se fosse membro de um clube Jacobino e pregasse assassínios e terror. Não prossigamos pois nesse triste assunto, para que me torne por minha vez insensato ao combater a insensatez".

Goethe condenou igualmente a orientação política de Uhland, por outros tão apreciada.

"Tome nota: o político acabará por matar o poeta. Ser membro das Cortes e viver em constantes excitações e atritos, não é vida apropriada a natureza delicada. Suas canções irão cessando, o que é de lastimar. A Suábia possui homens ilustrados, bem intencionados, hábeis e eloqüentes para membros das Cortes, mas só tem um poeta como Uhland".

Segunda-feira, 6 de junho de 1831.

Goethe mostrou-me hoje o começo do quinto ato do "Fausto" que só agora escrevera. Li-o até o trecho do incêndio da cabana de Filemon e Baucis, quando Fausto, à noite, da sacada do seu palácio, fareja o fumo levado pela brisa.

"Os nomes de Filemon e Baucis", disse eu, "transportam-me às costas da Frígia e recordam-me aquele famoso par da Antigüidade; mas essa, cena os representa na era atual e numa atmosfera cristã".

"Meus "Filemon e Baucis" replicou, "nada têm de comum com o célebre par da Antigüidade, nem com a lenda que a eles se refere. Dei-lhes aqueles nomes unicamente para elevá-los de categoria. Trata-se de personagens e situações que se assemelham, e portanto os nomes semelhantes causam bom efeito".

Em seguida volvemos ao "Fausto", e ao seu eterno descontentamento "que mesmo na velhice não o deixou: embora possuindo todos os tesouros do mundo — nesse mundo por ele mesmo criado, — é contrariado por não lhe pertencerem uma cabana e um pequeno sino. Nisso não deixa de parecer-se ao rei israelita Ahab que imaginava nada possuir se também não lhe pertencesse a vinha de Naboth.

"O "Fausto", tal como aparece no quinto ato, deve, segundo minhas intenções, ter precisamente cem anos, e estou em dúvida, se não seria bom assinalá-lo expressamente em algum trecho".

Falando depois sobre o final, chamou-me a atenção para a passagem:

> *Da espiritualidade o nobre membro*
> *Liberto está do mal.*
> *Quem com ardor se esforça sempre*
> *Podemos redimir*
> *Se o amor do alto então,*
> *Por ele tomou parte,*
> *Dos benditos a legião*
> *Dar-lhe-á cordial bem-vinda.*

"Estes versos contêm a chave da salvação de Fausto; no próprio Fausto uma atividade cada vez mais elevada e mais pura até o fim, e do alto o Amor Eterno que vem em seu auxílio. Isso está em completa harmonia com a nossa percepção religiosa, segundo a qual chegaremos à bem-aventurança não somente pelas próprias forças como pela graça de Deus.

"De resto, V. concordará, que o final, quando a alma já salva se eleva para o céu, era dificílimo de começar, e que eu num assunto tão metafísico e tão abstrato, poderia ter-me facilmente perdido no indefinido, caso não houvesse dado às minhas intenções políticas uma forma e firmeza favoravelmente contidas pelas concepções e figuras bem delimitadas da fé cristã".

O quarto ato, que ainda faltava, terminou-o Goethe nas semanas seguintes, de forma que em agosto toda a segunda parte estava completa e já encadernada.

320

Ter finalmente alcançado o desígnio ao qual há tanto tempo aspirava, tornou-o feliz. "O resto da minha vida considero doravante um verdadeiro presente de Deus; no fundo é-me indiferente se agora chegarei, ou não, a produzir alguma coisa mais".

Quarta-feira, 21 de dezembro de 1831.

No fim desse ano e no começo do seguinte, Goethe dedicou-se completamente a dois estudos preferidos de ciências naturais, ocupando-se também em parte, estimulado por Boisserée, com a maior penetração, das leis do arco-íris e mormente com a metamorfose das plantas e dos animais, impelido pelo interesse que lhe inspirou a disputa entre Cuvier e Saint-Hilaire.

Redigiu também, em colaboração comigo, a parte histórica da "Teoria das Cores", assim como em seu capítulo acerca da combinação das cores, tomou parte no volume teórico que eu preparara por sua própria sugestão. Não faltaram, naquela época, conversações várias e interessantes e de sua parte preciosas sentenças. Como porém se mostrasse diariamente a meus olhos cheio de robustez e vivacidade, julguei que assim fosse continuando, e descuidei-me, mais do que convinha, em registrar suas palavras, até que finalmente foi demasiado tarde; e em 22 de março de 1832, tive que prantear com milhares de nobres compatriotas, a sua irreparável perda.[1]

Na manhã seguinte à morte de Goethe, empolgado por uma profunda saudade quis rever ainda seu invólucro terreno. O fiel Frederico abriu-me o quarto onde o tinham deposto. Parecia dormir, estendido de costas; a mais serena paz transparecia nos traços da excelsa fisionomia. A fronte poderosa parecia ainda abrigar pensamentos.

Desejei possuir um anel de seus cabelos, mas uma suprema veneração me impedia de o cortar. O corpo jazia despido, envolto em alvo sudário, e em derredor, grandes pedaços de gelo o conservavam tanto tempo quanto possível. Frederico abriu o envoltório e pasmei ante a divina magnificência daqueles membros. O peito forte, largo e saliente, braços e coxas cheios e levemente musculosos; os pés delicados e da mais bela forma, e não havia em todo o corpo sinal algum de gordura, magreza ou decadência.

Um homem perfeito, em sua grande beleza, jazia ali, ante meus olhos, e meu encanto fez-me no momento esquecer que o espírito imortal já abandonara o seu invólucro.

Pousei-lhe a mão sobre o coração — profundo silêncio reinava por toda a parte — e afastei-me, deixando correr livremente o pranto que até então conseguira reter.

---

1. As melodias de "D. João", de Mozart, foram as supremas harmonias que ouviu, cantadas por seu neto Wolf, na tarde de 10 de março de 1832.

Seu último colóquio com um visitante, foi com o pintor Carlos Werner, apresentado por seu pai, Friedrich, cantor da ópera de Weimar.

APÊNDICE

(Notas da tradutora)

Goethe repousa no Panteão Ducal ao lado dos restos de Schiller, para esse local transferidos em 1827. Em 1944, à aproximação dos aliados foram os sarcófagos dali retirados e ocultos num pequeno atelier em Iena.

Construído em 1824, por Coudray.

De Pauline Rase a Elwine Härtel.

Ele faleceu nos braços de Ottilie, e cessou de respirar tão calma e suavemente que ela não percebeu o momento exato de sua morte, e julgava-o descansando quando já tinha morrido. Parece ter acabado em perfeita serenidade pois em sua última hora, dissera-lhe: "Agora, cara mulherzinha, dá-me tua mãozinha", e reteve-a até que finalmente, já morto, foi preciso soltá-la. — 3 de abril de 1832.

Do Chanceler Müller a Bettina v. Arnim.

Ele teve uma ditosa morte, plenamente consciente, sereno, sem se imaginar que morria, e até o último suspiro, sem a mais leve dor. Foi aos poucos suavemente descaindo sem luta, enquanto a chama da vida se ia apagando. Seu último anseio foi para "a luz".

O último hóspede que abrigou em sua casa foi o filho mais velho de Bettina von Arnim, e suas derradeiras linhas[1] escreveu-as no álbum do mencionado jovem.[2]

22 de março de 1932. — *K. W. Müller*

De manhã, pelas seis, faz-se erguer da poltrona, passando então do seu pequeno aposento para o gabinete de trabalho, onde deu alguns passos. Aí viu sua nora, que sem que ele o soubesse, estivera lá toda a noite, e à qual disse, gracejan-

---

1. "Que cada um varra a frente de sua casa e todos os quarteirões da cidade manter-se-ão limpos".

2. Sigmund von Arnim contava então dezoito anos e chegou a Weimar doze dias antes da morte de Goethe.

do afetuosamente: "Tó, tó, cara mulherzinha, já tão cedo desceste?" Porém logo, sentindo-se mais fraco, tornou ao quarto.

Conquanto tivesse o médico dissuadido as esperanças de dominar a congestão pulmonar, os amigos reunidos nas salas da frente recusavam crê-lo, tanto mais que o termômetro estava subindo desde a véspera e sabiam por experiência quanto as condições atmosféricas influíam sobre ele. O próprio enfermo manifestou à nora a esperança de recuperar as forças, dizendo: "Abril traz-nos, é verdade, temporais, mas também lindos dias". Esperava restabelecer-se pelo movimento ao ar livre e pediu ao médico não mais ministrar-lhe medicamentos, pois sentia-se melhorar.

Ao despontar do sol, piorou sensivelmente, tal como o médico o havia predito, e sua resistência foi-se reduzindo cada vez mais. Para sua maior quietude conservava-se o aposento em obscuridade, até que ele exclamou: "Façam luz!" Pouco depois, entretanto, dava mostras de sentir alguma coisa nos olhos, levando a mão aberta, como para resguardá-los ou distinguir algo à distância; pelo que lhe colocaram a pequena pala verde que habitualmente usava quando lia à noite. Pediu então à nora que sentasse a seu lado e tomou-lhe a mão, conservando-a longamente entre as suas.

Às nove chamou o secretário John e, com seu apoio e o do criado, pôs-se de pé. Nessa posição indagou em que dia do mês estávamos, dizendo depois: "Já chegou, então, a primavera. Tanto melhor, poderemos restabelecer-nos".

Tornando a sentar-se, mergulhou em um sono tranqüilo, amenizado por sonhos serenos, pois que disse, entre outras coisas: "Olhem que bela cabeça feminina, com cachos tão negros e o magnífico colorido sobre aquele fundo escuro". Era, decerto, a arte que o absorvia, pois logo depois acrescentou: "Frederico, dá-me aquela pasta com desenhos". Como no lugar indicado não se encontrasse pasta alguma, e sim um livro apenas, Frederico lho alcançou e, à vista de sua insistência, assegurou-lhe que a pasta ali não estava. Despertando então do seu letargo, disse sorrindo: "Foi então uma visão!" E, por ter convidado o conselheiro Vogel para esse dia, ordenou o prato da preferência deste, preocupando-se até aos derradeiros instantes em ser agradável aos amigos.

Mais uma vez dirigiu-se, apoiado, em John e seu criado, para o escritório, porém alcançou apenas a porta e tornou logo a recostar-se. O seu pensamento volveu então para Schiller, o amigo que o precedera na eternidade. E vendo no chão uma folha de papel, indagou porque se deixava ali a correspondência de Schiller, determinando que a recolhessem sem detença! Pouco depois exclamou, dirigindo-se a Frederico: "Mas abram o outro postigo, para que entre mais luz". Parece terem sido essas as suas últimas palavras.

Como o falar se lhe ia tornando mais penoso, esboçava sinais com a mão erguida no espaço. Escasseavam-lhe as forças, o braço baixou, e ele esboçou ainda a mesma coisa, ao que parece, e depois sobre o cobertor que lhe envolvia os joelhos. Observou-se que colocava com exatidão os sinais de pontuação e que a letra, inicial era evidentemente um W grande, sem se poder interpretar os outros sinais.

Como as pontas dos dedos se lhe iam tornando violáceas, afastaram-lhe o anteparo de sobre os olhos, verificando-se já estarem vidrados. A respiração se lhe tornava mais penosa, sem estertores porém e sem a mínima manifestação de sofrimento. Inclinou-se sobre o lado esquerdo da poltrona, deixando então de respirar AQUELE PEITO QUE UM MUNDO EM SI CRIARA E MANTIVERA.

Índice dos Nomes Citados

Adão - 304

"Afinidades Eletivas" - 31,73,176

Alberto - 53

Alfredo de Vigny - 211, 296

Ampére - 208

Amyon - 357

Anais de Berlim, Os - 222

Anais de Viena, Os - 311

"Aquileida", 296

"Antigona", 187

Aquiles - 180, 219

Ariosto - 62

Arnin (Senhora) - 323

" Arte e Antiguidade" - 22, 23, 48, 59

August Hagen - 26

Avaro, O - 129, 140

"Baladas" - 296

Beaumarchais - 313

Beaumont - 52

Ben Johnson - 52

"Beppo" - 148

Béranger - 159

"Biografia" - 288

Blucher - 279

Bourbons - 62

Brandt - 60

"Braut von Korint" - 297

Burger - 130

Burns - 210

Buttner - 302

Byron - 46, 50, 60, 66, 83, 101-104, 135, 143, 147-148, 216

"Cartas Expedidas" - 308

Castiglione - 319

"Celibatário" - 72

Chateaubriand - 281

"Cain" - 216

Calderon - 65, 72, 129, 135, 193

"Cantores Guerreiros" - 248

Canning - 157

Capodistrias - 217

Carlylle - 222, 255

Carlos Magno - 68

Conde de Sternberg - 132

"Considerações sobre o jogo" - 293

"Contribuição para o estudo da Poesia" - 50

Corneille - 79, 196

Cornélius - 294

Cotta - 14, 15, 20, 23, 174

Coudray - 148

Courier - 312

Cícero - 93

"Clara Gázul" - 209

"Clavigo" - 147

Cuvier - 294

D'Alton - 115

D'Alembert - 313

"Dafnis e Cloé" - 312

"Dança para nós, Teodoro!" - 177

Dante - 89

David - 295

Delacroix - 149

Delavigne - 158

Delille - 174

Diderot - 159, 312

Diomedes - 180

"Divan" - 54, 161, 238

"Doge de Veneza" - 101

"Dois Foscari" - 145-146, 219

"D.Carlos"

"D.João" - 62, 83, 218

Domenichino - 280

Duque de Angoulême - 62

Duque de Enghien - 217

Duque de Leuchtenberg - 68

Duque de Wellington - 88, 141

Duquesa de Cumberland - 75

Dürer - 235

Eberwein - 76

"Édipo" - 187

"Efigênia" - 27, 112, 195

"Egmont" - 55, 94, 100, 135, 179

Egon Ebert - 248

"Elegia de Marienbad" - 42

"Elegias Romanas" - 62

"Emilio Deschamps" - 296

"Exaltados" - 55

"English Bards and Scotch Reviewers" - 102

Esposos Felizes, Os - 268

Esquilo - 155

Eurípedes - 155, 179

"Fair Maid of Perth" - 248

"Falstaff" - 101

"Fausto" - 97, 116, 149, 208, 272, 289

"Flauta Mágica" - 77, 175

Filocteto - 179, 191

Fletcher - 52

"Flora Mediterrânea" - 215

"Folhas Volantes" - 312

"Foreign Review" - 255

"Frankfurter Rezensionen" - 24

Frederico o Grande - 62, 79, 93

Frederico II - 132, 235

Friedrich August Wolf - 76

Fromman - 23

Fürnstein - 27

"Gazelos" - 47-48

Gerhard - 176

Goldsmith - 91

Gotz - 57, 65, 88, 146

Gozzi - 293

Graff - 279

Grão Duque Carlos Augusto - 11, 77, 105

Grimm - 293

Grümer - 79

Guilherme Tell - 100, 170, 212

Guizot - 274, 281

Hafiz - 174

Hamlet - 72

Heer - 60

Hegel - 233

Heine - 300

Heinrich Füssli - 51

"Helena" - 161, 174-175

Henrique Leo - 222

Herder - 50, 87, 198, 210

"Herman e Dorotea" - 45, 98, 157, 162

Holbein - 235

Homero - 185, 219, 280, 299

Horácio - 174

Houwald - 30

Humboldt - 42, 45, 149, 169m, 186, 260

Hummel - 38

Iffland - 72

"Ilíada" - 135

Immermann - 49

"Irmãos" - 329

"Jerusalém Libertada" - 83

Johan Peter Eckermann - 13

Johanna Bertram - 15

John Oxenford - 15

"Judeu de Cumberland" - 105

Kant - 129, 202

Klopstock - 14, 87, 142

Knebel - 20, 23, 227

Korner - 14

Kotzebue - 72, 172, 228

Kraüter - 20, 50

La Fontaine - 73

La Roche - *105, 278*

Lamartine - 158

Leonardo da Vinci - 150

Lessing - 128, 129, 132, 146, 185, 20

"Livro do Agastamento" - 54

Lourenço de Medicis - 63

Lutero - 79

"Macbeth" - 147, 206

Madame Genlis - 132

"Malade Imaginaire" - 192

Manzoni - 158, 179, 221

Marlowe - 52

Martius - 250, 289

Massinger - 52

Mattisson - 178

"Medico à Força" - 140

Merck - 88, 314

Mefistófeles - 148

Menandro - 128, 192

Merimée - 208, 211, 281, 298

Messias - 87

"Metamorfose dos Animais" - 214

"Metamorfose das Plantas" - 214, 294

Meyer - 61, 70, 315

Meyerbeer - 175
Minna von Barnhelm - 146, 314
"Misantropo" - 192
"Moisés" - 250
Moliére - 123-124, 129, 140, 192, 196
"Morte de Julio César" - 270
Moore - 91
Mozart - 150, 256
Muller - 42
Napoleão - 62, 73, 141, 235, 279
Newton - 55, 79, 120
Ninon de Lenclos - 293
"Noite Clássica de Walpurgis" - 290, 295
"Núpcias Aldobrandinas" - 27
Oberon - 295
Olson - 279
Orfeu - 294
Otília - 17, 124
"Paria" - 92
"Phaeton" - 102
Platen - 47, 72, 136
"Poesias Indianas" - 42
Poussin - 59
Preller - 144
Racine - 73
Rafael - 54, 117, 159
Ramberg - 67
"Rasselas" - 218
Rauch - 59
Raupach - 227
Rehbein - 42, 95
Reinhard - 28, 179
Reutern - 272
Revolução Francesa - 62
Richardson - 177
Riemer - 29, 81, 92, 99
"Roederik Randon" - 218
"Romance Chinês" - 177
Roos - 65
"Rosas Orientais" - 40
Rotschild - 259
Rubens - 199, 204-206
Ruchert - 299
Ruysdael - 78
Sardanapalo - 142

Schilling - 70
Schiller - 42, 45, 50, 72, 75, 99, 107, 128, 147, 166
Schlegel - 22
Schubart - 49, 45
Schultz - 28, 227
Seidel - 105
Shakespeare - 52, 59, 61, 73, 97, 123, 179, 182, 192, 206
"Sobrinhos de Rameau" - 100
Sófocles - 128, 155, 187
Soret - 46, 174, 306
Spiegel - 63
Stadelmann - 46, 61, 64
Stern - 69, 241
Sternberg - 214
Szymanowska - 42
"Tartufo" - 146
Tasso - 83, 94, 109, 112, 211
"Teatro de Clara Gazul" - 172
"Teoria das Cores" - 79, 151, 181, 187
"Teoria a Metamorfose" - 120
"Teoria das Plantas" - 244
Tieck - 22, 73, 254
"Tuitu, estás em meu coração" - 243
Ulrica - 49, 109, 124, 243
Ulisses - 281
"Verdade e Ficção" - 57, 84, 308
"Vida de Napoleão" - 225
Villemain - 274
Victor Hugo - 158, 296
Voigt - 294
Voltaire - 270, 288
Voss - 280
Wallenstein - 42, 45, 64
Walter Scott - 91, 223, 225, 248
Warverley - 254
"Werther" - 53, 57, 130, 208, 272
Wieland - 50, 226
"Wilhelm Meister" - 59, 98, 117, 120, 134, 161, 246
Wolf - 50, 77, 106, 136
Zauper - 35, 47
Zelter - 48, 49, 120, 135, 216

A presente edição de CONVERSAÇÕES COM
GOETHE de Johann Peter Eckermann é o Volume de
número 25 da Coleção "Grandes Obras da Cultura
Universal". Capa Cláudio Martins. Impresso na
Líthera Maciel Editora e Gráfica Ltda., à rua Simão
Antônio 1.070 - Contagem, para a Editora Itatiaia, à
Rua São Geraldo, 67 - Belo Horizonte - MG. No catálo-
go geral leva o número 0989/9B. ISBN. 85-319-0671-7.